侯建新 主编

THE EVOLUTION OF EUROPEAN CIVILIZATION

欧洲文明进程

政府 卷

王亚平 著

商务印书馆
创于1897 The Commercial Press

图书在版编目（CIP）数据

欧洲文明进程．政府卷 / 侯建新主编；王亚平著．—北京：商务印书馆，2024
ISBN 978-7-100-23204-3

Ⅰ. ①欧⋯ Ⅱ. ①侯⋯ ②王⋯ Ⅲ. ①欧洲—历史②政治制度—介绍—欧洲 Ⅳ. ① K500 ② D750.21

中国国家版本馆 CIP 数据核字（2023）第 213375 号

本卷系国家社会科学基金重大招标项目
"欧洲文明进程研究"（批准文号：12&ZD185）最终成果之一

"十三五"国家重点图书出版规划项目

侯建新　主编
欧洲文明进程
政府 卷

王亚平　著

商 务 印 书 馆 出 版
（北京王府井大街 36 号　邮政编码 100710）
商 务 印 书 馆 发 行
北京市十月印刷有限公司印刷
ISBN 978 - 7 - 100 - 23204 - 3

2024 年 8 月第 1 版　　　　开本 710×1000　1/16
2024 年 8 月北京第 1 次印刷　印张 30½
定价：155.00 元

总　序

侯建新

在课题组全体成员孜孜不倦的努力下，春风夏雨，十年一剑，《欧洲文明进程》（16卷本）终于面世了。这部多卷本著作，通过追溯欧洲文明诞生以来的历史进程，旨在探索回答几代中国人的问题——何谓欧洲文明？它从不同的侧面描述和阐释，跨语境地感知和感悟，希冀离真相再近一步！作为课题主持者，也是分卷作者，回顾走过的这段路程，我有如释重负的快乐且怀有由衷的期望，但愿我们不负前贤无愧来者，交上一份合格的答卷。

历史上的欧洲文明即于今的西方文明，又称北大西洋文明，是当今世界主要文明之一，也是我们必须与之打交道的重要文明。这部书已从16个方面对欧洲文明做了专题性论述；"总序"则力图横纵结合、通达遂晓，从总体上探讨它——诸如欧洲文明的时空维度；欧洲文明形成的条件；欧洲文明确立的标志，即"文明元规则"的生成；还有，欧洲文明对现代世界深刻而复杂的影响等。希望"总序"对这部书的完整性有所助益；同时方便读者阅读和理解全书。末了，再介绍一下这个课题的来龙去脉。

何为西方文明的核心内涵，或者说西方文明是什么？这是本序也是本部书要回答的主题。在开始我们的主题前，暂且把目光收回，回首一下近代中国人对西方文明的认知变化。对欧洲文明的认识，总有一个循序渐进、由浅入深、由表及里的过程。无论如何，前人的经验、认识及研究成果，是我们继续研究的基础；况且，中国命运始终是我们探索欧洲文明的动力。

一、回首：近代国人欧洲观嬗变

从16世纪到18世纪，以利玛窦（Matteo Ricci）、汤若望（Johann Adam Schall von Bell）、南怀仁（Ferdinand Verbiest）等为代表的耶稣会士来华传教，同时扮演了欧洲文明传播者的角色。虽然他们带来的欧洲历算知识、火炮技术等，曾经被明朝和清朝政府部分接纳，不过未能触动传统的华夷文明观。以鸦片战争为节点进入近代后，国人对欧洲的认知大致可以分为三个阶段：

从鸦片战争到甲午战争。1840年的鸦片战争，是中国与西方世界碰撞的开始，也是国人了解欧洲文明的标志性起点。战争失败后，魏源的《海国图志》、徐继畲的《瀛寰志略》等一批海外舆地著作相继出现。作者介绍了欧洲各国的经济、社会、文化及民情风俗等，并强调欧洲在世界文明格局中的中心位置。魏源对欧洲文明印象强烈，"欧列国万民之慧智才能高大，纬武经文，故新地日开，遍于四海焉"[①]；徐继畲《瀛寰志略》亦有积极评价。两次战争的失败，使中国人意识到欧洲并非中国周边的"蛮夷"可比，尤其关注西洋船坚炮利之"长技"。因此，不久洋务运动启动，一批军工企业开始建立，声光化电等西学著作相继出版，使中国人进一步认识到欧洲科技和物质成就。

国门逐渐打开，动摇了部分士大夫的华夷文明观，一部分人开始承认欧洲文明的先进性。冯桂芬是洋务派代表人物之一，可他对西方的认知不止于"器物"，他说，"人无弃材不如夷，地无遗利不如夷，君民不隔不如夷，名实必符不如夷"，故应"惟善是从"。[②] 19世纪70、80年代，近代第一位驻外公使郭嵩焘和广东青年士子康

---

① 魏源撰、陈华等点校注释：《海国图志》，岳麓书社1998年版，第1103页。
② 冯桂芬：《校邠庐抗议》，上海书店出版社2002年版，第49页。

有为，也体会到这一点。康有为1879年游历香港后"乃始知西人治国有法度"。不过他们的看法总体上未突破中体西用的框架。

对欧洲文明的认识，也存在明显误读，甚至不无荒诞。一部分人承认欧洲文明的可取之处，可是认为所谓"西学"不过源自古代中国而已：西洋人的技术发明，其原理早已由中国上古圣人阐发，诸如电线、西医、火轮汽机等，都能在经典古籍中找到，或者出于《易经》，或者出于《墨子》等。西洋政教风俗同样源于中国，即所谓"泰西近古"说，诸如"在上下之情通，君民之分亲……实有三代以上之遗意焉"。[①]

从甲午战争到五四运动。 甲午战争的失败，对中国知识界是一次前所未有的打击，也引发了中国人学习西方的热潮。不少人认为，洋务运动只学了西学的皮毛，策中国于富强，非"西政"不可。这一时期，以进化论为代表的新哲学，以及自由、平等、主权在民、男女平权等新观念，政治、法律等社会科学知识，以及小说、音乐等文学艺术，都开始进入中国。来自海外的各种信息空前丰富，推动中国思想改良，中国人对欧洲文明也有了新认识。严复称，西方社会"身贵自由，国贵自主"。他说："中国最重三纲，而西人首明平等；中国亲亲，而西人尚贤；中国以孝治天下，而西人以公治天下；中国尊主，而西人隆民。"[②]1900年，梁启超发表《立宪法议》，将欧洲君主立宪制度视为最合理的制度，强调宪法的根本法地位，"盖谓宪法者，一国之元气也"。

总之，在追求制度变革的背景下，欧洲文明和中国文明的地位出现反转，孙中山《三民主义》一书指出：义和团失败后，中国人"便明白欧美的新文明的确是比中国的旧文明好得多……要中国强盛，要中国能够昭雪北京城下之盟的那种大耻辱，事事便非仿效外国不可，不但是物质科学要学外国，就是一切政治社会上的事都要学外国"。

---

① 王韬：《弢园文录外编》，上海书店出版社2002年版，第89页。
② 严复："原强""论世变之亟"，王栻主编：《严复集》第1册，中华书局1986年版，第17、3页。

民国初年新文化运动，给予西方文明前所未有的肯定，具有一定的理论色彩。新文化运动的先进知识分子赞扬西方社会的价值观，号召个性解放，建立自主自由的人格。陈独秀将欧洲文明特征概括为"人权说""生物进化论"和"社会主义"，他说："科学之兴，其功不在人权说下，若舟车之有两轮焉。"[①]后来人们将西方文明归纳为科学与民主。李大钊《东西文明根本之异点》认为，东西方道德区别在于，"个性灭却"和"个性解放"，"东方想望英雄，结果为专制政治，……西方倚重国民，结果为民主政治"。

五四运动后到抗日战争。第一次世界大战爆发并使欧洲经济凋敝，引起西方世界的文化反思和悲观情绪，斯宾格勒《西方的没落》即在这个时期面世。与此同时，东方文明救世论在国内兴起，直接影响了国人的欧洲观。1920年，梁启超游历欧洲归国后，出版《欧游心影录》一书，态度大变，他不再说"中国与欧洲之文明，相去不啻霄壤"[②]，而是认为西方物质文明没有给人类带来幸福，却将人类带入深渊，因此西洋文明已经破产，需要东方文明来拯救。当年曾高歌"欧西文明"的梁氏尚且如此，何况一般人乎？国人对西方认知基础之脆弱，不言而喻。1935年，王新命等人发表《中国本位的文化建设宣言》，倡导新儒家的文化立场，虽然承认学习西方的必要性，但比照以前大打折扣，强调西方文明为物质文明，中国文明为精神文明。

与新儒家相对立的，是坚持全面学习西方的人物，他们继续抱有清末以来一些知识人士对西方的热情。1926年胡适指出，不能将中西文明概括为精神文明和物质文明，凡一种文明必有物质和精神两个因子，而且西方精神发展程度，"远非东洋旧文明所能梦见"。[③]同时胡适也提倡"整理国故"，他解释说他不是主张"全盘西化"，

---

① 陈独秀："法兰西人与近世文明""敬告青年"，陈独秀著、王观泉导读：《〈独秀文存〉选》，贵州教育出版社2005年版，第45、44页。

② 梁启超："论中国与欧洲国体异同"，张品兴主编：《梁启超全集》第1册，北京出版社1999年版，第312页。

③ 参见欧阳哲生编：《胡适文集》（4），北京大学出版社1998年版，第6、10页。

而是充分现代化。另一位代表人物陈序经在《中国文化的出路》一书中认为，西洋文化是现代的基础文化，是现代化的主体。西方文化并非尽善尽美，但中国文化在根本上不如西洋。[①]

我们力求客观、简约地表述近代国人欧洲文明观的大致轨迹，难免挂一漏万。近代中国人对西方文明的认识经过了一个不断丰富和深化的过程，有高潮也有低谷。他们出于济世救国情怀而关注和评说西方文明，时有切中要害的智慧点评，也出现了一些专业性研究成果。例如，陈衡哲的《新学制高级中学教科书·西洋史》（1924年），被称为一部开山之作；还有高一涵的《欧洲政治思想史》（1926年）、蒋百里的《欧洲文艺复兴史》（1921年）、雷通群的《西洋教育史》（1935年）等。不过，总体来讲，一直到20世纪中期，中国大学很少设置世界史、欧洲史课程，教育基础薄弱，研究机构几近于无。其次，即使一般的认知也限于知识精英，与普通民众几乎无关，而且，知识精英层对西方的认识也没有达成广泛的共识。但无论如何，近代中国人关于西方文明的心路历程，于今仍具有重要价值。

19世纪中叶，当中国首次与西方世界交手并初识这个陌生文明的时候，西方却正在重新审视自己：欧洲文明如何创生，肇始于何时，其本质特征是什么？整个20世纪都是这一认识不断深化的过程，至今没有结束；令人遗憾的是，长期以来国内学界对这些动态信息所知极不充分。

二、欧洲文明的时空维度

先从西方文明的时间维度说起。

历史学家认为，最初的文明诞生于5000年到6000年之前，自此人类历史上曾先后出现数十种文明形态，上古时代基本独立形成的文明被称为"原生型文明"。随着时光的流逝，一些文明凋零了，

[①]　以上参阅了田涛教授"近代中国对西方文明的认识"授课讲义，谨致谢忱。

一些文明得以延续或再生，当今世界的主要文明不过七八家，其中再生文明居多，它们又被称为"次生型文明"。次生型文明采纳一种或若干种原生型文明的某些成分，但已然是不同质的文明。笔者认为西方文明是次生型文明，与古希腊罗马文明有本质不同，尽管与它们有着某种联系。

　　然而，西方学界长期将西方文明与古典文明混为一谈。欧洲人何以形成这样的观念，需要回放一下当时的历史画面。

　　15世纪初叶，处于中世纪晚期的欧洲人，一方面对强势的基督教教会及其文化深感压抑，希望获得更自由的空间；另一方面随着更多希腊罗马古籍的发现，被其典雅富丽的文风所吸引，希望早已衰败湮没的古典文化得以"复兴"，"文艺复兴"（Renaissance）因此得名。殊不知，此时已届中世纪的历史转捩点，面临着划时代的重要突破，岂是古典世界可比？！"他（但丁）是中世纪的最后一位诗人，同时又是新时代的最初一位诗人"[1]，正是指的这一特殊历史时期。远方地平线透出丝丝明亮，人们渴望更多的光明与自由。罗素说，他们不过企图用古典人的威信替代教会的威信而已。[2] 这些一心改善现状的人文主义者，无限美化遥远的古典世界，认为罗马帝国崩溃后的历史进入千年愚昧与沉睡，直到现在理性精神才重新被唤醒，因此"黑暗时代"（Dark Ages）、"中世纪"（Medieval, Middle Ages）等话语，一时大行其道，形成一整套话语体系。"中世纪"概念，最先出现在15世纪意大利历史学家比昂多的著作中，其含义不难发现，指两个文化高峰之间的停滞期、低谷期，带有明显的贬义。另一方面，将人文主义者与古典文明绑定，结果自然而然地将中世纪以来的欧洲文明与古典文明并为一谈，似成不刊之论。

　　三百年后，当18世纪爱德华·吉本撰写巨著《罗马帝国衰亡史》时，他仍然拜倒在古典文明脚下，将中世纪史看成一部衰亡、

---

　　① 《马克思恩格斯选集》（第1卷），中共中央马克思、恩格斯、列宁、斯大林著作编译局编，人民出版社1972年版，第249页。

　　② 参见〔英〕罗素：《西方哲学史》（下卷），马元德译，商务印书馆1982年版，第7页。

阴暗的历史。一直到19世纪中后期，不乏欧洲历史学家仍认为中世纪理智处于昏睡状态中，称之为"死海之岸"。[①]

文艺复兴时期的话语高调持续数百年，临近20世纪才出现拐点，因此对西方自身以及对全球学界的影响不可小觑。中国史学界亦不能幸免。地理和文化相距越是遥远，越是容易留住对方长时段、高分贝释放的声音。例如，翻开几年前我国中学历史教科书，历时千年的中世纪史内容聊胜于无，寥寥几笔便进入文艺复兴话题。也有不同的声音。据我所知，国内学者最早提出不同观点的是雷海宗先生，他在20世纪30年代即指出：欧西文化自公元5世纪酝酿期开始直至今日，是"外表希罗内质全新之新兴文化"。[②]近年也有学者明确指出，欧洲文明不是古典文明主体的延伸，而是新生文明。[③]当下国际学界，传统看法依然存在，然而文艺复兴时期的话语不断被刷新，被颠覆！尤其进入20世纪后，越来越多的学者认为，欧洲文明与古典文明具有本质性区别。

对传统看法最先提出挑战的代表性人物，是活跃在19世纪中后期的基佐。弗朗索瓦·皮埃尔·基佐（1787—1874年），是法国著名历史学家和政治人物，他在《欧洲文明史》一书中，明确区别了欧洲文明与古典文明，而且做了不失深刻的分析。基佐敏锐地发现欧洲文明有着"独特的面貌"，不同于古典文明，也不同于世界上的其他文明。他认为，大多数古代文明都有一种明显的单一性，例如在古希腊，社会原则的单一性导致了一种迅速惊人的发展。"但是这种惊人的腾飞之后，希腊似乎突然耗竭了。"在埃及和印度，这种单一性使社会陷入一种停滞状态。社会继续存在，"但一动也不动，仿佛冻僵了"。欧洲不一样，它存在着多样性，各种势力处于不断斗争

① Philip Lee Ralph, *The Renaissance in Perspective*, New York: St. Martin's Press, 1973, p. 5.
② 雷海宗：《西洋文化史纲要》，王敦书整理导读，上海古籍出版社2001年版。
③ 参见侯建新："欧洲文明不是古典文明的简单延伸"，《史学理论研究》2014年第2期；侯建新："交融与创生：欧洲文明的三个来源"，《世界历史》2011年第4期；侯树栋："断裂，还是连续：中世纪早期文明与罗马文明之关系研究的新动向"，《史学月刊》2011年第1期；田薇："关于中世纪的'误解'和'正名'"，《清华大学学报》（哲学社会科学版）2001年第4期。

的状态，神权政治的、君主政治的、贵族政治的和平民政治的信条相互阻挠，相互限制和相互修正。基佐认为，欧洲的多样性为欧洲带来无限的发展机会。①

大约同时代的黑格尔，也表达了相近的观点。黑格尔认为，世界精神的太阳最早在东方升起，古希腊罗马文明是它的青壮年，最后，"太阳"降落在体现"成熟和力量"的日耳曼民族身上，实现了世界精神的终极目的。他特别指出，"在表面上，日耳曼世界只是罗马世界的一种继续。然而其中有着一个崭新的精神，世界由之而必须更生"②。黑格尔的"日耳曼世界"显然指中世纪开始的欧洲文明。不久，马克思在《经济学手稿》中，也将欧洲文明和古典文明明确作了区分。③

最早将这样的历史观引进职业历史学领域的，当数斯宾格勒（1880—1936年）和汤因比（1889—1975年），他们的作品《西方的没落》和《历史研究》，具有广泛的影响。斯宾格勒认为人类历史上主要有八种文明，其中"古典文明"和"西方文明"，都是独特的、等值的、自我本位的，都有不能抗拒的生命周期，虽然西方文明是最年轻的文明。这样的观点同样体现在汤因比的《历史研究》中，汤因比指出，古希腊罗马文明无疑已经完结，被两个接替者所取代，一个是西方文明，另一个是拜占庭文明。他特别指出，所谓神圣罗马帝国不过是一个幽灵，没有什么作用，不能因此便将西方历史视为罗马史的延伸。

对文艺复兴话语的致命冲击，来自20世纪以来中世纪研究的新成就。本来，从一定意义上讲，文艺复兴话语建立在贬损和虚无中世纪的基础上，人文主义者极力赞美的人文主义好像是从地下突然冒出来的，而不是中世纪发展的结果。随着原始文献解读和考古学

---

① 参见〔法〕基佐：《欧洲文明史》，程洪逵、沅芷译，商务印书馆1998年版，第20—40页。

② 〔德〕黑格尔：《历史哲学》，王造时译，上海书店出版社2001年版，第339—340页。

③ 参见《马克思恩格斯全集》（第30卷），中共中央马克思、恩格斯、列宁、斯大林著作编译局译，人民出版社1995年版，第465—510页。

发展，中世纪研究逐步深入，人们越来越不相信"黑暗中世纪"的传统描述；恰恰相反，中世纪是最不安分的、充满创生力的时代。

　　一批杰出的中世纪史学家，从实证到理论彻底颠覆了人们关于中世纪的认知。例如，梅特兰《英国宪制史》（1908年）、亨利·皮雷纳《中世纪的城市》（1925年）、费尔南·布罗代尔《地中海与菲利普二世时代的地中海世界》（1972年）、贝内特《英国庄园生活》（1938年）、马克·布洛赫《封建社会》（1935—1940年）、奥尔特"共同同意的村规"（1954年）、杜泰利斯《中世纪法国公社》（1978年）、雷诺兹《西欧王国与共同体，900—1300年》（1984年）、麦克法兰《英国个人主义的起源》（1978年）、弗朗西斯等《中世纪乡村生活》（1990年）、戴尔《转型的时代：英国中世纪晚期的经济与社会》（2005年）等。[①]这些作品极大更新了人们头脑中中世纪生活的历史画面，令人震撼不已！

　　皮雷纳力主西方文明产生于中世纪，而且经历了漫长的过程。亨利·皮雷纳（1862—1935年）是著名中世纪学者，然而最终以其欧洲文明研究闻名于世，其论断被表述为"皮雷纳命题"（the Pirenne Thesis）。这位比利时学者认为古典文明是地中海文明，西

---

① F. W. Maitland, *The Constitutional History of England: A Course of Lectures*, Cambridge: Cambridge University Press, 1908; Henri Pirenne, *Medieval Cities: Their Origins and the Revival of Trade*, Princeton: Princeton University Press, First Printing, 1925; Fernand Braudel, *The Mediterranean and the Mediterranean World in the Age of Philip II*, Translated from the French by Siân Reynolds, New York: Harper and Row, First published in English, 1972; H. S. Bennett, *Life on the English Manor: A Study of Peasant Conditions, 1150−1400*, Cambridge: Cambridge University Press, 1938; Marc Bloch, *Feudal Society,* Translated from the French by L. A. Manyon, London and New York: Routledge, English translation, 1961, 1962; Warren O. Ault, "Village By-laws by Common Consent", *Speculum*, Vol. 29, No. 2 (Apr., 1954); C. E. Petit-Dutaillis, *The French Communes in the Middle Ages*, Amsterdam: North-Holland, 1978;Susan Reynolds, *Kingdoms and Communities in Western Europe, 900−1300*, Oxford: Oxford University Press, 1984; A. Macfarlane, *The Origins of English Individualism*, Oxford: Basil Blackwell, 1978; Frances and Joseph Gies, *Life in a Medieval Village*, New York: Harper and Row, 1990; Christopher Dyer, *An Age of Transition? Economy and Society in England in the Later Middle Ages*, Oxford: Clarendon Press, 2005. 20世纪上半叶中世纪史研究的经典作品还有：Norman Scott Brien Gras and Ethel Culbert Gras, *The Economic and Social History of an English Village, Crawley, Hampshire, A.D. 909−1928*, Cambridge: Harvard University Press, 1930; G. G. Coulton, *The Medieval Village*, Cambridge: Cambridge University Press, 1925; R. H. Tawney, *The Agrarian Problem in the Sixteenth Century*, London: Longmans, 1912, 等等。

方文明终结了古典文明，不过文明交替并非随罗马帝国崩溃而实现，而是及至750年到800年，欧洲文明才逐渐确立。[①] 皮雷纳格外关注伊斯兰扩张对西方文明形成的影响，甚至说"没有穆罕默德，就根本无法想象查理曼"云云[②]，似乎有些夸张了，不过他从更广阔的视野分析罗马帝国与西方文明的消长，将历史时间要素和空间要素有机结合，颇富学术魅力。不止皮雷纳，不少学者都看到了伊斯兰世界对西方文明形成的刺激作用，如《西方文明简史》作者杰克逊·斯皮瓦格尔指出："在700年到1500年之间，与伊斯兰世界的冲突帮助西方文明界定自身。"[③]

　　哈佛大学法学家伯尔曼（1918—2007年）史论并茂地论证了西方文明诞生于中世纪。他集四十年心血写成的《法律与革命》，是一部探究西方法律传统形成的鸿篇巨制，明确界定了西方文明内涵和外延。伯尔曼指出，人们习惯上将西方文明与古典文明视作一脉相承，实为一种误读：西方作为一种文明，不仅区别于东方，而且区别于以色列、古希腊和古罗马。它们是不同质的文明。西方文明与它们之间存在着某些联系，然而，主要的不是通过一个保存或继承的过程，而是通过采纳的过程，它有选择地采用了它们，在不同时期采用了不同部分。他认为西方文明成形于11世纪到12世纪，"虽然直到美国革命时才贡献了'宪政'一词，但自12世纪起，所有西方国家，……法律高于政治这种思想一直被广泛讲述和经常得到承认"[④]。

　　在当代政治学家中，塞缪尔·亨廷顿（1927—2008年）因其世界文明研究而名动一时，他阐述了相似观点：随着罗马帝国崩溃，古典文明"已不复存在"，如同美索不达米亚文明、埃及文明、克里特文明、

---

① 参见 Henri Pirenne, *Mohammed and Charlemagne*, New York: Meridian Books, 1959, pp. 17, 144, 285。

② Henri Pirenne, *Mohammed and Charlemagne*, p. 234.

③ Jackson J. Spielvogel, *Western Civilization: A Brief History*, Vol. I, Wadsworth: Cengage Learning, 2010, preface, p. xxiv.

④ 参见〔美〕哈罗德·J. 伯尔曼：《法律与革命（第一卷）：西方法律传统的形成》，贺卫方等译，法律出版社2008年版，第2—3、9页。

拜占庭文明、中美洲文明、安第斯文明等文明一样不复存在。他认为西方文明成形于8世纪和9世纪，是次生型文明。①

20世纪中叶以后，这样的观念走进历史教科书，这是一个标志性的转变，1963年布罗代尔推出的《文明史纲》是代表作。费尔南·布罗代尔（1902—1985年），法国年鉴学派即20世纪最重要史学流派的集大成者，以其一系列奠基性研究成果蜚声世界。他指出，欧洲文明发展成形于5—13世纪，其中封建制确立和推行对欧洲文明形成意义重大，以至可称早期欧洲为"封建文明"。他认为：封建主义（Feudalism）打造了欧洲。11、12世纪，"欧洲达到了它的第一个青春期，达到了它的第一个富有活力的阶段"。这种统治是一种"原创性的政治、社会和经济秩序"。②关于封建制与欧洲文明内涵的关系，年鉴学派的另一位代表人物布洛赫在其享誉世界的名著《封建社会》中也做过经典论述。

问世于20世纪中叶亦广受欢迎的教科书《欧洲中世纪史》，开篇标题醒目而明确："欧洲的诞生，500—1000年"。作者认为新的欧洲文明在公元1000年左右臻于成熟，西方"是中世纪的产品"，欧洲文明与古罗马文明有着亲属关系，然而却是"迥然不同"的文明。③该书由美国历史学会主席C.沃伦·霍利斯特等著，至2006年该书已再版10次，成为美国数百所大学的通用教材。

布莱恩·蒂尔尼等在其六次再版的大学教材中指出，中世纪欧洲与罗马时期的社会图景完全不同，"'罗马帝国的衰亡'不仅仅可以被视为一种古代文明的终结，而且还可以视为一种新文明的开端"，"在11和12世纪，一种新的、独特的西方文化开始萌芽"。④

① 参见〔美〕塞缪尔·亨廷顿：《文明的冲突与世界秩序的重建》，周琪等译，新华出版社1998年版，第29、35页。

② 参见〔法〕费尔南·布罗代尔：《文明史纲》，肖昶等译，广西师范大学出版社2003年版，第294、296页。

③ 参见〔美〕朱迪斯·M.本内特、C.沃伦·霍利斯特：《欧洲中世纪史》（第10版），杨宁、李韵译，上海社会科学院出版社2007年版，第5—7页。

④ 参见〔美〕布莱恩·蒂尔尼、西德尼·佩因特：《西欧中世纪史》（第六版），袁传伟译，北京大学出版社2011年版，第2、131页。

正如广为中国读者熟知的《全球通史》的作者斯塔夫里阿诺斯强调，欧洲中世纪是崭新独特的生活方式，有几种新的罗曼语取代了拉丁语，服装、宗教、谋生之道等都发生深刻变化。他说，古典文明被永久湮没，被一种崭新的东西所代替。

至于"欧洲"一词进入欧洲人的实际生活，已到中世纪末期，此前只见于零星记载。据奥地利历史学家弗里德里希·希尔考证，"欧洲"这个概念在罗马帝国后期开始形成，"最初，它只是用以表明一种区别"。人们发现在罗马皇帝的军队中，来自帝国西部的"欧罗巴人"与东方的"叙利亚人"有显著不同。甚至到5世纪初，历史学家还交替使用"欧罗巴人"和"欧罗巴人军队"这两个词。据悉，这是"欧洲"一词能查阅到的最早的文字记载。[1]随着蛮族入侵，先后出现了一系列蛮族王国，法兰克是蛮族王国的主要代表，其加洛林王朝开始正式使用"欧洲"这个概念。

布罗代尔认为，751年建立的加洛林王朝就是第一个"欧洲"，标示为"欧罗巴，加洛林王朝统治"（Europa, vel regnum Caroli）。加洛林王朝的著名统治者查理大帝，被其后的宫廷诗人赞誉为"欧洲之父"（pater Europae）。后来十字军东征，在与阿拉伯穆斯林的冲突中，"欧洲"概念也曾浮出水面。不过，总的看，这个词在中世纪很少被使用，到文艺复兴时期，在但丁笔下还难得见到，不过彼特拉克、薄伽丘等人已一再地使用它。"欧洲"一词进入欧洲人的实际生活并且较频繁地出现在欧洲所有的语言中，则是15、16世纪的事情了。

显然，一个多世纪以来，西方学界关于欧洲文明时间维度的认知，取得了显著进展。可惜，对于这一不断变化的、内容丰盛的百年学术史，国内的介绍既不及时也不充分，更缺乏深入的研讨和分享。

欧洲文明的空间维度，似乎更加复杂。所谓欧洲，基本是文化意义上的欧洲，所以伯尔曼说，西方是不能借助罗盘找到的。地理上的边界有助于确定它的位置，但是这种边界时常变动，依从文化

---

[1]　〔奥地利〕弗里德里希·希尔：《欧洲思想史》，赵复三译，广西师范大学出版社2007年版，第1页。

内涵而具有时间性。这里说的欧洲是以西欧为代表的，中世纪以来即如此。南欧、中欧和北欧也属于这个文明圈，其地理与文化是重叠的，涵括大约从英格兰到中欧和从丹麦到西西里的诸民族。一部分东欧国家以及俄罗斯，虽然地处欧洲却不被认为属于这个意义上的欧洲国家。西欧某个特定时期的个别地区也是这样，罗伯特·罗伊指出，中世纪的西班牙被穆斯林统治了七百多年，其间西班牙的穆斯林统治者从不认为自己是欧洲人。①

　　显然，所谓欧洲，有一条看不见的文化边界，近代以来更加明显。"大航海"后欧洲移民在美洲和大洋洲建立起来的国家，如美国、加拿大、澳大利亚和新西兰等被认为是西方国家，虽远离欧洲本土，依然同根相连，叶枝相牵。西方文明的空间维度有一定的时间性和迁动性，未必与自然地理上的欧洲合一。

三、欧洲文明的形成：采纳、改造与创生

　　以往，我们习惯于将欧洲近代思想之源头，一则上溯于古希腊罗马，二则归因于17世纪自然权利观的出现，竟至低估了中世纪的贡献，低估了日耳曼人关键性的突破。欧洲文明诞生于中世纪，它与古典文明之间不是衣钵传承关系，而是拣选、采纳为其所用的过程。而且，欧洲文明采纳和改造的对象不单单是古典文明，还有日耳曼（Germanic）文化、基督宗教（Christian）、以色列文化等。事实上，入主欧洲的日耳曼人是创生欧洲文明的主体，对该文明形成具有能动的主导作用。所以萨拜因指出："在6世纪和9世纪之间，欧洲的政治命运永远地转移到了日耳曼侵略者之手。"②

　　日耳曼人是征服者，他们带着其世世代代生活方式的记忆，以

---

　　①　参见 Robert Royal, "Who Put the West in Western Civilization?", *Intercollegiate Review* (Spring, 1998), p. 5.

　　②　〔美〕乔治·霍兰·萨拜因著、托马斯·兰敦·索尔森修订：《政治学说史》（上册），盛葵阳等译，商务印书馆1986年版，第242页。

不同程度的部落形式整体进入欧洲，开创新生活。在这样的过程中，他们与不同的文化相遇，并从不同的文明中吸取"灵感"，然而日耳曼诸蛮族没有变成吸取对象本身。他们与采纳对象之间的位格也不一样。如果说欧洲文明是一座大厦，古典文明、以色列文明和基督宗教等文化元素不过是石块、沙砾等建材，西欧民族才是建筑师。关于中世纪政治经济制度，人们总是争论罗马因素还是日耳曼因素更多，而忽视谁是创造欧洲文明的主体。后者是有意志、有能动性的人，他们不是古罗马人，更不是古希腊人，而是中世纪西欧诸民族。12世纪罗马法复兴运动中，意大利波隆那大学是重要策源地，那里的罗马法学家们不是古罗马人；文艺复兴运动的代表人物伊拉斯谟不是古希腊人。

　　西方文明并非由古典世界一直延续下来。相反，罗马文明在西罗马帝国灭亡前就已经被蛮族文明替代，高度发达、极其精致的罗马法律体系与日耳曼民俗法差异极大，距罗马最后一位皇帝被废黜很早以前，罗马文明在西部就已经被哥特人、汪达尔人、法兰克人、萨克森人以及其他日耳曼人的原始部落文明所取代。伯尔曼平实而贴切地描述了这种状况，他说，西方文明与古典文明的关系，"主要的不是通过一个保存或继承的过程，而是通过采纳的过程，即：西方把它们作为原型加以采纳。除此，它有选择地采用了它们，在不同时期采用了不同部分"[1]。

　　即使日耳曼传统文化本身，也要经过拣选和改造。显然，欧洲文明不是任何一个文明的复制品，它所采纳的其他文明有关部分也不是如法炮制，而是经过极其复杂的交汇、嫁接和改造，所以文明创生的主体性作用不可忽视。从这个意义上讲，"罗马因素"和"日耳曼因素"这样陈旧的话语模式可以被超越，也应该被超越。

　　日耳曼人来自欧洲北部多雾的海边，分为不同的部落，却有大致相近的传统、惯例和制度，最重要的是马尔克（Mark）村庄共同

---

① 〔美〕哈罗德·J. 伯尔曼：《法律与革命（第一卷）：西方法律传统的形成》，贺卫方等译，第2—3页。

体制度。如何理解他们的共同体（Community）呢？一方面日耳曼人的个体不够强大，不得不依附部落群体；另一方面，他们有着共同的观念，通过共同的行为来追求共同的目的。比较罗马法和日耳曼法就会发现，罗马家长权主要取决于一家之主的"意志"（will），相对应的日耳曼家庭父权制度主要取决于"关系"（relation），作为基本概念，指的是一种保护和依从关系。①因此，成员之间没有根本的隶属和支配关系，识别他们的标准是自治和自律。

村民大会和协作轮耕制是其典型标识。马尔克传统在日耳曼人的全部生活里扎下了根，不少学者认为，在整个中世纪里，在大部分欧洲土地上，它是一切社会制度的基础和典范，浸透了全部的公共生活，这并非溢美之词。村社组织并非"残余形式"，而是实际的存在，乡村实行庄园－村庄混合管理结构。②即使在农奴制下，村庄也没有丧失集体行为，一些村庄共同体还有自己的印章，甚至有旗帜。中世纪的庄园法庭，明显地保留了日耳曼村民大会的古老遗风。一切重大的安排、村民诉讼以及与领主的争端，都要由这样的法庭裁决。在乡村公共生活中，"村规"（by-laws）享有很高的权威，长期保持旺盛的生命力，受到乡村社会的高度认同。③再一个标志性遗产是著名的"敞田制"，强制性轮耕制和放牧制带有明显的"均平"主义色彩。

村民带着这种观念建立的中世纪城市，就是一个城市共同体。他们有自己的法律和法庭，享有一定自治权。一些法兰西和意大利城镇还自称为"城市公社"。城市手工业行会，简直就是村庄组织的翻版，商会亦然。大学被称为"中世纪最美丽的花朵"，人们仍然可以从其教师行会身上看到马尔克共同体的影子。

---

① 参见 Roscoe Pound, *The Spirit of the Common Law*, Francestown: Marshall Jones Company, 1921, pp. 26-27。

② 参见侯建新："西欧中世纪乡村组织双重结构论"，《历史研究》2018年第3期。

③ 参见 Zvi Razi, "The Struggles between the Abbots of Halesowen and Their Tenants in the 13th and 14th Centuries", in T. H. Astonetal., eds., *Social Relations and Ideas: Essays in Honour of R. H. Hilton*, Oxford: Oxford University Press, 1983, pp. 151-167。

　　上层统治架构也深受日耳曼传统的影响。按照日耳曼人的观念，政府的唯一目标就是保障现存的法律和权利，地方习惯法往往成为王国法律的基础。德国学者科恩指出，中世纪的政治思想与其说是中世纪的，不如说是古代日耳曼的，后者也是欧洲封建制得以创建的重要政治资源。① 即使法律本身也导源于日耳曼传统，生活中的惯例在法律中具有排他性和独占性。不难发现，不论是乡、镇基层还是上层政治架构，日耳曼的法律、制度与传统文化为早期西方提供了社会组织胚胎。

　　基督教是塑造欧洲文明的重要力量，欧洲文明甚至被称为基督教文明，其实基督教本身也必须经过中世纪的过滤和演化。一个平凡的事实是，同为基督宗教，在这边是天主教和改革后的加尔文新教，在拜占庭和俄罗斯等地就变成颇有差异的东正教。经过中世纪的采纳与认同，基督教潜在要素才得以显现。首先，它以统一的一神信仰，凝聚了基督教世界所有人的精神，这一点对于欧洲人统一的身份意识、统一的精神归属意识，具有无可替代、空前重要的意义。而这样的统一意识，对于欧洲人的身份自觉、文明自觉，又发挥了重大作用。布罗代尔指出，在欧洲的整个历史上，基督教一直是其文明的中心，它赋予文明以生命。

　　其次，它为欧洲人提供了完整的、具有显著的文明高度的伦理体系。基督教早期是穷人的宗教，其博爱观念在理论上（在实际上受很多局限）突破了家庭、地域、身份、种族、国家的界限。耶稣的殉难，以及他在殉难时对迫害他、杀死他的人的宽恕，成为博爱精神极富感染力的象征。博爱精神既为信徒追求大的超越、神圣，实现人生价值、生命意义提供了舞台，也为信徒践行日常生活中的道德规范提供了守则。当基督教出现之后，千百年来折磨人、迫害人、摧残人、杀戮人的许多暴虐传统，才遭遇了从理论到实践的系统的反对、谴责和抵制，以对苦难的同情为内容的人道主义才开始

———————————

　　① 参见 Fritz Kern, *Kingship and Law in the Middle Ages*, New York: Praeger Publishers, 1956, Introduction, p. xviii。

流行。它广泛分布的教会组织，对中世纪动荡、战乱的欧洲社会秩序重建，对于无数穷苦人苦难的减缓，起过无可替代的作用。

最后，它关于上帝面前人人平等的观念，无论高贵者还是低贱者皆有"原罪"的理念，导致对世俗权力的怀疑，为以后的代议制度孕育预留了空间。权力制衡权力的实践在罗马时代已出现，但基督教的原罪说才提供了坚实的理论依据，开辟了真正广阔的前景。在上帝救世说中，个人是"原罪"的承担者，而灵魂得救也完全是个人行为，与种族、身份、团体无关；个人的宗教和道德体验超越政治权威，无疑助益个体和个体观念的发展。这是古典世界所不曾发生的。

中世纪基督教会的消极影响也无可讳言，它在相当长的时间里、相当严重的程度上用愚昧的乌云遮蔽了理性的阳光，诸如猎杀女巫运动，对"异端"的不宽容，对"地心说"的顽固坚持，等等。更为严重的问题是，随着教会世俗权力的膨胀，教会也不能幸免自身的腐败。作为近代早期欧洲宗教改革的重要成果，基督教会逐渐淡出世俗，完全回归到心性与精神领域。

古希腊罗马文明是欧洲文明选择、采纳其元素为己所用的另一个重要对象，当然它也要以自己的方式予以改造。古典文明的理性思考，对中世纪神学、经院哲学和对自然科学产生深刻影响。雅典无疑开创了多数人民主的先河，不过我们也应清楚地看到，雅典民主有以众暴寡的倾向，不具备现代民主的气质。说到底，古典时代没有独立的个体，缺乏现代民主的基础。

古罗马对于欧洲文明最重要的贡献是罗马法。罗马法法律体系最初不为蛮族所接受，随着蛮族的成长，12世纪他们重新发现罗马法，采纳了罗马法一些"概念"和"范式"，并重新诠释，结果气质大变，与其说罗马法复兴，不如说再造。人们可能看到，12世纪意大利比萨自由市的法律制度，采用了许多罗马法的规则，可是，相同的准则具有极不同的含义。教会法学家们热衷于解读罗马法，表面上他们在不停地辨析和考证罗马法，试图厘清本意；实际上在不断输入当时的社会共识，表达一种全新的见解。中世纪法学家最杰出的贡献，甚至是唯一成就，就是他们对罗马法中"IUS"概念的重新解读和改造，逐渐彰显自然权利和个体权利，开拓了一种新的文明源泉，为建构欧洲文明框架提供了基本元素。

倘若对中世纪与古典文明有较为深入的把握，就不难发现二者基本气质如此不同，人们对国家和权力的心理，对超自然力量的态度，还有社会组织方式、城乡布局等，都不一样。古典时代没有独立个体或半独立个体，看不到个人权利成长的轨迹，个人融于城邦整体中，最终融于帝国体制中；城邦公民的自由限于参政的积极自由而没有抵御公权侵犯的消极自由。梅因指出，"古代法律"几乎全然不知"个人"，它所关心的不是个人而是家族，不是单独的人而是集团。[1]在这种情况下，他们只得依附于城邦，当庞大帝国形成时则依附于帝国，如同基佐指出，臣民那么容易地接受帝国的专制政治信仰和感情，对此我们不应感到惊奇。[2]尽管古典文明达到相当的高度，但是最终还是与其他古代文明一样，未能摆脱谋求强大王朝和帝国的宿命。

无论如何，罗马帝国覆亡以后，不同文明诸种元素熔于一炉，或者一拍即合，或者冲撞不已，更多则是改造和嫁接，形成了一种新的文明源泉。8世纪封建制的确立进一步推进了这一历程。欧洲文明形成要比通常认为的时间晚得多，其过程也漫长得多，正是在这看似无序的过程中，文明元素逐渐更生，至中世纪中期，欧洲文明的内核基本孕育成形。

学者们试图对西方文明核心内涵做出概括性阐释。例如，亨廷顿认为西方文明的主要特征是：古典文明的遗产、天主教和新教、欧洲语言、精神权威和世俗权威的分离、法治、社会多元主义、代议机构和个人主义。西方文明所有重要的方面，他几乎都涉及了，不过这些"特征"没有逻辑关系，甚至因果混淆，未能揭示西方何

---

[1]　〔英〕梅因：《古代法》，沈景一译，商务印书馆1996年版，第146页。
[2]　参见〔法〕基佐：《欧洲文明史》，程洪逵、沅芷译，第27—28页。

以成为西方的根本所在。

梅因的研究值得关注。他的目光回溯到文明早期，他承认每一种文明都有其不变的根本，他称之为"胚种"，一旦成形，它的规定性是穿越时空的。他发现当下控制着人们行为的道德规范形式，都可以从这些"胚种"中找到根由。[①]也就是说，虽然欧洲文明不断变化，然而也有不变的东西，它所具有的原始特征，从初始到现今，反复出现，万变不离其宗。

无独有偶，著名的欧洲思想史学家希尔指出了同样的道理，他称不变的东西是欧洲精神版图上铺开的"重叠光环"。这些主题在欧洲历史中反复出现，直到今天还未失去它们的意义。下句话说得更明了：如果哪位读者首次看到它们时，它们已经穿着现代服装，那么我们不难辨认它们在历史上早已存在，虽然穿着那时的服装。[②]不论希尔的"重叠光环"，还是梅因的"胚种"，这些杰出学者的文明研究，都在探求特定文明的原始、不变的根本元素，颇似中华先贤屈原上下求索中发出的"人穷则返本"之呼唤！

四、欧洲文明确立的标志："元规则"生成

笔者认为，12—14世纪形成的自然权利，标志着欧洲文明的确立，它是欧洲文明不变的内核，大概也就是梅因所说的"胚种"。自然权利在一定意义上相当于主体权利，[③]只是角度不同而已。关于自然权利的起源，人们通常认为自然权利观念如同内燃机一样，是现代社会的产物。所幸国际学界近几十年的研究成果不断刷新传统结论，越来越多的学者认为，自然权利观念起源于中世纪，而且逐渐在西方学术界占据了主流地位。

欧美学者将自然权利观追溯至中世纪教会法学家的贡献固然重

---

① 〔法〕梅因：《古代法》，沈景一译，第69页。
② 〔奥地利〕弗里德里希·希尔：《欧洲思想史》，赵复三译，"前言"，第1页。
③ 参见侯建新："主体权利与西欧中古社会演进"，《历史教学问题》2004年第1期。

要，不过还应同时关注观念背后的社会生活，关注12世纪社会条件的变化。一种文明的诞生不会凭空而降，必须具备与之相应的个体与群体，特定的社会共识，相应的社会环境。再好的种子落在石板上，也不会发芽成长。

不难发现，到中世纪中期，个体发展与社会发展已经超越了古典时代，本质上不同于古希腊罗马。早在8世纪，欧洲封建制确立，创建一种原创性的政治社会秩序；同时，也是欧洲个体成长的一个重要节点。领主附庸关系蕴藏的信息相当丰富复杂：一方面领主与附庸关系是等级关系，是一种人身依附关系；另一方面领主与附庸双方都必须履行相应的权利和义务，并受到封建法保护。倘若一方没有履约，另一方可以解除关系，也就是说，领主可以抛弃违约附庸，附庸也可以离弃恶劣的领主，因此封建关系中的契约因素不言而喻。这不是说低贱者不受压迫和奴役，这里仅仅是说，他已根据某个法律体系取得了一种不可剥夺的权利——尽管是一种等级权利、低级权利，他却有条件坚持这种权利，从而获得某种程度的保护。耐人寻味的是，这样的法律条款也是封建法的一部分，几乎同时为统治者和被统治者承认，达到相当程度的社会共识。

封建法中的"准契约关系"，深刻影响了中世纪的经济社会生活。在社会上层，按照规定，附庸服军役责无旁贷，然而服役的天数受到严格限制，否则会遭到附庸质疑和抵抗。英国大宪章运动的根本起因，是男爵们不能忍受约翰王破坏封建法，一再额外征召兵役。在社会下层，在采邑里，领主不能随意提高地租，即使在通货膨胀的情况下也很难，所以"习惯地租"几乎成了固定地租的代名词。可见，不论封臣还是普通农民，虽然等级不同权利也不同，然而都有不可剥夺的权利，一种保护自己不被过分压迫和侵夺的权利。正是因为臣民手里有权利，才有维护权利的法庭博弈。

因此人们不难看到，因某个采邑的归属，一个伯爵可以与国王对簿公堂，理直气壮，声称是为了正义和法律的荣誉。同理，一个佃农，即使农奴，为了他的土地权利也可以依据习惯法与领主周旋于庄园法庭。所以中世纪很少发现农民保有地被无故侵夺的案例。实际上，一个农民同时具有三种身份，他是领主的佃户，同时也是村庄共同体成员和教会的教民，这种多元身份也是农民权利保障的重要条件。中世纪城市是封建领地的一部分，市民也有不可剥夺的权利，而且更多一些，颇有吸引力。如果农奴被迫逃亡城市，有被领主追回的危险，但是度过101天后，依据城市法逃亡者便成为一个合法市民，任何人不能威胁他，他在一个新的共同体里再次获得一种权利。

中世纪的乡、镇居民固然不是现代社会意义上的独立个体，然而与其以前世界中的自我相比，与其他文明如古典文明中的自我相比，已经发生了突破性的变化。是否称之为"准独立个体"，才能更恰当、更充分地解释他们呢？这样的个体是中世纪走向现代社会不可或缺的角色，其中坚力量注定是最不安分的、最富有创新精神的人，是不竭动力的源泉。

"准独立个体"出现的历史意义不可低估。一个具有不可剥夺权利的人，一个不可任意奴役的人，一个能够依法自卫的人，一定会产生新的观念和新的语言，炼出新的品质，创造出新的社会关系和一个新的天地。古典世界是杰出的，但是毕竟没能做出本质性的突破，走向现代世界的突破是西欧民族做出的。个体和个体权利的成长，是欧洲千年发展史的一条主线，整个中世纪都可以理解为个体及个体权利成长的历史。正是在这个意义上，弗兰克·梅耶指出，在人类过去数千年的诸多伟大文明中，西方文明是独特的，不仅与古典文明有所区别，与其他所有文明都有所区别，而且是一种本质性的区别。[①]个体以及个体成长史，是欧洲观念、规则等产生的原点，也是欧洲文明产生的原点。

与古典文明及其他古代文明一样，欧洲中世纪不曾有独立个体（individual）；不过，还须看到变化的一面，大约中世纪中期，欧洲

---

① 参见 Franks S. Meyer, "Western Civilization: The Problem of Political Freedom", *Modern Age* (Spring, 1968), p. 120。

已然出现形成中的独立个体，发展中的独立个体——"准独立个体"。历史从这里分流。

　　实际上，已经有学者用实证的方式描述这种个体的发展足迹。剑桥大学人类学家艾伦·麦克法兰将英国个人主义（Individualism）追溯到1200年；戴尔则认为英国自中世纪中期就启动了社会转型，开始从共同体本位逐渐转向个人本位。[①]正如布洛赫所描述的那样，在12世纪，"自我意识的成长的确从独立的个人扩展到了社会本身。……从民众心灵深处产生的观念，与神职人员虔诚追求交汇在一起"[②]。基于多元的文化交流和灵动的现实生活，在上至教皇、教会法学家、中世纪思想家，下至乡镇普通教士踊跃参与的讨论中，欧洲社会形成了颇有系统的权利话语及其语境，阐明了一系列权利观念，其中自然权利概念应运而生，被称为一场"语义学革命"（semantic revolution）。[③]一扇现代社会之窗被悄悄地打开。

　　欧洲学者首先将自然权利的渊源追溯到14世纪，这主要是法国哲学家米歇尔·维利（Michel Villey）等人的贡献，半个世纪后，即20世纪中叶，以布赖恩·蒂尔尼为代表的历史学家则追溯得更远，认为自然权利观念产生于12世纪。[④]彼时，一位意大利教会法学家格拉提安（Gratian），将罗马法学家注释学成果以及数千条教会法规汇编成书。为了纪念他的杰出贡献，后人称该书为《格拉提安教令集》（Decretum of Gratian，简称《教令集》）。在这部《教令集》中，格拉提安重新解释了罗马法中ius的概念，启动了这一概念中主体、主观的含义。继而，12世纪若干教会法学家不断推进，鲁菲努斯（Rufinus）是自然权利概念发展的关键人物，他指出，"ius

---

① 分别参见 A. Macfarlane, *The Origins of English Individualism*; Christopher Dyer, *An Age of Transition? Economy and Society in England in the Later Middle Ages*。

② Marc Bloch, *Feudal Society: The Growth of Ties of Dependence*, Vol. I, London and New York: Routledge, 1989, pp. 106-107.

③ Takashi Shogimen, *Ockham and Political Discourse in the Late Middle Ages*, Cambridge: Cambridge University Press, 2007, p. 154.

④ 参见 Brian Tierney, *The Idea of Natural Rights: Studies on Natural Rights, Natural Law and Church Law, 1150-1625*, Cambridge: Scholars Press, 1997。

naturale”是一种由自然灌输给个人的力量，使其趋善避恶。另一位学者休格西奥（Huguccio），被称为12世纪最伟大的教会法学家，也指出 ius naturale 是一种行为准则，其最初的意义始终是个人的一种属性，“一种灵魂的力量”，与人类的理性相联系。至此，自然权利概念逐渐清晰起来。

进入14世纪，著名学者奥卡姆的威廉（William of Ockham）明确将罗马法中的 ius 阐释为个体的权能（potestas），并将这种源于自然的权利归结于个体，正是在这个意义上，自然权利又称为主体权利，奥卡姆被誉为“主体权利之父”。他说，这种权利永远不能被放弃，实际上它是维持生命之必须。[①]自然权利（nature rights）和主体权利（subjective rights）的出现，第一次确认了在实在法权利（positive rights）之外还有位阶更高的权利，突破了以往单一的法律体系。它们不是法庭上实际运用的权利，而是“天赋权利”，是所有时候都应该承认的权利，具有极其重要的引导和感召作用，成为欧洲深层次的社会规则系统生成的思想源泉。

生活中的实际存在，反复出现的个体与群体的行为，以及观念与话语，必须上升到抽象、系统的概念和理论表述，才能沉淀下来，存续下去，从而成为社会秩序的灵魂，也就是文明的核心要素。自然权利如同欧洲文明之胚种，埋下胚种，就要生根发芽、开枝散叶，12、13世纪的法学家们创造出许多源于自然权利的权利，发展出一种强有力的权利话语体系，衍化成相应的元规则，构成欧洲文明内核。

“元规则”（meta-rules）的定义是：某种特定文明首要、起始和关键的规则，决定规则的“规则”，被社会广泛认同并被明确定义，成为社会生活的基本准则。欧洲文明元规则内涵高度稳定，以至于渗入法律和政治制度层面，从而奠定西方文明基础，使西方成为西方。这个体系大致包括五个方面的基本内容，即“财产权利”“同意权利”“程序权利”“自卫权利”和“生命权利”。它们源自自然，不

---

① 参见 Brian Tierney, *The Idea of Natural Rights: Studies on Natural Rights, Natural Law and Church Law, 1150–1625*, p. 122.

可剥夺，也不可让渡；它们是应然权利，是消极自由权利，却深刻影响着社会走向。五项元规则简述如下：[①]

1.财产权利（rights to property）。 随着罗马法复兴，教会和法学界人士掀起了一场财产权讨论，而方济各会"使徒贫困"的争论第一次将财产权与自然权利概念联系在一起。

方济各会创建于1209年，宣称放弃一切财产，效仿基督，衣麻跣足，托钵行乞，受到历届教宗的鼓励。可教宗约翰二十二世在位时，却公开挑战"使徒贫困"论的合理性，他认为方济各标榜放弃一切所有权是不可能的。显然，教宗只是从实在法权利角度评判"使徒贫困"，而放弃了自然权利意义上的财产权。奥卡姆从"人法""神法"以及"自然权利"等大量权利概念分析入手，结合基督教经典教义，论证了他的复杂的主体权利思想。

奥卡姆承认方济各会士没有财物的实在法权利，然而他们来自福音的自然权利却不可剥夺，是无需任何契约认定的权利，而且位阶高于实在法权利。[②]结果，奥卡姆彰显了财产观中的自然权利，从而成功地捍卫了方济各会的合法性。

中世纪自然权利观念深刻地影响到社会的财产权利观。《爱德华三世统治镜鉴》（*Speculum Regis Edwardi III*）强调这样一个原则：财产权是每个人都应当享有的权利，任何人不能违背他的意志夺走其物品，这是"一条普遍的原则"，即使贵为国王也不能违反。社会底层人的财产权最易受到侵害，所以王室官员强买贫苦老农妇的母鸡是更严重的犯罪，"必将受到现世和来世的惩罚"。作者排除侵权行为的任何华丽借口，"不存在基于共同福祉就可以违反个人主体权利的特殊情况"。[③]

---

① 关于欧洲文明元规则论述，详见侯建新："中世纪与欧洲文明元规则"，《历史研究》2020年第3期。

② 参见 Brian Tierney, *The Idea of Natural Rights: Studies on Natural Rights, Natural Law and Church Law, 1150–1625*, pp. 121–122。

③ Cary J. Nederman, "Property and Protest: Political Theory and Subjective Rights in Fourteenth-Century England", *The Review of Politics*, Vol. 58, No. 2 (1996), pp. 332, 343.

13世纪初叶《大宪章》的大部分内容，都关涉到臣民的财产权利。依附佃农的财产权利也并非缺位，他们依照惯例拥有一定的土地权利并受到习惯法保护，权利是有限的却是很难剥夺的。有一定保障的臣民财产权，有利于社会财富的普遍积累。

2.同意权利（**rights to consent**）。"同意"作为罗马法的私法原则，出现在罗马帝国晚期，进入中世纪，"同意"概念被广泛引申到公法领域，发生了质的变化，成为欧洲文明极为重要的元规则之一。

首先，"同意"概念进入了日常生活话语。按照日耳曼传统，合法的婚姻首先要经过父母同意，但至12世纪中期，年轻男女双方同意更为重要，并且成为一条基督教教义。同意原则甚至冲破了蛮族法的传统禁令，可见日耳曼传统也要经过中世纪社会过滤，此乃明证。教会婚姻法规定只要男女双方同意，即使奴隶与自由人之间的婚姻也是有效的，奴隶之间的婚姻亦然。

其次，同意原则成为公权合法性的重要基础。教会法学家认为，上帝授予人类拥有财产和选择统治者的双重权利，因此，不论世俗君主还是教宗，都要经过一定范围人士同意，才能具有足够的权威和足够的合法性。日耳曼诸蛮族入主欧洲，无论王国颁布新法典，还是国王加冕，无不经过一定范围的协商或同意。英王亨利一世加冕后写给安塞姆主教的信中说："承蒙你和其他人的忠告，我已经向自己与英格兰王国人民做出承诺，我是经过男爵们普遍同意而加冕的。"①

乡村基层社会亦如此，庄园领主不能独断专行，必须借助乡村共同体和村规，否则很难实行统治。这些"村规"被认为是"共同同意的村规"（Village By-laws by Common Consent）。庄园领主宣布决定或法庭判决时，一定宣明业已经过佃户全体同意，以彰显权威，而这些过程确实有佃户的参与。

最后，值得关注的是，在确立同意原则的同时，提出对"多数

---

① Austin Lane Poole, *From Domesday Book to Magna Carta 1087-1216*, Oxford: Oxford University Press, 1993, p. 10.

人同意"的限制。多数人的表决不是天然合理。其表述相当明确：民众的整体权利不比其个体成员的权利更高，对个人权利的威胁可能来自统治者，也可能就来自共同体内的多数派。显然他们已然意识到并直接排拒"多数人暴政"，中世纪即发出这样的警示难能可贵。13世纪初，特鲁瓦教堂多数派教士发动一场"财政政变"，试图强占少数派的葡萄园，结果，多数派的这一做法遭到教宗英诺森三世的否定，他的批示是：多数票决不能剥夺教士共同体中少数派的个人权利。可见，同意原则与古典时代判然不同，是民主程序，更是个人自然权利，后者不可让渡。同意原则不仅在观念上被广泛接受，在实践上也得到一定范围、一定程度的实施。

3. 程序权利（rights to procedure justice）。中世纪法学家把坚持正当程序看作一个具有独立价值的要素，在他们的各种权利法案中，程序性条款占据了法律的中心地位，法律程序地位的高低被认为是法治与人治之间的基本区别。正当审判程序原则最早见于1215年英国《大宪章》：对于封臣，如未经审判，皆不得逮捕、监禁、没收财产、流放或加以任何其他损害。还决定推举25名贵族组成委员会，监督国王恪守《大宪章》并对其违规行为实施制裁。这些高度权威性的法条，从程序上明确规约政府公权力，使臣民免于被随意抓捕、监禁的恐惧，体现了程序正义的本质，筑起法治的基石。

实行陪审制的英国普通法，更有利于"程序正义"要素的落实，他们认为刑事审判属于"不完全的程序正义的场合"，即刑事审判的正当程序不一定每次都导致正当的结果，于是，"一种拟制的所谓半纯粹的程序正义"陪审制成为必要的弥补。陪审团由12人组成，与被告人身份相当，即"同侪审判"；犯罪性质全凭陪审团判定，且须陪审员一致通过，陪审团是真正的法官。判决后的案例（case）即成为此后类似案件审理的依据，所以他们不仅是法官而且还是创造律条的法学家！陪审制使得一部分司法权保留在社会手中，减少了司法权的官僚化和法律的僵硬化。

在欧洲大陆，审判程序也趋向严格和理性化，强调规范的诉答和完整证据，即纠问制（inquisitorial system）。13世纪以后逐渐产生了代表国王行使公诉权的检察官制度，理由是刑事犯罪侵害个人同时威胁公共安全。另一个重要发展是，不断出台强化程序的种种限定，以防止逮捕、惩罚等权力的滥用。如遇重要犯罪判决，还要征求庭外一些资深人士意见。由于僵硬的证据要求，为获取口供以弥补证据不足，刑讯逼供往往成为法官的重要选项，纠问制法庭的暴力倾向明显。

近代以后，英国普通法法系与大陆法系有逐渐接近的趋向。"程序正义"从程序上排拒权力的恣意，强调"看得见的正义""最低限度的正义"以及"时效的正义"等；对当事人而言则是最基本的、不可让渡的权利。人们往往热衷于结果的正义，而真正的问题在于如何实现正义以及实现正义的过程。

4.自卫权利（rights to self-defense）。 又称为抵抗权（rights to resist），即防御强权侵害的权利，在中世纪，指臣民弱势一方依据某种法律或契约而抵抗的权利。抵抗权观念主要萌芽于日耳曼人传统中，那时人们就认为，他们有权利拒绝和抗拒违规的部落首领。进入中世纪，他们认为，国王和日耳曼村社首领之间没有天壤之别，仅仅是程度上的差异。抵抗权利观念可谓中世纪最有光彩的思想之一。欧洲封建制的领主附庸关系，被认为是一种准契约关系，这不是说欧洲封建制没有奴役和压迫，而是说奴役和压迫受到了一定的限制。倘若一方没有履约，另一方可以解除关系，即"撤回忠诚"（diffidatio）。"撤回忠诚"是从11世纪开始的西方封建关系的法律特性的一个关键。

由于抵抗权的确立，国王难以掠夺贵族，贵族领主也难以掠夺农民，从而有利于生产和经营，有利于社会财富的良性积累，成为英国、荷兰等西欧国家农业经济突破性发展的秘密。人们不难发现，国王与某贵族对簿公堂，国王未必胜诉。在一桩土地权利诉讼案中，被告席上的伯爵这样表示："如果我屈从于国王意志而违背了理性，……我将为人们树立一个坏的榜样：为了国王的罪恶而抛弃法律和正义。"①可见，如果受到不公正的对待，附庸可以反抗，理直气壮地反抗！

同时，国王不能侵害封臣领地，封臣完成规定的义务外，国王不能从封臣采邑中拿走一个便士。"国王靠自己生活"，即国王只能依靠王室领地收入维持王室生活和政府日常开支，只有在战争时期才能向全国臣民征税。在相当长一段时期内，西欧的国王或皇帝没有固定的驻地，他们终年在其所管辖的领地之间巡行，称为"巡行就食"，因为把食物运到驻地的成本过于昂贵。法兰克国王、盎格鲁-撒克逊国王、诺曼诸王、金雀花诸王无不如此。欧洲没有也不可能有中国那样的"漕运"②。德皇康拉德二世1033年的行程是：从勃艮第巡行到波兰边境，然后返回，穿过香槟，最后回到卢萨提亚。直线距离竟达1 500英里左右！即使在王室领地上，国王的消费——所收缴租税的折合，也受到习惯法限制，国王随行人员数量、停留天数等都有具体规定。

同理，不论在王室庄园还是一般领主庄园，佃农的习惯地租基本是不变的。地租固定可以保证领主的收入，另一方面防止领主的过分侵夺。习惯地租被称为保护农民经济的"防波堤"（dyke），有助于土地增值部分流进农民口袋，促进小农经济繁荣。以英国为例，有证据显示，农业资本主义的成功是以小农经济的普遍繁荣为基础的。在二三百年的时间里，地租基本不变，佃户个体可以积累资金、扩大土地和经营规模，形成富裕农民群体（well-to-do peasantry），从中产生租地农场主或新型地产主，从而改变乡村社会结构。

人们普遍接受这样的理念——领主不能为所欲为，许多表面看来似乎只是偶然的起义，其实基于一条传统深厚的原则：在国王或领主逆法律而行时，人们可以抗拒之，甚至暴力抵抗之，这并不违背封建道德。附庸的权利得到法律认定，逻辑上势必导致合法自卫

---

① Fritz Kern, *Kingship and Law in the Middle Ages*, pp. 88-89.
② 漕运，指中国皇权时代从内陆河流和海运将征缴的官粮送到朝廷和运送军粮到军区的系统。漕运被认为是王朝运转的命脉，因此中国历代皇权都开凿运河，以通漕运。

权。附庸可以离弃恶劣的领主，是欧洲著名"抵抗权"的最初表达，被认为是个人基本权利的起点。自卫权没有终结社会等级之间的对抗，然而却突破了单一的暴力抗争模式，出现了政治谈判和法庭博弈，从而有利于避免"零和游戏"的社会灾难，有利于社会良性积累和制度更新。

英国贵族抵抗王权的大宪章斗争，最终导致第一次议会召开，开创政治协商制度的先河。近代美国1776年《独立宣言》、法国《人权宣言》等欧洲重要国家宪法文件，都不断重申抵抗的权利。人们不断地溯源，因为在这里可以发现欧洲文明的原始特征，布洛赫说："西方封建主义虽然压迫穷人，但它确实留给我们西方文明某些至今仍然渴望拥有的东西。"[1]

5.生命权利（rights to life）。 生命权之不可剥夺是近代启蒙学者的重要议题，然而该命题同样产生于中世纪。教宗英诺森四世和尼古拉斯三世等，都同情方济各会士放弃法定财产权利的修为，同时支持会士们继续获得维持生命的必需品。他们同声相应，都在为生命权利观背书。进入14世纪，教会法学家更加明确指出，人们可以放弃实在法权利，但不可放弃源自上帝的自然权利，这是人人皆应享有的权利，方济各会士有权利消费生活必需品，不管是否属于他所有。[2]

出于上帝面前人人平等的理念，基督教对待穷人有一种特殊的礼遇。无论多么边缘化的人，在上帝的眼中，没有什么根本区别。甚至，可以原谅因贫穷而犯下的过错。他劝诫富者捐赠穷人，提倡财物分享，那样才是"完全人"。[3]12世纪《格拉提安教令集》就有多篇文章为穷人权利声张，法学家休格西奥宣称，根据自然法，我们除保留必需之物外，余裕的部分应由需要的人分享，以帮助他人

---

[1]　Marc Bloch, *Feudal Society: Social Classes and Political Organization*, Vol. II, London and New York: Routledge, 1989, p. 452.

[2]　参见Brian Tierney, *The Idea of Natural Rights: Studies on Natural Rights, Natural Law, and Church Law, 1150-1625*, pp. 121-122。

[3]　《新约·马太福音》19：21。

度过饥荒，维持生命。当近代洛克写下"慈善救济使每个人都有权利获得别人的物品以解燃眉之急"的时候，生命权观念在欧洲已经走过了若干世纪，并且为社会捐献和贫困救济提供了最广泛的思想基础。

1601年，欧洲出台了现代历史上第一部《济贫法》，它不是教会也不是其他民间组织的慈善行为，而是政府颁布的法律文件，不仅济贫而且扶助失业劳动者。生命权元规则已外化为政府职能和政策，普遍、系统的社会福利制度得到极大发展，没有广泛和深入的社会共识是不可想象的。而它肇始于中世纪，其基本规则也确立于中世纪，被认为是中世纪向现代国家馈赠的最重要的遗产。

在极端需要的情况下穷人可以拿走富人余裕的物品，此之谓"穷人的权利"，由此生命权也是穷人革命的温床。13世纪教会法学家提出穷人在必要时有偷窃或抢劫粮食的"权利"，同时提出穷人索取不能超过必需的限度，否则即为"暴力掠夺"。在极端饥寒交迫的情况下，蒙难者采取非常手段获得维持生命的物品，如果腹的面包，或者几块取暖的木头是可以原谅的。可是，在实践中如何分辨"必要索取"与"暴力掠夺"？另一个悖论是，穷人的权利主张在现实生活中未必行得通，因为它们往往与法庭法律发生冲突。穷人为生存可以抢劫，这是自然权利使然；但按照实在法他们就是犯罪，要受到法庭制裁。中世纪法学家似乎给予自然权利更神圣的地位，他们认为，在法官眼里抢劫者是一个盗贼，可能被绞死，但在上帝眼里他仍然可以被原谅，如果他因生活所迫。

也就是说，即使法律禁止，主体权利本身仍然不可剥夺。[①]生命权利内含的平等观竟如此坚韧！欧洲是资本主义的策源地，殊不知它也是社会主义的故乡，发源于欧洲的空想社会主义思想的核心就是平等。不难看出，"元规则"对西方文明的影响既深远又复杂。

以上，并未详尽无遗地列出西方文明的所有元规则，这些元规

---

① 参见 Bede Jarrett, *Social Theories of the Middle Ages 1200–1500*, Westminster: The Newman bookshop, 1942, p. 123.

则也并非无一出现于其他文明之中，不过每个元规则皆植根于自然权利，而且自成体系，约束公权，笃定个体，激发社会活力，的确赋予西方文明以独有的秉性。自然权利、主体权利是欧洲文明之魂。越来越多的学者认识到，西方文明是独特的，不是普遍的，正是这些独特的内在规定性，使该文明有别于世界其他文明。经过几百年的发展，欧洲率先进入现代社会：英国1688年发生政权更迭，史称"光荣革命"，确立了君主立宪制；接着，美国、法国、意大利、德意志等也先后发生政治转型。经济上，欧洲培育出人类历史上第一个以工业为主要生产方式、城市为主要生活舞台的文明，彻底地改变了整个人类生产和生活模式。

"元规则"还有一个显著特征，它保持了足够的开放性。我们发现，欧洲文明是一条大河，在西欧诸民族主导下，凝聚了基督教世界所有人的基督教信仰，古典文明和以色列文明元素，还有他们自己的颇具个性的日耳曼传统文化，不断为它注入丰沛的水量，到中世纪中期形成了一种新的文明源泉。中世纪绝非"空档期"，恰恰相反，它是不同文化的汇通期、凿空期，更是开拓期，孕育确立新文明，循序趋近新纪元。正是在这样的基础之上，西方文明才形成近代以来浩瀚汹涌、汪洋恣肆、奔腾向前的大河景象。西方文明的发展历程雄辩地证明，一个文明要有伟大、持久的生命力，就要不断地从不同文明吸收营养，不断地自我革命，不断地开拓创新。

列出欧洲文明初创期确立的五项元规则，不意味着这些元规则总是存在并总是通行于西方社会。实际上，一些元规则所涵盖的基本权利最初只在有限的人群范围内和有限的程度上实行，虽然享有这些基本权利的人群范围在不断扩大。中世纪有农奴制，大部分农民丧失了一定的人身自由，那是领主对佃农的奴役。还有国王对臣民的奴役，基督教信徒对非基督教信徒的奴役，男人对女人的奴役，无论其范围大小、程度轻重，作为曾经长期存在于西方历史上的现象，无疑是消极、阴暗的。进入近代，还有殖民者对殖民地人民的暴行和奴役等等，不一而足。显然，欧洲文明元规则没有使西方变成一片净土。

此外，这些元规则本身也存在深刻的内在矛盾。例如，多数人权利与个人权利的关系、平等与自由的关系等，长期得不到妥善解决，反而随着民粹主义和民族主义的泛滥而更加复杂化。又如，依照"生命权"元规则，政府建立健全社会福利制度，全民温饱无虞而广受褒奖；另一方面，低效率、高成本的"欧洲病"[①]等问题又随之产生。生命权与财产权的抵牾之处也是显而易见的。欧洲文明其他元规则也出现不少新情况、新问题，它们的积极作用同样不是无条件的。"生活之树长青"，即使"天赋人权"旗帜下的主体权利，也不是推之百世而不悖的信条，历史证明，过度放纵的社会和过度压抑的社会，同样是有害的。

五、关于本书：《欧洲文明进程》（16卷本）

一个时期以来，有关"文明"的研究受到国内外学界的广泛关注，进入21世纪该因素越发凸显出来。欧洲文明是世界文明的重要组成部分，是欧美等发达国家的核心文化，是我们不可回避的一种外来文明。分析、评估欧洲文明利弊得失并消化其积极因素，乃是鸦片战争以来我国几代人的夙愿，也是我国学界不可推卸的一份责任。

"周虽旧邦，其命维新。"中华文明自古以来就以海纳百川、兼容并蓄的胸怀闻名于世，正是由于不断地汲取其他文明的精华才使我们得以生生不息，文脉永续。走自己的路，却一刻不能忘怀先贤"开眼看世界"的遗训。我们相信，西方文明是一个必须直面的文明，也是一个值得花气力研究的文明，无论这个文明之花结出的累累硕果，还是其行进过程中吞下的历史苦果，都值得切磋琢磨，化作我们"为往圣继绝学，为万世开太平"的有益资源。

就地域和文化差异而言，欧洲文明是距离我们较远的异质文明，

---

① "欧洲病"，指西方国家由于过度发达的社会福利而患上的一种社会病，其结果是经济主体积极性不足，经济低增长、低效率、高成本，缺乏活力。

是经过第二次或第三次发酵的再生文明，一种相当复杂的文明，理解、研究起来有一定难度，绝非朝夕之功。需要笃定不移的专业精神，代代相承的学术积淀，因此还需要长期安定、宽容、鼓励创新精神的社会环境。可惜，相当长一个时期，这些条件的供应并不充分，甚至短缺。鸦片战争以后的漫长岁月里，中国多灾多难，饱受内忧外患和战乱之苦，后来又有各种政治冲击，以至于"偌大国土放不下一张平静的书桌"。

前辈先贤的筚路蓝缕之功不能忘怀。令人欣慰的是，欧洲史乃至世界史研究，自20世纪80年代已有明显起色。在改革开放春风吹拂下，国门渐开，社会宽松，思想活跃，人心向上，尽管生活清贫，还是让老一代学者回归学术，更是吸引了一代年轻学人，追寻真知，潜心向学。经过改革开放四十年，他们已经成为这个领域承上启下的中坚力量。由于他们特殊的经历，对社会环境有着特殊的体验，因此他们格外感恩自己生命的际遇。毫不溢美地说，经过几十年的积累，我国的欧洲文明史研究取得了突破性进步，开土拓荒，正本清源，极大更新了以往的知识体系。为了夯实继续前行的基础，薪火相传，是否应该及时梳理和小结一下？

新世纪初年，我产生这个念头，并与学界和出版界几位朋友讨论，大家的看法竟是出乎意料地一致。更令人欣喜的是，当按照理想人选组成课题组时，所邀之士无不欣然允诺。当时没有什么经费，也没有任何项目名头，所邀者大多是繁忙非常的一线教授，可是他们义无反顾，一拍即合。本课题组成员以改革开放后成长起来的学人为主体，大多为"50后"和"60后"。雁过留声，用中国人自己的话语和方式，留下这一代人对欧洲文明的认知记录，以学术反哺社会是我们共同的梦想。2008年这个课题已经启动，2012年全国社科规划办公室批准为国家重大招标项目，则是四年以后的事了。

我们的学术团队是令人骄傲的，主要成员都是欧洲史研究不同领域的优秀学者。以天津师范大学欧洲文明研究院为依托，集中了国内外12个高校和学术机构的力量，他们来自北京大学、中国社会科学院、中国人民大学、南京大学、山东大学、山东师范大学、华东师范大学、浙江师范大学、中山大学、河北大学和英国伯明翰大学。这个项目颇具挑战性，因为每卷即是一个专题，承担者要打通传统断代分野，呈现来龙去脉，所以被称作"自讨苦吃"的项目。每个子课题大纲（即每个分卷大纲），在数次召开的课题组全体会议上，都要反复质疑和讨论方得通过。从每卷的主旨目标、框架结构，到重要概念，时常争论得面红耳赤，此情此景，令人难忘。"一年好景君须记，最是橙黄橘绿时"，此时此刻，我谨向团队学人同道致以由衷的敬意和感谢！

《欧洲文明进程》（16卷本）是中国学者撰写的第一部多卷本欧洲文明研究著作，分为16个专题，涵盖了政治、法律、经济、宗教、产权、教育以及乡村和城市等欧洲文明的主要方面。我们试图突破一般文明史的叙述方式，采纳专题史与年代史相结合的编写体例。每一卷就是一个专题，每个专题都要连贯地从欧洲文明肇始期讲到近现代；同时，各个专题之间相互补充，相辅相成，让读者通过不同的侧面逐渐丰富和加深对欧洲文明的总体认知。我们的原则是局部与整体结合，特定时段与历史长时段结合，历史细节与文明元规则结合。这是我们的愿望，效果还有待于读者诸君检验。

16个专题，也是欧洲文明16个重大问题，它们是：

1. 欧洲文明进程·民族源流 卷
2. 欧洲文明进程·农民地权 卷
3. 欧洲文明进程·司法与法治 卷
4. 欧洲文明进程·政府 卷
5. 欧洲文明进程·赋税 卷
6. 欧洲文明进程·基督教 卷
7. 欧洲文明进程·自由观念 卷
8. 欧洲文明进程·大学 卷
9. 欧洲文明进程·大众信仰 卷
10. 欧洲文明进程·地方自治 卷

11.欧洲文明进程·生活水平 卷

12.欧洲文明进程·贫困与社会保障 卷

13.欧洲文明进程·市场经济 卷

14.欧洲文明进程·城市与城市化 卷

15.欧洲文明进程·工业化 卷

16.欧洲文明进程·贸易与扩张 卷

　　2008年着手课题论证、体系策划和组建队伍，这样算来我们走过了十几个年头。自立项伊始，朝斯夕斯，念兹在兹，投入了可能投入的全部精力和时间，半日不得闲。蓦然回首，年华逝去，多少青丝变白发。眼下，课题结项，全部书稿杀青，《欧洲文明进程》（16卷本）即将由商务印书馆出版。感谢张椿年先生，他是中国社会科学院荣誉学部委员、世界历史研究所原所长，他满腔热忱地鼓励本课题的论证和立项，时常关心课题的进展。可惜椿年先生不幸溘然离世，未看到该成果面世。我们永远怀念他。感谢著名前辈学者、中国社会科学院原常务副院长、德高望重的丁伟志先生，他老人家数次与我长谈，提出许多宝贵的指导性意见，那几年常有书信电话往来，受益良多，至为感激。感谢天津师范大学原校长高玉葆教授，他信任我们并最早资助了我们，使本项目得以提前启动。感谢三联书店原副总编潘振平先生，他参加了本课题早期创意和策划。感谢商务印书馆原总经理于殿利的支持，感谢郑殿华主任、陈洁主任和杜廷广等编辑人员；感谢天津师范大学陈太宝博士以及欧洲文明研究院的其他同仁，他们为本成果的出版付出了辛勤的劳动。还有许多为本成果问世默默奉献的人士，我们心存感激，恕不一一。

2021年，春季，于天津

目　录

前　言

一、"政府"一词的渊源

　　"政府"一词在汉语语境内是一个名词，源自唐宋时期的两个行政机构，即唐朝的"政事堂"、宋朝掌管军事的西府和掌管政务的东府合称的"二府"。可见在中国历史上很早就有了较为健全的行政机构。在拉丁语系中，英语的government①、法语的gouvernement、德语的Regierung都源自古拉丁语的regere，原意为"控制"。但在中世纪这个词逐渐转意为"统治"，自13世纪起这个词在历史文献中经常出现。当代英语词典中对government的阐释是：统治的行为或者过程。可见，从词源学的角度看，汉语与拉丁语系在词义方面似乎并不完全对等，而是有着一定的差异。这种差异在历史实践中也非常明显地表现出来。在中国，从秦朝起就已经形成了一整套官僚机构，管理国家政务，执行皇权的命令，抑或可以说政府是皇权进行统治的工具。在中世纪的西欧，regere主要指的是那些掌握权力进行统治的人（group）而不是组织机构。在中世纪早期的封建政体中，实行的是国王或者贵族在各自领地内的个人统治，只是到了13世纪之后，在英国、法国和德意志帝国才逐步开始设立辅佐王权进行统治的行政管理机构，也正是从这个历史时期起，government这

---

　　① 在英汉词典中，government是多义词，包含政府、政体、管辖、治理等多个含义，但国内学者似乎更多采用的是"政府"这个含义。

1

个动名词有了"政府"的含义。

在西方学界，"政府"一词并不仅仅意味着机构，洛克在其《政府论》中认为，在自然状态下的人们会联合成为国家，并且置身于政府之下，他们的"重大的和主要的目的，是保护他们的财产"；因为人人都想要惩罚破坏其财产的人，而且他们也有这个权利，但是他们行使权利时"既不正常又不可靠，会使他们遭受不利，这就促使他们托庇于政府的既定的法律之下"。①卢梭则这样定义政府："政府就是在臣民与主权者之间所建立的一个中间体，以便两者得以互相适合，它负责执行法律并维护社会的以及政治的自由。"他进一步说："这一中间体的成员就叫作行政官员或者国王，也就是说执政者；而这一整个的中间体则称为君主。"②在中世纪的英格兰盛行的这样一句政治谚语似乎可以印证卢梭的论据："国王所至，法律必存。"（Wherever the king was, there was the law.）③可见，在西方学界，有关政府的研究常常是将其与法律结合起来的。

法国著名学者基佐则是在研究中把政府与社会结合起来，他认为"政府"这个概念隐含在"社会"的概念中，"而政府概念则又包含着另两个概念，即人的集合（collection of men）概念，以及作用于这些人的规则概念，这是一个构成政府本身的权力的规则也即一个不是由遵守它的那些人创造的，而他们又有道德义务遵守的规则。任何政府都不会完全漠视这一至高无上的规则，也没有一个政府曾经宣称强制力量或奇思异想是社会唯一法规。在寻找政府的原则时，我们发现社会权利原则是所有合法统治权的主要源头。在这个法律的法律中，在这个所有政府的规则中，包含着政府的原则"。所以，基佐说："社会和政府是互相代称的；没有政府的社会是不可能的，没有社会的政府也一样。社会的真正含义中必定具有规则、

---

① 〔英〕洛克：《政府论》，下篇，叶启芳等译，商务印书馆1964年版，第77—78页。

② 〔法〕卢梭：《社会契约论》，何兆武译，商务印书馆2003年版，第72—73页。

③ 〔比〕R. C. 范·卡内冈：《英国普通法的诞生》，李红海译，中国政法大学出版社2003年版，第43页。

普遍法的意思，也就是政府的意思。"①基佐所论政府与社会的这种相互关系是本研究的一个主要脉络，即：不是仅就政府机构本身阐释其演进的历史过程，而是沿着欧洲社会历史发展的轨迹来审视其政治制度的变迁。美国学者亨廷顿则把政府机制的建立看作造就社会共同体的纽带，他认为，"一个社会所达到的政治共同体水平反映着其政治体制和构成这种政治体制的社会势力之间的关系"，这个政治体制会"在各具特定利益的人和集团之间架起新的桥梁"。②值得一提的是，20世纪90年代末，牛津大学著名的政治史教授芬纳完成出版了三卷本的著作《统治史》③，其英文书名是 The History of Government，但中文译者并没有把书名翻译为"政府史"。这或许是译者根据这部著作传递的信息决定的，因为作者动态地诠释了自古代社会以来世界各地缘政治区域不同统治形式的演变过程，并没有局限在"政府"固态的形式上。

二、有关政府研究的综述

有关政府问题的研究在西方学界属于政治学的领域，最早涉猎这个领域的是16世纪初意大利文艺复兴时期的政治家尼科洛·马基雅维里的代表著作《君主论》④。虽然马基雅维里并没有专门地论述政府问题，但是他在论述君主的统治方式时，提到了治国的原则，也谈到了君主的权术，强调了政治统治的方法。比马基雅维里稍晚些时候的法国政治思想家让·博丹从"主权"的角度讨论了国家问

---

① 〔法〕弗朗索瓦·基佐：《欧洲代议制政府的历史起源》，张清津等译，复旦大学出版社2008年版，第53—54页。

② 〔美〕塞缪尔·P. 亨廷顿：《变化社会中的政治秩序》，王冠华等译，生活·读书·新知三联书店1989年版，第8、10页。

③ Samuel Edward Finer, *The History of Government, from the Earliest Times*, Oxford: Oxford Univ. Press, 1997. 中译本：〔英〕塞缪尔·E. 芬纳：《统治史》，第1卷，马百亮等译，华东师范大学出版社2010年版；第2卷，王震译，华东师范大学出版社2014年版；第3卷，马百亮译，华东师范大学出版社2014年版。

④ 〔意〕尼科洛·马基雅维里：《君主论》，潘汉典译，商务印书馆1985年版。

题，^①博丹被看作西方第一个系统论述主权概念的学者，^②他把主权作为国家存在的合法性，认为从中世纪到现代社会早期这个历史阶段是从个人的统治走向集权的国家统治的过程，在这个过程中个体的解放与国家的形成同时发生，统治者个人与其职责逐渐分离，其职责成为最高权力的一部分，各个国家的议会和政府逐渐成为统治权的执行者。^③抑或可以这样说，主权是现代国家区别于封建王国的一个重要标志。18世纪是西欧政治大变革的历史时期，也因此产生了一批政治学家，他们对博丹提出的"主权论"做了进一步的诠释，卢梭在他的《社会契约论》中强调政府是主权者的执行人，他论述了政府的三种形式，认为政府的权力来自被统治者的认同，所以一个理想的社会是建立在人与人之间的契约关系上，而不是建立于人与政府之间的契约关系。18世纪的政治学家们似乎都比较重视统治的合法性，^④孟德斯鸠的《论法的精神》在西方学界享有很高的声誉。这部著作从题目上看似乎是有关法律的著作，但作者在书中用相当多的篇幅讨论了政体的问题，他提出的行政、立法和司法"三权分立"的学说迄今还在很大程度上影响着西方的政制。^⑤

18世纪末在法国发生的大革命很快席卷了整个欧洲，亲历法国大革命的欧洲各国学者都对此十分关注，在政治学、法学以及历史学等领域相继出版了大量与此相关的著作，其中颇具代表性的是法国著名学者、巴黎大学教授基佐，他先后出版了《论代议制政府及法国现状》（1816年）、《欧洲代议制政府的历史起源》（1822年）等一系列政论性的历史学著作。在《欧洲代议制政府的历史起源》一书中，他对孟德斯鸠和卢梭的观点进行了批判，对代议制政府给予很高度评价，认为这是一个"正义""理性"的政府，因为它建立的

---

① Jean Bodin, *Les six livres de la République*, Paris: Chez Jacques du Puys, 1576.
② 参见〔英〕约翰·霍夫曼《主权》，陆彬译，吉林人民出版社2005年版，第43—44页。
③ Raia Prokhovnik, *Sovereignty: History and Theory*, Exeter: Imprint Academic, 2008, p.48.
④ 参见〔法〕孟德斯鸠《论法的精神》，上册，张雁深译，商务印书馆1961年版，第7—28页。
⑤ 同上书，第155—187页。

事实是：“统治权不属于任何个人。”[1] 19世纪西欧的法学家们受法国大革命的影响，也撰写了相关的政论著作，例如亨利·萨姆纳·梅因的论文集《民众政府》[2]，这是梅因鉴于19世纪下半叶在欧洲盛行的民主思潮从法学的角度阐述民主与政府的关系，这似乎更多的是一本政论性的论文集而非历史学意义的著作；与梅因同时代的英国著名哲学家、政治理论家约翰·斯图尔特·穆勒于1910年出版的《代议制政府》[3]也是如此。

　　19世纪是西欧人文学科大发展的历史时期，在这个世纪中产生了多个新的人文学科，这些新的人文学科也都从不同的视角阐述了统治的形态。德国社会学的鼻祖马克斯·韦伯从社会史学的角度论述各种类型的统治形态，而且在谈到统治的类型时特别强调其合法性，这种合法的统治有一个“按章办事”的“机构”，[4]即“政府”。德国著名哲学家尼采的《权力意志——重估一切价值的尝试》[5]从“人的意志”——对统治的渴望、权力的渴望——看外在的权力和立法，尼采以此打破了自中世纪以来西欧在法学和政治学中强调理性主义的传统，对政治理论的发展产生了极为重要的影响。卡莱尔多卷本的《西方中世纪政治学说史》、基尔克的《中世纪政治思想》、查理·霍华德·麦克尔温的《政治思想的发展》也都从不同的视角论述了西欧统治形态的演变。[6]英国学者迈克尔·曼在其《社会权力的来源》[7]一书中进一步打破了西欧理性主义政治的传统，他尚未全

---

[1]　〔法〕弗朗索瓦·基佐：《欧洲代议制政府的历史起源》，张清津等译，第56页。

[2]　Henry Sumner Maine, *Popular Government*, New York: H. Holt, 1886.

[3]　John Stuart Mill, *Representative Government*, London: Dent, 1910.

[4]　Max Weber, *Wirtschaft und Gesellschaft: Grundriss der verstehenden Soziologie*, Köln (u.a.): Kiepenheuer & Witsch, 1964. 中译本《经济与社会》，林荣远译，商务印书馆1997年版，第238—247页。

[5]　〔德〕弗里德里希·尼采：《权力意志——重估一切价值的尝试》，张念东等译，商务印书馆1991年版。

[6]　Robert Warrand Carlyle, *A History of Medieval Political Theory in The West*, Edinburgh (u.a.): Blackwood, 1903; Otto Gierke, *Political Theories of the Middle Ages*, Cambridge University Press, 1922; Charles Howard Mcilwain, *The Growth of Political Thought*, New York: Macmillan, 1932.

[7]　〔英〕迈克尔·曼：《社会权力的来源》，第1卷，刘北成等译，上海人民出版社2002年版；第2卷，陈海宏等译，上海人民出版社2007年版。

部完成的论著虽然引起了颇多争论，但也获得了很多的赞誉。迈克尔·曼没有把权力仅仅看作一种政治关系，认为这也是一种人与人之间的关系，因为这种关系涉及社会的分工、物质生活、财富和资源的分配等诸多因素，所以，他认为社会的权力来源于经济、意识形态、军事和政治这四个方面。可以说，迈克尔·曼的研究在一定程度上开拓了这个领域的研究新视角。在这里还值得一提的是美籍奥地利学者埃里克·沃格林，这位多产学者除了政治学史之外还涉猎神学、心理学和哲学等人文学科，他的全集多达34部，其中有五卷本的《秩序和历史》、《宗教和政治》、多卷本的论文集，以及颇有影响的八卷本的《政治观念史稿》①，他在这套著作中论述了从古典时期至现代的西欧政制，并且提出了一个"整体"的概念，即把政治学看作一种人的生活秩序，因此在论述政治学的同时还要涉及立法、宗教、哲学等与人密切相关的学科领域。

　　第二次世界大战以后经过一段时间的恢复期，西方人文科学又进入了新一轮的发展时期，有关政制以及政治思想方面的著作再次大量出版，约翰·莫瑞在20世纪50年代末期出版的《中世纪政治思想》②是这个领域较早出版的具有代表性的著作之一。在有关西欧中世纪的研究领域中，沃尔特·乌尔曼是一位多产学者，尤其深谙中世纪的教权和君权的关系，他从60年代起就发表了一系列有关中世纪王权和教权的论文，也出版了相关著作，70年代更是他研究的高峰期。诸如他的《中世纪的法律和政治》③《中世纪政治思想》④《中世纪政府和政治原理》⑤等多部著作无疑都属于此领域中的经典之作。20世纪80年代西方学界的相关研究更是到了一个繁盛期，有关政

---

① 沃格林的八卷本的《政治观念史稿》（*History of Political Ideas*）中译本近年由华东师范大学出版社出版。

② John B. Morrall, *Political Thought in Medieval Times*, London (u.a.): Hutchinson, 1958.

③ Walter Ullmann, *Law and Politics in the Middle Ages: An Introduction to the Sources of Medieval Political Ideas*, London : Sources of History, 1975.

④ Walter Ullmann, *Medieval Political Thought*, Harmondsworth (u.a.): Penguin Books, 1975.

⑤ Walter Ullmann, *Principles of Government and Politics in the Middle Ages*, London: Methuen, 1966.

治学史和政治思想理论史方面的著作不胜枚举，首屈一指的自然是剑桥大学出版的五部政治思想史系列，即：由英国著名历史学家伯恩斯主编的《剑桥中世纪政治思想史，350—1450年》[1]，伯恩斯和马克·戈尔迪主编的《剑桥近代早期政治思想史，1450—1700年》[2]，克里斯托弗·罗等人主编的《剑桥希腊罗马政治思想史》[3]，马克·戈尔迪等主编的《剑桥十八世纪政治思想史》[4]，特伦斯·鲍尔等主编的《剑桥二十世纪政治思想史》[5]。这个系列的思想史研究突破了以往的研究传统，把政治思想史与政制史、经济政策与经济史立法和法学史等方方面面都联系起来，呈现出一个立体、动态的政治思想演变的历史进程。此外，约瑟夫·坎宁在其《中世纪政治思想史，300—1450年》[6]中也对西欧中世纪历时千年的政制以及早期在政治思想上的基督教化和晚期世俗化的历程有较全面的论述。

自20世纪八九十年代起，我国学界翻译出版了一系列影响颇大的政治思想史方面的论著，例如：乔治·萨拜因的名著《政治学说史》、威廉·邓宁的《政治学说史》以及美国学者列奥·施特劳斯等主编的涵盖从古典到现代的西方哲学家有关政治学论述的《政治哲学史》等。[7]虽然这些著作并不是有关"政府"问题的专著，但是学者们的研究较为详尽地呈现了西欧古典时期、中世纪以及近现

---

[1]　James H. Burns (ed.), *The Cambridge History of Medieval Political Thought, c.350-c.1450*, Cambridge (u.a.): Cambridge Univ. Press, 1988.

[2]　James H. Burns (ed.), *The Cambridge History of Political Thought,1450-1700*, Cambridge (u.a.): Cambridge Univ. Press, 1991.

[3]　Christopher Rowe (ed.), *The Cambridge History of Greek and Roman Political Thought*, Cambridge (u.a.): Cambridge Univ. Press, 2000.

[4]　〔英〕马克·戈尔迪、罗伯特·沃克勒主编：《剑桥十八世纪政治思想史》，刘北成等译，商务印书馆2017年版。

[5]　Terence Ball, Richard Bellamy (ed.), *The Cambridge History of Twentieth-Century Political Thought*, Cambridge: Cambridge Univ. Press, 2003.

[6]　Joseph Canning, *A History of Medieval Political Thought, 300-1450*, London and New York: Routledge, 1996.

[7]　〔美〕乔治·霍兰·萨拜因：《政治学说史》，盛葵阳等译，商务印书馆1986年版；〔美〕威廉·邓宁：《政治学说史》，谢义伟译，吉林出版集团有限责任公司2009年版；〔美〕列奥·施特劳斯等主编：《政治哲学史》，李天然等译，河北人民出版社1993年版。

代社会中政治思想的全貌，有助于我们通过这些研究了解西欧不同历史时期政制的概貌。当然，在众多的学术著作中不乏有关政府的论述，英国学者斯金纳的《现代政治思想的基础》①在论述近代政治思想时，回顾了文艺复兴和宗教改革这两个在西欧社会转型的重要历史时期发生的重要历史事件对西欧近代政治理论形成产生的重要影响，他认为这两者是近代政制形成和发展的思想基础。意大利学者布隆代尔和德国学者米勒－隆美尔联合主编的论文集《西欧的内阁》②，对欧洲各个国家的内阁形成的历史进行了论述。曼彻斯特大学的政治学家理查德·罗斯的《理解大政府》③以及美国学者克林顿·劳伦斯·罗西特的《宪政专政：现代民主国家的危机》④等著作，都是从政治学的角度论述政府的相关问题。此外，美国政治学家罗伯特·达尔的《多头政体——参与和反对》⑤则是从民主的角度较为详细地分析在西欧历史上出现过的四种政体的形态，在此基础上进一步论述政府在实行统治中的作用。

英国牛津大学的教授芬纳在政治学史的研究中卓有成效，他的三卷本《统治史》（1997年）全方位阐释了人类历史上曾经出现过的、几乎不可一世的那些大帝国的地缘政治。在第1卷中，芬纳阐释了那些有着悠久文明的古老帝国的政制体系、它们的政治特点以及在近代社会中历史的途径。这本著作并不是单纯地论述各个地区和国家政府的建构和模式，而是更多地论述了古代帝国的地缘政治的状况、政治权力的权限以及行政管理方式，特别强调军事制度和

---

① 〔英〕昆廷·斯金纳：《现代政治思想的基础》，段胜武等译，求实出版社1989年版。

② Jean Blondel, Ferdinand Müller-Rommel (ed.), *Cabinets in Western Europe*, Basingstoke: Macmillan, 1988.

③ Richard Rose, *Understanding Big Government: The Programme Approach*, London: Sage, 1984.

④ Clinton Lawrence Rossiter, *Constitutional Dictatorship: Crisis Government in the Modern Democracies*, New York: Harcourt Brace & World, 1963.

⑤ 〔美〕罗伯特·达尔：《多头政体——参与和反对》，刘惠荣等译，商务印书馆2003年版。

宗教的组织机制对政制的影响，尽管后者是个信仰系统。[①]第2卷是以中世纪为主线，分别阐述欧洲和欧洲以外地区统治体系的特点，在阐述欧洲中世纪的政制时强调："封建制度是一个规范的、合法的，并且是法律意义上的合成统治体系。"[②]这个体系是以统治者，或者说是以国王（皇帝）个人为核心的统治，在其周围是效忠于国王（皇帝）个人、为其服役的封臣，几乎不存在什么行政机构，或许这就成为代议制机构产生的前提条件。西欧以外，在中国、东欧和中东地区，则都是较为庞大的帝国，有一套健全的官僚机制，也有完备的法律体系，但是却缺少对官僚以及统治者在法律上的制约，故被定义为专制统治。芬纳特别强调了拜占庭帝国在政制方面对欧洲产生的重要影响，"在长达上千年的时间里，拜占庭帝国都是欧洲最为重要的文化和教育中心。它拥有一个优秀的法律体系，一个高度负责且分工精细的行政体系，以及同样训练有素、组织严密的常备军"，[③]这些都通过十字军的东征以及古典哲学回归西欧被统治者逐渐认识、接受。芬纳的第3卷限定在了16—18世纪这个历史时期，以全球史的观点阐述了这个时期各个地区的政制。他不赞同某些历史学家宣称的"欧洲的国家体制优越于亚洲"的观点，认为从16世纪开始"随着欧洲对南美洲的征服和对东方的渗透，它们之间越来越相互依赖、相互模仿。就像一首乐曲的赋格，先是一种政体，接着是另外一种政体，然后是某些政体之间的转换，最后这些政体混合到一起"。他特别强调，从18世纪之后发生的"美国革命""法国革命"和"工业革命"这三大革命对现代国家的产生具有重要意义，他还总结了现代国家不同于中世纪的五个特征：常备军、专门的官僚机构、财政上的中央集权、广泛的贸易网络以及制度化的外交对话。[④]此外，他的《比较政府》[⑤]则是从社会史的角度论述统治史。

---

① 参见〔英〕塞缪尔·E.芬纳《统治史》，第1卷，马百亮等译，概念性序言第16—29页。

② 〔英〕塞缪尔·E.芬纳：《统治史》，第2卷，王震译，第279页。

③ 同上书，第55—56页。

④ 参见〔英〕塞缪尔·E.芬纳《统治史》，第3卷，马百亮等译，第4—5、12页。

⑤ Samuel Edward Finer, *Comparative Government*, New York: Basic Books, 1971.

被公认为英国"新马克思主义"学者的佩里·安德森坚持以马克思主义的立场对国家进行研究,《绝对主义国家的系谱》[①]是其重要的研究成果之一,在书中他强调西欧向现代化转型的过程中出现"绝对主义国家"的必然性,认为"绝对主义国家"形成的过程是君权的集权化,君权的集权化是告别个人联合的封建政制的必经之路。在这部著作中安德森不仅分别对地处西欧的英、法、意大利、西班牙等国做了论述,对地处欧洲东部的普鲁士、波兰、奥地利、俄罗斯以及阿拉伯帝国也分别进行了分析,更为重要的是他还将东、西欧的"绝对主义国家"进行了比较研究。

20世纪70年代中后期,法国著名哲学家、社会学理论家米歇尔·福柯在巴黎大学法兰西学院作题为《安全、领土与人口》[②]的讲座时首次提出了gouvernementalité(德语Gouvernementalität)这一概念,国内学界通常把这个词翻译为"治理术"[③]。福柯认为,所谓的"治理术"包括机构、处理方式、分析以及反思、预算和策略等,是一种能够掌控个人和集体行为的多重权力,其表现形式是现代政府,主要目标是居民,主要知识模式是政治经济学,主要的技术性的机制是采取安全措施。福柯用动态的实证历史诠释他为现代国家的"治理术"做出的定义,他认为现代国家的治理术是从中世纪的"正义国家"[④]一步一步地向国家实现治理化形式转变的一个结果。[⑤]福柯在其多部著作中都批判了传统的、受主权思想影响从法律的角

---

① 〔英〕佩里·安德森:《绝对主义国家的系谱》,刘北成等译,上海人民出版社2001年版。

② Michel Foucault, *Sicherheit, Territorium, Bevölkerung: Vorlesung am Collège de France, 1977-1978*, übers. Claudia Brede-Konersmann, Frankfurt am Main: Suhrkamp, ³2014.

③ gouvernementalité这个法语单词可以翻译为治理、管理,也译为政府、最高行政机构。

④ 西方学者通常认为,基督教的教义定义了"正义",世俗君主则是在民众中实施"正义",所谓的正义就是他们的政治权威,对于大众来说,正义就是获得保护以避免失去已有的土地。参见〔美〕约瑟夫·R.斯特雷耶《现代国家的起源》,华佳等译,上海人民出版社2011年版,第13—17页。

⑤ Michel Foucault, *Analytik der Macht*, übers. von Reiner Ansén, Frankfurt am Main: Suhrkamp, 2005, S.171f.

度阐述的权力，他于1976年出版的著作《规训与惩罚》①一书中，通过论述警察制度的产生，提出了"权力的微观物理性"的概念，这种权力的微观物理性是作为纪律的权力干预每一个人的身体和行为，治理术在现代国家中取代了主权性的权力。福柯把国家存在的原因作为国家的概念进行研究，这种国家是以在基督教中产生的乡村权力为基础构建的，乡村的和政治的权力术的结合是形成现代国家的起点，以警察制度这种方式产生的权力形式既是作为一种与整体有关也是与每个人的灵魂得救相关的权力形式。福柯虽然是在一个哲学家所具有的丰富的学识基础上探讨治理术，却为历史学对有关政权和国家的研究提供了可以拓宽的视角。

美国学者托马斯·埃特曼于1997年出版的《利维坦的诞生——中世纪及现代早期欧洲的国家与政权建设》，从社会学、政治学和经济学的角度综合考察欧洲各国从罗马帝国晚期到近代政府形态的变化和演进。他认为，直至18世纪欧洲各国地方政府的演变进程都存在着很大的差异，"这种差异对于欧洲政治发展的未来进程有着巨大的历史意义"②。以此为出发点，埃特曼在这部著作中从多个学科领域的视角论述了英国代议制以及西欧大陆等级议会制的不同特点。

德国近代史学家沃尔夫冈·莱因哈特于1999年出版了《国家统治史——从古典到现代的欧洲宪政比较史》，阐述了从古典时代到现代欧洲各国和各个地区政制演进的过程，他认为："国家不是如同乌尔里希·朔伊讷所说的是人类学的必要；它也不是如同弗里德里希·克里斯多夫·达尔曼③所说的是'原始的'；也不是格奥尔格·威廉·弗里德里希·黑格尔认为的，'就国家本身而言是道德的整体、自由的实现以及世界历史的目的'。政治人类学找到了许

---

① Michel Foucault, *Überwachung und Strafen: die Geburt des Gefängnisses*, bers. von Walter Seirtte, Frankfurt am Main: Suhrkamp, 1976.

② 〔美〕托马斯·埃特曼：《利维坦的诞生——中世纪及现代早期欧洲的国家与政权建设》，郭台辉译，上海人民出版社2010年版，第22页。

③ 弗里德里希·克里斯多夫·达尔曼是18世纪德国哥廷根大学著名的历史学家和政治家。

多'没有国家的社会'，欧洲的国家通过殖民主义进行的世界扩张造成了一些难以解决的问题，从那个时期起国家不再被看作是惯例，而是世界历史上的例外。当然在每个社会中都存在着不平等、权力的关系和政治的协商。但是很显然，国家和国家统治只是欧洲的根源。"[1] 他详细论述了欧洲政治文化的日耳曼的、罗马的和希腊的以及基督教和犹太教的根源，甚至从人类学的角度谈到了男人和女人的根源，分别论及欧洲各国政制的变迁、统治结构和机构的形成、教会和法律的作用，阐述了专制和国家机构产生的相互关系、强权政治和政治工具等一系列问题。

20世纪90年代末期，美国的经济学家最先提出了全球化的问题，政治学家们也围绕着全球化提出了自己的观点，美国政治学家詹姆斯·N. 罗西瑙与厄恩斯特－奥托·斯岑皮尔合编了论文集《没有政府的统治》[2]，有10位学者在这部论文集中就不同地区的政府模式进行了分析。他们认为，虽然迄今为止尚未出现一种能够掌控各民族国家的世界政府，但是各洲际之间的交往以及环境污染、货币危机等许多经济问题和社会问题已经使各个国家之间的相互依存扩大化了，由此提出了国际秩序治理、国际秩序的有效性、国家建设的方法等一系列问题。

在德国学界，阿西姆·布鲁诺格雷贝和克里斯提安·斯托克共同就全球化问题在德国知名的社会科学杂志 *PROKLA* 上撰文《全球统治方式：一种新的全球治理方式》[3]，2000年布鲁诺格雷贝与乌尔里希·布兰德合著的《全球统治方式》[4] 则从政治经济学角度把政治统治与国际经济合作以及国际政治联系在一起。卡尔·伯雷特是德

---

[1] Wolfgang Reinhard, *Geschichte der Staatsgewalt: Eine vergleichende Verfassungsgeschichte Europas von den Anfängen bis zur Gegenwart*, München: C. H. Beck, 1999, S. 15.

[2] James N. Rosenau, Ernst-Otto Czempiel (ed.), *Governance without Government*, Cambridge, New York: Cambridge Univ. Press, 1992.

[3] Achim Brunnengräber, Christian Stock, "Global Governance: Ein neues Jahrhundertprojekt?", in: *PROKLA. Zeitschrift für kritische Sozialwissenschaft*, Heft 116, 29. Jg., 1999, Nr.3, S. 445-468.

[4] Urlich Brand, Achim Brunnengräber, *Global Governance: Alternative zur globalen Entfesselung der Marktkräfte?* Münster: Westfälisches Dampfboot, 2000.

国著名的政治学家，毕生研究的重点是政府理论、国家的改革以及行政治理的现代化，他主编的《行政改革和政治科学：在实行和评价革新时的实践与科学的合作》①中用相当的篇幅论述了政府的行政机构、管理模式；在《政治和治理》②一书中他则更多地论述了政府机构、政治社会学、组织社会学等。90年代以后，伯雷特也开始关注政治的全球化问题，他于1993年主编了《21世纪的执政：全球化和地区化之间》③一书，重点论述未来世纪的政府。德国研究政治全球化的知名教授是达姆斯塔特大学的阿图尔·本茨，他从20世纪90年代起就着重研究全球政治与地区政治的关系，他的《多层面体系中的政治》④主要阐释有关政府的治理方式、政治的交织等；本茨曾在《统治方式》⑤一书中也就此问题进行过详细的论述，着重讨论"统治方式"（Governance）既是一个现代意义的概念也是一种科学的纲领；他认为，统治方式已经有了新的模式，是通过官方的和私人的活动家们共同组建的一种机制结构，实行社会、经济和政治的治理、协调和掌控，这就标志着在现代国家的统治实践中的变化，国际政治的新形态，在公共管理方面以及协会、企业、市场和区域内组织模式和各种组织关系的演变。

　　西方学界在政治学、社会学以及历史学领域内对政治体制的研究成果颇丰，主要是从政治学的角度探讨政治思想理论的发展，从法理学和法律的角度探讨政治权力的合理性；但对有关政府史的问题，即政府的形态和结构等方面的论述似乎较为有限，这或许是因

---

① 　Carl Böhret (Hrsg.), *Verwaltungsreformen und politische Wissenschaft: zur Zusammenarbeit von Praxis und Wissenschaft bei der Durchsetzung und Evaluierung von Neuerungen*, Baden-Baden: Nomos-Verl.-Ges., 1978.

② 　Carl Böhret, *Politik und Verwaltung: Beiträge zur Verwaltungspolitologie*, Opladen: Westdt. Verlage, 1983.

③ 　Carl Böhret (Hrsg.), *Regieren im 21. Jahrhundert—zwischen Globalisierung und Regionalisierung: Festgabe für Hans-Hermann Hartwich zum 65. Geburtstag*, Opladen: Leske & Budrich, 1993.

④ 　Arthur Benz, *Politik in Mehrebenensysten*, Wiesbaden: Verl. für Sozialwiss., 2009.

⑤ 　Arthur Benz, *Governance-Regieren in komplexen Regelsystemen*, Wiesbaden: Verlag für Sozialwissenschaft, 2004.

为在西欧古代和中世纪的历史上几乎不存在中文语境中的政府，尤其在中世纪采邑制的政治体制中几乎没有行政机构，也没有专职的领取薪俸的官员，因此他们更多的是讨论采邑制的社会基础，采邑的权利，议会的产生、职能、权限和发展等，相关的研究成果不胜枚举。

国内学界有关欧洲政府史的专著和论述似乎并不多见，我国研究中世纪史的著名学者、北京大学的马克垚教授于2017年出版的《古代专制制度考察》在对西欧的专制制度进行分析时较为系统地阐释了罗马帝国以及西欧专制王权的机构，并且横贯中西地对此进行了科学客观的比较。马先生的这部专著对笔者写这本书有很大的启发和帮助。首都师范大学的刘新成教授对英国政府方面的研究卓有成效，他的专著《英国都铎王朝议会研究》、他与南京大学沈汉教授合著的《英国议会政治史》对英国议会政治制度的发展做了较为全面的梳理和研究；沈汉教授的《西方国家形态史》则从形态学的角度考察了欧洲的国家政制。近年来，山东大学的顾銮斋教授主编的五卷《西方宪政史》从宪法和政府的关系方面涉及了西欧各国的政府。可以说，在国内学界有关欧洲政府，或者说对欧洲各历史阶段的机构方面的研究引起越来越多的学者们的关注。

三、本书的基本内容和观点

国外学界此前对欧洲政府史的研究尚不多见，这是由西欧古代和中世纪历史的特点决定的。在中世纪的早期和中期，王国主要是通过国王与贵族、国王与教会的关系治理的，因而德国历史学家称这种政治体制为个人联合的政体形式，这种政体形式是以采邑制为基础建立起来的。采邑制则是以封地为基础，以保护为原则，强调封君和封臣之间相互的权利和义务，在由此产生的政治结构中，起主导作用的不是机制而是个人之间的关系，这可以说是西欧封建政制的一个显著的特点。中世纪中期以后，随着社会经济的发展，西欧经济结构有了质的变化，不仅在生产关系上，而且在经营方式、收益的分配等各个方面都相应地有了极大的变化，人的社会关系当然也不可能一成不变，正是在这种变化中有了治理新的社会关系的机构。抑或可以这样说，西欧在14世纪开启了从中世纪向近代社会转型的历史时期，社会转型不仅是经济上的而且也是政制上的，也就是向现代国家的迈进，现代国家形成的一个重要标志是国家行政机构的组建。美国学者斯特雷耶认为，在中世纪的西欧，"国王是为了处理突发事件而存在，并不是领导一个行政或法律系统"①。国王通过法庭彰显王权的权威，可以说法庭是西欧中世纪唯一的机构；但是中世纪早期没有专门的法庭，也没有专职的法官，履行法庭职能的是公民会议、领地、教会；因而，各王国加强国王集权的措施大都是通过司法改革，设立全国性的王室法庭，法庭是中世纪西欧社会中最先出现的行政管理机构。

　　赋税是中世纪国王一个重要的收入来源，中世纪早期国王通过采邑权掌握了赋税权。随着西欧农业生产的发展，一方面，中世纪中期起土地经营方式的演变改变了国王的赋税方式；另一方面，赋税的目的也因为社会公共权力的逐步确定不再仅仅用于王室的开支，而是更多用于战争的军费，这就需要专门的机构征收、管理和使用，从而设立了最初的财政部门，有了专职的财政官员。14世纪形成的主权概念把王权与国王个人区分开，王权成为一种抽象的权威，体现王权权威的是王国的各个职能部门。主权、地域边界、行政机构的设立和完善以及公共权力的确定，是现代国家形成不可或缺的四个要素。行政机构的设立和完善与现代国家的形成同步进行，从这个历史时期起government这个单词才逐渐地被赋予了"政府"的含义。

---

① 〔美〕约瑟夫·R.斯特雷耶：《现代国家的起源》，华佳等译，第7页。

第一编　没有政府的封建王国
（5—12世纪）

第一章　政经混合的采邑制

　　欧洲文明有着相同的渊源，即源自古希腊和古罗马的古典文明。古希腊的先哲们在城邦这样的社会结构中创造了多个政治形态和政治理论：君主制、寡头政治、僭主制、独裁、专制，等等；这些今天依然耳熟能详的政治词汇都起源于古希腊时代。西方学者对古希腊时期的政制和统治的理论和实践都给予很高的评价，他们认为，人类历史在公元前5世纪经历了一场危机，由此发生了一场启蒙的大爆炸，其影响一直延续到今天，"欧洲是其结果，而希腊就是其关键"，而且"希腊人对政府实践和理论的影响是其中非常重要的一个方面"。[①]罗马人在确立帝国君主专制的过程中没有摈弃希腊人的政治理论，而是在此基础上形成了自己的政治体制。还没有完全摆脱游牧人社会性质的日耳曼人闯进了罗马人的世界，法兰克人在罗马帝国的废墟上建立了新的王国，他们在新的王国保留了日耳曼人社会的某些要素，同时也接受了罗马帝国的经济体制，两者结合确立了采邑制。古希腊没有今天意义的行政体制；罗马帝国的行政体制则是在不断扩张的过程中逐渐建立和完善的，具有明显的军事行政机构的特点；法兰克王国的采邑制的特点是政治和经济混为一体，这种特有的政经体制成为中世纪西欧各王国政治机构的起点。

　　[①]〔英〕塞缪尔·E.芬纳：《统治史》，第1卷，马百亮等译，第180页。

一、古希腊的政治遗产

城邦的概念

古希腊是欧洲文明的源头，欧洲的政治制度当然也会追溯到古希腊时期，正如德国著名学者卡尔·雅斯贝斯所认为的，希腊古典时期属于世界历史的轴心时代，"至今人们的生活依然是在依靠古代社会所出现的、所创造的、所思考的"，都可以追溯到这个轴心时代。[①]希腊独特的地理环境赋予生活在爱琴海群岛上的古希腊人独特认知。爱琴海的希腊群岛，大部分地区是荒瘠不毛的土地，但也有一些宜于生存的肥沃山谷，居住在这些山谷中的人们建立起自己的社会。因为这些山谷彼此之间为群山所阻隔，所以这些社会自然是各自分立的、区域性的，也就限定了其国家的类型。古典时代的希腊人在认识自然世界的同时逐渐认识了处于这个自然世界中的人类自身，他们把这种在不同地理环境中形成的、相互隔绝的群居的居民点称为polis，"城邦这种由希腊人所发展起来的最负盛名的政治社会组织出现了"[②]。polis这个词很难找到一个现代政治学的术语与之一对一地翻译，因为它包含了多个不同意义的现代政治学术语的词义，英国著名的政治学学者厄恩斯特·巴克在翻译亚里士多德《政治学》这部著作的前言中就polis这个词如何译为英语的问题做过详细的论述，认为从polis这个单词中可以引申出很多单词的含义，在翻译时就要面对两个主要的难题：一是这个词包含很多不同意义的词：citizen、statesman、political theory、constitution、civic body；二是这个词更多地是用于法律的意义，很少用于社会的

---

① Karl Jaspers, *Vom Ursprung und Ziel der Geschichte*, Frankfurt am Main: Fischer Bücherei, 1955, S. 19.

② 〔美〕菲利普·李·拉尔夫等：《世界文明史》，上卷，赵丰等译，商务印书馆1998年版，第218页。

意义，而今天意义的constitution绝不是一种生活。^①另一方面，从这个词的词根中派生出了政治学（politics）、政策（policy）等多个政治学领域的术语。正是基于这一点，西方学者根据polis被描述为一种具有共同生活基础的社会共同体，把其翻译为city-state（城市－国家），我国学界则将其译为"城邦"。

　　西方学者对希腊城邦的政制给予很高的评价，虽然在西欧的历史进程中从古希腊的城邦制到现代国家之间还相隔一个漫长的中世纪，他们认为现代宪政中依然存在着古希腊政制的特征。美国学者戈登就这样认为，雅典的伟大成就对一个强大的国家来说是影响深远的，但更具影响的、史无前例的是它在民主时代所发生的知识的和文化的繁荣。他总结了现代立宪民主中具有的"希腊化"特征：1.一种世俗的功利的政府观：政府是一种对普遍利益作出选择的工具。2.一种牢固的宪政秩序的观念虽然是政府组织的共有特征，但它仍然是能够被改变以适应新的环境的。3.公民广泛参与制定法律的过程。4."公共舆论"在其中起着持续作用的政治制度不会限制正式法规所明确规定的行为。5.法治有两种含义：一是国家的法律适用于所有公民，一是国家的权力必须通过既定的正式程序行使。6.一种单个的公民能在独立的、有权做出具有约束力决定的法庭面前为案例辩护的审判制度。7.一种限制国家公务员擅自使用权力的制度结构。^②

　　古希腊的城邦不是现代政治学关于国家政治体制的概念，更确切地说它是一种规模大小不等的居民点，但这些城邦都是独立的政治实体，每个城邦都有自己的经济结构和社会结构，有各自管理群体社会的方式和组织结构，从而创造了各种对后世政体产生重要影响的政体制度，即贵族制、僭主制、寡头政治、民主制。英国剑桥大学著名的古典学家摩西·伊萨克·芬利给予古希腊人的城邦很高

---

① Ernest Barker (ed.), *The Politics of the Aristotle*, Oxford: Clarendon Press, 1961.

② 参见〔美〕斯科特·戈登《控制国家——从古代雅典到今天的宪政史》，应奇等译，江苏人民出版社2005年版，第64—65页。

的评价："惟仰赖希腊人一项根本性的创新，那便是政治。"他强调："任何复杂的社会都需要一个制定法则并付诸实施、保障共同体的兵役与行政以及调停争端的机构。任何一个社会同样都需要对这些法则及其机构、司法观念的认同。而希腊人则完成了根本性的一步，甚至于两步：他们把权力植根于城邦乃至于共同体本身之内，并且通过公开辩论，最终以投票计数的方式来决策。这即是政治，而公元前5世纪的希腊戏剧与史学所揭示的正是政治如何最终主宰希腊文化的。"所以他认为："在西方传统中，政治史始于希腊。"①在民主制的政体中以雅典为代表。美国学者戈登这样评价："雅典是一个思想上独立的知识分子层出不穷的城市——一个充分稳定的、安全的、有信心容忍藐视其政治制度和嘲笑其政治领导者的哲学家、历史学家和剧作家的社会。"②雅典是学者们研究最多的希腊城邦，雅典城邦的政体是民主制，构成雅典民主政体基础的是其特有的社会结构和经济结构。

古希腊的政制

雅典城邦位于希腊东南部的阿提卡半岛上，这里有漫长曲折的海岸线，有利于航海的良好港湾。雅典城邦大约有25万人，居住在面积约1000平方英里领土上。然而半岛上少平原多山地，崎岖不平且又贫瘠多石。山地不适于农业经济，但雅典城邦依然是一个农业社会，公元前5世纪末期，大约3/4的自由公民居住在乡村，拥有农村的财产。然而大地产很少，多是小农田，最大的土地占有者拥有的土地不过才70英亩，一般拥有45英亩土地就已经是大土地占有者了，而最小的土地占有者甚至只占有5英亩土地。这与斯巴达城邦在经济结构上有很大的差异，斯巴达人定居伯罗奔尼撒半岛东南部的拉哥尼亚地区，这里有适于农业生产的肥沃平原，此后占领的美塞尼亚的土地也很肥沃，这些土地基本掌握在城邦的贵族手中，形

① 〔英〕M.I.芬利主编：《希腊的遗产》，张强等译，上海人民出版社2004年版，第23—24页。
② 〔美〕斯科特·戈登：《控制国家——从古代雅典到今天的宪政史》，应奇等译，第64页。

成了奴隶主专制的政体。雅典城邦的地理环境不适于农业，但山地可以为手工业提供大理石、银、陶土等原料，使手工业、航海业有了与农业并行发展的可能，公元前7世纪末期，雅典已经发展成为一个巨大的手工业中心，其生产的陶器远销黑海沿岸、埃及、伊达拉里亚以及伊比利亚。[①]

古希腊的城邦政体是在氏族制度逐渐瓦解的历史时期产生的，个体小农经营农业的方式，个体小手工业者构成的手工业结构，简单的产品交换方式，都是瓦解氏族社会结构的重要因素，同时也是构成新的社会结构的经济基础。古希腊的城邦可以说是一种按照政治方式组织起来的政治体制，但由于它是从氏族制度中演变发展而成的，因此其本身又具有宗族社会遗留下来的多种因素，在宗族的习惯和传统与新的政治秩序之间必然会产生矛盾，相互进行着较量，何况古希腊城邦的主要经济活动是商业，商业活动本身具有的游动性加大了社会的流动性，人与人之间的社会关系超越了氏族部落的范围，正如恩格斯所说："因此，氏族、胞族和部落已不适宜于作为政治集团了；大量的雅典公民不属于任何氏族；他们是移民，他们虽然取得了公民权，但是并没有被编入任何旧的血缘团体；此外，还有不断增加的仅仅被保护的外来的移民。"[②]

活跃的手工业和商业使雅典社会中保有大量的自由民，这些自由民一般是外邦人，又被称为平民，约有三四万。雅典城邦的这种社会结构决定了它没有也不可能建立一个由少数人统治的机构，城邦在处理政治事务中不排斥贫穷的自由的公民，因此公民大会由富有的和贫穷的自由公民组成，公民大会是最高的权力机构，掌有政治的创议权，而且"公民大会的政治权威是综合性的"；但是，"雅典国家最强大的机构是议事会，它为公民大会准备日程和协调政

---

① Gustave Glotz, *Ancient Greece at Work: An Economic History of Greece, from the Homeric Period to the Roman Conquest*, Hildesheim (u.a.): Olms, 1987=1926, pp. 138-143.

② 〔德〕恩格斯：《家庭、私有制和国家的起源》，《马克思恩格斯选集》第4卷，人民出版社1972年版，第112—113页。

府的行政活动。议事会行使一项特别重要的政府职能——财政控制"。[①]公民大会每年召开40余次会议，每次的与会人数平均5000余人，城邦中的所有重大的事务都要在公民大会上进行讨论和表决。监督公民大会的五百人议事会，以抽签的方式选出议事会的成员。因此富有者很少能通过财富扩大自己在公民大会和五百人议事会中的权势。为了保证那些通过抽签而被选出的穷人议事会成员，不会因履行应尽的职责而减少生计，被称为"平民领袖"的执政官伯里克利执行新政，给予他们在参与城邦的管理过程中相应的报酬。伯里克利认为："任何一位公民只要有所作为，他就会被推荐担任公职；这不是一种特权，而是对功绩的报偿。贫穷绝不是一个障碍，一个人不论他的身世多么寒微都能为他的国家造福。"[②]然而，雅典城邦的平民没有参与城邦政治的权利，有权参与城邦政治的只有公民（politai[③]），能够获得公民权利的依据是其出身，而公民掌握政治权力大小的依据则是财富，"在这个以财富划分等级的社会中，公民之间除了财产以外没有很明显的界限"[④]。参与城邦政治的公民与平民之间，因为利益冲突产生的矛盾成为雅典城邦社会中的主要矛盾，缓和这个主要社会矛盾是雅典城邦一系列改革的主要目的，实现这个目的的一个重要措施是限制掌握决策人和权力行使者的权力，这也是雅典政治改革的一项重要内容，最先进行的克里斯提尼改革中就规定，执政官和下级官员必须在公认的立法机构制定的成文法的范围内履行职能。这无疑是雅典民主的一块政治基石。

如何保持或者保障变化中社会的秩序和安定，是古希腊先哲们最关注的问题。"因此，古希腊哲学家们又试图在服从习惯和传统以外和在政治最高权力者即时性的意志以外为社会控制探寻某种可靠

---

① 〔美〕斯科特·戈登：《控制国家——从古代雅典到今天的宪政史》，应奇等译，第71—73页。

② 〔美〕乔治·霍兰·萨拜因：《政治学说史》，上册，盛葵阳等译，第34页。

③ politai的直译应该是"城邦中的人"。

④ 〔英〕佩里·安德森：《从古代到封建主义的过渡》，郭方等译，上海人民出版社2001年版，第29页。

的基础。"①在这个还没有形成统一权力的新建构的社会团体中，建立稳定的社会秩序，适当地调解新的生产方式和交换活动中人与人的社会关系是希腊先哲们明确提出和要回答的问题，由此引发了关于"正义"的论述，正如庞德所说："法律科学的起源之一乃是有关正义和社会秩序的古希腊哲学理论。"②希腊的城邦制度是西方宪政制度最原始的起源，这是众多学者都认同的观点，但正如莫里森所言："城邦既是人类组织权力的产物，也是一个不完善的制度。"③尤其是当通过抽签选举出的富人在城邦政治体制中的政治影响越来越大时，公民大会的民主性自然相应地会有所削弱，尽管富人对城邦事务的控制从来没有得到合法的认可，雅典的民主政体的民众性始终发挥着作用，但雅典的民主制依然是有限的。在这个弹丸之地的城邦中只有男性居民才是"公民"，只有公民才享有参加公民大会的公民权，公民大会是城邦唯一的政治机构。公民大会的职能很广泛、权限很大，几乎无所不包，大到决定战争、媾和、公共设施的维护、审查城邦管理者行为等政务大事，小至邻里之间的个人纠纷、婚姻继承、买卖公平等个人的琐事。受财产多寡所限，享有相同公民权的公民的政治地位并不相等，也并不是每一个公民都能在公民大会上阐述自己的主张、发表自己的意见；况且并非每一位享有公民权的公民都愿意参加定期召开的公民大会，这似乎可以从采取抽签这种方式以及给予参加会议者一定的报酬等措施中体现出来。④从这个角度看，雅典的民主是"有限"的。正如英国学者芬利所言："对此解释的主要部分直接源于这样一个事实，即希腊政治是以小的、面对面的共同体为先决条件的；其所有主要的制度均源于这一基础，并且不能够移植到更为辽阔的领土单位。"⑤

---

① 〔美〕罗斯科·庞德：《法理学》，第1卷，邓正来译，中国政法大学出版社2004年版，第27页。
② 同上书，第26—27页。
③ 〔英〕韦恩·莫里森：《法理学：从古希腊到后现代》，李桂林等译，武汉大学出版社2003年版，第31页。
④ 参见〔英〕M. I. 芬利主编《希腊的遗产》，张强等译，第28—31页。
⑤ 同上书，第35页。

在有关古希腊政治的研究中，学者们讨论更多的是其民主问题，公民大会上的辩论、演讲，公民大会以及议事会的规模，等等，几乎很少提及有关治理的体制，因为在雅典时期似乎并不存在行政机构，也没有专职的行政管理人员，尽管由五百人议事会推举出来的50名代表负责处理城邦的日常行政治理事务，似乎可以看作是雅典的行政机构，但其实际的决策作用几乎无足轻重，就是那些通过公民大会选举出来的执政官也并非实际的掌权者。希腊政治体制对后世施加的影响非常小，几乎可以忽略不计，但是其哲学家在政治活动中异常活跃，他们有关政治理论的论述可以说是西方政治学中的宝贵遗产。

古希腊政制的历史影响

西方学界普遍认为希腊人，更确切地说是希腊的哲学家们创造了政治和政治理论。[①]在汉语语境和拉丁语系语境中，"政治"的含义有很大的差异。在中国古代社会中"政"表示的是皇朝、制度、法令等皇帝的权力，"治"则是统治、社会的安定等的一种社会状态。在拉丁语系中"政治"（英语politics，法语politique，德语Politik）一词是拉丁语的politica的变体，源自古希腊语Πολιτικά，希腊语和拉丁语系中的这个词都是不能拆分进行解释的。politica是polis一词的衍生，指的是城邦中的事务，古代希腊的哲学家们在围绕城邦的辩论中阐述着对自然界、社会和社会制度的认识，其焦点之一就是城邦的定义问题。尤其是柏拉图和亚里士多德，尽管他们论述城邦的观点有所不同，但他们论述的角度则是相同的，他们在界定、分析众多城邦的共同点，阐述其显著差异的过程中着力讨论的是城邦中的人。他们共同关注的是人的存在（being），存在于自然界的人，存在于社会群体中的人。或者可以更确切地说，人必须

---

① 相关论述请参见Hans J. Lieber (Hrsg.), *Politische Theorien von der Antike bis zur Gegenwart*, München: Olzog Verlag, 1991; James H. Burns (ed.), *The Cambridge History of Medieval Political Thought, c.350-c.1450*。

依赖大自然才能生存，而且人具有自然合群的本性；因此，人与自
然界的关系，以及人在社会群体中的相互关系，是在论述城邦时所
不能不涉及的两个重要问题。如何调解在城邦中居住的公民之间的
相互关系，保障社会秩序，是雅典人在认识自然界、认识人的自身
过程的同时不断探索的重要问题之一，这就必然引发了希腊哲人们
对城邦的讨论。美国的法律哲学家博登海默在其关于法理学的著作
中开宗明义地指出："希腊人经由对自然、社会和社会制度所做的彻
底且基本的分析而成了西方世界的哲学先师，与此同时，希腊哲学
也成了人们考察整个世界哲学的一个显微镜。希腊思想家提出的一
些假设和结论因日后的经验和发现而未能经受住时间的考验，但是
这些思想家用哲学的术语提出和讨论人生基本问题的方法以及寻求
解决这些问题的各种可能进行的方法，却可以说是持久有效的。"①

　　柏拉图的《政治家篇》是较早有关政治理论的著作。《政治家
篇》是柏拉图记述的苏格拉底与他人的对话，在这篇读起来晦涩的
对话中，苏格拉底以人与自然界动物的区别为出发点一再说明政治
家进行治理时应该掌握的技艺，柏拉图则借苏格拉底之口强调了他
所主张的哲学为王的理想。②柏拉图在《理想国》中详细阐述了治理
城邦哲学为王的论点：他首先对正义进行全面阐述，其次强调了教
育的重要性，"如果人们受了良好的教育就能成为事理通达的人"，
良好的教育有利于人的进步；最后他认为如果哲学家成为国王的话
能使政治权力与聪明才智合而为一，因为"研究哲学和政治艺术的
事情天然属于爱智者的哲学家兼政治家"，而"哲学家是能把握永恒
不变事物的人"。③然而，在此后的《法律篇》中，柏拉图改变了这
一观点，他把个人的快乐和痛苦、期望与信心叠加，在国家的公共
决策中表述出来，称之为"法律"；他指出要建立一个理想的国家

① 〔美〕E.博登海默：《法理学——法律哲学与法律方法》，邓正来译，中国政法大学出版社1999年版，第3页。
② Plato, *Statesman*, ed. by Julia Annas and Robin Waterfield, Cambridge: Cambridge University Press, 2000.（影印本，中国政法大学出版社2003年版）
③ 〔古希腊〕柏拉图：《理想国》，郭斌和等译，商务印书馆1986年版，第138、215、228页。

需要法官的管理，法官依据的是法律，而法律的制定者是神，公民应该遵守法律，所以从童年起就应该接受美德教育，"这种训练使人们产生一种强烈的、对成为一个完善公民的渴望，这个完善的公民懂得怎样依照正义的要求去进行统治和被统治"。同时他还强调，"真正的困难是使政治体制在实践中反映出理论的毫无瑕疵的完善性"。①在柏拉图有关政治问题的论述中，如何治理城邦是一个核心问题。虽然柏拉图提出了政治体制的问题，但是他并没有就有关体制问题做进一步的论述，而是强调神的意志。

亚里士多德的《政治学》是一部系统论述政治的论著，他在其中论述了个人与城邦之间的关系，开宗明义地指出，城邦"是某一种类的社会团体"，而且是"政治社团"；因为，"人类生来就有合群的性情，所以能不期而共趋于这样高级（政治）的组合"。亚里士多德认为，"城邦以正义为原则。由正义衍生的礼法，可凭以判断（人间的）是非曲直，正义恰正是树立社会秩序的基础"。亚里士多德认为，因为城邦中的所有公民"都天赋有平等的地位"，所以"应该让全体公民大家参与政治"。为此他还为"公民"做了定义，即："（一）凡有权参加议事和审判职能的人，我们就可说他是那一城邦的公民；（二）城邦的一般含义就是为了要维持自给生活而具有足够人数的一个公民集团。"而这种公民的团体"就是城邦制度"。亚里士多德认为，城邦这种"政治团体的存在并不由于社会生活，而是为了美善的行为"。② 这似乎印证了德国学者克布勒对"政治"这个词的定义："政治是以塑造公共生活为目的的行为。"③戈登把柏拉图和亚里士多德等希腊哲学家们论述的有关政体综合起来称之为"混合政体"，"混合政体是作为这样一种政治结构：通过反映共同体中

---

① 〔古希腊〕柏拉图：《法律篇》，张智仁等译，上海人民出版社2001年版，第27—28、16页。

② 〔古希腊〕亚里士多德：《政治学》，吴寿彭译，商务印书馆1965年版，第3、9、46、113、129、140页。

③ Gerhard Köbler, *Lexikon der europäischen Rechtsgeschichte*, München: C. H. Beck, 1997, S. 443.

的社会经济阶层的利益要求，从而建构了利益的平衡"。他认为在柏拉图和亚里士多德的论述中都能找到这种制衡学说。[①]美国政治学学者萨拜因在阐述古希腊的城邦时也指出："按照雅典人的概念，城邦是一个社会，在这个社会中，它的成员过着和谐的共同生活；在这个社会中，允许尽可能多的公民积极参与活动，不因为地位的高低或财富的多少而受歧视；在这个社会中，它的各个成员的才能都找到了自然的、自发的和愉快的出路。"因此，他得出这样的结论，"在公民的和睦相处并参与共同生活这样的概念所确定的范围内，雅典人的这一理想为政治上的两个基本准则找到了适当的位置。这两个基本准则就是自由和尊重法律"。[②]

公元前4世纪中叶，地处巴尔干半岛的马其顿王国在菲利普二世为王时期实现了统一，他的继承者在对外扩张中征服了希腊半岛上的诸多城邦，然而，古希腊的遗产并没有被他的扩张完全毁灭，反而在地中海地区开启了一个"希腊化"的时代，促进了这个地区的相互交流。英国著名的古代史学家沃尔班克这样诠释这个"希腊化"："它所表达的涵义并非意味着希腊文化的削弱，而是希腊文化向非希腊人的扩张。"这种扩张首先是在语言方面，希腊语成为亚历山大所征服之地的共同语言，把这些地区汇聚在一个文化统一体中起到了不可忽视的作用，"无论他们来到哪里，他们都发现那些人都和他们自己一样，说着同样的希腊语，所生活的城市有着类似的司法体系，这些城市由同样熟悉的框架方式建立，还建有供奉同样希腊神祇的神庙"。其次，亚历山大的征服打破了地域性的壁垒，商贸的往来增强了地中海地区社会的流动性，不可避免地具有不同文化撞击的作用。[③]但是，希腊化时代仍然在一定程度上保存了古希腊的遗产，正如移居美国的俄罗斯历史学家米哈伊尔·伊凡诺维奇·罗

---

① 〔美〕斯科特·戈登：《控制国家——从古代雅典到今天的宪政史》，应奇等译，第83页。

② 〔美〕乔治·霍兰·萨拜因：《政治学说史》，上册，盛葵阳等译，第35、37—38页。

③ 〔英〕弗兰克·威廉·沃尔班克：《希腊化世界》，陈恒等译，上海人民出版社2009年版，第52、2、27—30、47—48页。

斯托夫采夫所说："在西方，希腊文明也还是保持其原来的状态和真正的面目。"他认为，"希腊化时代的文明一直没有变成一种希腊–东方式的文明。它差不多仍然是纯希腊式的文明，所掺杂的东方因素极少。在希腊化时代，希腊文明的主要的新面貌不是它的希腊–东方性，而是它的世界性。由于它具有世界性，所以东方和西方新兴的各种不同的民族国家都能接受这种文明。"[①]然而在政治制度方面却有所不同，菲利普二世时期马其顿施行的是君主政体，他的继任者亚历山大大帝则在对外征服的过程中通过神权逐渐确立了独裁统治，否定了雅典的民主政治。[②]芬利所主编的《希腊的遗产》一书也认为，亚里士多德的政治理论在亚历山大之后的马其顿"寿终正寝"。[③]决定马其顿政治体制的是其具有的军事性，"人民和军队几乎是分不开的"，更何况征服这种军事行为也需要军事首领的独裁。[④]托勒密王朝时期，希腊部分地区以及整个埃及都在其统治之下，王朝借用了埃及法老的政治体制，建立了一个较有成效的行政机制，在这个行政机制的治理下，整个王国分为40余个省，省下划分为区（topoi），区下是村（komai），任命省长（nomarchs）、区长（toparchs）和村长（komarchs）各自进行管理；此外，在各省依然保留军事体制，军事将领在各地享有很大的管理权。在托勒密王朝时期，财政官员也掌握着重要的权力。[⑤]如果说希腊的政治影响在希腊化世界逐渐消亡的话，那么对于高度军事化的罗马人来说更是格格不入。公元前3世纪60年代开始的布匿战争是罗马人与希腊化世界的第一次冲突，在此后两个世纪的冲突中，马其顿沦为罗马的一个行省。西方学者普遍认为，虽然罗马人从意大利半岛强势进入希腊化世界，在政治体制方面与希腊化世界有很大的不同，但是他们

---

① 〔美〕M. 罗斯托夫采夫：《罗马帝国社会经济史》，上册，马雍等译，商务印书馆1985年版，第20—21页。

② 参见〔英〕弗兰克·威廉·沃尔班克《希腊化世界》，陈恒等译，第47—48、59—60页。

③ 〔英〕M. I. 芬利主编：《希腊的遗产》，张强等译，第63页。

④ 〔英〕弗兰克·威廉·沃尔班克：《希腊化世界》，陈恒等译，第66—68页。

⑤ 同上书，第92—93页。

却热衷于接受希腊文化和希腊化的文化。

二、罗马帝国政制的痕迹

古罗马的王政

在意大利半岛上崛起的罗马人在很多方面都处于希腊的影响之下，一些西方学者甚至认为罗马是在"模仿"希腊，将其称为"模仿的民族"，他们是"第一个把从另一个文化继承来的遗产变成他们文明核心的民族"。①恩格斯认为这是因为古罗马和古希腊有着类似社会因素："象英雄时代的希腊人一样，罗马人在所谓王（政）时代也生活在一种以氏族、胞族和部落为基础，并从它们当中发展起来的军事民主制之下。"②王政时期，罗马处于以家庭为单位的父权家长制社会形态，父权制以一夫一妻制的婚姻为基础，缔结婚姻依据的是习俗和宗教习惯，家庭成员中除了有血缘关系的直系亲属外，还包括奴隶以及受其保护的人。③在这个父权制的家庭中丈夫是一户之主（pater familias），"是唯一为法律所承认的完人"，他不仅掌有对财产的支配权，而且还掌有对属于这个家庭所有成员的支配权，包括生杀大权在内。④德国学者瓦尔德施泰因称罗马家庭是"一个封闭的法律社团"⑤。这种类型的家庭构成了罗马的社会，"在各种群体的相互关系中形成了一种更广阔的跨家庭社会的秩序"⑥。意大利研究罗

---

① 〔英〕理查德·詹金斯主编：《罗马的遗产》，晏绍祥等译，上海人民出版社2002年版，第1—2页。

② 〔德〕恩格斯：《家庭、私有制和国家的起源》，《马克思恩格斯选集》第4卷，第124页。

③ 参见〔法〕安德烈·比尔基埃等主编《家庭史》，第2卷，袁树仁等译，生活·读书·新知三联书店1998年版，第420页。

④ 参见〔英〕巴里·尼古拉斯《罗马法概论》，黄风译，法律出版社2000年版，第65页。

⑤ Wolfgang Waldstein (bearb.), *Römische Rechtsgeschichte*, München: Beck, ⁹1995, S. 61.

⑥ 〔意〕朱塞佩·格罗索：《罗马法史》，黄风译，中国政法大学出版社1994年版，第97页。

马史的大家弗朗切斯科·德·马尔蒂诺认为，罗马人的这种"大家庭是一个统一的且集权的团体，家长具有非常强大的权力，至少从人们开始耕作活动的时候起，大家庭即有自己的领地。它的结构是政治机构的结构"①。在这种父权制的政体结构中存在着一种特有的社会关系：一个被称为"门客"（cliens）的依附者社会阶层，他们投庇于一个户主，为其劳作以换取其保护。②罗马的这种父权家长制的观念被应用于整个国家共同体中，国王就像家长对家庭成员那样对其臣民拥有司法权。

与希腊半岛比较，意大利半岛有更适宜农业生产活动的平原，尽管阿尔卑斯山横断了意大利半岛与欧洲中部之间的通路，但仍然阻挡不住大量移民通过阿尔卑斯山狭窄的隘口进入半岛。③移民改变了意大利的社会结构，在社会中产生了一个新的社会阶层——"平民"（plebejer）。平民大多是移民，他们一般从事手工业、商业，或者租佃罗马氏族贵族的土地。尽管平民被包括在了城邦的民众会议中，也有相当的经济实力，但因其不是罗马氏族部落的成员，不能享有与罗马人同等的政治权利；又因为其不隶属任何一个罗马氏族家族，没有氏族特权的庇护，更谈不上享有氏族的权利，④因为"一切权利均因人而设定"⑤。晚些时期的东罗马帝国皇帝优士丁尼也非常明确地指出，"平民的名称用来指不包括贵族和元老的其他市民"⑥。平民与罗马氏族部落成员在权利上最大的差异在于，他们无权获得公有地，却要负担捐税，必须履行服兵役的义务。恩格斯就曾经指

---

① 〔意〕弗朗切斯科·德·马尔蒂诺：《罗马政制史》，第1卷，薛军译，北京大学出版社2009年版，第26页。

② 有关"门客"请参见〔意〕弗朗切斯科·德·马尔蒂诺《罗马政制史》，第1卷，薛军译，第27—30页。

③ 参见〔意〕路易吉·萨尔瓦托雷利《意大利简史——从史前到当代》，沈珩等译，商务印书馆1998年版，第1—2页。

④ Wolfgang Waldstein (bearb.), *Römische Rechtsgeschichte*, S. 28f.

⑤ 〔意〕彼德罗·彭梵得：《罗马法教科书》，黄风译，中国政法大学出版社2005年版，第23页。

⑥ 〔古罗马〕优士丁尼：《法学阶梯》，徐国栋译，中国政法大学出版社2005年版，第17页。

出，在罗马这个社会中，"公共权力在这里体现在服兵役的公民身上，它不仅被用来反对奴隶，而且被用来反对不许服兵役和不许有武装的所谓无产者"①。

移民的大量迁入以及连年不断的战争改变了罗马的政治体制，罗马人在抵御周边其他民族进攻之后不久，为了满足人口增长对土地的需求而转为不断地对外扩张，如美国学者拉尔夫等人所说："罗马共和国自其建立以来二百多年的历史几乎是一部战争连绵不断的历史。"②连年的战争中，罗马共和政体逐渐退化成一种富豪显贵之家的贵族寡头政治，罗斯托夫采夫认为罗马的贵族寡头是以农民军为基础的；然而，由于抵御外敌和对外扩张的需要，罗马军队有了很大的变化，尤其是马略进行军事改革③，实行募兵制，解决了军队的兵源，也改变了军队的社会结构，有了一支新式的军队。"新式军队既然是罗马的一支最强大的有组织的力量，因此，它的统帅们就必然不仅代表国家的军事力量，而且也变成国家的政治领袖，这样一来，就逐渐使元老院议员阶级和罗马人民议会，即罗马民族与元老院，丧失它们原有的地位。"④共和后期的罗马穷兵黩武，致使军事将领的政治权力日益增强，罗马共和转变为帝国的政制。马克垚先生在考察古代专制制度时认为，罗马在经历了二百多年的贵族共和制后，随着对外扩张以及城邦内各阶层的斗争逐渐地改变了统治的方式，最后经过元首制成为君主制。纵观罗马历史，经历了王政、共和及君主制三个历史时期，持续最长的是君主制，马先生认为这是因为君主制有三种组织机制，即：强大的军队、中央集权的官僚机构和足够的财政来源。⑤罗马帝国君主专制的确立，尤其是官僚机构

---

① 〔德〕恩格斯：《家庭、私有制和国家的起源》，《马克思恩格斯选集》第4卷，第126页。
② 〔美〕菲利普·李·拉尔夫等：《世界文明史》，上卷，赵丰等译，第315页。
③ 有关马略的军事改革请参见马克垚《古代专制制度考察》，北京大学出版社2017年版，第51—53页。
④ 〔美〕M.罗斯托夫采夫：《罗马帝国社会经济史》，上册，马雍等译，第43—44、47页。
⑤ 马克垚先生对罗马帝国的专制皇权进行了较为详细的阐述，对此笔者不再赘述，请参见《古代专制制度考察》第四、五章，第46—86页。

的建立与古罗马法的发展也有密切的关联。

罗马法的起源

罗马法的发展起始于共和时期，共和的政体由移民和各个氏族部族构成，社会的基础是家庭，每个部族、每个家庭实行各种不同的甚至是相互矛盾和冲突的习俗和传统，父权的司法权与国家的司法权混合在一起。共和时期的一个重要机构是元老院，"元老院是国家的议会，也是一个法院，所以拥有相当的特权，它的立法权虽然在实质上代理人民，但同时也承认君王的权力在其中"①。掌握元老院和公民大会权力的氏族贵族掌握司法审判大权，以元老院决议的形式发布各种法令，平民的利益在这个政体中不可避免地受到侵害，这也是平民与氏族贵族之间产生争斗的一个重要原因。美国学者庞德认为："罗马法形成时期的问题乃是如何在一个类似于宗族组织的社会中维续家族头领之间的和平问题。因此，当时的法学家倾向于根据具有完全行为能力的自由人的意志来考虑所有问题。"②平民为了保证现行习俗和传统具有法律的效力，抑制贵族滥用特权侵害其利益，经过长期的斗争终于在公元前451年组织起了一个十人编纂委员会，编纂了一部成文法——《十二表法》。《十二表法》强调罗马公民个人的权利，同时也划定了公共权力；因为任何个人的权利都会涉及他人的利益，在个人与个人之间的关系中构成了社会的公共关系，在罗马社会中也不例外。例如，在《十二表法》中有了相邻关系的条文、有关道路通行的条文以及有关宗教的条文，说明的是社会的公共关系，例如，"建筑物的周围应留二尺半宽的空地，以便通行"；"凡在自己的土地之间或邻地之间筑篱笆时，不得越过自己土地的界限；筑围墙的应留空地二尺；挖沟的应留和沟深同等宽的空地；掘井的应留空地六尺；栽种橄榄树和无花果的应留空地九尺；

---

① 〔英〕爱德华·吉本：《罗马帝国衰亡史》，第1卷，席代岳译，吉林出版集团有限公司2008年版，第56页。

② 〔美〕罗斯科·庞德：《法理学》，第1卷，邓正来译，第55页。

其他树木留五尺"。条文中还规定，"用人为的方法变更自然水流，以致他人财产受到损害时，受害人得诉赔偿"；"非经所有人同意，不得在离其房屋六十尺以内进行火葬或挖造坟墓"；等等。《十二表法》中还特别明确地规定，"不得为了任何个人的利益，制定特别的法律"①。《十二表法》正是通过这一类的条文确立了社会的公共权力（ius publicum），罗马帝国时期著名的历史学家李维给予《十二表法》很高的评价，说它是"一切公法和私法的渊源"②。

《十二表法》可以说是罗马时期最早的立法形式，在这个立法活动中，平民会议的决议与元老院的决议一样也具有了约束所有罗马公民的效力，由此，平民与氏族贵族之间在政治上有了一种平等的法律关系。③英国学者安德森就这样指出：在罗马共和国最后两个世纪，罗马民法以它特有的同一性和特殊性出现。公元前300年，"罗马司法体系开始从根本上重视对公民间非正式私人合同关系和交换的规定。其基本定位是基于经济贸易——买卖、雇佣、租赁、继承、担保——以及家庭——婚姻或遗嘱"。他认为，这些不是公民对国家的公共关系，也不是家长对其依附者的父权关系，共和司法的强制干预与这些方面都是无关的。④可以说，通过罗马早期的立法活动，形成了 ius 和 lex⑤两类密切相关又有区别的法律形式。前者含有较多的习俗和传统的因素，而后者则更多体现了掌握权力的统治者的意志，因为它的中心含义是命令，西塞罗称之为"有关命令和禁止的正确理性"⑥。这两类法律形式在元首制时期和帝国时期得到了进一步的统一，有了很大的发展。在共和时期，公共权力与父权（patira

---

① 〔美〕罗斯科·庞德：《法理学》，第1卷，邓正来译，第55页。

② 〔意〕朱塞佩·格罗索：《罗马法史》，黄风译，第76页。

③ 参见〔意〕朱塞佩·格罗索《罗马法史》，黄风译，第191—198页。

④ 〔英〕佩里·安德森：《从古代到封建主义的过渡》，郭方等译，第58页。

⑤ ius 和 lex 为古拉丁语，ius 意为权利，通常是指个人的财产权利；lex 意为法令，指统治者行使的权力。

⑥ 转引自〔爱尔兰〕凯利《西方法律思想简史》，王笑红译，法律出版社2002年版，第66页。

potestas）之间还没有较为清晰的界限，随着公共权力日益被强调，potestà（权力）和 imperium 之间逐渐有了较为明确的区分，国内学者通常把 imperium 翻译为"治权"。意大利研究罗马史的大家马尔蒂诺认为，"治权"的概念起源于埃特鲁斯坎，并且是埃特鲁斯坎君主统治时期创立的城邦体制所固有的；它是一种强大的中央权力，适合于统治组成共同体的那些古代氏族。[1] 但是在共和时期的治权是一种执行权，在公元前 3 世纪末期这种治权更多的是一种军事指挥权，发布军事命令的人被称为 imperator（最高首领），国内学界通常翻译为"皇帝"。共和晚期，军事领袖的政治地位越来越高，君主制时期 imperium（治权）也就越来越成为帝国的最高政治权力。[2] 马尔蒂诺认为这种作为最高权力的治权，"它不是由某个宪法性质的机构所授予的，并且在共和时期，它的正当性的唯一事实依据也在于它是官员所行使的权力"[3]。

罗马帝国的君主制

西方学者通常都把研究罗马政制的重点放在罗马共和时期，他们认为这个时期的政制对近代以后政制的发展施加了重要的影响。共和时期的罗马政制是在一个等级社会中构建起来的，划分等级标准的是土地财富。社会的最高层是元老院阶层，他们必须是拥有一定数量土地财富的贵族；元老院贵族之下的是骑士，或者说是军事贵族，元老院贵族和军事贵族控制了罗马的政治、法律、军事和经济的进程。共和国时期的所谓政府就是元老院、各种行政官员和公民大会。元老院的构建并不是依据法律，而是政治传统，即 mos maiorum（意为通常如何去做的）。行政官员主要包括执政官、副执政官、财务官以及保民官等。公民大会则是罗马共和国的立法机构，

---

① 参见〔意〕弗朗切斯科·德·马尔蒂诺《罗马政制史》，第 1 卷，薛军译，第 311 页。

② Fred K. Drogula, "Imperium, Potestas, and the Pomerium in the Roman Republic", in: *Historia: Zeitschrift für Alte Geschichte*, Bd.56, H.4 (2007), S. 419-452.

③ 〔意〕弗朗切斯科·德·马尔蒂诺：《罗马政制史》，第 1 卷，薛军译，第 75 页。

有时也履行执法的职能。戈登认为，罗马共和制消亡的直接原因"既不是小生产者被剥夺了权利后引发的经济问题，也不是公民权的延伸引发的政治问题，而是未能对军事统帅保持控制"。①

　　君主制时期的罗马并没有形成官吏制度，协助最高首领行使治权的是其属下，甚至是被释奴隶。在罗马君主制时期，"治权"虽然是一种集权，但它是"不受限制"的，因为行使"治权"的官员隶属于最高首领，所以也具有很强的个人性质。公权与私权之间的界线不断清晰，罗马官员的权限也逐渐受到法律调整，强调官员的officium（职责）。②抑或可以说，一方面是在罗马法律的规范下，另一方面是由于不断对外扩张对所征服地区治理的需要，罗马建立了一整套行之有效的行政机构，有了主管司法、财政、皇室田庄以及皇室文书的大臣；此外还通过设立行政区和行省等地方行政机构治理所征服的地区。③

　　显而易见，罗马时期的政制与古希腊的城邦体制有着极大的差异，但是古希腊有关政治和法律的理论却没有因此而湮灭，戈登认为："希腊思想和政治实践在几乎同时代的罗马共和国的发展中起到重要的作用。"④一方面，在公元前2世纪前后，罗马人中活跃着一批受希腊化文化熏陶的哲学家，如斯多葛派、伊壁鸠鲁学派、犬儒学派，这些学派在诠释自己的哲学观点的同时也为后世保留了希腊古典哲学的精华。另一方面，同时代的学者也对罗马共和作出了精辟的论述。希腊贵族家庭出身的波里比阿是希腊化时期重要的历史学家之一，他曾长期追随罗马将领小西皮阿，参加了第三次布匿战争，此后撰写了著名的历史著作《通史》。虽然他作为罗马人的人质

　　① 〔美〕斯科特·戈登：《控制国家——从古代雅典到今天的宪政史》，应奇等译，第99—107、96页。
　　② 参见〔意〕弗朗切斯科·德·马尔蒂诺《罗马政制史》，第1卷，薛军译，第76页。
　　③ 有关罗马的行政机构请参见马克垚《古代专制制度考察》第五章，第66—86页。马尔蒂诺在其《罗马政制史》中对共和时期官职的产生以及享有的治权和职能进行了较为详细的阐述，参见该书第303—338页。
　　④ 〔美〕斯科特·戈登：《控制国家——从古代雅典到今天的宪政史》，应奇等译，第64页。

不能亲身参与罗马政治，但他凭借与罗马贵族的紧密关系近距离地观察了罗马共和政府的运作，他把罗马的共和政体看作一种君主制、贵族制和民主制的混合政制：执政官具有君主制因素，公民大会具有民主因素，元老院具有贵族因素。"所有这三种政府因素都可以在罗马共和国中找到。实际上，不论在政治体制的结构中，还是在日常实践的作用方式中，三者都是平等、和谐、平衡的。即便是当地人也不能确定国家在政体上是贵族制、民主制还是君主制。"波里比阿给予罗马共和制很高的评价，他宣称混合政体的这三种因素具有三种优势：它提供了政治稳定性；它保护公民的个人自由；它使征服外邦更加容易。①

希腊化时期在哲学和政治理论方面最卓有贡献的是西塞罗。西塞罗生活在罗马从共和向帝国过渡的历史时期，他接受过良好的希腊文化和罗马文化教育，曾经在罗马军团中服役，担任过大法官，做过西里西亚的执政官和总督，还在克洛迪乌斯做过护民官，与元首时期的庞贝、凯撒都有过交集。丰富的阅历积淀了他的思想，西塞罗不仅是一位政治活动家，也是一位希腊哲学的研究者，他把柏拉图、亚里士多德等希腊哲学大师的著作从希腊语译为拉丁语，为希腊语的经典传至拉丁世界贡献卓著，同时他还在法学和政治学方面创造了至今仍然适用的学术术语，对近代西方政治理论家产生了极大的影响。

西塞罗的《国家篇》是对后世颇具影响力的著作，虽然现存的部分较原作遗失了一些页码，仍然可以明显看出他深受柏拉图政治理论的影响，并且将这些理论与其自身的从政经历密切相联。西塞罗在很大程度上受到柏拉图关于正义论的影响，他也从正义的角度谈及政制的合法性和合理性，因为"正义是政府的产物"，因为正义的概念千差万别。他强调："在一个国家中，通常所谓的正义不外是一种为彼此自我限制的协议，这是一个软弱的结果，其基础只是效用而不是任何其他东西。所有的各种统治者的统治都仅仅为了他

---

① 参见〔美〕斯科特·戈登《控制国家——从古代雅典到今天的宪政史》，应奇等译，第111页。

们自己的利益，并非为了被统治者的利益。"①因此，他认为治权就像一个球，"僭主从国王的手中攫取，贵族或人民又从僭主手中夺走，……因此，没有一种政府形式能够长久地自我维持"。西塞罗似乎也赞同波里比阿有关"混合政制"的论点，他在《国家篇》中强调，三种集合的政体优于任何单独的一种，在他看来，虽然"君主制就是这三种基本政府形式中最好的一种，但是，一种温和的并平衡了的政府形式（结合了这三种优良的简单政府形式）甚至比君主制更为可取。因为一个国家中必须有一种最高的和高贵的成分，某些权力应该授予上层公民，而某些事物又应该留给民众来判断和欲求。这样一种宪制，首先提供了某种高度平等，而平等是自由人在任何比较长的时间内难以置之不顾的；其次，它具有稳定性。因为前面提及的原初政府形式容易蜕化成相应的堕落的政府形式，君主为一个暴君所取代，贵族集团为一个寡头派别所取代，民众为暴民和无政府状态所取代；但是，尽管这些政体常常转变为一些新的政体，这种情况对混合的而又恰当均衡的宪制来说却不经常发生，除非统治阶级中犯了一些重大错误。因为，当每个公民都被牢固地安排在其自身地位上时，就没有理由发生变化，此外，这种政体不存在一种蜕化了的因此其自身可能堕入或陷入的形式"。②

西塞罗在阐述理想的政制时强调法律的重要性，"……〔没有什么东西〕如同司法行政那样更具有君主特性的了，司法行政包括了对法律的解释，因为臣民习惯于从他们的国王那里寻求法律的决定"③。在强调法律重要性的同时西塞罗也强调了理性，"法律是植根于自然的、指挥应然行为并禁止相反行为的最高理性（reason）"，"这一理性，当它在人类的意识中牢固确定并完全展开后，就是法律"。他认为正义的来源就是在法律中发现的，"因为法律是一种自

---

① 〔古罗马〕西塞罗：《国家篇·法律篇》，沈叔平等译，商务印书馆1999年版，第95、99页。

② 同上书，第53—54页。

③ 同上书，第120页。

然力；它是聪明人的理智和理性，是衡量正义和非正义的标准"。①
由此，西塞罗把自然法和实践法嫁接在一起，并且在政治理论中引
进了宗教的因素。

共和晚期、帝国君主制早期，罗马法学家的活动无疑对西塞罗
的政治理论的形成也产生了重要的影响。罗马法学家们积极的法律
活动逐渐被列入罗马帝国的政体中，编纂法典、解释法律问题成为
官方的法律行为。从2世纪中叶起，在罗马帝国内有了常设的法律
顾问，设立了常设的法律咨询机构，②罗马在对外扩张的过程中加强
专制君主制；英国学者詹金斯认为，这种"专制统治与法律以及世
界范围的公民权思想的结合给欧洲的历史和思想以巨大影响"③。然
而，罗马的军事贵族在不断的对外扩张中提升了政治地位和实力，
专制君主制取代了共和制，希腊以及希腊化时期的影响也越来越淡
化，此后武装迁徙的日耳曼人不仅在岌岌可危的罗马帝国上压上了
最后一根稻草，而且似乎也清除了希腊和希腊化时期的影响，日耳
曼人成为西欧的统治者，推行他们施行的政制。

三、日耳曼人的政制结构

没有政制的日耳曼人

在中外政治体制的研究中，有关日耳曼人政制几乎很少被谈及，
似乎这个被贬称为蛮族的日耳曼各部族不存在政制，然而在研究西
欧中世纪起源时，众多中外学者又都强调罗马因素和日耳曼因素的
结合，罗马帝国三世纪危机时因实行庇护制而形成的大地产，被看
作是封建制度的经济要素；日耳曼人社会中的陪臣制，被看作是封
建制度构建的政治关系。

---

① 〔古罗马〕西塞罗：《国家篇·法律篇》，沈叔平等译，第158页。
② 参见〔意〕朱塞佩·格罗索《罗马法史》，黄风译，第349页。
③ 〔英〕理查德·詹金斯主编：《罗马的遗产》，晏绍祥等译，第9页。

　　迄今为止最早记载日耳曼人的文字史料是希腊人、马萨利亚的皮提亚斯于公元前350年写的，他在一本游记中记述在北海和波罗的海沿岸生活着一些异族部落的人群，他把居住在英国和北海沿岸的异族人称为凯尔特人和条顿人。[①] 罗马共和时期的对外扩张使罗马人走出了意大利半岛，为了治理所征服的地区，罗马在这些地区都设立了行省。公元前27年时任执政官屋大维作为首席元老（princeps senatus）被罗马元老院授予"奥古斯都"（Augustus[②]）的称号，并被赋予无上的权力，屋大维自称罗马"第一公民"（princeps civitatis）。[③] 这一历史事件标志着罗马的政制从共和转变为君主制，开始了帝国时代。英国学者吉本为君主制下了这样的定义："所谓的君主政体就是一个国家把执行法律、征收税捐和指挥军队的权力交付给一人，姑且不论此人使用何种名义和头衔。"[④]

　　罗马帝国环地中海，横跨欧亚非三大洲，共设立了百余行省。[⑤] 公元前1世纪中叶，凯撒远征高卢，在那里设立了高卢行省，此后继续向莱茵河以东扩张，在莱茵河以西的地区设立了日耳曼尼亚行省（Province Germania[⑥]）。在东征的过程中，凯撒了解到凯尔特人和日耳曼人在社会习俗等方面有着很大的区别，他在后来写的《高卢战记》（Bellum Gallicum）中将居住在日耳曼尼亚省的异族人统

---

　　① 拉丁语单词Teutonen源自古希腊语Τεύτονες，根据罗马的史料，这个部族原居住在日德兰半岛，约公元前120年迁徙至意大利半岛，此后又迁徙到了日耳曼尼亚地区，被视为日耳曼人的一支。德国学者认为，在远古时期，Teutonen这个词并不等于现代德语单词Deutsch，Deutsch源自古日耳曼语中的theoda。参见 Alexandera Petsch, *Die Goldbrakteaten der Völkerwanderungszeit, Reallexikon der Germanischen Altertumskunde*, Berlin: de Gruzter, 2007, Bd. 36, S. 368f.

　　② Augustus意为神圣的、崇高的、庄严的。

　　③ 参见〔苏〕科瓦略夫《古代罗马史》，王以铸译，生活·读书·新知三联书店1957年版，第661—662页。

　　④ 〔英〕爱德华·吉本：《罗马帝国衰亡史》，第1卷，席代岳译，第49页。

　　⑤ 有关罗马的行省请参见〔英〕爱德华·吉本《罗马帝国衰亡史》，第1卷，席代岳译，第15—22页。

　　⑥ 日耳曼尼亚省分为上、下两个部分，上日耳曼尼亚省包括今天瑞士的西部、法国东北部的阿尔萨斯、德国的莱茵兰地区；下日耳曼尼亚省包括今天的卢森堡、比利时东部以及荷兰的南部地区。参见 *Lexikon des Mittelalters*, Stuttgart Weimar: Verlag J. B. Metzler, 1999, Bd.4, S. 1338。

称为日耳曼人，称居住在英国的异族人为凯尔特人，这两种称谓沿用至今。[①]

　　日耳曼人不是一个整体的政治实体，而是各自独立的部族群体，每个群体都有自己的首领，有自己的社会生活习俗，构成各自独立的社会。在远古口耳相传的歌谣中，这些日耳曼人的部族有着共同的始祖，即大地之神隤士妥（Tuisto）和他的儿子曼奴斯（Mannus），日耳曼人的各支都是他们的子孙，各部族都是以他们的名字命名。[②]迄今为止在中欧地区还极少发现与日耳曼人有关的考古遗址或者是考古文物，因此西方学者了解和认识日耳曼人更多的是通过古罗马历史学家塔西佗的《日耳曼尼亚志》，其中较为详细地描述了对于罗马人来说无论语言还是社会形态方面都十分陌生的这个社会群体。在塔西佗的笔下，日耳曼尼亚是一个"景物荒凉、风光凄厉"的地区，虽然已处在新石器时期，但日耳曼人依然停留在古老的状态，他们与外族极少交流或者通婚，保持着自身民族血统的特点。塔西佗描述的日耳曼人已经结束了半游牧民族的生活方式定居下来，有了固定房屋居所，构成了村落，但日耳曼人所居住的地区很少有城郭。他们分散地逐水草或者逐树林而居，这种流动性的居住方式也许是他们不善于建筑房屋的一个重要原因，他们的房屋都是用不做任何加工的原木建造，房屋的墙壁上涂着泥土。[③]

　　这个已经过着定居生活的日耳曼人依然具有游牧民族的特点，他们居住的地区"谷物颇丰，但不宜于种植果树"，"禽畜繁殖，但多半不甚肥硕"。在日耳曼人的社会经济生活中，农业生产活动的比重仍然小于畜牧业。青壮年除了进行战争以外更多的时间都用于狩猎，修缮房屋、管理庭园和种植农田一类的与农业生产活动有关的

---

① 据此，后来进入罗马帝国境内的一些异族部落均根据其所定居的帝国行省或者地名命名，但也有些地名则是依据定居在此的异族名确定的，如意大利北部的伦巴德平原是因旺底利夷人（Vandilii）的定居而得名；施瓦本这一地名则可以追溯到斯维比人（Swabians）。参见〔古罗马〕塔西佗《阿古利可拉传·日耳曼尼亚志》，马雍等译，商务印书馆1959年版，第81页。

② 参见〔古罗马〕塔西佗《阿古利可拉传·日耳曼尼亚志》，马雍等译，第56页。

③ 同上书，第63页。

事务则交给老人、妇女及体弱的人去做。①凯撒在《高卢战记》中也有关于日耳曼人的这样记述："他们对农耕不怎样热心，他们的食物中间，绝大部分是乳、酪和肉类，也没有一个人私人拥有数量明确、疆界分明的土地，官员和首领们每年都把他们认为大小适当、地点合宜的田地分配给集居一起的氏族和亲属。一年之后又强逼他们迁到别处去。"②日耳曼人对财富的衡量依然还是以畜群为准，"多以畜群的多寡相夸耀"③，最贵重的馈赠礼品是马匹、盔甲、马饰或者牛群。

日耳曼人的社会

在日耳曼人的社会中似乎很难看到政制的迹象，吉本认为，"事实上在日耳曼大部分地区，政府采用民主政治形式，与其说是经由普遍与明确的律法，不如说是由血统、勇气、辩才和迷信所形成的非经常性优势来加以制约"④。日耳曼人的政制很大程度上是沿袭自身原有的习俗，他们的部落首领通常由整个部落推举，首要条件是勇敢、战功卓越。首领不仅发号施令，更重要的是身先士卒。在罗马人看来，以专事战争为主要社会活动的日耳曼人勇武强悍，古罗马历史学家阿庇安这样描述他们："这个民族在身躯大小上超过其他的民族，就是身体最大的人也不能跟他们相比；他们凶猛残酷，是勇敢的人中间最勇敢的，藐视死亡，因为他们相信死后还会活着的，他们能够同样地忍受寒暑，在断粮的时候，他们吃野草维持生活，而他们的马则吃树木的嫩叶。但是在作战中，他们似乎没有耐心，他们像野兽一样，是在激动情绪指导之下，而不是在智慧和科学指导之下进行战斗的；因此，他们被罗马人的科学和耐心所征服了。"⑤在日耳曼人中，勇敢、善战是成为将领的首要条件，在战场上苟且偷生是终生的耻辱，乃至不得不以结束生命换回自己的

---

① 〔古罗马〕塔西佗:《阿古利可拉传·日耳曼尼亚志》，马雍等译，第55—57页。
② 〔古罗马〕凯撒:《高卢战记》，任炳湘译，商务印书馆1979年版，第143页。
③ 〔古罗马〕塔西佗:《阿古利可拉传·日耳曼尼亚志》，马雍等译，第57页。
④ 〔英〕爱德华·吉本:《罗马帝国衰亡史》，第1卷，席代岳译，第183页。
⑤ 〔古罗马〕阿庇安:《罗马史》，上卷，谢德风译，商务印书馆1979年版，第57页。

荣誉；对他们来说，即使是丢掉盾牌都是一个奇耻大辱的罪行，会被排斥在公民大会之外以及受到禁止参加宗教仪式的处罚。将领用以身作则的勇敢博得他的士兵的拥戴和服从；士兵英勇战斗，勇敢地保护将领，这被看作最尽忠的表现。这种专事战争的行为把日耳曼人中的青壮年集合在将领的周围，构成了相互之间的扈从（Gefolgsmann）关系。"在战场上，酋帅的勇敢不如他人，是他的耻辱；侍从们的勇敢不如酋帅，也是他们的耻辱。"将领把在战争中获取的大量战利品赏赐给他的扈从，扈从也寄希望于将领的慷慨大方。"这些恩典的财源都是从战争和劫掠中得来的。要想劝他们像向敌人挑战和赢得创伤那样地去耕种土地和等待一年的收成，那是很困难的。"①尽管塔西佗这段文字不乏调侃，但依然可以说，在某种程度上他比较真实地描述了日耳曼人所具有的游牧民族的特点。这种以战争作为日耳曼人社会分配物资的方式，使得日耳曼人的社会群体不是以自然居住点或者职业来划分，而是以适于战争的集结方式以及提供战争的兵源来划分，形成了"百家村"制度，一个"百家村"是一个能提供一百个士兵给养的经济单位。②

根据塔西佗的记述，日耳曼人信奉多个神，他们常常以占筮的方式表示对所信奉神的崇拜，因而祭司在这个社会中享有很大的权力，他们主持占筮仪式，但却相信能够"传达"神的意愿的则是那些专门饲养的白马，通过白马的嘶鸣和鼻息之声来预测重大事务可能出现的结果。日耳曼人还用马的颅骨做成饰物装饰在墙壁上，可见马对于他们的重要。日耳曼人也常常会用树枝做成筮，以抽签的方式询问，希望了解未知的结果，③他们甚至会因为相信占卜而放弃战机以致失去可能赢得的胜利④。日耳曼人以战事为主的社会活动方式似乎使他们对死亡并没有那么恐惧，因此他们的葬礼中没有太多

---

① 〔古罗马〕塔西佗：《阿古利可拉传·日耳曼尼亚志》，马雍等译，第58、62页。

② 参见〔美〕汤普逊《中世纪经济社会史（300—1300年）》，上册，耿淡如译，商务印书馆1961年版，第108—109页。

③ 参见〔古罗马〕塔西佗《阿古利可拉传·日耳曼尼亚志》，马雍等译，第59—60页。

④ 参见〔古罗马〕凯撒《高卢战记》，任炳湘译，第40—41页。

的繁文缛节，使用特定的木材焚化死者，并以其盔甲乃至战马陪葬。在中欧地区发掘出来的、不断扩大的骨灰坛圈的遗址，也从另一个方面佐证了日耳曼人火葬的宗教观念。[1]总而言之，从塔西佗的记述中可以看出，至少在他生活的年代，日耳曼人的宗教还处于原始宗教的状态，虽然他们有被称为"鲁恩"的文字，但仅只用于祭祀，没有被广泛地应用于日常生活。日耳曼人非常相信那些尚不了解的神秘力量，对其的畏惧更甚于对他们的国王。

日耳曼人的国王是按照出身被推举出来的，但是国王并没有无限的权力，重大的事务都是由全部落成员参加的部落会议决定。部落会议都是在固定的日期举行，或在月盈之时或在月亏之期，主持会议的通常不是国王而是祭司。部落会议不仅商议战与和的对外事务，还审判和宣判对部落内犯罪者的处罚。[2]日耳曼人虽然没有文字的法典，但从5世纪末6世纪初的《撒利克法典》(Lex Salica)中可以看出，日耳曼人施行的是约定俗成的习惯法，对犯罪者的处罚主要是罚金，罚金的多寡一是依据罪行的轻重，二是依据涉案双方的身份决定。[3]很显然，在日耳曼人的部落中存在着较为明晰的社会等级，国王、祭司以及将领是社会的上层，除了围在他们身边的士兵侍从之外，在他们之下还有相当数量的自由人。这些自由人以马尔克[4]的社会机制被组织起来，每个马尔克因耕种者的数量多寡而获得国王分配的土地。马尔克的土地是所有成员共有，按照其身份高低以份地的形式分配给自由民耕种，耕种土地的还有相当数量的非自由人。逐渐安定下来从事农耕生产的日耳曼人以莱茵河为界与高卢

---

　　[1]　Herbert Grundmann (Hrsg.), *Handbuch der deutschen Geschichte*, Stuttgart: Klett-Cotta, 1981, Bd.1, S. 58, 62.

　　[2]　参见〔古罗马〕塔西佗《阿古利可拉传·日耳曼尼亚志》，马雍等译，第60—61页。

　　[3]　《撒利克法典》是5世纪末6世纪初法兰克王国的习惯法，509年，克洛维授命基督教的教士将其按照罗马法的模式用拉丁语记录下来，迄今为止现存的《撒利克法典》是9世纪的手抄本，可见直到9世纪这个法典依然有效。《撒利克法典》是学者了解法兰克社会最有价值的史料之一。有关《撒利克法典》较为详细的阐述请参见王亚平《西欧法律演变的社会根源》，人民出版社2009年版，第一章第三节"约定俗成的日耳曼习惯法"。

　　[4]　国内学者通常把"马尔克"（Mark）翻译为"农村公社"。

人隔河相望。

3世纪的罗马帝国经历了全面的危机，面对频频进犯的日耳曼人似乎已无招架之力，虽然罗马军团训练有素、装备齐全，而日耳曼人不仅没有任何战法，且以混乱的步兵队列、凭着血气之勇冲向罗马的雇佣兵团，鼓舞他们的是妇女和儿童的哀号。日耳曼人的部族很少结成联盟，总是单个部族与罗马军团作战，这或许也是日耳曼人的武装迁徙持续几百年的一个重要原因，直到法兰克人的进入改变高卢混战的格局。

四、确立封建体系的采邑制

法兰克人的建国

476年，日耳曼人奥多亚克戴上了罗马皇帝的皇冠，西方历史学家把这一历史事件看作罗马帝国覆灭的标志。[1]西欧的历史学家们经多方考证和研究认为，奥多亚克并没有改变罗马帝国原有的政体，他只是驱逐了罗马元老院的一些元老，保留了罗马帝国的政治体制、经济制度和军事制度。[2]不仅如此，奥多亚克还在执政期间把日耳曼人的一些习俗引入罗马帝国的政体中，例如，他用日耳曼人的亲兵制度改变了元老院的结构，使统治集团内部的关系发生了变化。这就为此后法兰克人在高卢地区建立王国维持其政治传统，创建新的政治体系提供了有利的条件。

法兰克人作为日耳曼人一支，最早见诸历史文献记载是在3世纪中叶，[3]他们自称为"自由的人"，或者"勇敢的人"，即法兰克人。根据图尔的主教格雷戈里在《法兰克人史》中记载，法兰克人

---

① Alexander Demandt, *Die Spätantike: Römische Geschichte von Diocletian bis Justinian, 284-565 n. Chr.*, München: Beck, 1989, S.178ff.

② Herwig Wolfram, *Das Reich und die Germanen: Zwischen Antike und Mittelalter*, Berlin: Severin & Siedler, 1990, S. 274f.

③ Reinhard Schneider, *Das Frankenreich*, München: R. Oldenbourg Verlag, 1990, S. 5.

是从潘诺尼亚迁徙到莱茵河畔的，[1] 他们中的萨利尔部族定居在莱茵河下游的东岸，里普阿利尔部族（Ripuarier[2]）在莱茵河中游地区驻足，卡滕部族（Chatten[3]）定居在莱茵河谷地区。此后，这些部族的法兰克人继续从不同的地区越过莱茵河向西部迁徙，与罗马人有了较为密切的接触。4世纪中叶，萨利尔部族作为罗马军团的重要兵源获得罗马皇帝的认可，定居在马斯河与斯海尔德河之间的托克桑德里亚地区。他们帮助罗马人成功地抗击了西哥特人、萨克森人和阿雷曼人的进攻，上升为罗马帝国的同盟者。

　　5世纪中叶，盘踞在今天比利时境内图尔奈的萨利尔部族是一个由多个部落组合而成的大部族，各部落的军事首领被称为"小王"（Kleinkönig）。在这个大部族中，以墨洛维希为小王的部落在抗击罗马以及其他日耳曼人的战争中屡战屡胜，不断强大。其子希尔代里克一世继承小王之位时，这一部落的势力范围扩张到了高卢北部地区，他被尊称为国王，被看作法兰克王国的第一任国王，开始了法兰克王国的墨洛温王朝的统治。463年，希尔代里克一世率领他的部族打败了进攻奥尔良的西哥特人，阻挡了意图向这一地区迁徙的萨克森人。[4] 希尔代里克一世的善战得到罗马帝国军事首领们的赏识，他因而被任命为高卢比利时行省的总督。481年以后，希尔代里克一世之子克洛维继承父业，以图尔奈为根据地继续扩大法兰克人的势力范围。486年，克洛维率领萨利尔部族攻克了罗马军团驻守的苏瓦松，此后又兼并了法兰克人中的里普阿利尔部族。6世纪初，克洛维率领法兰克人将其势力范围扩大到了除勃艮第和普罗旺斯以外的整个高卢地区，在高卢出现了一个较为强大的法兰克王国。

---

　　①　参见〔法兰克〕格雷戈里《法兰克人史》，〔英〕O. M. 道尔顿英译，寿纪瑜等中译，商务印书馆1981年版，第66页。

　　②　因里普阿利尔居住在莱茵河中游地区，又称之为莱茵法兰克人（Rheinfranken）。

　　③　在古日耳曼语中ch和h的发音相同，Chatten此后演变为拉丁语的Hessen，故又称之为卡滕-黑森人（Chatten-Hessen）。

　　④　参见〔法兰克〕格雷戈里《法兰克人史》，〔英〕O.M.道尔顿英译，寿纪瑜等中译，第60—66页。

克洛维率领的法兰克人仅有8万，但他们进驻的高卢在当时有着300万人之众，为了能在这个以寡胜多的地区站住脚，法兰克人保持了他们作为游牧民族在战时形成的亲兵制。亲兵是"国王的人"，战时他们在国王的率领下冲锋陷阵，同时他们也在很大程度上受到国王的庇护，在经常性的战争中国王与亲兵之间确立了保护和义务的相互关系，西方学者把这种保护关系称为"委身制"。比利时学者冈绍夫对"委身"有较为详细的诠释。在拉丁语的语境中，这种"保护"或者说"庇护"（patrocinium）并不是强者对弱者的保护，而是具有"上级权威"的含义，这种权威体现在法律意义上，"委身"（commendatio）表示的是"一个人置于另一个人权威之下"。冈绍夫认为，在五六世纪的文献中与"委身"有关的都带有这种含义。冈绍夫强调，"委身"是一种契约性的，也就是说，"委身制"对保护者和被保护者双方都有着义务的制约性，"委身者承担的义务，是服侍且尊敬他称为封君（dominus）的人。但前提是，对封君的服侍与尊敬的限度，是他可以保持自由人身份；封君一方的义务，则是在衣食上援助和支持委身于他的人"。[1]也就是说，被委身者要保证委身者的生计及对其的保护。从5世纪末6世纪初的《撒利克法典》中可以看出，在这个时期的法兰克除了国王的人之外，还有法兰克自由人、罗马自由人以及半自由人、奴隶，他们也都不同程度地受到国王的保护。[2]这些不同程度的保护，得以使人的从属关系或者说依附关系在法兰克王国社会的上层和下层广为推行，成为中世纪时以保护为原则的个人联合政体的社会基础。

日耳曼因素与罗马因素的融合

法兰克王国社会中的这种保护原则与罗马帝国三世纪危机时期

---

[1] 〔比〕弗朗索瓦·冈绍夫：《何为封建主义》，张绪山等译，商务印书馆2016年版，第14—18页。

[2] Patrick J. Geary (ed.), *Reading in Medieval History*, Peterborough: Broadview Press, 1989, pp.147-155.

盛行的庇护制有着异曲同工之处，正是两个不同社会制度中共有的"保护"原则成为两个社会融合的契合点。罗马帝国晚期，不断的对外扩张导致帝国财政支出增大，赋税由此加重，那些不堪赋税负担的小土地所有者为求自保，把自己占有的土地交给有实力对抗帝国政府征税的大土地占有者，再以租佃的形式租种交出的土地，用地租取代土地税，以此获取庇护，以避免赋税苛重造成的破产危险。隶农在法律上是自由人，但是耕种的土地把他们祖祖辈辈地限制在了土地上："成了一个既不能离开自己的土地，也没人能把他从土地上驱逐的人。"[①]罗马人施行庇护制的核心是为了保护土地，毋庸置疑，在罗马帝国的土地上正在从游牧形态转向农业形态的法兰克人深受罗马庇护制的影响，委身者的生计不再是获得牲畜、奴隶等战利品，而是获得了土地以及生活在土地上的人，即"恩地"。所谓恩地并不是把土地的所有权完全赐予委身者，他只是获得了"即时地、直接地享有对土地的控制权，即现代意义的物权"。[②]实际上恩地就是在罗马帝国晚期广为流行的一种"佃领地"的形式。法国著名学者马克·布洛赫在阐述西欧各种人身依附关系之所以建立和发展的原因时指出："那时的国家和家族均不再能够提供有力的保护。乡村共同体的力量仅能勉强维持自己内部的秩序，而城镇共同体几乎还不存在。孱弱不堪的人们到处都感到需要接受势力更强大者的庇护；而有势力的人除非以说服方式或强迫手段获得其依附者的支持，也不能保持其威望或财产，甚至不能保证其自身的安全。一方面，一些人急切寻求庇护者；另一方面，一些人通常以暴力手段僭取权力。"[③]正因为如此，在罗马帝国行将覆灭、法兰克王国刚刚兴起之时，在西欧原有政制失去效力、新的政制尚未建立之际，开始形成了这样一种"脉络纵横交错地贯穿于社会各阶层的庞大的人际关

---

① 〔英〕M. M. 波斯坦主编：《中世纪的农业生活》，《剑桥欧洲经济史》第1卷，郎丽华等译，经济科学出版社2002年版，第226页。

② 〔比〕弗朗索瓦·冈绍夫：《何为封建主义》，张绪山等译，第18—19页。

③ 〔法〕马克·布洛赫：《封建社会》，上卷，张绪山等译，商务印书馆2004年版，第253页。

系体系"。①

德国历史学家赫夫勒把法兰克王国建立之初的这种人际关系看作一种扈从关系，因为法兰克的国王依靠的是与国王有家族关系的家臣和亲兵；把这种王权称为"扈从王权"，扈从通过誓言与国王建立服从关系。扈从关系不仅局限于国王和臣民之间，而且每一个自由的法兰克人只要他享有一定的声誉和权威，就有权有自己的扈从。在民族大迁徙的几个世纪中，日耳曼人的扈从制逐步地演变为领主制，领主的声誉和权威一方面来自世袭的贵族血统，另一方面是通过战功而得到的授封。②对此，施莱辛格认为，法兰克王国的领主阶层是西欧国家的胚细胞，扈从制是一个以家族为单位的社会机体，法兰克领主权力的基础是从大迁徙时期持续下来的扈从制；所以，在西欧中世纪早期的国家制度中，占主导地位的不是机构的因素，而是个人联合的因素，是具有个人联合性质的国家。③在这个个人性质的国家中，从属性是一个很重要的因素，因为法兰克人的"自由"以及罗马公民的"自由"都逐渐地消亡，正如法国著名历史学家基佐在分析反映法兰克社会的《撒利克法典》时指出，这部法典是一部打有罗马烙印的日耳曼人的法规，它反映了日耳曼人社会与罗马社会融合后的一种社会形态；同时他还认为，日耳曼与罗马这两种因素在相互融合的同时也在逐渐地衰微，法兰克王国呈现出的是一种新的社会形态。④在这个社会的新形态中罗马社会原有的公民概念完全消失；隶农在法律上的自由逐渐减弱，其从属性越来越强；贵族的独立性也不复存在。抑或可以这样说，罗马社会原有的个性不复存在，无论社会下层的隶农还是社会上层的贵族都被赋予了从属性。法兰克王国时期，日耳曼人原有的亲属关系以及以军事目的建

---

① 〔法〕马克·布洛赫：《封建社会》，上卷，张绪山等译，第253—254页。

② Otto Höfler, "Der Sakralcharakter des germanischen Könitums", in: *Vorträge und Forschunge: Das Königtum. Seinegeistigen und reichtlichen Grundlagen*, Bd.3, S. 101.

③ Walter Schlesinger, "Herrschaft und Gefolgschaft in der germanisch-deutschen Verfassungsgeschichte", in: *Historische Zeitschrift*, 176 (1953), S. 264f.

④ 参见〔法〕基佐《法国文明史》，第1卷，沅芷等译，商务印书馆1993年版，第241页。

立的扈从关系被以土地为纽带维系的从属关系取代。

"保护"原则确立的统治关系

这种新的从属关系把法兰克人原有的委身制与罗马帝国时期就实行的佃领制结合起来，通过查理·马特进行的骑兵役改革构建了法兰克王国实行的封土-封臣制度。查理·马特的骑兵役改革在某种程度上改变了原有的"委身制"和"恩地制"的实质，封君授予封臣土地不仅是要保证其生计，更重要的目的是使他们能够通过封授的土地自备军事装备，豢养供其支配的骑兵力量，"委身制"与"恩地制"的这种结合被德国学者称为"采邑制"（Lehnswesen），抑或被称为"封建制"（feudalism），一种政治体制和经济体制混合在一起的政制，正如英国著名的学者梅特兰为封建制度下的定义：

> 在一个社会中，领主与封臣关系是主要的社会纽带。在这个关系中，一方面是领主对于封臣的保护、防卫；另一方面是封臣对领主的服侍、保护和尊敬，他们的侍奉包括了军事服务。这种人际关系与土地的使用期限，以及土地所有权关系密不可分：封臣保有领主的土地，封臣对领主提供的服务是使用土地的义务，领主对于土地享有重要权利，而这些土地的整个所有权分别由封臣和领主共享。领主对其封臣享有司法审判权，前者掌握了专门针对封臣的法庭。这一权限被当作所有权，是领主对于其土地的一种私人权利。国家组织即是由这些关系所组成的一个体系：在这个体系的最上端是作为所有人领主的国王，在他之下是各种直接封臣或者"大佃户"（第一等级封臣），他们又是其下级封臣的领主，于是层层向下，直到最低一级的土地所有者。最后，因为其他每一级的法庭都是由国王的佃户组成，所以国王的法庭由其封臣——"大佃户"组成。[1]

---

[1] Frederic William Maitland, *The Constitutional History of England*, Cambridge: Cambridge Univ. Press, 1908, p. 143.

　　法兰克王国在构建这种政制的同时并没有建立一套行政体制，更没有培植为这个政制服务的行政机制和官吏制度，这是因为法兰克王国的经济结构和经济制度都没有也不可能提供这样的基础。在"恩地"的基础上发展起来的采邑制没有构建起王国的经济基础，而是通过采邑分封在社会中形成了一种等级制。等级制度产生的原因是国王的封臣效仿国王而与较其社会地位更低的人之间建立了采邑关系，因而出现了土地的再分封，由此在他们之间建立了从属关系。采邑分封并不仅是单纯地封赐土地资源，同时还在封赐的土地上附加了政治关系和社会关系，使之成为政治制度的基础封地制度并且没有转让土地的所有权，君主仍然是土地的所有者，有支配土地的权利（dominium）。dominium这个拉丁词的原意是"财产"，但在中世纪早期的文献中，dominium还包含有统治的含义，是对个人、物体的统治，对土地和人民的统治，对乡村、城市以及修道院的统治，因此"财产"这词更多表述的是一种权力状态，即财产与统治有着不可分割的关系，占有财产者同时享有统治的权力。因此，dominium一词不再表示一种纯粹的财产的概念，而是同时包含了人的统治关系以及对财产的占有权。[①]

个人联合的政体

　　在采邑制的体制中，尽管土地的所有权依然是授封者的，但实际的使用和收益的权利则是受封者的。这就如同苏联学者波梁斯基所说："领主的土地所有制因陪臣的自由支配封地的要求而受到限制，而陪臣的权利又因他的主人的最高所有权受到限制。"[②]正是这种互为的限制构成了封建的统治关系。封君为了保证封臣对所接受封地的使用，必须给予封臣一定的保护，保护是通过给予封臣各种豁

---

　　① Dietmar Willoweit, "Dominiu und Properietas. Zur Entwicklung des Eigengtumsbegriffs in der mittelalterlichen und neuzeitlichen Rechtswissenshanft", in: *Historisches Jahrbuch* , Vol.94 (1974), S. 134-139.

　　②〔苏〕波梁斯基:《外国经济史（封建主义时代）》，北京大学经济史经济学说史教研室译，生活·读书·新知三联书店1958年版，第230页。

免权得以实现的，例如，免征各种租税权、开办市场权、征收关税权、铸币权，等等。因保有和使用土地附加的豁免权转化为各种权利，即采邑权利（Lehnsrecht）。^①正因为如此，波梁斯基强调："复杂的封建等级制的形成意味着同一块土地的所有权为许多人分有。等级上并列着集团中的每一个人（例如公爵、伯爵、子爵、男爵等等）都要求土地所有权的一份。在这个基础上，就产生了所有权分为陪臣的从属所有权（使用权，dominium utile）和他的领主的最高所有权（土地支配权，dominium directum）的理论。根据这种理论，陪臣得到了领地的经济使用的自由，但必须负责使它完整。"^②英国著名的学者梅因也给出这样的结论："真正古代的制度很可能是共同所有权而不是个别的所有权。"^③在西欧中世纪，作为一种经济制度的采邑制度也是一种政治制度，"只有享有土地所有权，才可能拥有权力，而占有土地这一事实本身也就蕴涵着一定的权力"。^④

在中世纪的西欧社会中，如果说采邑制是国王和贵族之间的从属关系，那么领地制（manor^⑤）体现的是社会下层之间的关系，汤普逊说是贵族与那些住在他们所有土地上的包括那些不自由的农奴和奴隶身份等所有依附者之间的关系。^⑥6世纪以后，西欧王室以及大贵族逐步地表现出对农业生产的关心，引导人们"憎恨刀剑""转向犁头"，^⑦并由此发生了持续三个世纪之久的第一次大拓荒运动，在

---

① H. Kellenbenz, *Handbuch der Europäischen Wirtschafts-und Sozialgeschichte*, Stuttgart: 1980, Bd. 2, S. 100-101.

② 〔苏〕波梁斯基：《外国经济史（封建主义时代）》，北京大学经济史经济学说史教研室译，第229页。

③ 〔英〕梅因：《古代法》，沈景一译，商务印书馆1959年版，第147页。

④ 〔法〕莱昂·狄骥：《公法的变迁·法律与国家》，郑戈等译，辽海出版社1999年版，第18页。

⑤ manor这个词在国内学界尚未有统一的译法，有的翻译为"庄园"，有的翻译为"领地"，而且似乎也鲜有对两个词词义区别的诠释，笔者根据其词义并且参考同义的德语单词Herrschaft将其翻译为"领地"。

⑥ 参见〔美〕汤普逊《中世纪经济社会史（300—1300年）》，下册，耿淡如译，商务印书馆1963年版，第358—359页。

⑦ 参见〔法〕P. 布瓦松纳《中世纪欧洲生活和劳动（五至十五世纪）》，潘源来译，商务印书馆1985年版，第31、67页。

很大程度上恢复了西欧因日耳曼人武装入侵而衰敝的农业生产。自查理·马特进行采邑制改革之后，土地被有条件地封授，受封者不仅有为授封者服兵役的义务，同时享有对封地以及居住在封地上的人进行统治和管理的各种权力，这就为土地附加了政治的和社会的因素。

中世纪领地的管理者不仅掌有对领地地产的用益权，还负有对归属领地者的保护义务，这是由领地制形成和发展的特点所决定的。在西欧农村领地化的过程中自由农民逐渐"沦落"为领主的依附农，与领主建立了一种依附关系。美国学者诺思从经济学的角度阐述这种依附关系，"领主的主要职能是提供每个社会必须生产的公共产品——保护和公正，而佃农或农奴则部分靠自己的财产部分靠领主的财产提供劳动作为交换"①。德国社会史学家吕特格在阐述西欧领地化的进程时强调赋税制度的作用，因为在那个历史时期的赋税没有落实到个人的身上，而是以领地为单位征收，这种赋税制度强制地把自由农民拉进依附关系中；但是，领主在获得征税权的同时也承担了对纳税者进行法律保护和军事保护的义务。这种依附关系能给予自由农民一定的保护，他们因此自愿地把自己的地产交给领主，为其服役，以便能在军事上和法律上获得他们所需要的保护，从而与其结成了依附关系。②德国学者格茨认为，是"保护造就了统治，反过来说，统治是保护的统治"③。自由农民通过让渡地产请求（precarium）得到保护④，同时也把自己置于领主的统治之下。历史学家们把那个时代的农民称为"被捆绑在土地上的人"，以说明农民

---

① 〔美〕道格拉斯·诺思、罗伯特·托马斯:《西方世界的兴起》，厉以平等译，华夏出版社1999年版，第39页。

② Friedrich Lütge, *Deutsche Sozial-und Wirtschaftsgeschichte*, Berlin, Heiderberg, New York: Springer, ³1979, S. 70f.

③ 〔德〕汉斯–维尔纳·格茨:《欧洲中世纪生活（7—13世纪）》，王亚平译，东方出版社2002年版，第130页。

④ 德国学者吕特格在论述西欧中世纪领地化过程时，把这种方式建立起来的依附关系称为"请求关系"（das Prekarie-Verhältnis），对其进行了较为详细的阐述和分析。参见 Friedrich Lütge, *Deutsche Sozial- und Wirtschaftsgeschichte*, S. 71-76。

农奴化之后人身不自由的特性；但这只是说明了一个方面，另一方面，这对于领主来说同样也是一种制约，领主不能无理由地、任意地把农民从土地上赶走，因为接受了他的土地，由此就承担了给予其保护的义务。所以，不仅仅是因为屈从使农民依附于领主，而且还通过忠诚这个纽带建立起了一种"道义的相互关系"，即：土地的持有者有义务为其领主服役，后者则要履行保护和庇护的义务。[①]正因为如此，农民与领地主之间既存在着统治和被统治的关系，也存在着相互依附的关系。

封君和封臣之间、领主与农民之间人身的依附关系决定了中世纪西欧的国家是一种个人联合的政体形态[②]，同时也形成了界限分明的等级制度。西欧中世纪社会的各个社会等级虽然在同一个封建制度的体制之内，但并没有自上而下构成一个国家，还没有建成上下重叠垂直的制度，而是那种与等级制度统治平行存在的机制。这种构成形态必然就包含了司法管辖权，"允许与禁止"，"保护与庇护"，而这种司法管辖权又因为各个共同体的特点而有所不同。[③]正是因为这种等级的社会结构，导致司法权呈现出极大的分割状态，各种司法权错综交织，且司法权的功能低下，一些大的案例甚至可以由行使平行审判权的各类不同的法庭审判。[④]如此，在西欧各封建王国中都没有形成有效的行政机制，没有出现类似东方政权那样的官僚体制，王权甚至没有固定的首都，因此也就更谈不上政府。

---

① Otto Brunner, *Land und Herrschaft: Grundfragen der territorialen Verfassungsgeschichte Österreichs im Mittelalter*, Darmstadt: Wiss. Buchges., 1970=⁵1965, S. 263.

② Thomas Mayer, "Die Ausbildung der Grundlagen des modernen deutschen Staates im hohen Mittelalter", in: Hellmut Kämpf (hrsg.), *Herrschaft und Staat im Mittelalter*, Darmstad: Wiss. Buchges., 1960, S. 284-331.

③ Theodor Mayer, "Vom Werden und Wesen der Landgemeinde", in: Theodor Mayer (hrsg.), *Die Anfänge der Landgemeinde und ihr Wesen*, Konstanz. Stuttgart: Thorbecke, 1964, Bd. 2, S. 468.

④ 有关法兰克早期贵族的论述请参见〔法〕马克·布洛赫《封建社会》，下卷，张绪山等译，第583页。

第二章 封建王国的政制

　　法兰克时期建立的封建王国虽然没有形成"政府"这样的行政体系，但也正是从法兰克时期起西欧各王国形成了自成一体的政制，美国学者汤普逊把这称为一种"过渡性现象"："法兰克制度，在政府的形式方面和社会的结构方面，都包含着封建制度的要素；但这是初步的没有常规化的封建制度。这些制度有的是起源于罗马人的；其他是起源于日耳曼人的；虽然严格说来，它们产生于古代文明的政治、经济、社会的衰落状态多于种族的根源，因而它们是过渡性的现象。"[①]西欧从加洛林时期起建立的政制是一个贵族政体，在这个政制中贵族是国王依靠的军事力量和政治力量，也正因为如此，贵族也出于自身的利益与王权产生矛盾乃至发生武装冲突。在这个政制中，基督教的价值观充斥于整个中世纪，芬纳说："基督教和封建制度规范并塑造了中世纪。"[②]基督教教会为封建王权提供了神学政治理论，但又在实践这个理论时成为与王权争夺权势的政治力量，政教之争不可避免。在中世纪的政制中，领地制是封建王权的经济基础，然而恰恰又是领地制分割了公共权力，导致各王国都在政治上出现了程度不同的分裂格局。这是因为，"由于领主-封臣关系中的契约型和局限性特征，政治权力不会集中于一点，而是分散在各处。任何人或团体，任何部门或机构都不拥有完全的最终权力。封建统

---

　　① 〔美〕汤普逊：《中世纪经济社会史（300—1300年）》，上册，耿淡如译，第262页。
　　② 〔英〕塞缪尔·E.芬纳：《统治史》，第2卷，王震译，第261页。

治是一种多元政治"①。多元政治的特点是造成中世纪各王国都缺少"政府"的一个重要原因；也正因为如此，在西欧中世纪的历史上政教之争、王权与贵族之间的争斗成为一种常态。

一、贵族体制的政体

封建王国的实质

西方历史学家普遍认为，中世纪早期西欧封建王国是一种"贵族体制的王国政体"②。基佐诠释贵族政府时强调："这种政府的统治权掌握在某一特定公民阶级的手中，这些人世袭地拥有这一权力，他们的唯一资格就是他们是某人的后代，这种资格或多或少是专一的（exclusive），有时是完全专一的。"③法兰克王国似乎就是这类贵族政体。

法兰克人是日耳曼人中的一支，在其部族首领墨洛维希的率领下挺进高卢地区，在那里建立了法兰克王国，开始了墨洛温王朝在西欧的统治。5世纪末期，墨洛温王朝在国王克洛维的率领下以在今天德国境内的亚琛和今天比利时的首都布鲁塞尔为根据地向外扩大自己的势力范围。486年，克洛维率领法兰克的萨利尔部族攻克了罗马军团驻守的苏瓦松，兼并了法兰克人中的里普阿利尔部族。为了减少敌对势力，他于493年与当时较为强大的勃艮第王国缔结姻亲关系，由此与其建立了政治同盟。与此同时，为了阻挡阿雷曼人的继续进入，他率领萨利尔部族的军队于496年在曲尔皮希地区战胜了阿雷曼人的军队，使之臣服。6世纪初，克洛维的军队又在今天法国的维埃纳附近打败了西哥特人。至此，不仅所有法兰克人的

---

① 〔英〕塞缪尔·E.芬纳：《统治史》，第2卷，王震译，第274页。

② Hans Hirsch, *Die hohe Greichtsbarkeit im deutschen Mittelalter*, Prag: Verl. der Ges. zur Förderung Dt. Wiss., Kunst und Literatur in Böhmen, 1922, S. 234.

③ 〔法〕弗朗索瓦·基佐：《欧洲代议制政府的历史起源》，张清津等译，第62页。

部族都被归于克洛维国王的墨洛温王室的统治之下，而且阿雷曼人、巴伐利亚人、图林根人、勃艮第人也都臣服于法兰克的国王，整个高卢地区除了勃艮第和普罗旺斯以外直至多瑙河东部地区都被并入法兰克王国的版图中。

　　法兰克人在高卢建立王国后依然保持着自身的政治传统和社会习俗。首先，法兰克人是通过武力进入高卢地区，其游牧民族的军事特质因此被保存下来，更何况在六七世纪，也就是法兰克王国最初的墨洛温王朝时期，战事不断，整个社会经常处于一种混战和混乱之中。国王身边围绕的是武装亲兵（comitatus），国内学者通常将其翻译为"扈从"，[①]扈从通过誓言与国王建立臣属关系，因此，德国历史学家赫夫勒把法兰克王国的王权称为"扈从王权"（Gefolgschafts-Königtum）。[②]其次，在新建的王国里，法兰克人保持了日耳曼人的社会结构，社会的基本组织形式依然是马尔克。马尔克的成员在法律上都是享有平等权利的自由人，这一点在经济制度上也明显地表现出来，每个马尔克的成员都分得一块份地（Huf）和宅基地，尽管份地的大小不等。每个成员都受到马尔克在军事上和在司法上的保护，同时也都有权利、有义务参加公民大会，参与决定马尔克乃至王国的事务。然而，随着法兰克王国版图的扩大，被纳入其中的部族不断增加，国王的权力日益增强，公民大会的职能逐渐减弱，马尔克成员的政治权利越来越小，所剩的仅仅是在王权保护下的人身自由权。"保护"成为中世纪政制建设中一个非常重要的内容。德国法律史学家维泽尔认为，正是基于这种"保护"，墨洛温王朝时期法兰克的国王是法兰克人的国王（rex Francorum），不是法兰克王国统治区域内的国王（rex Franciae），[③]

---

　　①　参见〔比〕弗朗索瓦·冈绍夫《何为封建主义》，张绪山等译，第12页。

　　②　Otto Höfler, "Der Sakralcharakter des germanischen Könitums", in: *Vorträge und Forschungen: Das Königtum. Seine geistigen und reichtlichen Grundlagen*, Bd.3, S.101.

　　③　Uwe Wesel, *Geschichte des Rechts: von den Frühformen bis zur Gegenwart*, München: Beck, ²2001, S. 278f.

也就是说，在法兰克王国中实行的是国王的个人统治。国王的治权依靠的是那些与国王有家族关系的家臣和扈从，他们是"从属于国王"（in obsequio regis）的人，比利时历史学家冈绍夫把这些扈从称为"依附于人的自由人"（ingenui in obsequio），[①]甚至看作"家族"(Familie)的成员。在法兰克人的习惯法中，"家族"一词的含义与今天这个词的含义有很大的区别，家族的成员不仅指有血缘和亲缘关系的成员，还包括与之没有任何血缘关系的家奴和家臣。这些家奴和家臣不能作为独立的自由人参与社会的活动，不经主人的允许不能随意离开。他们可以作为财产被赠送、被买卖，他们没有决定自己行为和去向的权利，必须完全服从家族主人的支配。正因为如此，他们得到国王的信任，被委以重任，得到土地作为赏赐，同时还享有管理土地和附属土地的人们的特许权，如司法权、纳税权，甚至还有军事权。所以法国历史学家杜比等人认为，"贵族是由国王的亲信构成的，他们在战斗中表现突出，并在战利品的瓜分中获得了土地"，而且"他们是通过对国王的效忠而与国王联系在一起的"。[②]马克·布洛赫也认为，"贵族"在中世纪不同的历史阶段其含义各不相同，或者说edel这个词所指的人群并不完全相同，在法兰克时期那些获得采邑的武装扈从有别于他人而获得了更多的权利，因为他们更高贵，[③]"地位最高的士兵等级的明显标志，是拥有马匹和全副武装"[④]。可以这样说，中世纪早期的贵族都是军事武装扈从，也被称为"亲兵"（gasindi）。[⑤]这些享有各种权利的亲兵被委以治理一个地方，被称为伯爵（comes，graf）。"伯爵"原意是指王国领域内各个地区的代表，通常由国王任免，负有传达国王召集军队命

---

① 〔比〕弗朗索瓦·冈绍夫：《何为封建主义》，张绪山等译，第12页。

② 〔法〕乔治·杜比主编：《法国史》，上卷，吕一民等译，商务印书馆2010年版，第213页。

③ 有关法兰克早期贵族的论述请参见〔法〕马克·布洛赫《封建社会》，下卷，张绪山等译，第471—479页。

④ 〔法〕马克·布洛赫：《封建社会》，下卷，张绪山等译，第482页。

⑤ 参见〔比〕弗朗索瓦·冈绍夫《何为封建主义》，张绪山等译，第13页。

令的责任。他们是与国王关系最密切的人，是享有一定权力的世族家族。^①从一份国王任命伯爵的授职书中可以了解到伯爵的职能：

> 鉴于你的忠诚和热诚，我们将一直如此管理之帕吉的伯爵权授予你，这是为了让法兰克人、罗马人、勃艮第人和所有其他不同来源的人能够在你的管理和统治下和平相处；这是为了让你带领他们遵守他们的法律和习俗走正确的道路；这是为了让你特别成为寡妇和孤儿的保护者；这是为了让你无情地惩罚盗贼和罪犯；这是为了通过你的作为，让人们和平、安宁和幸福地生活；最后，这是为了让你亲手将每年该上交的一切交到我们的金库里。^②

可以说，通过国王给予的权力在伯爵各自的辖区（Gau）内代理国王行使着治权，他们构成了法兰克王国最早的贵族集团。墨洛温王朝时期，"配得上贵族这一称号的等级显然必须兼备两个特点：第一，必须拥有自己的法律地位，这一法律地位能够肯定其所要求的优越性，并使这一优越性实际有效。第二，这一地位必须是世袭的"^③。这种地位的优越性在《撒利克法典》中明显地反映出来，无论是在赔偿金还是在其他方面，贵族与其他等级都有很大的差异，他们都掌有地方的管理权和司法权。^④随着墨洛温王朝在高卢地区站住了脚，先后征服了日耳曼其他部族，尤其是在诸王相互争夺势力的斗争中，贵族的结构发生了变化，为国王服役的人逐步参与了王国的统治，尤其是宫相一职。宫相原本是王室内负责管理奴仆的人，逐渐开始参与管理王国的事务。^⑤6世纪中叶，宫相成为墨洛温王朝中最有势力的人，在诸王的权势斗争中形成了奥斯特拉西亚和纽斯

---

① Monika Wienfort, *Der Adel in der Moderne*, Göttingen: Vandenhoeck & Ruprecht, 2006, S. 8.
② 〔法〕乔治 · 杜比主编：《法国史》，上卷，吕一民等译，第211页。
③ 〔法〕马克 · 布洛赫：《封建社会》，下卷，张绪山等译，第471页。
④ Patrick J. Geary (ed.), *Readings in Medieval History*, pp. 151, 153.
⑤ *Lexikon des Mittelalters*, Bd. 4, S. 1974.

特里亚两大宫相家族。614年克洛塔尔国王颁布敕令，允许在其家族所在地的氏族贵族中选出王室的官员，其中包括管理地方的伯爵和主教。[1]因此，墨洛温王朝时期的贵族家族都与王室有着亲疏程度不同的亲属关系，或者其他的密切联系。此外，从克洛维执政时期起，主教和修道院院长就成为墨洛温王室的重要官员，而这些主教和修道院院长都出身于高卢罗马元老贵族家族，7世纪之前的法兰克教会中尚未有法兰克血统的教士和修道士。[2]可以说从这个时期起，西欧社会中就有了世俗和教会两种类型的贵族阶层。马克·布洛赫认为，在封建制度早期，也就是法兰克王国初期的贵族都具有血统门第的特点。7世纪以后，高卢罗马人通过与法兰克贵族的联姻，走到国王的身边，成为与国王关系密切的人，或被任命为伯爵或担任教区的主教，正如法国历史学家杜比等人所说的："事实上，自从国王皈依基督教以后，主教就已经成为国王权力的另一位代理人。"[3]罗马高卢贵族与法兰克贵族合为一体。

基督教教会的政治作用

基督教早期教会是社会中不同阶层的基督徒们自愿结成的社团，按照当时长老会的习惯，主持这个自发宗教社团的人是主教。这个历史时期的主教还不是教会的专有教职，也不是教会的当权者，担任主教的人都是这个自发宗教社团中的人选举出来的具有社会威信者。2世纪中叶，基督教教父安提阿的圣依纳爵（Ignatius von Antiochien）在阐释基督教教义时，把主教称为上帝向基督徒传递福音的传达者，是使徒的继承者，他们享有上帝赋予的宗教权威。[4]也是从这个历史时期起，基督教的教父们开始注重教会的组织建设，

---

[1]　Reinhard Schneider, *Das Frankenreich*, S. 16, 18f.

[2]　Horst Fuhrrmann, "Das Papsttum und das kirchliche Leben im Frankenreich", in: *Nascita dell;Europa ed Europa Carolingia: un'equazione da verificare: 19-25 aprile 1979*, Presso la Sede del Centro, 1981, S. 421f.

[3]　〔法〕乔治·杜比主编：《法国史》，上卷，吕一民等译，第212页。

[4]　参见〔英〕爱德华·吉本《罗马帝国衰亡史》，第1卷，席代岳译，第389页。

作为自发宗教社团的教会逐渐发生了变化，越来越成为一种地域性的组织机构；在这种机构中富有者因其给予社团的经济赞助逐渐成为教会中举足轻重的人，他们通常自己或者指定代理人掌控教会，主教越来越被赋予很大的宗教权力。①

4世纪初，君士坦丁大帝颁布《宽容敕令》②，此后基督教提升为罗马帝国的国教，与此同时教会获得了世俗贵族捐赠的大量地产，主教或者修道院院长成为罗马元老贵族家族争夺的对象，他们逐渐掌控了基督教教会，教会也按照罗马帝国的行政制度有了主教制，各地的主教也因其所管辖地区范围的大小和政治地位的高低有了明显的差异，出现了类似罗马行省机制的大主教区，有了大主教的教职，在教士中划分了教阶。在高卢罗马地区，图尔、兰斯、苏瓦松、特里尔、克莱蒙特等主教区和大主教区的职位都是由当地的贵族家族成员担任。③日耳曼人大迁徙对罗马帝国的行政机制造成了极大的冲击，但在其建立王国的地区，梅斯、图尔、凡尔登等地几乎完整地保留了基督教教区的建制，也保留了教会原有的主教或大主教。④进入高卢地区的日耳曼人先后皈依了基督教，克洛维更是把皈依基督教作为建立法兰克王国必不可少的一项重要的政治措施，不仅通过武力，而且还获得了基督教教会的支持而在高卢地区站稳脚跟。⑤511年，他责令教会在奥尔良召开宗教会议，颁布法令强制各部族民众都必须皈依基督教；⑥另一方面，罗马的元老贵族则把获得

---

① Karl Baus, *Handbuch der Kirchengeschichte: Von der Urgemeinde zur frühchristlichen Großkirche*, Freiburg: Herd, 1999, Bd.1, S. 177f.

② 因该敕令是在米兰市颁布的，又称《米兰敕令》。

③ Dana Carleton Munro & George Clarke Sellery, *Medieval Civilization*, New York: The Century, 1924, p.62.

④ Hans von Schubert, *Geschichte der christlichen Kirche im Frühmittelalter*, Darmstadt: Wiss. Buchges., 1962=1921, S. 151.

⑤ 参见〔法兰克〕格雷戈里《法兰克人史》，〔英〕O. M.道尔顿英译，寿纪瑜等中译，第96—97页。

⑥ Friedrich Prinz, *Frühes Mönchtum im Frankenreich: Kultur und Gesellschaft in Gallien, den Rheinlanden und Bayern am Beispiel der monastischen Entwicklung (4. bis 8. Jahrhundert)*, München: Oldenbourg, 1988, S. 31.

主教的职务看作进入法兰克王国上层的敲门砖，图尔的主教格雷戈里的家族就是一个较为典型的例证。格雷戈里出身于奥弗涅地区的一个具有古老传统的罗马元老贵族家族，西罗马帝国覆灭之后，该家族的多名成员相继成为主教或者大主教，他的叔父就曾担任克莱蒙特的大主教。格雷戈里的母亲也出身元老贵族家族，她的家族中也有多名成员担任主教和大主教，格雷戈里的舅父是里昂的大主教。格雷戈里担任主教的图尔是高卢地区的一个大主教管辖区，地处南北高卢之间，交通往来十分便利，这个教区的主教一直由贵族家族的成员担任。法兰克人建立王国后，图尔的主教成为法兰克王室的座上宾，与王室交往甚密，他在世时撰写的《法兰克人史》中多处记载了罗马元老贵族家族出身的主教或大主教与法兰克王室之间的交往。[①] 7世纪以后，法兰克王国内重要的大主教区的大主教或主教都由法兰克王室或者法兰克贵族家族的成员担任。自7世纪初起，梅斯大主教都是王室宫相家族的成员，特里尔大主教区的大主教或是法兰克氏族大贵族的子弟或是王室的后裔，鲁昂的大主教也都是王室大臣家族的后裔。

贵族阶层构成的采邑制

8世纪上半叶，为抵御外族入侵组建一支骑兵队伍，法兰克王国的宫相查理·马特进行了采邑制改革，即：用采邑分封取代了土地的无条件赠送，用封地所产生的义务确立了封主与封臣之间的采邑关系，这是中世纪西欧王权的基点。采邑制不仅使西欧社会开始了封建化的进程，基督教教会也随之封建化。查理·马特就曾把兰斯和特里尔两个大主教区恩赐给他的封臣，把巴黎、鲁昂等地的大主教区和一些修道院封赐给了他的侄子。[②] 为了掌控教会的土地财产，查理·马特任命了一批对他恭顺的世俗人士担任主教和修道院院长，

---

① 格雷戈里在《法兰克人史》中多处涉及这方面的问题，在此不一一赘述。

② Flick A. C., *The Rise of the Mediaeval Church and Its Influence on the Civilisation of Western Europe, From the First to the Thirteenth Century*, New York: G. P. Putnam's Sons, 1909, p.304.

越来越多的法兰克贵族进入基督教教会担任主教或者修道院院长，他们成为查理·马特进行采邑制改革的支持者。查理继承法兰克的王位后，更加注重基督教会的政治作用。

8世纪中叶，法兰克王国的宫相实际掌握了王权，但是也正如恩格斯所说："查理掌权的时候，国王的权力已经全部崩溃了，但是还远未因此而被宫相的权力所代替。在墨洛温王朝时由于牺牲王室而创造出来的豪绅显贵阶级，千方百计地促进了王权的毁灭，但绝不是为了屈从于宫相，屈从于和他们同一地位的人。"[①] 正是因为如此，为了名正言顺地夺取王位，查理·马特的后人丕平通过帮助罗马教会摆脱危机与其建立了直接的联系，并且通过罗马教会提出的"君权神授"（Divine Right of Kings）的神学政治理论以及教皇亲自为其主持加冕礼，给其王冠罩上了一个神圣的光环，由此开始了政教之间的结盟与合作。查理大帝执政期间，对外面临着阿拉伯人占领了西班牙大部分地区大有进一步进军欧洲腹地的趋势，他成功抵御了阿拉伯人的入侵，在比利牛斯山脉地区设立了西班牙马尔克伯爵领地，筑成了一道抵御外族入侵的防线；与此同时，他还在那个地区建立了多个修道院以阻挡伊斯兰教的渗入。对内他一方面要抑制地方贵族势力的膨胀，另一方面要征服占据法兰克东部地区的萨克森人。查理大帝与萨克森人的战争断断续续进行了三十余年之久，最终以强制萨克森人皈依基督教为先决条件允许其自治；为此，他在整个萨克森地区进行了基督教教区的划分，任命法兰克人担任各教区的主教，并将其分别隶属于科隆、美因茨等大主教区和富尔达等王室修道院，受其管辖。[②] 9世纪下半叶，查理大帝主持召开一系列宗教会议，给予主教和大主教与伯爵相同的司法审判权以及经济特许权。有条件分封的封地因世袭继承逐渐转变为领地，按照日耳曼人的习惯法，凡领地内所有的一切都归领主所有，为了保证自己

---

① 〔德〕恩格斯：《法兰克时代》，《马克思恩格斯全集》第19卷，人民出版社1963年版，第543页。

② Reinhard Schneider, *Das Frankenreich*, S. 142f, 28f.

领地的收益不会因为教会而流失，领主们在其领地内建立教堂，设立教区，任命家族成员或者亲信为主教，有了私有教会。私有教会制的盛行更加速了教会的贵族化，主教和大主教的职位几乎完全被贵族所把持。

8世纪法兰克人不断地向外扩张以及连年不休的内战，动摇了以氏族血缘关系维系的王权的基础，更增强了封主与封臣之间的个人关系。德国历史学家施莱辛格认为，中世纪早期这种通过战争获得领地的方式越强烈，依附关系也就越牢固，作为士兵的封臣也就越多。[1]英国学者梅因用罗马法中的契约概念阐述法兰克时期的封地，认为是这种封地的契约关系取代了日耳曼人的血缘关系。在君主（lord）身上具有氏族首领的多种性质，而他的特许权（prerogative）也受到已有的习惯法的限制，这些都可以表述为是赐封采邑而建立封建关系的条件。[2]以封地为基础建立起来的封主与封臣之间的这种"原始契约"关系，可以说是西欧王权和贵族生长的起点，这是西方历史学家把西欧这种个人联合的政体称为封建政体的主要依据。

从16世纪早期起，法国的人文主义学者开始对法兰克王国的这种采邑关系进行系统研究，那个时期的学者主要依据13世纪伦巴德的一个法律方面的论文集《封地文书》从法律的角度分析采邑。采邑，又被翻译为封地（fief），源自拉丁语feodum，其词义近似于英语的tenure（保有期），德语的Leihen（出借）。获得采邑的人成为封臣（vassal），保有对采邑的权利；不仅如此，这个保有权利还影响到封臣个人的状况，使他成为一个与这个保有地的地位相当的人。正是这个权利决定了他的社会、经济和行政管辖的地位和关系。授封者是他的领主，决定并且支配他的权利，同时也决定了他的义

---

① Walter Schlesinger, "Über germanisches Heerkönigtum", in: *Vorträge und Forschungen: Das Königtum. Seine geistigen und rechtlichen Grundlagen,* Bd. 3, Lindau: Thorbecke, 1956, S. 105.

② Henry Sumner Maine, *Ancient Law: Its Connection with the Early History of Society, and its Relation to Modern Ideas*, Cambridge: Cambridge University Press, 1901, p. 353.

务。获得采邑的人作为封臣与封主有相互的权利和义务。[①] 19世纪末期，以兰克为代表的德国实证主义学派从制度史的角度研究采邑制度，兰克的学生魏茨在其《德国制度史》中强调，日耳曼人古老的法律和古老的自由在西欧漫长的制度史中始终没有丢失，它的基本特性总是随着新的力量一再地被突出。[②] 20世纪初期，法国年鉴学派的历史学家布洛赫从社会史的角度阐述西欧王权，把西欧王权的起源追溯到9世纪末。他指出："在封建世界特有的领主权的扩张过程中，正如基佐所指出的那样，诸王构成一种独一无二的权威类型——不仅理论上高于其他所有权威，而且也是一种真正不同的制度类型。"[③]

贵族的政治功能

进入高卢地区的法兰克人承袭了罗马帝国的行省制，但对行省进行管理的是伯爵、公爵以及教会的主教和修道院院长。为了对其进行控制，墨洛温的国王们把采邑与行政管理结合在一起，他们是国王的封臣。[④] 布赫馁在分析墨洛温王国的政体时认为，墨洛温王国的国家制度是与当时的经济关系相一致的，它继承了罗马的农业经济，也在有意识地效仿罗马的官吏制度，墨洛温王朝的官吏制度一半是日耳曼人的，一半是罗马人的。[⑤] 斯普兰德也认为，法兰克人建立的社会制度，从一开始就有两个明显的倾向，一是封建化，把罗马帝国的官吏制度转变为采邑关系；二是领地化，把罗马帝国的行政区领地化。614年，墨洛温的国王在他颁布的法令中明确规定："不允许任何一个法官从一个省调任到另一个省，如果他有了过失，

---

① Charles Howard McIlwain, *The Growth of Political Thought in the West, From the Greeks to the End of the Middle Ages*, New York: Macmillan, 1932, p.181.

② Rolf Sprandel, *Verfassung und Gesellschaft im Mittelalter*, Paderborn: Schöningh, 1975, S. 11f.

③ 〔法〕马克·布洛赫：《封建社会》，下卷，张绪山等译，第614—615页。

④ 参见〔比〕弗朗索瓦·冈绍夫《何为封建主义》，张绪山等译，第26—29页。

⑤ Rudolf Buchner, "Das merowingische Königtum", in: *Vorträge und Forschungen: Das Königtum. Seine geistigen und rechtlichen Grundlagen*, Bd. 3, Lindau: Thorbecke, 1956, S. 147.

必须用他自己的私有家产为他造成的后果进行补偿。"[①] 由此可以看出，法兰克人的官吏制和领地制是紧密相关的，并由此产生了新的国家行政管理体制。米泰司在《采邑权和国家权力》一书中对法兰克国家的封建化做了详细的研究，他用史料证明，是采邑和采邑权为法兰克国家的管理提供了新的形式，公国和伯国取代了行政区域，公爵、伯爵以及其他的受封者取代了国家的官吏，履行着采邑权所给予个人的义务，由此保证其能够行使社会的公共权力。所以，"从一开始，授予职务就是授予权限，授予行使公共职能的权限，授予获取国家收入资源的权限"。他认为和采邑一起授予受封者的权利，具有统治形式的公共特点的象征。[②]

采邑制是一种社会制度，冈绍夫总结了这种社会制度的特点：非常显著的个人之间的依附关系；一个特殊的军人阶层；所有权最大限度地被肢解；从这个被肢解中产生的土地所有权的等级制度，而这个土地所有权是与个人依附关系的等级制度相适应的；最后是被分裂的社会权力。[③] 这种与土地权密切相关的个人之间的依附关系，必然会使权力因为土地关系的转移而发生变化。身为宫相的矮子丕平，正是通过采邑篡夺了王位，并且借助基督教教会实施的加冕礼仪式使之"合法化"。加冕仪式把封主和封臣原本是纯个人的统治关系，变成为上帝制定的、基督教化了的统治关系，把这种个人关系阐述为一种政体形式。德国历史学家迈尔认为，墨洛温王朝仍然具有原始军事王国的特点，国家是地道的个人联合体，这个联合体没有任何附加的条件。加洛林家族篡夺王位奠定了新的国家的基础，国王个人的随从转变为王国的臣仆，这个时期的誓约也清楚地反映了这一转变，它不仅说明国家臣属关系的确立，也说明了采邑制度的确立。但无论臣属关系还是采邑制，都是以奥古斯丁的基督教国

---

① Rolf Sprandel, *Verfassung und Gesellschaft im Mittelalter*, S. 89f.

② Heinrich Mitteis, *Lehnrecht und Staatsgewalt: Untersuchungen zur mitellalterichen Verfassungsgeschiche*, Darmstadt: Wiss. Buchges., 1974, S. 198f, 203.

③ 参见〔比〕弗朗索瓦·冈绍夫《何为封建主义》，张绪山等译，第3页。

家学说为理论基础的。[①]因此，布赫饽强调中世纪西欧的王权是基督教的、罗马的和日耳曼人的观念的融合体。[②]

加洛林王朝用采邑建立的个人联合的政体剥夺了氏族贵族的权势和财产，这些封臣因为获得了封地以及为国王服役成为新的贵族阶层，尤其是在查理大帝时期。查理大帝在位46年，进行了55场战争，在征服地区推行采邑制。774年，查理大帝应教皇之请征服了伦巴德王国，戴上了伦巴德国王的王冠，在伦巴德王国境内设立伯爵管辖区，将其作为采邑分封给跟随其征战的法兰克亲兵和臣服于他的伦巴德的贵族。787年，查理镇压了巴伐利亚公爵的反叛，迫使其以采邑的形式保留公爵领地，同时设立了大主教区以加强对公爵领地的控制。788年，为了阻挡阿拉伯人向西欧大陆进一步扩张，查理大帝在比利牛斯山脉和埃布罗河之间的区域内建立了西班牙马尔克伯爵领地，同时还划定了主教区，任命了主教。在与法兰克东北部萨克森人进行的长达33年的战争中，不仅法兰克国王的亲兵获得了那里的采邑，萨克森人内部也发生了分化，形成了新的氏族贵族家族。他们抵挡不住法兰克人的攻击，对查理大帝俯首称臣，以封臣的身份被任命为萨克森的伯爵。冈绍夫认为，"自查理曼统治时期起，封臣制得到异乎寻常的传播，是多重元素发挥作用的结果。首先，这样的扩展代表了国王与皇帝们处心积虑追求的一种政策。他们凭借增加封臣的数量，对伯爵、侯爵和公爵这样的官员强施义务，使之进入国王封臣行列，希望以此加强自身权威。加洛林王朝试图凭借封臣对封君应有的效忠，强化官员因持有的官位对他们应有的服从"[③]。可以说，正是这种采邑和行政管理的结合构成了国王的封臣，产生了参与王权统治的贵族家族集团。

---

① Theodor Mayer, "Staatsauffassung in der Karolingerzeit", in: *Vorträge und Forschungen: Das Königtum. Seine geistigen und reichtlichen Grundlagen,* Bd.3, Lindau: Thorbecke, 1956, S. 181f.

② Rudolf Buchner, "Das merowingische Königtum", in: *Vorträge und Forschungen: Das Königtum. Seine geistigen und rechtlichen Grundlagen,* Bd.3, Lindau: Thorbecke, 1956, S. 143.

③ 〔比〕弗朗索瓦·冈绍夫：《何为封建主义》，张绪山等译，第34页。

加洛林王朝的政体结构

800年圣诞节之际，法兰克的国王在罗马被加冕为罗马人的皇帝，由此在西欧中世纪的历史上重又有了一个帝国；然而，查理虽然戴上了皇帝的皇冠，但却仍然保留了法兰克国王、伦巴德国王的头衔，因此王国的建制依然被保留下来。法国历史学家杜比等人认为，对于查理大帝来说，"帝国观念是一种普世观念"，并不是实际的区域的观念，"这是一种基督徒的观念，更进一步说是教士们的观念，甚至可以说是罗马人的观念"[①]。随着查理大帝不断对外征战，帝国的版图不断扩大，帝国的行政区划中不仅有伯爵领地，还囊括了法兰克王国、伦巴德王国、阿奎丹王国、洛林王国和勃艮第王国，此外还保留了后征服地区的世族公国，即加斯科涅公国、阿雷曼公国，以及萨克森公国、弗兰克公国、施瓦本公国、巴伐利亚公国。在法兰克帝国的政制中，权力的中心虽然是皇帝，但是他在王国、公国、伯爵领地内的权力却是有限的，因为国王、公爵和伯爵是其在地方的代理人，对其所管辖的地区掌有实际的全权，即行政权、司法审判权、财政权和军事权，这些行政单位基本上是独立的，维系国王、公爵和伯爵与皇帝之间臣属关系的主要是效忠。西方学者通常是从法理的角度分析法兰克帝国的政制，法国历史学家杜比等人认为，法兰克之所以具有这样的特点，是因为这些王国、公国乃至伯国都是在同一个部族的基础上发展而来的，这些部族都保留着自身的习惯法的传统以及社会组织结构，这些构成了其自治的基本要素。法兰克时期，无论帝国还是王国、公国都还没有立法的概念，在法律方面最重要的是司法审判权，它把政治权力与习惯法混合，掌有政治权力的国王具有对习惯法的解释权；另一方面，在习惯法中都包含有对权力的认同，这种认同以效忠的方式表现出来，洛克这样评论效忠："至于效忠，它只是根据法律的服从，如果他自己违犯法律，他就没有要人服从的权利，而且他之所以能够要求别

[①] 〔法〕乔治·杜比主编：《法国史》，上卷，吕一民等译，第241页。

人服从，不外因为他是被赋有法律权力的公仆，因而他应该被看作是国家的象征、表象或代表，依照国家的法律所表示的社会意志而行动。所以他没有意志、没有权力，有的只是法律的意志、法律的权力。"①

王室宫廷无疑是王国政权的权力机构。墨洛温王朝时期，管理宫廷的是宫相，总理宫廷的各项事务，宫相原本是依附国王的仆役，在法律上没有人身自由，但是历任宫相都利用其职能权倾王国，在宫相的职务上生长出了奥斯特利亚和纽斯特里亚两大贵族家族，最终奥斯特利亚家族的丕平取代了墨洛温家族登上法兰克的王位，开启了加洛林王朝，宫相一职也随之"寿终正寝"不复存在。在加洛林的王室宫廷里取代宫相的是各尽其职的大臣：管理王室财政的司库大臣、负责王室成员膳食的膳务大臣、负责王室酒窖的掌酒大臣以及饲养马匹和运输的御马监。从这些名称可以看出，与其说他们是王国的官吏，不如说是国王个人的仆人，但他们并不仅仅管理国王的个人事务，他们的某些职能超越了宫廷范围。例如，御马监负有参与指挥的军事权，膳务大臣兼任掌玺官，司库大臣管理王国的赋税，等等。值得一提的是，法兰克时期的王室宫廷没有固定的驻节地，杜比等人称法兰克的国王是"到处游荡的君主"。②

法兰克时期重要的地方官员是伯爵。这个时期的伯爵不是社会等级的象征，而是官吏，是国王在罗马帝国流传下来的行政区域以及自然区域的行政管理者，是国王派驻各地进行行政管理的常设代表，被挑选出来受封伯爵的都是与国王有亲属或者姻亲关系的贵族家族，对国王本人的效忠是唯一的条件。伯爵在所管辖地区行使国王给予的司法审判权、军事权以及其他特许权，以此维持所辖区域的社会秩序，《撒利克法典》中有明文规定，如果伯爵没有及时受理上诉的案件将会受到国王的处罚。③与国王一样，伯爵在治理的

---

① 〔英〕洛克：《政府论》，下篇，叶启芳等译，第93页。
② 〔法〕乔治·杜比主编：《法国史》，上卷，吕一民等译，第250—251页。
③ Patrick J. Geary (ed.), *Readings in Medieval History*, p. 153.

管辖区也没有设立行政机制，协助他们的是其扈从以及封臣。国王则派遣其封臣作为巡按使传达国王颁布的敕令，以此加强与地方的联系，并且对伯爵进行监督。在这个没有行政机制的王国中，国王的敕令是王国施行政治统治的一种重要方式，国王敕令的内容非常广泛，包括对伯爵任命与罢免、给予其的特许权、豁免权，等等。保证国王施行政治统治的是国王给予伯爵的封地，也就是采邑制。

　　加洛林时期开始实行的采邑制培植了西欧中世纪的贵族阶层，获得采邑的封臣们根据日耳曼人的习惯法使封地"基本上成为世代相传之物"①。877年，西法兰克的国王秃头查理为获得贵族的支持实现意大利远征的计划，在瓦兹河畔的奎亚兹颁布敕令，明令封臣家族对采邑的世袭。②随着封地的世袭化，大小贵族在自己的领地范围内代表或占有、夺取或行使应该是国王行使的权利。封地的世袭化肢解了罗马帝国晚期形成的大地产，逐渐四分五裂缩减为小土地的形式，汤普逊认为，正是9世纪开始的这种分裂导致贵族家族的利益地方化了。③10世纪初期，加洛林的国库领地几乎被分封殆尽④，这些封地的世袭化使国王丧失了对封地的用益权，土地的用益权以实物地租和徭役地租的形式掌握在获得封地的伯爵或其他贵族的手中，曾经是国家的税收，包括市场税和关税，都进入了贵族的囊中。此外，贵族还掌握了领地内的审判权⑤，在领地内修建教堂，任命教职，收取教会的什一税，形成一种独立的、封闭的地方单位；国王与贵族之间的采邑关系，是贵族向国王要求领地内各种权利的依据。德国历史学家特伦巴赫这样评价中世纪西欧的王权："从加洛林时期一直到中世纪晚期，体现了国家集合体和统一趋向的王权只是一个

---

① 〔法〕马克·布洛赫：《法国农村史》，余中先等译，商务印书馆1991年版，第86页。
② 参见〔比〕弗朗索瓦·冈绍夫《何为封建主义》，张绪山等译，第64—65页。
③ 参见〔美〕汤普逊《中世纪经济社会史（300—1300年）》，上册，耿淡如译，第315页。
④ 同上书，第313页。
⑤ 参见〔法〕马克·布洛赫《法国农村史》，余中先等译，第93页。

具有各种不同用途的工具。"①从这个意义上来说，加洛林王朝之后的西欧国王只不过是贵族阶层中的一个成员，德国的历史学家称这种体制为"贵族体制的王国政体"②。恩格斯在阐述国家时说，"国家是整个社会的正式代表，是社会在一个有形的组织中的集中表现，……在中世纪是封建贵族的国家"③。在这个政体中，贵族几乎享有与国王相等的各种权利，这些权利是贵族在采邑制度发展的过程中逐步获得的，采邑制发展的经济基础是领地制。

二、分割公共权力的领地制

领地制的概念

中世纪西欧社会的土地制度是领地制，德国历史学家们对领地制进行了长期的研究，得出这样的结论：领地制不是当时时代秩序的概念，而是现代秩序的概念，因为它在某种程度上说明的是一种模式，反映的是农村制度的一种状况，它是一个包含了经济、政治、社会的诸多因素的复杂的综合体。格茨将其分为两种概念，即社会的概念和经济的概念。他认为，作为一个技术术语，领地制含有组织、管理和使用方面的固定模式，这不仅仅是占有土地的问题，还关系到对土地的支配，而且支配土地是不可缺少的基础。④法国的历史学家也有近似的观点，基佐认为构成封建制度有三个主要因素：其一，土地财产的特殊性，它是不动的、实实在在的、世袭的，但得自一位上司，这位上司把某种个人义务强加在土地的所有者的身

---

① Gerd Tellenbach, "Vom karolingischen Reichsadel zum deutschen Reichsfürstenstand", in: Theodor Mayer (Hrsg.), *Adel und Bauern in deutschen Staat des Mittelalters*, Darmstadt: Wiss. Buchges., 1967=1943, S. 27.

② Hans Hirsch, *Die hohe Gerichtsbarkeit im deutschen Mittelalter*, S. 234.

③ 〔德〕恩格斯：《社会主义从空想到科学的发展》,《马克思恩格斯选集》第3卷，人民出版社1972年版，第438页。

④ 参见〔德〕汉斯-维尔纳·格茨《欧洲中世纪生活（7—13世纪）》，王亚平译，第122—125页。

上；其二，主权与财产合并在一起；其三，立法的、司法的、军事的机关的等级制度使各个封地的所有者相互联合起来形成了一个总的社会。[①]马克·布洛赫说："从经济角度看，一份大产业与许多小地产在同一个组织中的共存是领地制最基本的特征。"[②]杜比等人则把领地制看作一种对土地的经营方式，他认为这种经营方式起始于8世纪，首先在王室的土地上开始，此后不断扩展，"在某种意义上说是制度的统一化，似乎是政治上深思熟虑以后的产物，这种考虑既来自王室，也来自宗教大机构"[③]。在领地制中，领地是最基本的地产[④]，领地制在欧洲中世纪的社会中存在了一千多年，它在欧洲历史上占据着不可否认的重要地位，必然会激起历史学家和经济学家对其给予特别的关注，以各种不同的视角对其进行研究，还采用比较研究的方法划分了中世纪早期领地的类型。

在法兰克这种个人联合的王国政体中，"家"是社会最基础的社会因素。法兰克人关于"家"(familia)的含义与今天有很大的不同。如前所述有其自身的特点，这个特点被扩大到了国家，由此形成了法兰克政制的一个特点，即官吏制度与采邑制度紧密相关。公国和伯国取代了罗马帝国时期的行政区域，公爵、伯爵以及其他的封臣取代了罗马帝国的官吏，履行着因为获得采邑而必须履行的封建义务；另一方面，采邑也保证他们享有了罗马帝国时期的社会公共权力，由此社会的公共权力转变为个人的权利。[⑤]也可以这样说，这种社会公共权力的转变是西欧中世纪早期封建化的一个重要内容。

英国学者安德森认为，"在封建制度中，君主是他封臣的一个封建宗主，他与他们以互惠的忠诚纽带约束在一起，而不是位居他臣

---

① 参见〔法〕基佐《法国文明史》，第3卷，沅芷等译，商务印书馆1995年版，第23页。

② 〔法〕马克·布洛赫：《法国农村史》，余中先等译，第80页。

③ 〔法〕乔治·杜比主编：《法国史》，上卷，吕一民等译，第258页。

④ 参见〔英〕M. M. 波斯坦主编《中世纪的农业生活》，《剑桥欧洲经济史》第1卷，郎丽华等译，第291页。

⑤ Heinrich Mitteis, *Lehnrecht und Staatsgewalt: Untersuchungen zur mitellalterichen Verfassungsgeschiche*, S. 198f.

属之上的最高君主。他的经济来源实际上全部来自他作为领主的个人领地，他对封臣的要求基本上是军事性质的。他与人民没有直接的政治接触，因为对他们的司法是通过无数层的分封制施行的"①。在这个层层分封的社会中，各级封臣只与自己的封主建立起了直接的关系，而与上一级的封主乃至国王之间几乎没有任何关系和往来，因为建立和维系这个关系的是采邑赋予的权利和应该履行的义务，所以基佐认为，"同等地位的人都孤立地生活着"，唯一把他们联系在一起的是封主，"封建关系，封建主与封臣之间的关系，可以说是联合的唯一原因，结合的唯一理由"。②

基督教保证的采邑关系

法兰克王国这种个人联合的政体性质在法律制度中也体现出来，或许可以这样说，从法律角度诠释个人联合的政体这种封建国家的特点会更为清楚些。西方学者普遍认为，采邑关系是一种准契约式关系，封主与封臣双方都有必须履行的义务，无论谁违背了所承担的义务都将构成一种重罪；所以，封臣因为义务而受益，从某种意义上说，义务也因此转换成了一种权利，享有了一种无形的财产。③美国历史学家乌尔曼认为，西欧封建制度的特点在于在封主和封臣之间有一个很牢固的纽带，这个纽带首先是因为军事的和社会的必要性，此后又有了效忠的誓约，这个纽带是牢固的、有弹性的、持久的，而且是可以变通的、可以调整的，它既是一种个人的也是法律的关系；因为，封主和封臣都各自享有自己的权利，同时也承担着对对方应该履行的义务。④在这个政体中，"君主是他封臣的一个

① 〔英〕佩里·安德森：《从古代到封建主义的过渡》，郭方等译，第154页。
② 〔法〕基佐：《法国文明史》，第3卷，沅芷等译，第193页。
③ 参见〔加〕查尔斯·泰勒《市民社会的模式》，冯青虎译，邓正来、〔美〕杰弗里·亚历山大主编《国家与市民社会：一种社会理论的研究路径》，上海人民出版社2006年版，第32页。
④ Walter Ullmann, *The Individual and Society in the Middle Ages*, Baltimore, Md.: Johns Hopkins Press, 1966 , p. 63.

封建宗主，他与他们以互惠的忠诚纽带约束在一起，而不是位居他臣属之上的最高君主"①。这是一种以公开的或隐蔽的契约为基础的社会协定，执行这种社会契约的行为被称为效忠和封赏，在这个封建契约关系中，遵守受封时的效忠誓言是每个封臣的义务，而封臣在履行义务的同时也享有了在受封领地内行使权力的权利；因此，"这样结成的封建关系实质上含有互惠关系"。②这就意味着，中世纪的主权者所面对的乃是一个在某种程度上根据权利和义务加以界定的社会。

这个社会是一个共同体，社会中的每一个人都是这个共同体的成员，英国法学家米尔恩在阐述人权时对权利和义务的诠释也适合于中世纪的社会："一切成员只有义务而无权利的共同体在逻辑上是不可能的，因而是无法想象的。做一个成员，就必须既享有权利又承担义务，这是成员的一部分。"③权利与义务是封建社会的一个内核，社会的一切活动都被限定在权利与义务之中。日本学者曾经这样阐释封建社会中的权利和义务："在封建制度下，拥有土地的地主负有义务，远不如资本家对所有权的自由利用或滥用的权利；土地不能自由交易而附有条件，并必须通过所有权人不敢违背的传统习惯进行移转，而且还需对其上级阶层和下级阶层负有预定的义务。这种制度的精髓是一种互惠服务的复合体。从奴隶到国王，所有的封建阶层中的成员都被一定的互惠义务所束缚。义务感是封建社会的精神。"④在这个社会的法律体制中，上至贵族、骑士，下至自由农民乃至依附农都有自己的权利以及与权利相对应的义务，英国学者莱斯诺夫也强调这种封建关系的契约性，他认为："封建制度准确地说是领主与附庸之间的法律契约体系。在这一关系中，双方都具有

① 〔英〕佩里·安德森：《从古代到封建主义的过渡》，郭方等译，第154页。
② 〔美〕道格拉斯·诺思、罗伯特·托马斯：《西方世界的兴起》，厉以平等译，第14—15页。
③ 〔美〕A. J. M. 米尔恩：《人的权利与人的多样性——人权哲学》，夏勇等译，中国大百科全书出版社1995年版，第144页。
④ 〔日〕石田文次郎：《财产法上之动的理论》，严松堂书店1942年第8版，第78—79页。

契约性的权利和义务。"①不应忽视的是，在西欧的封建社会中，即使社会最上层的国王也同样要受封建契约的约束，尽管他所获得的王位是通过有血缘关系的继承权获得的，依然要与他的臣民订立契约，订立契约的理论依据源自《旧约全书》，即：被上帝选中的大卫在希伯伦当着上帝的面与以色列的长老们立约，他们为大卫涂油膏作为一种加冕礼，宣布其为以色列的国王。②与上帝订立的契约表明了国王的合法性，这是基督教"君权神授"的神学政治理论最基本的依据。

采邑制度是在罗马帝国晚期形成的大地产制和日耳曼人的陪臣制的基础上确立起来的，采邑制既是一种政体形式，也是一种经济制度，同时又是一种法律体系。这个法律体系调解的主要是贵族与王权之间的关系，即扈从关系。从原则上来看，虽然每一个自由的法兰克人只要他享有一定的声誉和权威，就有权有自己的扈从，但实际上能拥有扈从并给予扈从保护的只能是世袭的氏族贵族，以及通过战功而得到封授的新贵族，这些新旧贵族与国王结成了封建统治集团。恩格斯说："在这每一个中世纪国家里，国王是整个封建等级制的最上级，是附庸不能撇开不要的最高首脑，而同时他们又不断反叛这个最高首脑。"③

8世纪末期，查理大帝在不断用武力对外扩张的同时积极推行采邑制度，并且把采邑制度扩大到了基督教教会。一方面，他通过设立大主教区和主教区，给予大主教和主教与世俗贵族同样的管辖权；另一方面，对世俗封臣进行的授封也采用了宗教宣誓的仪式。教会获得的世俗权利以及受封仪式的宗教化，基督教教会的封建化不可避免，封君和封臣之间的采邑关系也得到了进一步的保证。9世纪初期，法兰克帝国的皇帝虔诚者路易的两个儿子秃头查理和德意志路

---

① 〔英〕迈克尔·莱斯诺夫等：《社会契约论》，刘训练等译，江苏人民出版社2005年版，第26页。

② 《旧约全书·撒母耳记》下第五章。

③ 〔德〕恩格斯：《论封建制度的瓦解和民族国家的产生》，《马克思恩格斯全集》第21卷，人民出版社1965年版，第452—453页。

易因在意大利的政策上产生分歧，乃至起兵反叛，虔诚者路易在平定反叛之后，在圣丹尼斯修道院的教堂举行盛大的宗教仪式，表示皇帝对反叛者的宽恕。为保证不再祸起萧墙，反叛者及其随从在教堂的祭台前当众跪倒在皇帝脚下表示忏悔，并向皇帝宣誓，遵守对其效忠的誓约、服从其给予的一切命令。[①]这次的效忠宣誓仪式成为后世封臣向封君宣誓的一个模板。德国学者阿勒托夫认为，正是这种宗教的宣誓仪式成为公开表示权利和义务的一种方式。[②]效忠宣誓仪式作为一种政治上的标志具体地表明，国王有权监督其封臣和扈从，一旦后者违背了誓言，国王有权收回分封的土地以及附属土地的各种权利。

服从个人的共同体

法兰克时期的国家与今天意义的国家有极大的不同。美国法学史专家伯尔曼认为，法兰克的王国不是一个地域单位，而是被看作处于国王或者皇帝统治下的、信仰基督教的人们的共同体。[③]在法兰克王国，构成采邑制基础的社会是以"家"作为最基本的单位，"领主"（hêrro, Herr）是置隶属这个家族所有人之上的一家之主，是家族领地的王侯。法兰克王国是依据"家"这个原则建立起来的，国王是王国最大的首领，王室家族的成员，无论国王的亲兵还是家臣都受国王的支配，他们没有人身的自由；但也正是因为如此，他们更能得到国王的信任，被委以重任，并且得到土地以及附着在土地上的各种权利作为报酬，有了对受封土地的统治权，如司法权、纳税权，甚至还有军事权，构建了家族式的领地制（Herrenschaft），

---

① Gerd Althoff, *Die Macht der Rituale: Symbolik und Herrschaft im Mittelalter*, Darmstadt: WBG, Wiss. Buchges., 2003, S. 60f.

② 德国学者阿勒托夫在其《宗教仪式的权力》一书的"表述权利和义务方式的宗教仪式"一章中详细论述了宗教宣誓仪式的政治意义，参见 Gerd Althoff, *Die Macht der Rituale: Symbolik und Herrschaft im Mittelalter*, S. 85-104。

③ 参见〔美〕哈罗德·J.伯尔曼《法律与革命——西方法律传统的形成》，贺卫方等译，中国大百科全书出版社1993年版，第363页。

产生了中世纪社会的贵族等级。德国学者施莱辛格认为，领地是一个相当独立的社会单位，领主有权行使领地内的司法权，有权任命领地内的法官，法律也因此个体化了。[①]因此，在国王的法律体系之外，还存在着领主的法律。或者更确切地说，在人身依附关系异常紧密的封建社会中，对于那些受采邑制约束的非自由人来说，除了领主外就不再有其他的法官了。正如美国学者泰格、利维所说的："一个附庸所持有的一切财物及享用权，全都被约束在对封建领主的忠诚关系之中。封建领主对涉及其任何一个附庸的一切诉讼纠纷，总是力求能取得由他们裁判的权利。其所以如此乃是因为，任何命令被告付款或履行某事的判令，都会立即而且直接危及领主对附庸的财物和劳役所专享的利益，不论该附庸是其领主法庭受控诉的普通农民还是小领主。"[②]抑或可以这样说，采邑权就等于司法权。在11世纪末12世纪初的法兰西王国，封建主甚至在自己的领地内用采邑权限制王国的司法权，例如，布卢瓦伯爵虽然表明服从国王的法庭，但提出的条件是，如果诉讼案件涉及采邑，应该先由他审讯。[③]

因为采邑制是以土地为基础建立起来的一种个人联合的政体形式，所以土地可以被看作一种实施法律的实体，得到封地的封臣在获得政治权利、经济权利的同时也得到了在封地内的司法权。采邑权实际上是一种个人的司法权，是与个人联合的封建政体相适应的个人司法权；因此，这种个人的司法权具有了公共特点的统治形式的象征。封主在授予采邑的同时也授予了一定的权限，"授予行使公共职能的权限，授予获取国家收入资源的权限"[④]。抑或可以这样说，采邑权是一种政治权利和经济权利的结合体，一种管理权利和使用

---

① Walter Schlesinger, "Herrschaft und Gefolgschaft in der germanisch-deutschen Verfassungsgeschichte", in: *Historische Zeitschrift*, 176 (1953), S. 225, 240, 242.

② 〔美〕泰格、利维：《法律与资本主义的兴起》，纪琨译，学林出版社1996年版，第37页。

③ 参见〔法〕马克·布洛赫《封建社会》，下卷，张绪山等译，第674页。

④ Heinrich Mitteis, *Lehnrecht und Staatsgewalt: Untersuchungen zur mitellalterichen Verfassungsgeschiche*, S. 203.

权利的结合体，正如伯尔曼所说的："用来表达这种结合的术语是拉丁文的dominium（领有权）一词，其含义一方面是指如同领主权的东西，另一方面是指如同所有权的东西。"[1]

在采邑制基础上建立的封建王国，国王的司法权是有限的，受到地方封建主司法权的限制，特别是在那些王权的统治相对薄弱的地区。在那里，采邑制所附带的各种权利限制了王权对地方的实际统治。采邑制自身所具有的分裂因素是西欧封建王权集权的最大障碍，但这个障碍并不是不可克服的，因为受封者是通过特许权获得了各种各样的权利，特许权确定了国王在王国中的统治权威。然而，也恰恰是这种特许权分割了社会的公共权力，正如法国学者杜比等人所说的，这种封建制度也就是采邑制"意味着权力碎化成诸多独立的细胞"[2]，领地就是这种"细胞"，领主则是"细胞"中的掌权者，掌握着对外防御的军事权；包括地租、开办市场、设立关卡甚至铸币在内的经济权；维持社会安定的司法审判权。可以说，因为领地制的发展实际上从法兰克时期起西欧社会就完全被贵族所控制，领主的附庸、为其耕种土地的农民都被置于领主的司法审判权之下，只能服从于他，为其效忠，而国王也只在自己的王室领地中能够行使类似的实际权力；德国历史学家莫拉夫就认为，甚至直到中世纪晚期，德意志王权的历史充其量也就是地区的历史，因为国王实施的实际权力仅限于他自己的领地范围，应该区别于王国的历史。[3]从这个意义上说，国王只是贵族中的一员。这种完全服从个人的关系取代了罗马帝国时期的公共制度，这种公共制度是从日耳曼人社会中的民众大会演变而来，进一步发展成为一种新的共同体的形式。

---

[1] 〔美〕哈罗德·J.伯尔曼：《法律与革命——西方法律传统的形成》，贺卫方等译，第383页。

[2] 〔法〕乔治·杜比主编：《法国史》，上卷，吕一民等译，第313页。

[3] Peter Moraw, "Fragen der deutschen Verfassungsgeschichte im späten Mittelalter", in: *Zeitschrift für historische Forschung*, 1977, Bd. 4, S. 61.

三、自治的社会基层政制

古代民众大会的变体

民众大会可以说是欧洲比较传统的社会基层政制形式，在古希腊和古罗马时期都有这种行政机制。早在罗马共和时期，特里布斯大会（comitia tributa）是民众大会的一种形式，参加会议的人员不分等级，会议地点通常是宽阔的广场，共和时期的民众大会的职能主要有两个，一是选举已提官吏的候选人，二是通过官吏提出的法案，但是他们没有执行权和监督权。[①]在日耳曼人的社会中也有公民大会（Thing 或者 Ding）这种行政机制，从《撒利克法典》中可以看出，日耳曼人的公民大会似乎就是一个司法机构，处理民事的和刑事的纠纷和案件，例如有关财产的流转和继承，是否接受外来的移民，等等。加洛林时期依然存在着公民大会，而且是加洛林王朝非常重要的一个行政机构，但是与日耳曼时期的相比已经有了很大的变化。首先，参加公民大会的不再是全体民众，而是王室的高级官吏、伯爵以及主教和修道院院长，可以说这个时期的公民大会已经完全贵族化了。其次，会议地点有所变化，日耳曼人的公民大会都是在某一个固定的地点举行，通常是在露天的某一个被称为Malstätte的地方，它或者是村子里的一棵大树，或者是一块形状独特的大石头，一般在每年的3月或者5月举行；[②]加洛林时期的公民大会通常由国王主持召开，由于王室的领地分散各处，因此由国王主持召开的公民大会是随着国王在王室各地的行宫里举行，不再有固定的地址。再次，会议的内容也有了极大的变化。从《撒利克法

---

① 参见〔苏〕科瓦略夫《古代罗马史》，王以铸译，第136页。
② 日耳曼人的民众大会通常在一棵大树之下，或者一块大石的旁边，或者具有特殊标志的地方举行，这个地方被称为Malstätte，此后这个词沿用下来，成为法庭的代名词。参见 *Lexikon des Mittelalters*, Bd.3, S.1058f。

典》可以看出，日耳曼人的公民大会主要是审理民众的纠纷，享有较大的审理权和裁判权；但法兰克时期的公民大会不再受理民众提出的诉讼等民事的、刑事的案件，而是按照国王提出的议事日程进行，教俗参会者分别就与各自履行的职能相关的问题进行审议。仅以811年的一次公民大会的议事日程为例：

> 我们首先将我们的主教和修道院院长分为一组，我们的伯爵分为另一组，两组分开就下列问题进行审议：1.当需要奋起保卫祖国之时，边境区和军队之间拒绝互相帮助，这种情况的原因是什么？……4.我们要请问他们，为何事在何地，世俗人士在行使职权时受到神职人员的刁难？……10.讨论被人们称为"遵守教规者"（chanoines）那些人的生活。他们应该处于怎样的地位。11.讨论修道院生活，不遵守圣本尼迪克院规者是否能成为修士？①

很显然，这些议题具有制定法令法规的性质，因此会议做出的决议通常都被国王采纳，以国王敕令的形式颁布。法兰克时期的这种民众大会可以说是后世法国的御前会议、德国的王（帝）国会议的前身。

日耳曼人的民众大会不仅演变为由国王主持的会议，另一方面也在领地制中得以延续和演变。领地制导致公共权力被分割，被碎化的权力在领地和自然村落中得以行使，由此在领地以及自然村庄中形成了乡村共同体。所谓的乡村共同体是以领地制中施行的份地为基础形成的。马克·布洛赫在他的《法国农村史》中对份地进行了较为详细的阐述，他认为在中世纪早期史料中出现的mansus以及factus这两个词（拉丁语mansus，在德国的史料中为hufe，在英国的史料中为hide，在丹麦语的史料中为boot②）"在使用中，几乎毫无

---

① 〔法〕乔治·杜比主编：《法国史》，上卷，吕一民等译，第253页。
② 参见〔法〕马克·布洛赫《法国农村史》，余中先等译，第179页。

区别地指在一块土地上生活的人类小集体或指这块土地本身"①，而这种份地是与领地制密切相关的，因为份地是征税的基本单位，份地的持有者要为领主缴纳一定数额的农作物、家畜和畜牧产品以及承担一定的劳役。②然而，份地并不是由某一个农户所持有，持有半个份地或者四分之一份地的农户大有所在。换句话说，持有份地的农民被组织在以份地为单位的社团中，布洛赫称之为"家庭共同体"，"家庭共同体几乎到处都扮演着从份地走向简单农户的过渡角色。人们经常称其为'默认'共同体"③。格茨则认为："领地制的家庭（familia）是中世纪早期一种非常牢固的集体的关系，它把各个不同的社会群体结为一体。"④另一方面，持有份地者的法律身份也各自不同，即自由者、非自由者或者半自由者（Liti⑤），但都居住在同一个自然村庄，又因为受当时原始农业生产水平的局限而集体耕种土地。

中世纪早期的西欧农耕者是根据习俗耕种土地的，即采取轮作制，而且是强制性的轮作。这是因为中世纪早期西欧的地产一般都是狭长的"长条地"，⑥这些长条地经过多次的分封、继承而一再被分割，使得土地因为归属不同的用益者而被再分配，这些一再被分配的土地又相互交叉地分布在各地。这种在归属上是分散的且形态上交叉的耕地因为轮作的原因必须统一进行耕种，即由集体按照习俗决定同时进行播种、收割。德国学者巴德尔说："不应该过高地评价领主对农业制度和耕地制度的影响，在日常生活中今天通常被诅咒为魔鬼的'封建制度'远没有像史料单方面所提供的那样深深地

---

① 〔法〕马克·布洛赫：《法国农村史》，余中先等译，第173页。

② 布洛赫有关份地研究的详细阐述请参见《法国农村史》第五章"社会集团"，第172—189页。

③ 〔法〕马克·布洛赫：《法国农村史》，余中先等译，第187页。

④ 〔德〕汉斯-维尔纳·格茨：《欧洲中世纪生活（7—13世纪）》，王亚平译，第132页。

⑤ 国内学者通常把Liti翻译为"半自由农"，是指那些持有份地的奴隶，也有学者将其翻译为"被解放的奴隶"。

⑥ 参见〔英〕M. M. 波斯坦主编《中世纪的农业生活》，《剑桥欧洲经济史》第1卷，郎丽华等译，第95—96页。

进入农民的生活。即使那些有迈尔（Meier）或者科勒馁（Kellner）的城堡主或者行宫领主也都因为自己的利益命令实行三圃制和保证三圃制的强制耕种。"[1]这种耕作方式的不自主性实际上就造成了对每个农耕者的约束，因此尽管农耕者中有不同的法律和社会地位的划分，但真正能够区分其社会地位和法律身份的主要是缴纳租税和服徭役的形式和数量，是租税和徭役把农耕者划分为自由农民和非自由农民，他们以领地为单位缴纳租税。正如马克思所说的："地租是实行土地经营时那种社会关系的结果。……地租来自社会，而不是来自土壤。"[2]乡村中不同法律身份的人因为对土地的耕种集中居住一地，因为要缴纳地租的份地被组织起来，共同劳作，在经济上、生活上乃至情感上都有了较为紧密的联系，形成了邻里关系，由此形成了自然村落，构成了农村共同体。德国学者迈尔认为，法兰克时期正是由于开垦荒地、林地等共同的用益关系把那些小田庄的持有者联系在一起，构成了村庄，一个法律的、社会的共同体。[3]

领地制的基础

采邑制施行之后，罗马帝国时期的行省制基本被取缔，取而代之的是领地制，罗马帝国的行政机制也因此不复存在，在领地的基础上建立起了一种新的地方行政机制，正如美国学者汤普逊所阐述的："这些领地，不仅是作为进款的一个来源，而且是作为报酬他臣属的手段。国王的赐给土地，在初期，看来简直是赠与性质；但到后来，才完全认识到，王室土地在建立一个王室行政制度上，具有

---

① Karl Siegfried Bader, *Rechtsformen und Schichten der Liegenschaftsnutzung im mittelalterlichen Dorf: mit Ergänzungen und Nachträgen zu den Teilen 1 und 2 der Studien zur Rechtsgeschichte des mittelalterlichen Dorfes*, Köln: Böhlau, 1973, S. 2. 迈尔和科勒馁均为庄园的管理者。

② 〔德〕马克思：《哲学的贫困》，《马克思恩格斯选集》第1卷，人民出版社1972年版，第153页。

③ Theoder Mayer, "Vom Werden und Wesen der Landgemeinde", in: Theodor Mayer (hrsg.), *Die Anfänge der Landgemeinde und ihr Wesen*, Konstanz. Stuttgart: Thorbecke, 1964, Bd. 2, S. 465f.

巨大价值，因而就发展成为一种封建式的庇护制度了。"①日耳曼人的马尔克制在法兰克的领地中被延续下来，成为领地制中的社会基础组织形式，结成了村庄共同体（Dorfgenossenschaft）。在领地制中结成村庄共同体的农民，无论因其缴纳地租方式的不同是自由农民还是非自由农民或是半自由农民，似乎都没有置于王权的管辖之下，也没有被看作是国王臣民，而是领主的依附者。一方面这些依附者通过份地与领主有着密切的经济联系，"一般都是自己实施经济约束"②；另一方面，领主给予他们军事上和司法上的保护，在此基础上构成了一种政制模式。

今天学者们研究法兰克时期领地主要是根据795年的《关于领地的敕令》（De Villis③），这个敕令较为明确地规定了管理者的职能和职责，他们不仅要组织生产、管理领地的事务、按时征收各种类型的地租，还要负责监督领地中管理森林的、饲养牲畜和家禽的、酿制酒类的、烘焙各种面食的等各类人员各尽其职。不仅如此，领地的管理者还负有司法权能，负责审理案件，调节领地内的社会矛盾。④从这个意义上来说，领地制几乎就是一种地方行政机制。领地式的行政机制在一定程度上保留了日耳曼人马尔克的某些特征，同时又由于受份地的限制，领地制与马尔克制又有了很多的不同之处。

领地制的基础是份地，布洛赫通过考察中世纪的法国乡村认为，中世纪早期的乡村社会的基层单位是由房屋和小块土地即份地构成，也就是mansus（份地⑤）和condamine（居住在同一个屋里的人们）；

---

① 〔美〕汤普逊：《中世纪经济社会史（300—1300年）》，上册，耿淡如译，第256页。

② 〔英〕M. M. 波斯坦主编：《中世纪的农业生活》，《剑桥欧洲经济史》第1卷，郎丽华等译，第37页。

③ Villis的原意有村庄的意思，国内学界通常翻译为《庄园敕令》，笔者在这里将这个词翻译为"领地"，与文中的内容保持一致。

④ 相关内容请参见Patrick J. Geary (ed.), *Readings in Medieval History*, pp. 324-331; Wolfgang Lauremann (bearb.), *Geschichte in Quellenpp. Mittelalter-Reich und Kirche*, München: Bayerischer Schulbuch-Verlag, 1989, S. 95-101。

⑤ 德语的份地是Huf。

或者可以这样解读：居住在同一屋檐下的人们共同耕种同一块土地。布洛赫认为，由于在法兰克时期普遍流行的是小块的长条形的地块，"份地几乎从来不只有一个持有者"，他通过对土地的研究得出这样的结论："村子和田地是一个大集体的光辉业绩，这个大集体可能是一个部族或一个氏族，当然，这只是一个推测而已。份地是村子建立时就有或以后才有的授予的较小的部分"，可能就是一个与氏族不一样的"家长式的家庭"。所以，"所谓份地，就是人类小集体的经营体，很可能以家族为单位"；也正是因为如此，"加洛林时期的份地总是产生出村庄"。[1]美国学者汤普逊也认为，西欧中世纪的村庄到7世纪才出现，"村庄和领地生活才开始成为一个固定的经济单位和社会形式"[2]。德国学者巴德尔是研究村庄共同体的大家，出版了多部与之相关的专著，发表过多篇相关的论文，他认为：西欧中世纪早期的村庄以及村庄共同体的形成最初被看作是一种自然的现象，但此后这种自然现象则与领地的形式叠加在一起成为一种人为的联合体。[3]格茨则认为，中世纪早期的村庄是因为多种因素形成的，或者是因为封建领主的领地，或者是因为自由农民自然居住在一起组合而成；他认为，村庄很少是根据地貌建立起来的，更多的是因为农民的居住而组合起来，所以"村庄首先是一个相邻的联合体，它是调解共同生活、进行经济协商所不可缺少的；同时，在危难时能互相帮助，它还参与家庭的事务"[4]。抑或可以这样说，在一个村庄里的共同生活，尤其是共同的农耕经济活动，增强了社会关系和法律关系，同时在很大程度上放弃了已经存在的家庭个体性，个体的利益在某些方面必须服从或者从属于群体的利益；因此，家庭联合体所要求的各种权利转移给了一个更为宽泛的联合体，即村庄共同体。

---

① 〔法〕马克·布洛赫：《法国农村史》，余中先等译，第180、182页。

② 〔美〕汤普逊：《中世纪经济社会史（300—1300年）》，上册，耿淡如译，第260页。

③ Karl Siegfried Bader, *Dorfgenossenschaft und Dorfgemeinde*, Köln-Graz: Böhlau Verlag, 1962, S. 32.

④ 〔德〕汉斯-维尔纳·格茨：《欧洲中世纪生活（7—13世纪）》，王亚平译，第143页。

村庄共同体

19世纪的德国学者从法律和社会的角度考察村庄共同体。"共同体"这个概念是法学史家奥托·冯·吉尔克在19世纪晚期20世纪早期出版的四卷本《德国共同体法》[1]中首次提出来的，他从法学的角度把家庭自我组合成的社会组织机制与领主的组织机制区分开，特别强调这个"共同体"是以社团为基础的一种自由联合体。继他之后多位学者就这个问题发表论文、出版专著阐释了相关的论点，也有学者强调这种自由的联合体的形成与采邑制这种政制密切相关。20世纪五六十年代，专门研究村庄共同体的巴德尔则评价，吉尔克那个时代的法律史学家们并没有从国家的角度考察村庄共同体，这是他们研究的一个缺憾；他认为，从中世纪西欧采邑制的这种政体形式来看，村庄共同体应该是一种基础的社会组织机制。巴德尔强调，这种组织机制不是"自上而下"的，也不是根据所谓的"前国家形态的权力"的命令形成的，而是通过一种特殊的功能"自下而上"自我形成的，它不是国家形成的结果，而是与国家的形成平行发生的，而且不论在时间上还是空间上各个地区都有很大的差异性。[2]他这一论点被许多学者接受。

中世纪早期的村庄共同体虽然是"自下而上"自然形成的，但它仍然是采邑制度下的一个有组织的社会单位，不应该忽视的是领主对其的掌控。历史学家们比法学史家似乎更注重这一点，施勒希格在他的著作《领地的产生》中用大量的史料来佐证这一论点，指出在国王领地内的伯爵领地尤其如此。[3]巴德尔则从农民的角度阐述了这一点，他认为中世纪的广大农民并没有完全被排斥在王国的事务之外，他们是以村庄共同体这种组织形式参与领地的乃至王国的一些事务，而领主也常常因为自身的利益与村庄的农民站在同一

① Otto von Gierke, *Das deutsche Genossenschaftsrecht*, Berlin: Weidmann, 1868.

② Karl Siegfried Bader, *Dorfgenossenschaft und Dorfgemeinde*, S. 33ff.

③ Walter Schlesinger, *Die Entstehug der Landesherrschaft: Unteruchungen vorwiegend Quellen*, Darmstadt: Wiss. Buchges., 1969=1941, S. 189.

立场上，村庄由此获得一些特许权。①奥托·施托尔茨也以德国巴伐利亚地区为例说明，中世纪早期的国王或者皇帝都或多或少地通过给予特许权或者经济特权的方式干预公爵和伯爵对各自地区的统治。②另一方面，共同使用村庄中不动产的权利也把居住在同一村庄的村民组织在了一起。巴德尔认为，在西欧中世纪的农村始终存在着不动产，中世纪所谓的不动产是指授封土地之外的公有地（Allmende），诸如村庄里的道路、广场，靠近村庄的森林、草地、荒地、沼泽地、河流等。大量史料显示，这些公有地不是私有财产，抑或可以说它不属于授封领地的范畴，而是村民共同使用的财产（kollektiv-genossenschaftliche Nutzung），正是共同使用财产的权利把村民结合为一个共同体。③可见中世纪的村庄共同体与领地制以及采邑制不无关系。

村庄共同体虽然是采邑制度下的一个社会基础单位，但一般都是自我发展起来的，国王一般不参与村庄的管理，其自治性很强，是一个自治的社会组织机制。这种自治性首先表现在其内部管理人员的选举和任命方面，每个村庄都有一位村长（Dorfvorsteher④），此外还有村庄的神职人员以及诸如河流和森林的管理者和其他一些低级的管理者，他们负责协调村民对河流、森林以及草地的使用。⑤村长以及管理公共设施（诸如森林、河流等）等其他职务的选举通常通过村民大会进行，共同体的每一个成员每年至少必须参加一次共同体不定期召开的大会。如同日耳曼人的习俗一样，大会地点通

---

① Karl Siegfried Bader, *Dorfgenossenschaft und Dorfgemeinde*, S. 364ff.

② Otto Stolz, "Das Wesen der Grafschaft im Raume Oberbayern-Tirol-Salzburg", in: *Zeitschrift für Bayerische Landesgeschichte*, 15 (1949), S. 73.

③ Karl Siegfried Bader, *Rechtsformen und Schichten der Liegenschaftsnutzung im mittelalterlichen Dorf: mit Ergänzungen und Nachträgen zu den Teilen 1 und 2 der Studien zur Rechtsgeschichte des mittelalterlichen Dorfes*, S. 6ff.

④ 中世纪早期不同地区对"村长"的称谓有所区别，在北方通常称为Schulte或者Ammann，南方称之为Schultheiß，还有地区称之为Vogt，但其职能（ministeria）没有很大的区别，参见〔德〕汉斯-维尔纳·格茨《欧洲中世纪生活（7—13世纪）》，王亚平译，第128页。

⑤ Karl Siegfried Bader, *Dorfgenossenschaft und Dorfgemeinde*, S. 33ff.

常在固定的一棵大树下或者是村庄的广场上，或者是在村庄教堂前的广场上。共同体大会的议题不仅与选举有关，还涉及三圃制的生产以及有关租税等问题。[1]此外，村庄共同体大会还是一个司法单位。早在日耳曼时期，马尔克的公民大会就具有了审判的职能，特奥多・迈尔认为，领主权正是从这种部族的机构中生长出来的[2]，所以德国历史学家们也都普遍认同这个观点，即村庄共同体是领地制产生的一个重要条件。[3]从另一个角度来看，村庄这个共同体之所以具有司法性质是因为领主在领地内享有司法审判权，因为领地制的基础是司法审判权。[4]

领地制确立之后，村庄与领地相互结合、相互作用，正如格茨所说："中世纪中期，村庄经历了一个长时期的演变过程。在这个过程中，领地的、法律的和邻里的因素都在相互地起着作用。从一个仅仅是领地关系和邻居关系重叠起来的邻居的联合体，发展成为一个有自己机构的法律联合体。"[5]村庄这个法律联合体不仅有权审理村庄中居民之间有关财产的纠纷、调节邻里之间的关系、决定村庄中的共同事务，还有权讨论通过有关征收赋税以及分派兵役等各种事宜，甚至还有权插手当地地方教会的事务；更为重要的是，这个共同体还有权针对领主进行抗争，向其请愿。[6]然而，必须强调的是，在中世纪的早期和中期，农村社会基层的政制是较为复杂或可以说是较为混乱的，各种形式的誓约联盟相互混合在一起，领主的领地、自然的村落同时并存，各个地区不同的部落基层结构也都程

---

① Karl Siegfried Bader, *Dorfgenossenschaft und Dorfgemeinde*, S. 292f.

② Theodor Mayer, "Analekten zum Problem der Entstehung der Landeshoheit, vornehmlich in Sünddeutschland", in: *Blätter für deutsche Landegesschichte*, 89 (1952), S. 89.

③ Adolf Waas, *Herrschaft und Staat im deutschen Frühmittelalter*, Vaduz: Kraus Reprint, 1965=1938, S. 151ff.

④ Hermann Aubin, *Die Entstehung der Landeshoheit nach niederrheinischen Quellen: Studien über Grafschaft, Immunität und Vogtei*, Berlin: Ebering, 1920, S. 384.

⑤〔德〕汉斯－维尔纳・格茨：《欧洲中世纪生活（7—13世纪）》，王亚平译，第143页。

⑥ 参见〔法〕弗朗索瓦・基佐《欧洲代议制政府的历史起源》，张清津等译，第46—47页。

度不同地留存下来，此外还有教会和修道院在其中起到的重要作用，更何况一些大的村落并没有归属同一个封建领主，农村中居民所获得的权利也不尽相同，村庄的组织机制也因为地区的差异有很大的区别；但是，村庄共同体几乎有一个共同的性质，即自治性，这种自治性主要表现在选举方面，共同体的成员自己选举村长、主持村庄法庭的法官、发过誓约的证人以及主持村庄小教堂的教士。[①] 在领主的领地内形成的这种最基层的自治的社会政制是封建王国政制的社会基础，巴德尔认为正是从村庄的共同体中逐渐地产生出了村镇（Dorfgemeinde[②]）这样的组织机制。[③]

[①]　Karl Siegfried Bader, *Dorfgenossenschaft und Dorfgemeinde*, S. 295f.

[②]　Dorfgemeinde不是通常理解的"村镇"的概念，是指在自然村落基础上建立的一种对村民的管理机构，也有按照中国建制的习惯翻译为"村公所"，但笔者认为这种译法不太妥。

[③]　Karl Siegfried Bader, *Das mittelalteriche Dorf als Friedens- und Rechtsbereich*, Weimar: Hermann Böhlaus Nachfolger, 1957, S. 7.

第三章　难分伯仲的君权与教权

在西欧中世纪社会中基督教是不可回避的一个重要因素，它不仅关乎社会的宗教信仰，而且基督教的教会和修道院还是社会经济的组织者，也是政治制度不可缺少的一个环节，正如芬纳所说："中世纪的教会犹如一个完整的有组织社会，所有人都被囊括其中。"早在古代晚期中世纪早期，基督教的神学家们不仅为中世纪的政治理论和统治实践提出了神学的理论依据，还通过教会确定的等级制在世俗社会中对其进行实践，"简而言之，基督教不是上层阶级确保能够进行社会控制的一个工具。因为这些社会上层和普通民众一样笃信基督教的誓言和惩罚，这正是基督教理念能够发挥社会效应的原因所在"。①

一、"君权神授"的神学政治理论的提出

奥古斯丁的神学政治

法兰克王国是在罗马帝国的废墟上建立起来的，既保留了其部族政制的某些因素，也吸收了罗马帝国的某些要素，其中最重要的是罗马法和基督教。496年法兰克王国的第一任国王克洛维率领3000亲兵在兰斯接受基督教的洗礼，并不是因为对宗教的信仰，完

---

① 〔英〕塞缪尔·E.芬纳:《统治史》，第2卷，王震译，第261、263页。

全是出于执政的需要。克洛维作为一个明智的政治家清楚地认识到，无论在生产方式和生产力方面还是在王国的政制方面，法兰克人的文明程度都远低于罗马人；为此，他把皈依基督教作为征服所占领地区的一种方式，而高卢地区的罗马贵族也愿意接受一个有着基督教信仰的新国王，基督教在很大程度上减小了作为征服者的法兰克人与被征服者的罗马人之间的敌对。早在4世纪初期，在罗马执政者推行的宽容和扶持的政策下，基督教教会不仅确立了在社会中的宗教法权地位，还逐步跻身于罗马帝国的政制中。基督教确立了罗马教会的宗教权威，按照罗马行省的模式划分了基督教的大教区和教区；① 与此同时，帝国的执政者加强了对基督教会的控制，帝国的皇帝主持召开宗教会议，为其制定各种信条，掌控了各级教会教职的授职权。在这期间，基督教会也完善了自身建制，有了等级分明的组织机构——教阶制。正如英国学者安古斯所说："希腊罗马世界是基督教的播种者耕耘的土地，种子的生长不仅依靠它本身具有的生命力，也取决于土壤的适宜和肥沃。"② 在"希腊罗马世界"这个土壤上，基督教的教父们用希腊哲学的理论和方法逐步建立起一整套系统的宗教神学理论，构建了基督教教义的理论框架。325年的尼西亚宗教会议标志着基督教正统教义和神学体系基本确立。基督教正统教义和神学体系的确立是在罗马帝国皇帝的支持下完成的，这就必然不仅只是关于宗教的权威，而且关系到罗马皇权的权威，这也可以说是君士坦丁颁布《宽容敕令》的初衷。然而，尼西亚宗教会议之后，罗马帝国逐步走向没落，最终被日耳曼人的民族大迁徙摧毁，正是在这个历史时期拉丁四大教父之一、希波的主教圣奥古斯丁从基督教的角度解读了罗马帝国的覆灭。

奥古斯丁生活的年代，罗马的教会尚没有完全确立起绝对的宗

---

① Francis Donald Logan, *A History of the Church in the Middle Ages*, London, New York: Routledge, 2002, p. 9.

② Selby Angus, *The Religious Quests of the Graeco-Roman: A Study in the Historical Background of Early Christianity*, London: John Murray, 1929, p. 9.

教权威地位，异教的和基督教内部的宗教争论还很激烈，希腊古典哲学的理论和方法对教义体系形成的影响在争辩中已经显现。奥古斯丁出生成长的北非是罗马帝国的一个重要行省，普遍使用拉丁语，政制上深受罗马帝国的影响。奥古斯丁本人皈依基督教的过程可以说体现出了这个历史时期基督教宗教权威确立的历程。奥古斯丁的家庭是多种宗教的混合，他的父亲是异教徒，他的母亲则是虔诚的基督教徒。奥古斯丁受过良好的教育，精通修辞学，在接触西塞罗的著作之后对其产生了浓厚的兴趣；他借助拉丁语研读苏格拉底和柏拉图的哲学著作，他非常崇拜柏拉图，称其为苏格拉底最杰出的学生，"他的光彩远远超过苏格拉底的其他学生，使他们黯然失色"[①]。年轻时期的奥古斯丁崇奉摩尼教，但最终却在安布罗斯的影响下皈依了基督教。他在担任希波主教期间完成了他的基督教神学教义理论体系，这期间他最著名的著作是《上帝之城》，在这部著作中他第一次提出了两个国度的概念，即上帝之城和世俗之城，他强调对两个城的划分不是时间的也不是空间的，因为一个是以肉欲生活的人组成，一个是以精神生活的人组成；[②]以精神生活的人组成的世界是按照上帝意愿创造的天国，以肉欲生活的人组成的世界在撒旦的统治之下。奥古斯丁根据新柏拉图主义的哲学理念创造了一个精神世界的概念，两个世界泾渭分明，但是两个世界的历史发展进程始终相互交错无法分离，直到上帝进行的末日审判到来。在这个无法分离的历史进程中上帝具有决定性的力量，它用自己的意志决定人类的整个发展过程。[③]正是从这一点出发，奥古斯丁把罗马帝国行将就木的原因归结为世俗的"原罪"，罪恶的根源不在于创造主而在于意愿，[④]"原罪"的根源在于人类的始祖亚当违背了对上帝的誓言，滥用了"自由意志"，[⑤]这就是"原罪"，是导致人类堕落的根源，世俗人

---

① 〔古罗马〕奥古斯丁：《上帝之城》，王晓朝译，人民出版社2006年版，第310—311页。
② 同上书，第447—449、578—579、632—634页。
③ 同上书，第299页。
④ 同上书，第465—466页。
⑤ 同上书，第552、607—608页。

的堕落的本性充斥着整个世界，所以这是一个邪恶的世界，邪恶的世界终将覆灭，因此由以肉欲生活的人组成的罗马帝国注定会覆灭，"城墙的毁坏是石头和木头的坍塌，而罗马的毁灭是由于他们的荒淫"[①]。他用大量篇幅说明早在罗马的繁盛时期崇信罗马诸神导致恶魔引诱人们作恶，埋下了覆灭的祸根。由此，奥古斯丁强调，"真正的永恒幸福的允诺只能与上帝之城、真正的虔诚崇拜上帝相连"[②]，因为"属天之城和平是一种完善的秩序与和谐"，"一切事物的和平在于秩序的稳定，秩序是平等与不平等事物的配置，使每一事物有恰当的位置"[③]；因此，基督教才是正确的宗教，拯救人类的唯一的办法是通过教会祈求上帝赐予的神恩。奥古斯丁强调"三位一体"的教义理论，圣父、圣子、圣灵是一位上帝，它们的基质和性质都是同一的，[④]教会是上帝神圣的工具，是天上国度在尘世中拯救人类的机构。教会借助上帝的神恩和能力，在基督返回的时候，在上帝的国度中取代地上的国度，所以高尚的灵魂和良好的法律都来自教会。奥古斯丁很自信地告诉人们，上帝的国度并不会受到罗马帝国败亡的影响，因为上帝的国度并不是这个世界。[⑤]显而易见，在奥古斯丁的神学理论中，上帝之城是尘世世界的典范，这是中世纪西欧"君权神授"的神学政治理论的教义基础。

奥古斯丁的神学思想对西欧中世纪君权与教权关系的建立施加了极为深刻的影响，德国法学史家科殷从法律哲学的角度归纳了奥古斯丁上帝之城中天国与尘世之间的对立与统一："……真正的国家是上帝的国家，即上帝之城。上帝之城是真正的信徒，即上帝恩宠的选民的共同体，它作为天上诸神之城，作为天上的耶路撒冷存在于来世的光辉灿烂里；在朝圣之时，作为上帝的领地，还处于

①　〔古罗马〕奥古斯丁：《上帝之城》，王晓朝译，第51页。
②　同上书，第48页。
③　同上书，第924页。
④　同上书，第456—458页。
⑤　Wolf-Dieter Hauschild, *Lehrbuch der Kirchen- und Dogmengeschichte*, Göttingen: Chr. Kaiser Gütersloher Verlaghaus, [2]2000, S. 237ff.

今生。……但是，国家的法与和平是在尘世的，不是在上帝身上。真正的和平，即上帝正义光芒的放射，上帝的正义主宰着诸神之城。"①奥古斯丁用"天国论"把世界划分为两个"城"，这样就同时存在着两种正义、两种法，以此为基础形成了君权与教权的并存，也就有了中世纪早期政教结盟的理论依据。英国学者迈克尔·曼曾经说过，"基督教是一种意识形态权力"，这种意识形态权力与罗马帝国现行权力最大的不同是，"它不是通过武力来传播的；它历经几百年的制度化和强化，但不是凭借国家的权力；它很少使用经济诱惑或者经济制裁"。②这或许就是基督教没有随着罗马帝国的轰塌而消亡的一个重要原因；另一方面，没有使用经济手段的基督教教会却在罗马帝国走向覆灭之时获得大量的土地财产，土地财产成为教会在法兰克王国时期跻身社会上层的保障。

教会参政的经济基础

从4世纪起，基督教教会逐渐获得了皇帝以及元老贵族尤其是贵妇们捐赠的大量土地财产。随着教会财产的增多，教会内部有了专职管理者，也由此形成了教阶制度，世俗的社会等级无疑也随着土地财产进入教会内部，教职也因此成为罗马贵族竞相争夺的目标。掌握了教会教职的罗马贵族自然把世俗的政治斗争带进了教会，这个时期形成的各个教派反映的是世俗世界的各社会阶层之间的政治斗争，无论阿里乌教派还是一性派等，在提出的宗教观点中包含的是社会下层的政治诉求，罗马教会对异端分子的迫害实际上是对社会下层的镇压。早于法兰克人迁徙至罗马帝国境内的日耳曼部族大多接受的是代表社会下层的阿里乌派，但是与其他部族比较而言，文明程度相对落后的法兰克人在其国王克洛维带领下皈依的是罗马教会自诩的正统教派。克洛维皈依基督教的初衷与其说是对基督教的崇奉，不如说是出于其在罗马帝国的废墟上建立一个新的政制的

---

① 〔德〕H.科殷：《法哲学》，林荣远译，华夏出版社2002年版，第19页。
② 〔英〕迈克尔·曼：《社会权力的来源》，第1卷，刘北成等译，第411页。

需要。克洛维通过皈依基督教消除了与罗马贵族之间的敌对，在很大程度上改变了与罗马社会上层间的关系。[1]德国学者施耐德就很明确地指出，克洛维是把皈依基督教作为与高卢罗马大贵族建立合作关系的一种公开表示，[2]他在举行洗礼仪式的当天，当众释放了那些信奉基督教的罗马战俘，以示信奉基督教的罗马人同样是他的臣民。克洛维的皈依使基督教成为融合两个民族的"融合剂"，并且基督教自身也因此发生了变化，芬纳认为，"它把古代甚至远古时期的传统带进了野蛮、贫穷和当时尚未完全开化的北欧地区，不管它引进的少量内容是什么，它都经过了变形"[3]。508年，东罗马帝国的皇帝阿纳斯塔斯奥斯一世委任克洛维为执政官，授予他紫色袍服和王冠。[4]与信奉阿里乌派的西哥特人和勃艮第人建立的王国比较而言，高卢罗马的社会上层似乎并没有把法兰克人的征服看作一场灾难，他们接受了皈依罗马天主教的克洛维为国王，认可他是上帝指定的、统治包括罗马人在内的国王。7世纪20年代，法兰克的后继国王克洛塔二世更是把法兰克的国王与大卫王相提并论，以此表明法兰克人不是"蛮族人"而是罗马人，法兰克人的国王也是罗马人的国王。[5]

　　克洛维皈依基督教的另一个重要政治原因在于，他在兼并法兰克人其他部落以及其他日耳曼部落的过程中，力图用基督教信仰取代日耳曼人各部落原有的原始宗教信仰，因为"君权神授"的神学政治理论完全符合日耳曼人的宗教政治传统。在日耳曼人的观念中，国王的权威都来源于神的授予，国王是为神服务且臣服于神的，虽然他由民众选举出来，但他具有超自然的力量，因为在国王的身上体现了神的存在；正如英国学者切尼所说："日耳曼王权中最基本的

---

[1]　Wolfram von Steinen, *Chlodwigs Übergang zum Chritsntum*, Darmstadt: Wiss. Buchges., 1963, S. 31ff.

[2]　Reinhard Schneider, *Das Frankenreich*, S. 12ff.

[3]　〔英〕塞缪尔·E.芬纳：《统治史》，第2卷，王震译，第265页。

[4]　Wolfram von Steinen, *Chlodwigs Übergang zum Chritsntum*, S. 84.

[5]　Ibid., S. 31f.

观念就是它的宗教职能和政治职能的不可分性。"①法兰克的国王在不断兼并其他日耳曼部落时需要一个能否定日耳曼其他氏族部落崇信的神祇的超自然力量的神，行将就木的罗马帝国为其提供了基督教以及基督教已有的一套宗教仪式，尤其是由教会举行的加冕礼。

教会为国王举行的加冕礼并不只是一种仪式，它是基督教"君权神授"神学政治理论的实际表现，德国历史学家赫夫勒就认为，"今天，在追溯大多数国家的王权在宗教仪式方面的起源和宗教仪式的内容时，都要对日耳曼王国的宗教仪式的特点有所研究"②。法兰克王国继承了在罗马帝国晚期就已经形成了的由教会为皇帝举行的加冕礼仪式，这与大多数日耳曼部族都把他们的起源归结于神的力量有着异曲同工之处；日耳曼人的这种政治观念也与奥古斯丁的上帝王国的思想十分接近，但所不同的是，罗马的皇帝们一般都把自己比拟为神的化身，皇帝就是神；但在日耳曼人的观念中，国王是在神的统治之下，但并不是如同奴隶在领主的统治之下，而是如同儿子在父亲的照管之下，国王与神之间有着家族的血缘联系。③从这一点来看，奥古斯丁的宗教政治理论很容易地在日耳曼人的王国中找到了知音。

"君权神授"的实践

8世纪中叶，逐步掌握了法兰克王国大权的宫相丕平把墨洛温王室的最后一位国王送进了修道院，以这种方式废黜了他，由此开启了加洛林王朝。为了对他的篡权进行辩护，丕平在处于危难中的罗马教皇那里找到了借口。他向教皇许诺在军事上给予支持，用武力帮助教皇巩固在罗马的宗教地位，以此交换教皇为他举行的加冕礼。

---

① William A. Chaney, *The Cult of Kingship in Anglo-Saxon England: The Transition from Paganism to Christianity*, Manchest: Manchester Univ. Press, 1970, pp. 13-15.

② Otto Höfler, "Der Sakralcharacter des germanischen Könitums", in: *Vorträge und Forschungen: Das Königtum. Seine geistigen und rechtlichen Grundlage*, Bd.3, Lindau: Thorbecke, 1956, S. 75.

③ Otto Höfler, "Der Sakralcharacter des germanischen Könitums", S. 77ff.

这一政治事件改变了法兰克王国的王权性质，德国学者迈尔就认为，墨洛温王朝仍然具有原始军事王国的特点，国家是地道的个人联合体，这个联合体没有任何附加条件。丕平篡取的王位奠定了王国的新基础，即日耳曼国王个人的扈从转变为封建王国的臣仆，在这个时期的誓约中也清楚地反映了这一转变，它不仅说明君臣关系的确立，也为此后采邑制度的产生创造了政治条件。[①]采邑制度把官吏制度的公共权力转化为个人的权利，同时也把国家的统治权力转化为国王的统治权力，为了保证王权的权威性，强调了"君权神授"的神学政治理论。

教皇为丕平所施的加冕礼，是西欧国家政治基督教化的起点，教皇称丕平是"上帝恩赐的法兰克人的国王"[②]。也就是在这同一历史时期，丕平明令规定，无论任何时候都不能由其他人选出国王，只能通过上帝的恩赐，经使徒的代理人的手确认、实施加冕礼的国王才是合法的。[③]加冕礼仪式是为了证明，"虔诚的统治者尽力要遵从万物的最高主人的意旨和神圣命令。借助于主的神圣意旨和法令，他从未怀疑自己已然上升到那一权威的顶点……明智的统治者承认他身受神的召唤……因为，若他不是上帝的仆人，他怎能够做基督徒的统治者？"[④]这个宗教仪式标志着，西欧在从罗马帝国向中世纪过渡的过程中，完成了以上帝恩赐的神授王权取代氏族部落的血缘王权的过程；另一方面，基督教的宗教仪式也因为这一历史事件而被赋予了政治意义。政治制度的实施依靠的是法律对社会的约束，因此政治制度的基督教化必然导致法律体系的基督教化。每一项法律规定，每一个法律条令都必须与教会关于善与恶的理论相符

---

① Theodor Mayer, "Staatsauffassung in der Karolingerzeit", in: *Vorträge und Forschungen: Das Königtum. Seine geistigen und rechtlichen Grundlage*, Bd. 3, Lindau: Thorbecke, 1956, S. 181f.

② Hans J. Lieber (Hrsg.), *Politische Theorien von der Antike bis zur Gegenwart*, Bonn: Bundeszentrale für Politische Bildung, 1993, S. 51.

③ "Clausula de unctione Pippini", in: *Monumenta Germaniae Historica, Scriptores rerum merovingicarum*, Hannoverae: Hahn, 1885, S. 465.

④ 〔爱尔兰〕凯利：《西方法律思想简史》，王笑红译，第89页。

合,《圣经》成为制定法律条文的标准, 法律不再是出于自身的合理性的唯一准则而存在, 也不再是最终的权威。[1]宗教的社会伦理取代了法律对人们社会性行为的约束, 人们关心的是自己灵魂的归属, 基督教的伦理就是法律, 遵照基督教伦理生活的人就能进天堂; 基督教伦理的核心是"服从", 服从上帝, 服从上帝的意志。《新约全书·保罗书》中这样写道:

> 每个基督徒都应该服从国家, 是它的子民。因为没有一个国家不是经过上帝的允许而建立的。哪里有国家, 哪里就是上帝指定的。反对国家就是反对上帝的意志, 凡这样做的人就是在表明自己就是如此。只要人们服从法律, 就根本不需要害怕国家权力的持有者, 只有违背它的人才会害怕。如果你不怕国家, 你就会行善, 就享有权利, 那么你就会得到它的承认。因为它是上帝的助手, 对你有所帮助。如果你做了恶, 就有理由害怕它。所以, 它使用强制的手段不是没有道理的。它是上帝的助手, 给予犯罪者惩罚。因此, 人们必须服从法律的条例, 不仅是因为出于对惩罚的害怕, 而且还因为我们的良知对此负有义务。因此, 缴纳你们的赋税。因为官吏是上帝的仆人, 在为他们的公务而尽职。缴纳给那个你们有义务缴纳给他的人, 把赋税交给财政官, 把关税交给税官, 服从要求服从的人, 尊敬应该尊敬的人。[2]

国王是上帝认定的国王, 服从上帝意志的人就要服从国王。"君权神授"承认了国王的合法性, 也给予了国王行使权力的法律保障, 由教会主持的加冕礼成为王权合法性的一个重要的现实标志。从君士坦丁大帝时代起, 罗马皇帝的加冕礼就已经成为最重要的统治标志, 但此时的加冕礼是由罗马的元老贵族主持, 国王加冕礼仪式的

---

[1]　Hans Hattenhauer, *Europäische Rechtsgeschichte*, Heidelburg: Müller, ³ 1999, S. 171.

[2]　《新约全书·保罗书》第十三章第一至七节。

基督教化始于法兰克王国。[1]罗马教皇是基督教世界的首领，上帝通过他为所指定的世俗的首领——皇帝或者国王施涂油礼，这是上帝对受油膏礼个人的传递，只有接受了这个传递的君王才具有合法性，才会被基督教世界的臣民所承认，也才享有并能够实施这个统治权力。没有经过教会加冕的国王，教会有权解除封臣与其所立的誓约，允许他人强占其领地，成为合法的领主，甚至允许废黜其王位，另立新君。[2]7世纪在托莱多召开的宗教会议上制定了这样的教规：

国王之所以称为国王（rex），是因为他施政公正（rectè）。若他以公正（rectè）行事，他就合乎法理地拥有国王之名。若他不以公正行事，他就可悲地丧失此名。我们先辈有至理名言：Rex ejus, eris si recta facis, si autem non facis, non eris。（国君公正则立，不公正则废。——译者）君主的两件主要美德是公正和明理（理性的卓识）。

君权，如同人民，必须尊重法律。对上帝意志的顺从给予我们和我们的臣民明智的法律。我们的显贵和我们后代的显贵必须服从法律，全国的百姓也必须服从。

上帝，万物的创造者，在安排人体结构时，把头颅提升到高处，使各部分的神经从那里发出。他在头上设了火炬般的眼睛，以便从那里可以察看一切有害的事物。他建立了智能，专司管理人体各部分，调节好它们的活动……必须首先管好与君王有关的事情，保卫他们的安全，保护他们的生命，然后安排好与人民有关的事情；像应该做的那样确保了君王的安全，他们就能够同时更有效地保证人民的安全。[3]

---

① Peter Classen, *Karl der Grosse, Das Papsttum und Byzanz*, Sigmaringen: Thorbecke, 1988, S. 62f.

② Othmar Hageneder, "Weltherrschaft im Mittelalter", in: *Mitteilungen des Instituts für Österreichische Geschichtsforschung*, 93 (1985), S. 268f.

③〔法〕基佐:《欧洲文明史》，程洪逵等译，商务印书馆2005年版，第174—175页。

从克洛维率领全体法兰克人皈依基督教时起，罗马的主教们就开始受到法兰克历任国王的恩宠，"君权神授"的基督教神学政治理论越来越多地被神学家们阐述，也越来越占有重要的地位。800年圣诞节之际，罗马教皇利奥三世在罗马圣彼得教堂为法兰克的国王查理举行了皇帝加冕礼，由此在西欧再次产生了一个大帝国，它具有两重意义：一是，罗马帝国晚期的帝国概念始终对法兰克人有着深刻的影响，罗马教皇的加冕礼旨在表明一个新的帝国的建立，罗马帝国晚期的政治理论和传统在法兰克帝国中得到了延续；二是，这一加冕礼仪式表明西欧社会的政治制度完全基督教化了。德国学者布赫馁曾经强调，中世纪的王权是一个全新的王权的概念，是基督教的、罗马的和日耳曼人的观念的融合体，[1]政与教的联盟是西欧社会全面基督教化的保证，是实施"君权神授"神学政治理论的基础。796年，查理大帝在写给教皇的信中明确地说明了这一联合的意义：

> 我的任务是，在上帝的帮助下用武器保卫基督神圣的教会免遭异教徒的攻击以及非信仰者从外部进行的破坏，在内部帮助加强基督教的信仰。圣父，你的责任是像摩西一样，用高高举起的手对我们的斗争给予支持，在上帝的指引下，通过你的支持，基督教的人民到处可以战胜敌人，赢得胜利，我们的主耶稣的名字在整个世界都被颂扬。[2]

817年，虔诚者路易选定他的长子为皇位继承人，在进行了三天的斋戒之后他这样宣告：

> 我本人相信是由于全能的上帝的旨意、我本人的愿望和我的全体人民的愿望都同意选定我的长子，我所爱的罗泰尔。因

---

① Rudolf Buchner, "Das merowengische Königtum", in: *Vorträge und Forschungen: Das Königtum. Seine geistigen und rechtlichen Grundlage*, Bd. 3, Lindau: Thorbecke, 1956, S. 143.

② *Monumenta Germaniae historica: Epistolae*, Berlin: Weidemann, 1916, Bd. 4, S. 137.

此，我和我的全体人民都高高兴兴地看到，通过上帝的指示并在隆重地举行了皇帝的加冕礼之后，他将因共同的愿望成为帝国的皇储和继承人，如果这是上帝的意旨的话。[①]

西方的历史学家们对加冕礼一直怀有极大的兴趣，他们一直在力图根据现存极少的文字史料再现对后世产生巨大影响的加冕礼的场面，然而至今仍有很多难以抉择的结论；[②]但是从存留下来的10世纪末期关于对奥托大帝的加冕礼仪式的描述中，可以对西欧中世纪早期的加冕礼仪式有一个大致的了解。936年，美因茨和科隆的大主教共同为奥托主持了加冕国王的仪式，"由上帝选定的、由君主亨利[③]指定的、由诸侯拥立的国王奥托"，在民众的欢呼声中，高高举起一只手臂，走上圣坛，从主教的手中接过象征王权的权杖和王冠。[④] 962年，奥托前往罗马，在那里接受了由教皇为其主持的皇帝加冕礼仪式。奥托一世在罗马举行加冕礼时，除了接受皇冠以外，还有坠着小钟铃的国王长袍和代表天国的天盖披风，这两件都是按照《旧约全书》中的记载增添的。[⑤]在罗马由教皇为皇帝主持加冕礼的传统被德意志帝国继承下来，一直延续到1806年。10世纪末期，德意志帝国关于为皇帝举行加冕礼仪式的条例中这样规定：

> 罗马法令在这里开始赐福于接受皇冠的皇帝。1.皇帝的诺言：我，皇帝，在上帝和使徒保罗的面前，以基督之名许诺和发誓，只要上帝支持我，我将尽心尽力地在必要的时候是神圣罗马教会的保护者和捍卫者。……8.教皇站在圣坛之前，把皇

---

① 〔美〕乔治·霍兰·萨拜因：《政治学说史》，上册，盛葵阳等译，第255页。

② Peter Classen, *Karl der Grosse, Das Papsttum und Byzanz*, S. 69.

③ 亨利即奥托的父亲，亨利一世国王。

④ Rolf Sprandel, *Verfassung und Gesellschaft im Mittelalter*, S. 83.

⑤ Helmut Beumann, "Zur Entwicklung transpersonaler Staatsvorstellungen", in: *Vorträge und Forschungen: Das Königtum. Seine geistigen und rechtlichen Grundlage*, Bd.3, Lindau: Thorbecke, 1956, S. 209.

冠戴在皇帝的头上，同时说：9.以圣父、圣子和圣灵之名接受
这个荣誉，你将避免所有旧敌的攻击，避免所有罪行，你愿意
热爱正义，愿意仁慈地生活，你就会在永恒王国的圣地中从我
们的主耶稣基督手中得到皇冠……[1]

"君权神授"的神学政治理论在基督教的加冕礼仪式中具体形象
地体现出来，王权的合法性通过加冕礼的仪式得到社会的一致认同。
从丕平开始，西欧中世纪没有一位国王或者皇帝在登基时没有接受
过大主教或者教皇为其举行的加冕礼。

二、教皇革命与政教之争

政教二元的政制模式

"君权神授"的神学政治理论为西欧中世纪的政体划定了一个政
与教二元的政制模式，这种政体结构既有理论基础，也有实际统治
的基础。罗马帝国在日耳曼人武装迁徙的过程中覆灭，这个历史过
程为基督教神学政治理论的提出创造了合适的历史条件。20世纪80
年代中期，英国历史学家迈克尔·曼从研究人类社会权力发展的角
度论及罗马帝国的权力，他把罗马帝国定义为"领土型帝国"，因为
"罗马使其军团的统治制度化"，构成了其权力基础二元性的结构特
点：形式的强制的有组织的权力和阶级文化的命令式的权力。[2]他把
前者解释为罗马权力的主要的等级制的分配权力，后者是主要的横
向的、集体的形式，罗马人所获得的、所保持的，是这两种权力的
结合。迈克尔·曼对罗马帝国的这一诠释，为我们阐述西欧中世纪
君权与教权的关系提供了一个新的思维视角。罗马帝国的覆灭最深

---

[1] Ordines Coronationis Imperialis in: *Monumenta Germaniae historica: Leges, Fontes Iuris Germanici Antiqui*, Wiesbaden: Harrassowitz, 1909, Bd.9, S.2f.

[2] 参见〔英〕迈克尔·曼《社会权力的来源》，第1卷，刘北成等译，第340页。

层的原因无疑是内部矛盾加剧以致无法克服，在以往的归纳中强调的多是政治的、经济的以及社会的现象，例如政治混乱、经济萧条、城市衰敝、社会动乱等，迈克尔·曼则指出，罗马帝国内部不可克服的主要矛盾之一是分权与集权。制度体制上高度集中和专制的权力实际上被分散到行省贵族手中，甚至流向了享有公民权的城市居民、商人和手工业者的手中。[①]显而易见，罗马帝国权力的分散为基督教教会权力的增长提供了有利的政治条件。

日耳曼人武力迁徙之际，罗马帝国行政机制的职能几乎完全丧失。在很多地区尤其是在罗马城，主教行使着世俗的权力，这就为教权的增长打下了一定的政治基础，查理大帝在他的帝国内实行领地制和教区制重叠的行政制度，建立起政教二元的行政管理结构，并且给予主教与世俗贵族相同的一切权利。这种领地制与教区重叠的地方行政体制，不可避免地使得这两个并行的管理结构相互影响、相互渗透，当然也不可避免地产生权势争夺，具体表现在控制主教的授职权方面。授职权问题是体现君权与教权关系的一个重要方面，在此基础上演变为争夺基督教世界最高权威的争斗，争斗的起因是谁应该掌有对主教的授职权。

9世纪初，查理大帝推行的政教二元的行政机制以致教区的、地方行政的治理几乎完全混淆在一起，教会的授职权完全被世俗国王或者地方大贵族掌控，教会的世俗化倾向日益严重。9世纪中叶，法兰克帝国解体为东西两个王国之后，东西法兰克王国走上了各自不同的历史轨道。西法兰克王国在向法兰西王国演变的过程中，封建割据的政治局面日益加剧，国王的权力在很多地方受到很大制约，在社会治安方面，一些地方的主教甚至起到了世俗政权起不到的作用，10世纪末期在法国南部地区开始的"上帝和平"运动就是较为典型的事例。在东法兰克王国地区，奥托家族入主王室，为了抑制地方贵族势力的扩张继承了查理大帝的教会政策，主教和大主教凭

---

① 参见〔英〕迈克尔·曼《社会权力的来源》，第1卷，刘北成等译，第417页。

借着"奥托特恩权"成为雄踞一方的教会贵族，教会的世俗化倾向同样日益显现，教会的宗教职能几乎被这种世俗化的倾向所掩盖，罗马教会的宗教影响力也因此逐步减弱。

罗马教会的改革

10世纪末期，在法兰西王国的克吕尼修道院开启了修道院改革运动，旨在阻止世俗贵族对修道院事务的染指。在修道院改革运动的影响下，罗马教会提出了以恢复和规范教义教规为初始目的的改革纲领，指责教会世俗化的倾向，从而进一步涉及保护教会的财产，强调教士的独身制，拒绝世俗对教会神职任命的染指，斥责买卖神职的社会现象，颁布了《选举教皇的敕令》。在这里特别要提到的是，为了保证教皇选举制的落实，罗马教会组建了枢机主教团[①]，天主教教会有了实际的权力机构。美国学者伯尔曼把教会改革称为"教皇革命"。他在阐述"教皇革命"时列举了其四个主要特征：总体性、迅速性、暴力性和持续性。[②]教会改革之所以被称为"教皇革命"，是因为通过这些改革措施在很大程度上改变了教会与世俗之间原有的权力关系：教士的独身制杜绝了教会财产因继承权而出现的流失现象；反对买卖圣职切断了世俗势力对教会职务的染指，为了落实《选举教皇的敕令》而组建的枢机主教团是罗马教会的宗教权威机构，抑或可以说，它是最早的罗马教廷。"教皇革命"对中世纪西欧此后的历程产生了巨大影响。

首先，"教皇革命"激发了罗马教会的权力欲。进行改革的教

---

① 枢机主教（cardo）源自拉丁语的cardinalis，原意为"杰出的""重要的"，这个词在教会中的使用可以追溯到公元4世纪中叶，是在罗马的教会中在教皇之后最重要的教会职称，全称为"神圣的罗马教会的杰出者"（Sanctae Romanae Ecclesiae Cardinalis）。罗马教会改革时，教皇把在罗马教会中的枢机主教聚集在一起，赋予他们推选教皇候选人的权利，从这个时期起逐渐形成了一种有组织结构的枢机主教团。枢机主教分为三个级别：枢机主教（Cardinal bishop）、枢机司铎（Cardinal priest）和枢机执事（Cardinal deacon），他们组成了11世纪的罗马教廷（curia）。参见 *Lexikon des Mittelalters*, Bd.5, S. 1583-1585。

② 参见〔美〕哈罗德·J.伯尔曼《法律与革命——西方法律传统的形成》，贺卫方等译，第119页。

皇把封建王权和大贵族各自为政的西欧看作一个政治整体，提出了
"基督教世界"这个神学政治的概念，这个时期的神学家对此进行
了大量的论述。他们以奥古斯丁的《上帝之城》为依据进一步说明，
世界从一开始就是以基督为支点，是以他为首联合在一起的。11世
纪末由教皇发起的十字军东征打着解放圣墓的旗号，实际上是为了
实践罗马教会是基督教世界最高权威的宗教思想。正如恩格斯所说，
罗马天主教教会"把整个封建的西欧（尽管有各种内部战争）联合
为一个大的政治体系，同闹分裂的希腊正教徒和伊斯兰教的国家相
对抗"。①这些神学家强调，基督以教会的形式创造了它的实体，教
会的任务是使世俗政权脱离自我崇拜并服从基督；因此，就有了一
个由超自然的教会团体和人的社会的自然团体组合的二元的社会体
制，产生了基督教教会和世俗君主同时存在的二元的政制结构。②

11世纪中期，基督教的教士彼得·达米阿尼在一次布道中把二
元结构中的王权和教权比喻为两把剑。他说，耶稣对其使徒所说的
剑是指教会和世俗君权这两种权力。③在此之后，基督教的神学家
们对"双剑论"进行了多方位的诠释，其核心是强调基督的领导作
用，因此教皇是基督教国家的君主。在那个时代被称为"无冕教皇"
的明谷的修道院院长伯尔纳，极力推行教会改革以来所提出的教权
至上的思想。他强调，教皇是基督在世上独一无二的、唯一的代表，
他掌握着基督的两把剑，他亲自使用教会这把剑，把世俗之剑交
给了执行机构——世俗君主；所以教皇作为这个普世圣城（civitas
sancta）的最高君主有权支配世俗君主，领导所有的诸侯和臣民，
教皇是基督在世上的大法官，是真正的统治者和大祭司的代理人。④

① 〔德〕恩格斯：《社会主义从空想到科学的发展》，《马克思恩格斯选集》第3卷，第390页。

② Friedrich Kempf, "Das Problem der Christianitas im 12. und 13. Jahrhundert", in: *Historisches Jahrbuch*, 79 (1959), S. 104ff.

③ Wilhelm Levison, "Die mittelalterliche Lehre von den beiden Schwertern", in: *Deutsches Archiv für Erforschung des Mittelalters*, 9 (1952), S. 28f.

④ Walter Ullmann, *The Growth of Papal Government in the Middle Ages*, London: Methuen, 1965, pp. 619-635.

圣维克多修道院的雨果则在伯尔纳的理论基础上进一步提出了建立教会神权国家的思想。他认为，教会是一个由俗人和教士组成的实际存在的组织，就如同人是由身体和灵魂构成的一样，基督的世界（universits Christanorum）是由世俗教徒和教会教徒组成的。世俗教徒相当于人的身体，因为他们从事的活动所生产出来的是身体存在所需要的；教会教徒相当于人的灵魂，因为他们所承担的使命关系到人的精神。教会的权力是上帝给予的，世俗的权力则来自教会，世俗的政权是在教会的指导下建立的。因此，在这个基督教的国家里，基督在世上的代理人是教皇，他掌有世俗权和教会权这两把宝剑，支配各个职能机构实施和履行属于自己的职权和义务。雨果强调，在这个由教士领导的基督教国家里，世俗君主要依据基督教的法律实行统治。罗马教会和它的首领是司法权（justitia）的支点，或者说是整个基督教世界法律的基础（fundamentum legis totius Christianitatis）；执行在这个基础上产生的罗马教会的法规就是在实践圣保罗的思想，所以整个社会生活只能通过法律来规范。①

政教间的冲突

受到"教皇革命"首当其冲影响的是罗马教会与世俗君权的关系，虽然从丕平执政时期"君权神授"就在政治思想中占据了统治地位，但无论查理大帝还是奥托一世都把教会看作实行政制的一个工具，因此他们才给予教会与世俗贵族同等的行政治理的、经济的以及司法的特许权，更何况对教职的任免权一直掌握在世俗君王和地方大贵族的手中，甚至罗马教皇的任免也受制于世俗权力。"教皇革命"实施的一系列规定无疑都是针对世俗政权对教会事务的染指和控制，"双剑论"更是颠倒了教权与政权之间的关系，自然会遭到维护君王的教会学者们的激烈反驳，他们并不反对"双剑论"，而是强调世俗君主的权力是上帝给予的，因此他拥有统治世界的权

---

① Friedrich Merzbacher, "Recht und Gewaltenlehre bei Hugo von St. Viktor", in: *Zeitschrift der Savigny-Stiftung für Rechtsgeschichte,* K. A., 75 (1958), S.182ff.

力，同时还应履行保卫和平、安定社会的义务。为君权进行辩护的学者同样不否认在人类社会的王国中存在着俗人和教士这两个阶层，因此也就存在着两种法律；但教会法只约束教士的行为，教皇只从事宗教事务，对王国的统治不属于宗教的范畴，对王国的统治只能以世俗的法律即罗马法为依据，只有罗马法才具有绝对的、独特的统治效力。①在优士丁尼组织编纂的法典中就开宗明义地写道："皇帝的伟大不仅要以武器来装饰，而且必须以法律来武装，以便不论是战时还是平时，都可得到正当的治理；罗马的元首们，不仅对敌人表现为战斗中的胜利者，而且通过法律的途径消除狡诈者的不公正，像成为打败敌人的凯旋者一样，成为法的最虔诚的凯旋者。"②这些学者谴责教皇在西欧各地都以法官自居，凌驾于上帝所选定的国王之上，这是对法律的违背，是法律所不允许的。③正是基于这一点，德意志的皇帝海因里希四世与罗马教皇格里戈尔七世围绕着主教授职权问题发生了激烈的争斗，这场争斗持续了半个多世纪。

主教授职权之争标志着罗马教会与世俗君王之间联盟关系的破裂，伯尔曼从"教皇革命"的角度诠释君权和教权关系的这种变化，他认为是"教皇革命"在西欧中世纪的政权中划分了教会权威和世俗权威的界限，限制了其各自的管辖权力，也由此产生了教会法和世俗法这两个并行的法律体系。抑或可以说，是"教皇革命"催生了近代西方法律体系的产生。④也正是从这种对管辖权的限制中产生了世俗国家的观念和现实，即世俗国家就是法律统治的国家，或者说是"法治国家"，无论是由教士们组成的教会团体还是世俗的王国，都必须通过法律进行统治；因为"基本法本身是由上帝所制定的，虽然教皇和国王制定法律，但他们是作为上帝的代理人那

---

①　Walter Ullmann, *The Growth of Papal Government in the Middle Ages*, pp. 553-562.

②　〔古罗马〕优士丁尼：《法学阶梯》，徐国栋译，第3页。

③　Paul Koschaker, *Europa und das Römische Recht*, München-Berlin: Beck, ⁴1966, S. 38-54.

④　参见〔美〕哈罗德·J.伯尔曼《法律与革命——西方法律传统的形成》，贺卫方等译，第140、139页。

么做的";"所有的法律都源于上帝，而不是渊源于教皇和国王自己"。① 这可以说是今天历史学家们在叙述英国中世纪王权时津津乐道的"王在法下"理论的依据。13世纪中叶前后，英国教士布拉克顿在他的《论英格兰的法律和习惯》中明确表示："国王不应该受制于人民，而应受制于上帝和法律（rex non debet esse sub homine, sed sub Deo et sub lege），因为正是法律成就了国王……国王应给予法律所赋予他的，即统治权；因为法律若不是至高无上的，那么就不会存在国王。"② 所以，"如果教会应当具有各种不可侵犯的法律权利，那么国家就必须把这些权利作为对它自己的最高权力的一种合法限制来接受。同样，国家的各种权力也构成了对教会最高权力的一种合法限制。两种权力只有通过法治（rule of law）的共同承认，承认法律高于他们两者，才能和平共存"③。

对法律权威的承认平息了政教之间无休止的争论，使其各自为政。亨廷顿在阐述政治现代化的时候，将其与西欧传统政体进行了比较，他认为在现代化之前的传统政体中，"法"是至高无上的，而人的权威可以是多样化的；人要服从法的权威，法的权威寓于国王、议会、普通法、习惯法以及教会中。④ 这里要强调指出的是，中世纪的"法"不是现代意义的法律，而是习俗（custom）或者说是传统（tradition）。君权与教权都在习俗或者传统中寻找依据来说明自己享有掌握和实施"权力"（power）的"权利"（right），因此"权利"备受关注。伯尔曼认为，所谓的"权利"是"指由社会生活性质本身和最终由神意所赋予的一般原则或权利：它是习惯法（customary law）和自然法（natural law）的结合体"⑤。习惯法不仅

① 〔美〕哈罗德·J.伯尔曼：《法律与革命——西方法律传统的形成》，贺卫方等译，第357页。
② 〔爱尔兰〕凯利：《西方法律思想简史》，王笑红译，第125页。
③ 〔美〕哈罗德·J.伯尔曼：《法律与革命——西方法律传统的形成》，贺卫方等译，第356页。
④ 参见〔美〕塞缪尔·P.亨廷顿《变化社会中的政治秩序》，王冠华等译，第92—93页。
⑤ 〔美〕哈罗德·J.伯尔曼：《法律与革命——西方法律传统的形成》，贺卫方等译，第459页。

涉及王权和教权是否享有权利掌握权力，同时也涵盖了在王权和教权统治下的社会各个阶层的权利，在强调权利的政治氛围中产生了一股新的政治力量——市民阶层。市民阶层与农村中的居民有着不同的法律身份，从事着与土地没有直接关系的经济活动，他们在领地制中构建了一个新的建制——城市。

三、领地制中的新机制

中世纪的城市

城市并不是欧洲中世纪中的一个全新的概念，早在罗马时期就存在着城市，城市是罗马元老贵族聚集的地方，它是帝国的政治中心，同时也是经济中心，更是宗教中心；城市居民与农村居民在法律上没有较为明显的差异，他们都享有相同的公民权。罗马帝国的三世纪危机导致城市经济的衰敝，城市原有的财富成为日耳曼人进攻和劫掠的对象，罗马的元老贵族为避祸纷纷搬迁到了农村，在那里建立了自己府邸，成为较为封闭的、自给自足的大地产主。城市中的居民不堪苛重的赋税投庇于大地产主，置身庇护制中，公民权丧失了原有的意义，城市也因此失去了原有的政治中心和经济中心的功能，无可避免地衰敝了。在帝国废墟上建立起来的法兰克王国确立的是以大地产为基础的采邑制，社会的主要经济活动就只是原始的农业生产，社会中的人也只是被分为自由人和非自由人。

10世纪末期，在修道院改革运动的带动下，西欧开始了第二次大拓荒运动，这次大拓荒运动极大地促进了农业的发展，并且进一步带动了商业和手工业的发展。与农业经济活动不同的是，商业和手工业因为原材料和产品销售需要具有相对集中的特点，从事这两种经济活动的人聚集在一起，在指定的空间居住，受到国王和教俗大贵族的保护，被保护的标志是墙垣。在墙垣里居住的居民获得了新的法律身份，即置身于国王司法审判权之下的自由人，他们逐渐有了一个共同的称谓：市民（civitas）。墙垣是一道明确的界线，[①]它划定了墙内居民和墙外居民不同的法律身份，这也可以说是中世纪城市修建城墙的一个重要原因。德国学者博斯尔也认为，是修建墙垣导致了西欧中世纪城乡之间的分离，在墙垣内逐渐形成了不同于乡村的市民社会和法律环境，[②]也因此就有了在中世纪非常流行的一句政治谚语："城市的空气使人自由。"[③]同时代的编年史家在定义这个新的社会阶层时也强调，"市民意味着居住在墙内居民的自由"（Civitas autem dicitur libertas sive habitantium im）。[④]抑或这正是西方学者最初是从法律的角度考察市民这个新形成的社会群体的一个重要原因。格茨在谈论城市时曾经这样说过："什么是城市，这似乎并不是很清楚，而且与村庄的界线也很难说清楚，就如同很难说清楚在中世纪是从什么时间才开始谈论城市这个问题是一样的。早期的研究是从法律状况开始的，把城市看作是一个特殊的法律区域。"[⑤]由此，迪尔希总结出了中世纪城市的特征："以共同生活的法律规则表现出来的城市的和平；让市民抹去了不自由标记的城市的自由；有自己城市的法权、自己城市的法庭，以及一个团体的城市的立法制度。"[⑥]法国学者布罗代尔说："中世纪的自由一般是指团体的自由，实际上指的是保护这一集团或那一集团，这一利益或那一利益的公民权或特权。"[⑦]

---

① 德国著名的城市史学家恩馕对早期城市修建的城墙进行了详细的考察，参见Edith Ennen, *Frühgeschichte der europäischen Stadt*, Bonn: Röhrscheid, [3]1981, S. 153-165。

② Karl Bosl, *Die Grundlagen der modernen Gesellshaft im Mittelalter: Eine deutsche Gesellschaftsgeschichte des Mittelalters*, Stuttgart: Hiersemann, 1972, S.220.

③ Heinrich Mitteis, "Über den Rechtsgrund des Satzes Stadtluft macht frei", in: Heinrich Mitteis, *Die Reichtsidee in der Geschichte: gesammelte Abhandlungen und Vorträge*, Weimar: Böhlau, 1957, S. 718.

④ Ulrich Meier, *Mensch und Bürger: Die Stadt im Denken spätermittelalterlicher Theologen, Philosophen und Juristen*, München: Oldenbourg, 1994, S.10f.

⑤ 〔德〕汉斯-维尔纳·格茨：《欧洲中世纪生活（7—13世纪）》，王亚平译，第227页。

⑥ Gerhard Dilcher, "Rechtshistorische Aspekte des Stadtbegriffs", in: Jankuhn Herbert (hrsg.), *Vor- und Frühformen der europäischen Stadt im Mittelalter: Bericht über ein Symposium in Reinhausen bei Göttinggen in der Zeit vom 18. bis 24. April 1972*, Göttingen: Vandenhoeck & Ruprecht, 1973, S. 12-32.

⑦ 〔法〕费尔南·布罗代尔：《文明史纲》，肖昶等译，广西师范大学出版社2003年版，第297页。

　　不言而喻，中世纪的城市是在领主制中兴起的，城市的领主依然是国王、大领主或者大主教，所以城市是因为获得国王或者教俗大贵族给予的特许权而合法存在的，其所获得的防御、司法审判、颁布禁令、开办市场、征收关税以及铸币等权利，构成了这个新机制的权力基础。[①]在城市的市民与城市领主之间没有领主与农民之间那样的人身依附关系，但城市领主却通过各种税收控制着城市中的居民。城市的经济以手工业和商业活动为主，城市复兴之初的目的之一就是要保护商业，并以此为目的收取商人的捐税，[②]"只要他们承担了纳税和缴租的义务，并且以年金的形式缴纳婚姻税和死亡税，那么他们就能根据自己的能力劳动，享用劳动的成果"。[③]从这个意义上来看，与农业生产相比较而言，手工业和商业都具有相当大的个体性，手工业者和商人在经济活动中需要一定的自由度，所以"自由"是居住在围墙内的市民最重要的法律特点。市民的所谓"自由"就是他们获得的不服从领地领主司法审判权的豁免权，将他们置于国王的司法审判权的保护之下。[④]布罗代尔说："实际上，这些自由是彼此相互形成威胁的，一个自由限制另一个，而且后来从属于又一个新的对手。这一过程从来就不是平安无事的，不过它是解释欧洲进步之因的秘密之一。"[⑤]给予市民自由的特许权促进了西欧中世纪城市的发展，其发展的一个重要内容就是城市法的出现，"只有把自由作为一种法律的现象与一个共同体、一个法律制度，与治安和统治联系起来，分析具体的共同体、划分了界限的法律制度和

---

　　① 　参见〔德〕汉斯-维尔纳・格茨《欧洲中世纪生活（7—13世纪）》，王亚平译，第242页。

　　② 　Hans Planitz, *Die deutsche Stadt im Mittelalter: von der Römerzeit bis zu den Zunftkämpfen*, Graz: Böhlau, 1954, S. 47f.

　　③ 　Bernhard Dieselkamp, "Freiheit der Bürger—Freiheit der Stadt", in: Johannes Fried (hrsg.), *Die abendländische Freiheit vom 10. zum 14. Jahrhundert: Der Wirkungszusammenhang von Idee und Wirklichkeit im europäischen Vergleich*, Sigmaringen: Thorbecke, 1991, S. 487.

　　④ 　Friedrich Keutgen, *Urkunde zur städtischen Verfassungsgeschichte*, Berlin: Felber, 1901, S. 71, 76.

　　⑤ 　〔法〕费尔南・布罗代尔：《文明史纲》，肖昶等译，第297页。

特定的统治关系范围内的发展才更有意义"①。

城市的自治

自由之所以需要法律化是与个体性的经济和个人的财产密切相关。城市的个体性的劳动也决定了手工业者和商人的财产的完全个人所有，这是领地制经济体制中的一个新的因素。个体性的经济以及财产的个人所有增强了市民的自我意识，这就不可避免地与领地制的统治权发生矛盾和冲突。12世纪在西欧许多地区都发生了市民与城市领主之间的斗争，斗争的焦点是保护个人的财产，因此要进一步摆脱城市领主的制约，争取城市的自治。虽然市民本身已经享有了自由，但是，"与其说人本身虽然较少直接受到限制，而不如说，他周围的事务维系着一种束缚人的形式，因此似乎有可能以内在的力量，开始进行反抗这些外在的桎梏的斗争"②，德国学者洪堡在阐释国家的概念时所表述的这个论点，似乎也可以对12世纪西欧普遍存在的城市自治运动做一注解。在中世纪的西欧社会中，人的自由权利与人身的依附是不可调和矛盾的两个方面，解除人身依附关系享有自由权利的前提是要有个人的财产，德国学者德勒戈就十分强调市民的个人财产与市民享有各种权利之间的相互关系③，德国科隆市获得城市自治的斗争似乎也可以印证这一点。科隆市的历史可以追溯到罗马帝国时期，并且作为大主教的驻节地延续下来，大主教是科隆的城市领主。科隆的手工业和商业活动发展得都很早，又因得天独厚的地理位置，一直是中欧地区商业活动的中心。1074年，科隆大主教强行征用商人个人所有的、已经装满

---

① Bernhard Dieselkamp, "Freiheit der Bürger—Freiheit der Stadt", S. 493.

② 〔德〕威廉·冯·洪堡:《论国家的作用》，林荣远等译，中国社会科学出版社1998年版，第27页。

③ Georg Droege, "Der Einfluß der mittelalterlichen Freiheitsbewegung auf die frühe Stadt", in: Helmut Jäeger (hrsg.), *Civitatum Communitas: Studien zum europäischen Städtewesen. Festschrift Heinz Stoob zum 65. Geburtstag*, Köln: Böhlau, 1984, S. 56-70.

货物的商船，激起商人强烈的不满，他们以自由人的身份向大主教提出抗议，并最终引发了武力冲突，爆发了市民的大起义，并且进一步向大主教提出了城市自治的诉求。[①]可见，城市在争取自治的斗争中提出要享有的各种权利都是与保护个人的财产密切相关的。

城市中的共同体

德国著名的城市史研究学者普拉尼茨认为，中世纪西欧城市的兴起和发展有两个历史阶段，即：城市领主时期（stadtherrliche）和城市共同体时期（genossenschaftliche）。11世纪以前的城市大多为从罗马帝国延续下来的城市，这些城市或是主教驻节地，或是直辖所在领地领主的府邸所在地，因而城市领主或是主教、大主教，或是伯爵、公爵，城市领主对城市中的居民有着很大的管制权。城市领主享有各种特许权，马克斯·韦伯就曾非常明确地指出："市场的垄断和堆栈货物的权利，手工行业的特权和手工业专利权，参加城市法院，军事上和税收上的特殊地位，此外，所有这些特权的经济上最重要的部分，在形式法律上起初往往根本不是作为市民阶层一个团体的所获而出现的，却是作为政治的或者领主制度的城市统治者的所获出现。城市统治者而不是市民，在形式上获得那些重要的权利，它们实际上在经济方面直接使市民受益——但通过市民的捐赋，使他即城市的统治者在财政上间接受益。"[②]随着12世纪西欧拓荒运动的效果日益显现出来，城市中的商业和手工业在社会经济上的作用也越来越举足轻重，城市中的商人和手工业者不仅仅只是需要从事经济活动的自由，也越来越多地提出了各种诉求；为此，商人和手工业者联合起来按照日耳曼习俗自行结成一个誓约团体，即：行会（Zunft）或者是同业公会（Gild）。这

[①]　Hans Planitz, *Die deutsche Stadt im Mittelalter: von der Römerzeit bis zu den Zunfkämpfen*, S.99.

[②]　〔德〕马克斯·韦伯：《经济与社会》，下卷，林荣远译，第604页。

里值得强调的是，市民必须参加城市中某一个行会或者某一个同业公会，才能受益于城市获得的特许权，否则将会被排斥在城市之外。

马克斯·韦伯被誉为德国社会学的鼻祖，他从社会学的角度深入考察西欧中世纪城市与古典时期的城市以及亚洲城市的区别，由此总结出了欧洲中世纪城市的特点："在中世纪，城市是一个盟誓的'城市社区'，并且被视为法律意义上的'法人团体'"，这似乎也可以这样认为，"市民团体是市民的一种政治社会化的结果"；也就是说，城市"必然是作为某种程度上自治的团体来考虑的：一种'社区'，它拥有特别的政治和行政管理的机构"。"城市变成一种自治的和自主的强制机构性的社会化，一种主动的'区域团体'，尽管程度上有所不同，城市的官员完全或者部分［变成］为这个强制机构机关的人员。"[1] 由各行会和同业公会推举出的代表组成了城市议会，从这个历史时期起，城市进入了共同体时期。[2] 在共同体时期，行会和同业公会获得了治理城市的权利，它们把行会和同业公会的机制延伸到了对城市的治理中。

在行会和同业公会中每个成员都具有自由的法律身份，而且其社会地位在一定程度上是平等的，他们以誓约为依据缔结了契约。[3] "如果一群人事先通过契约约定，他们之间的争议将通过一个特定的方式来解决，那么，那个契约的存在的事实就是当争议真的出现时它应该按契约规定的方式解决争议的一个有力的理由。"[4] 行会和同

---

① 〔德〕马克斯·韦伯：《经济与社会》，下卷，林荣远译，第605、606、576、604页。

② Hans Planitz, "Kaufmannsgilde und städtische Eidgenossenschaft in niederfränkischen Städten im 11. und 12. Jahrhundert", in: *Zeitschrift der Savigny-Stiftung für Rechtsgeschichte*, G. A., 60 (1940), S. 1f.

③ Gerhard Dilcher, "Die genossenschaftliche Struktur von Gilden und Zünfte", in: Berent Schwineköper (hrsg.), *Gilden und Zünfte: Kaufmännische und gewerbliche Genossengschaft im frühen und hohen Mittelalter*, Sigmaringen: Thorbecke, 1985, S.102f.

④ 〔美〕罗纳德·德沃金：《认真对待权利》，信春鹰译，中国大百科全书出版社1998年版，第203页。

业公会都是由相互为邻的自由个体组成的共同体，其最显著的特点是自治。按照传统和习俗组织起来的这个共同体有约定俗成的规则，具有很强的自治性。共同体的成员自己选举治理共同体的"官吏"，有自己的法庭和审判员处理和协调各种纠纷和案件。[①]这种城市的共同体在13、14世纪逐渐朝着议会的方面发展。[②]换句话说，从行会和同业公会这个自治的共同体中逐步地发展出了自治的城市。德国历史学家施托普对西欧中世纪许多城市进行具体深入研究后认为，自治城市一般都经历了三个发展步骤，首先，以誓约为依据建立的市民共同体；其次，市民共同体逐渐地提出参与城市管理的要求，在参与管理城市事务的过程中建立起了城市的市政机构；最后，城市之间建立了同盟：伦巴德城市同盟、莱茵城市同盟、施瓦本城市同盟，乃至其后的汉萨同盟。[③]

"市民的共同体"不同于商人的行会和手工业同业公会这样的因经济活动结成的共同体，是一个"政治的共同体"，马克斯·韦伯给其下的定义是："我们想把政治的共同体理解为其共同行为是这样进行的一种共同体：'一片领土'（不一定要绝对永恒的和有固定边界的，然而总是可以用某种方式确定界限的区域）和长久或者也包括暂时在这块领土上的人的行为，通过准备采取有形的暴力，而且一般也包括武力，目的是让参加者们（对这片领土）进行井然有序的统治（和可能为他们获得更广大的区域）。"[④]为了能在城市这个"政治的共同体"中井然有序地进行统治，在城市中产生了市议会这样的行政机构，抑或也可以这样说，市议会的产生是城市自治运动中争取到的一个重要的自由权利，进行行政管理的市议会的产生无疑是西欧中世纪城市发展的一个重要方面。虽然由于各个地区封建政治的形态不同，在西欧各地出现的市议会的构成也是千差万别，在

---

① Edith Ennen, *Frühgeschichte der europäischen Stadt*, S. 167.

② Gerhard Dilcher, "Die genossenschaftliche Struktur von Gilden und Zünfte", S. 91.

③ Heinz Stoob, *Forschung zum Städtewesen in Europa*, Köln: Böhlau, 1970, S. 52f.

④ 〔德〕马克斯·韦伯：《经济与社会》，下卷，林荣远译，第217页。

意大利以及欧洲南部地区那些从罗马帝国延续下来的主教城市或者王公贵族把持的城市中，城市领主掌控着市议会，而那些因为商业或者手工业兴起的城市中，尤其是在法国和英国的一些城市中，行会和手工业同业公会则在市议会中占据着重要的席位。这个通过誓约结成的共同体逐渐走上了制定城市法的行政管理道路。

第四章　冲击封建的政制藩篱

  中世纪城市的产生不仅为社会经济增添了新的因素，也给予自中世纪早期以来居统治地位的"君权神授"理论极大的冲击。"双剑论"的引经据典引发了人们对消失已久的希腊古典哲学的关注，对古典文献的翻译更是丰富了经院哲学家们的知识。对古典著作的兴趣引发了所发现的罗马法版本的研究，对罗马法的研究是中世纪法律科学的起点，法律的科学化为政治理论的世俗化开辟了道路。法律的科学化催发了民族意识的滋生，含有了民族国家的概念。意识形态领域的这种变化体现了中世纪社会的发展，美国经济学家诺思曾经说过："意识形态与道德不同，因为它既包含理解世界的一种综合方法，又按费用信息使行为节省；不过，意识形态确实体现对制度特别是交易关系的公正和公平的一种判断。"[①] 另一方面，市民的自由、城市的自治需要法律的支持与规范，罗马法的研究为制定法律开创了道路，有了根据社会现状制定的法律章程，诺思说："宪法章程，是为规定所有权的基本结构和控制国家而制定的一些根本性的规章。目的在于使修改章程比运用条例要付出更高成本，无论成文法、不成文法或者自愿性契约，凡是范式操作条例都在宪法章程的框架里来规定交易条件。规范性的行为章程，是旨在使宪法的和操作的条例合法化的行为准则。"[②]

---

① 〔美〕道格拉斯·C.诺思：《经济史上的结构和变革》，厉以平译，商务印书馆1992年版，第199页。

② 同上书，第197页。

一、古典哲学思想的回归

城市中新阶层的产生

中世纪城市的市政不仅成为领地制中的一个新的创建，市民阶层也是中世纪社会中的一个新的政治力量。社会史学家马克斯·韦伯说，市民这个概念具有三个含义[①]：首先，市民具有经济性，这是西方文明所特有的，这是因为中世纪的城市通常都是市场和手工业的所在地；其次，市民具有政治性，因为市民有参与市议会的政治权利，进入近代早期以后西欧的市民逐渐演变为国家的公民；再次，市民阶层都或多或少具有一定的文化，正是在市民中产生了中世纪的知识分子。

意大利历史学家奇波拉认为，从10世纪末期开始的大拓荒运动至13世纪时已经成为一种经常性的对荒野的征服。[②]拓荒运动不仅对农业经济的发展起到极大的促进作用，改变了农业经济的经营方式，租佃制得到广泛的普及，徭役地租被实物地租和货币地租所取代，地租形态的变化，松弛了农民与领主之间的依附关系，领地制遭受到极大的冲击，没有了人身束缚的农民走出了领地，社会的流动性加大了。社会的流动表现在两个方面，一是地域性的流动，即从农村向新兴城市的流动以及从旧的居住地向新开垦地区的殖民；一是社会性的流动，不仅原有的农业劳动群体发生了分化，而且还形成了市民、商人、手工业者等新的社会阶层，更为重要的是，在西欧社会中形成了一个与社会生产没有直接关系的新阶层——知识分子。

知识分子阶层的产生源于人们对自我认识的需要，人们在努力满足物质需要的同时，也在满足精神的和理智的需要。社会经济活

---

① 参见〔德〕马克斯·韦伯《经济通史》，姚增廙译，上海三联书店2006年版，第198页。
② 参见〔意〕卡洛·M.奇波拉《欧洲经济史》，第1卷，徐璇译，商务印书馆1988年版，第156页。

动创造的财富，不仅瓦解了人身依附的封建关系，也造成了政治权力的移位。新旧贵族的交替、城市议会的建立，无不与社会财富的增加有密切的关系，人们传统的权威观念被动摇，个人的自我意志在被动摇的权威面前越来越强烈地表现出来。耕种土地的自主权、城市行会获得的自行管理权、城市的自治权都反映了一种自主精神。自主精神与宗教的和政治的权威对立，它需要自己的理论和学说与权威对话，人们的思想意识和宗教观念也有了自主的要求，正如芒罗所说的，"12世纪文艺复兴较为显著的特点就是自主精神的革命"①，法国年鉴学派的知名学者勒高夫则评价12世纪文艺复兴实际上是"社会集体心态的一次大变化"②。

在新的生产方式、新的社会交流和交往方式形成的过程中，人们在有目的地、有意识地对所处的社会进行了解和认识，而对社会的了解和认识是从对自我的了解和认识开始的，中世纪早期西欧社会的基督教化，把人们的精神和思想都禁锢在基督教的教义中；因此，对自我的了解和认识必然要涉及宗教问题，这是12世纪在西欧城市中普遍兴起社会宗教运动的历史原因。不论是提倡"保持基督纯洁"的卡塔尔派还是主张"回归贫穷教会的"韦尔多派，不论是奉行"基督守贫"的弗朗西斯修士会还是多米尼克修士会，都在讨论人与上帝的关系。对人的"灵魂"、对人与上帝的关系等宗教问题的讨论，实际上谈及的是人的自我价值，是社会的道德伦理，是社会的价值取向，涉及很多现实的社会问题。《圣经》中关于个人道德的观念吸引人们要自己了解《圣经》，对《圣经》的研习推动了人们学习古典文法和修辞学，对古典学的学习引起了人们对教父学的重视，古代教父借助哲学理论注解和诠释《圣经》，使人们对古典哲学产生了极大的兴趣。

---

① Dana Carleton Munro, "A Period of New Life", in: Charles R. Young (ed.), *The Twelfth-Century Renaissance*, New York: Holt Rinehart and Winston, 1969, p. 7.

② Jacques Le Goff, *Kultur des europaeischen Mittelalters*, München: Droemer Knaur, 1970, S. 576ff.

12世纪文艺复兴

在罗马帝国的废墟上建立部落王国的日耳曼人从未接触过希腊古典哲学，希腊化时期的文化也随着罗马帝国的覆灭而在西欧被湮灭，直至12世纪的西欧陷入了一个文化的"空白"的历史时期，以致14世纪的人文主义者将他们之前的时代称为"黑暗的中世纪"。20世纪20年代中叶，美国著名的中世纪史学家哈斯金斯首次否定了14世纪人文主义者的这一观点，认为中世纪的西欧经历了多次知识的复兴，他把这些知识的复兴运动称为"文艺复兴"，在他的研究中特别强调的是12世纪文艺复兴，他所提出的"12世纪"并不是特指的具体时间概念，而是从11世纪中叶到13世纪中叶这两个世纪左右的历史时期。[①]他对12世纪文艺复兴进行了深入的研究，他的《12世纪文艺复兴》一书开启了对中世纪中期文化史的研究。

中世纪中期文化的一个显著特点是希腊古典哲学的全面回归。8世纪，新崛起的阿拉伯人开始了对外扩张，其触角延伸至西班牙，遇到了查理大帝的阻挡。查理大帝以比利牛斯山为界，设立了西班牙边境马尔克，不仅在军事上阻挡阿拉伯人向西欧内陆的进军，还通过建立多个修道院的方式在宗教信仰上预防伊斯兰教的渗入，这样就在西班牙半岛上长期存在着伊斯兰教和基督教并存的局面。与欧洲和亚洲其他地区比较而言，阿拉伯半岛的文明发展得比较晚，在对外扩张的过程中崛起的阿拉伯帝国并不排斥所征服地区的文化，而是积极地汲取，尤其是在那些受希腊化影响较深的地区，例如地处小亚细亚和北非的叙利亚、埃及以及欧洲的西班牙，等等。这些地区虽然已经基督教化，但是在希腊化时期古典哲学在这些地区留下了深深的印迹，尤其是在亚历山大城。希腊化并不仅仅是保存了古希腊的经典著作，更为重要的是它把东西方文化的精髓融合在一起，在这个时代出现的新柏拉图主义就是一个典型的例证。新柏拉

---

① 参见〔美〕查尔斯·霍默·哈斯金斯《12世纪文艺复兴》，夏继果译，上海人民出版社2005年版，第3页。

图主义是3世纪前后产生于亚历山大城的哲学流派，它的创始者阿摩尼阿斯·萨卡斯和普罗提诺都是埃及人①，他们都是基督徒同时也深谙希腊古典哲学，并且对东方宗教的神秘主义观念产生了极大的兴趣，在探讨宇宙、神和灵魂等诸问题时强化了哲学和宗教的关系，并且形成了各种流派。新柏拉图主义对奥古斯丁上帝之城的神学观念的形成施加了重要的影响，也受到叙利亚人的推崇，他们把希腊哲学著作翻译成叙利亚文，在爱德沙以南的哈兰城形成了一个希腊文化中心，在那里聚集了大批的翻译家。阿拉伯人征服叙利亚后，叙利亚的文化因为被阿拉伯人吸收而得以保存，在阿拔斯王朝时期被大量翻译为阿拉伯语。值得一提的是，阿拉伯学者并不仅仅是简单地将希腊古典著作从希腊语转换到阿拉伯语，更为重要的是在翻译的过程中，尤其是翻译希腊古典哲学经典著作的同时，使其与阿拉伯人的观念和思想结合起来，赋予希腊哲学新的内容，较为典型的例证就是上文中提到的在亚历山大城产生的新柏拉图主义。埃及学者艾哈迈德·爱敏就认为，虽然叙利亚人在翻译方面做出了很大的贡献，但是他们在翻译的过程中没有提出独特的创见，而此后的阿拉伯人不仅接受了叙利亚人的文化以及通过叙利亚人传播的希腊文化，还将自身的文化与之相调和，由此产生了阿拉伯伊斯兰教文化。② 8世纪初，阿拉伯人入侵欧洲时先后被查理·马特和查理大帝阻挡在了西班牙，虽然在政治上阿拉伯国家与基督教的欧洲形成了一种对峙局面，但在文化上却出现了对后世西欧产生重大影响的相互交融的现象。

文献翻译的影响力

早在罗马帝国时期，基督教就与希腊哲学有着密切的联系，基

---

① 普罗提诺是阿摩尼阿斯·萨卡斯的学生，因后者留下的著述很少，后人对他的思想了解甚少，所以有学者认为前者是新柏拉图主义的创始人，请参见〔埃及〕艾哈迈德·爱敏《阿拉伯-伊斯兰文化史》，第1册，纳忠译，商务印书馆1982年版，第135页。

② 参见〔埃及〕艾哈迈德·爱敏《阿拉伯-伊斯兰文化史》，第1册，纳忠译，第138—140页。

督教的教父们在关于耶稣本性的论证、耶稣与亚卫（即圣父）之间的神性还是人性的关系等方面的争论上都应用希腊哲学中的逻辑以及一些观点和论据，最终奥古斯丁应用新柏拉图主义确立了基督教教义的理论基础；与此同时，亚里士多德主义则遭到基督教神学家们的排斥，亚里士多德的哲学思想以及政治理论也被湮灭，直至12世纪文艺复兴。12世纪文艺复兴一个重要的内容是兴起了一个广泛的翻译运动。10世纪下半叶，西班牙人开始了收复失地运动，1085年收复托莱多，这里曾经是阿拉伯人吸收希腊文化的一个中心，尽管易手于基督教的统治者，但这里继续是翻译希腊哲学经典的一个中心，而且一些基督教学者开始打破罗马教会的禁忌，不仅翻译柏拉图的著作，也开始翻译亚里士多德的著作，一些基督教学者从西欧各地前往托莱多寻找新的知识。意大利的西西里也从10世纪初起经历了阿拉伯人长达一个半世纪之久的统治，这里不仅是西欧与阿拉伯人进行商业往来的中间站，也是这个历史时期的一个翻译中心，聚集着一些无名的译者，翻译了大量的自然科学、哲学和文学的著作。11世纪末期开始的十字军运动更为这场翻译运动的兴起起到了推波助澜的作用。哈斯金斯认为，西欧15世纪文艺复兴运动的外部源泉仅限于希腊，但是12世纪文艺复兴的外部动力则来自君士坦丁堡、西班牙、西西里、叙利亚和非洲，更为重要的是在希腊古典哲学回归的同时还增添了新的内容，即阿拉伯人在吸收了经过叙利亚转换的希腊文化中加入了他们自己的理解以及调和了东方民族的某些文化因素。[①]这其中亚里士多德主义的回归对西欧政制的发展无疑施加了不容忽视的影响。

埃及学者艾哈迈德·爱敏给予亚里士多德对政治的影响以很高的评价，他说："亚里士多德是各种新政治理论的源泉，是科学、哲学、艺术各领域新观点的发源地。穆斯林哲学就是建立在希腊哲学

---

① 有关12世纪文艺复兴阿拉伯语的翻译请参见〔美〕查尔斯·霍默·哈斯金斯《12世纪文艺复兴》，夏继果译，第225—235页。

的基础上的。现代文明中的科学和文学也是站在希腊人的肩上发展起来的。现代欧洲复兴的第一个火花也是从希腊人的著作中燃起来的。"①亚里士多德的哲学思想含有自然主义的因素，这与他从事过生物科学的研究有很大的关系，他从生物学的角度分析人，讨论柏拉图提出的"本体论"。亚里士多德还强调知识对认识的重要性，强调知识的积累，这些都是当时西欧社会迫切需要解决的重要问题。亚里士多德和其他古典哲学家的哲学思想，使西欧的学者们对自然世界有了新的认识，哲学成为解决社会宗教信仰问题的一把钥匙，由此产生了经院哲学。12世纪的经院哲学首先讨论的是人的灵魂问题，在强调人的个体性和理性的同时，揭示出了理性信仰。理性就是学习，是思考，是提问，是在思维方式方面的创新。②对古典文化的再学习开阔了西欧这个历史时期人们的视野，丰富了人们的想象力，增强了人的思考能力，使人不仅对自然世界、对社会有了更多的了解，而且对自身也有了新的认识。认识就要有知识，知识来源于学习，学习需要书本，书本种类的增加是12世纪文艺复兴最为具体的成果之一，几乎所有的新老学科都有了自己的基础著作，书的数量也大大地增多了。在此之前的西欧，一般只有修道院才有图书馆，修道院图书馆的藏书仅有200册左右，少量的大图书馆也不过500册的藏书。在此之后，有上千藏书的图书馆不在少数。③11世纪末期，在意大利的阿玛尔非城的一座修道院的图书馆里发现了东罗马帝国皇帝优士丁尼于529—534年组织编纂的法律文献和文件的手抄本，在对这个文本进行翻译和校注的过程中有了对罗马法的研究。

---

① 〔埃及〕艾哈迈德·爱敏：《阿拉伯-伊斯兰文化史》，第2册，朱凯等译，商务印书馆1990年版，第236—237页。

② Jacques Le Goff, *Die Intellektuellen im Mittelalter*, Stuttgart: Klett-Cotta, 1986, S. 15, 19.

③ Heinrich Fichtenau, "Monastisches und scholastisches Lesen", in: Georg Jenal (Hrsg.), *Herrschaft, Kirche, Kultur: Beiträge zur Geschichte des Mittelalters. Festschrift für Friedrich Prinz zu seinem 65. Geburtstag*, Stuttgart: Hiersemann, 1993, S. 326.

二、罗马法研究的意义

罗马法的复苏

罗马法是一个比较抽象的概念，哈斯金斯认为，中世纪早期罗马法以两种形式遗存下来：其一是广大罗马人的习惯法，其二是6世纪由优士丁尼编纂的《民法大全》。罗马人的习惯法只是延续了罗马的传统，但却不能产生出一种法学，而《民法大全》手抄本的发现才是真正地找到了罗马法。[1]推动罗马法研究的是德意志的皇帝。11世纪末期，经过改革的罗马教皇的权力欲膨胀，与德意志皇帝在主教授职权方面发生了激烈的争辩，罗马教皇以"君权神授"为依据强调罗马教会不仅在宗教方面具有权威，而且还要享有干预世俗政制的权力。在这同一历史时期，优士丁尼的《民法大全》在意大利阿玛尔非城的一座修道院的图书馆里被发现，引起了在博洛尼亚的几位修道士对其进行翻译和评注的极大兴趣，吸引了对罗马法研究有兴趣的教会学者以及慕名而来的学习者；同时，这也引起了几任德意志皇帝的高度重视，先后发布特许权允许学者们在这里研究和讲授罗马法。1158年，德意志皇帝弗里德里希一世在意大利境内召开帝国会议，邀请当时研究罗马法的著名学者与会，承认他们在注释罗马法方面所作的成就和贡献，授命他们继续对罗马法进行注释和教学。[2]弗里德里希一世还重申了1155年为保护那些在博洛尼亚追求学问的学习者和讲授者颁布的敕令《完全居住法》。在这个敕令中，德意志的皇帝授予求学者和讲授者在该城市居住和自由活动的权利；免除他们受城市法官的司法审判。[3]法令中规定，求学

---

① 参见〔美〕查尔斯·霍默·哈斯金斯《12世纪文艺复兴》，夏继果译，第160—161页。

② Hermann Lange, *Römisches Recht im Mittelalter*, Bd. 1, *Die Glossatoren*, München: Beck, 1997, S. 77f.

③ Hilde de Riddler-Symoners, *A History of the University in Europe*, Vol.1, *Universities in the Middle Ages*, Cambridge: Cambridge Univ. Press, 1992, p.78.

者"可以平安地到学习的地方并安全地居住在那里"，皇帝的司法权
"保护他们免受任何伤害"；①法令中规定城市要为学习者和讲授者提
供适当的住房，并且不得随意提高房屋的租金。法令明确规定："如
果有人由于商业方面的问题要对学生起诉，学生可以享有选择的机
会；可以传唤起诉者到教授面前，也可以传唤到本市的主教面前，
我们已经给了教授和主教对于这类事件的审判权。"②正是由于得到
德意志皇帝的支持和保护，大批学习和讲授罗马法的学者才在博洛
尼亚聚集，在此基础上产生了中世纪西欧的第一所大学——博洛尼
亚大学。

　　罗马法是罗马帝国时期的一种统治技艺，其中包含了帝国时代
世俗政治思想的理论。在帝国时代，虽然基督教已经上升为国教，
但依然被置于罗马皇帝的控制之下，③教会的教规是在皇帝的监控下
制定的，教会尚没有参与世俗政治的可能和权利；抑或可以这样说，
西欧社会还没有开始基督教化，所以罗马法是一部完全的世俗性的
法典。罗马法强调皇帝立法的权威性，即优士丁尼强调的：皇帝的
权威需要通过法律来增强，皇帝是唯一的立法者，他在《法学阶梯》
中开宗明义："皇帝的伟大不仅要以武器来装饰，而且必须以法律来
武装，以便不论是战时还是平时，都可得到正当的治理；罗马的元
首们，不仅对敌人表现为战斗中的胜利者，而且通过法律的途径清
除狡诈者的不公正，像成为打败敌人的凯旋者一样，成为法的最虔
诚的凯旋者。"④这为德意志皇帝消除"君权神授"的神学政治理论附
加在其身上的制约提供了最有力的理论依据，这也是皇帝们保护并
且支持博洛尼亚的注释法学家研究罗马法的根本原因。在罗马法的
统治技艺中还包含着"平等"的观念，所谓的"平等"是指作为法
律的制定者和执行者的统治者如何利用法律这个技艺平衡社会；与

---

　　① 〔美〕E. P. 克伯雷选编：《外国教育史料》，华中师大等校教育系译，华中师范大学出
版社1991年版，第169页。

　　② 同上书，第170页。

　　③ Wolfgang Waldstein (bearb.), *Römische Rechtsgeschichte*, S. 301f.

　　④ 〔古罗马〕优士丁尼：《法学阶梯》，徐国栋译，第3页。

此同时，被统治的社会阶层也在充分地利用法律维护自己的权利，这就是平衡。如同美国学者乌尔曼所强调的，在罗马法中表明了这样的观点："皇帝是法律的制定者（law-giver），臣民是法律的接受者。法律被设想为皇帝的让步（principle of concession）。"他强调："如同任何人都没有权利向上帝要求什么一样，臣民们也同样没有权利要求制定特别的法律，法典说明了这点：统治者的意愿承认法律向臣民让步。"① 罗马法包含的统治技艺把德意志皇权与博洛尼亚的注释法学家密切地联系在一起，前者给予后者极大的保护，后者为前者提供他所需要的理论。

德意志皇帝支持罗马法研究的意义不仅在于其对世俗君权在理论上的诠释和支持，而且还促进了法律的科学化。12世纪以前的西欧法律的主体多是各种形式的习惯法、国王和教会的敕令、国王和教会颁布的特许权，等等。这些口耳相传的习惯法以及王室和教会的特许权具有很强的地方性，且几乎不能变更，只能由充当法官的当地的主教或者领主进行解释。在西欧各王国中既没有统一的法律体系，也没有专职的法官，这样的法律形态已经不适应这个历史时期社会经济的发展，甚至成为政制演变的羁绊。哈斯金斯就这样说过，12世纪"这是一个政治整合的时代，需要一种比纯粹的地方习惯法适用范围广，以更普遍的合法性原则为基础的'普通法'（common law）。这也是一个整个政治运动和政治辩论的时代，各种派别都急于从新法学中寻求支持"②。法律的科学化是克服习惯法地方性、实现法律普遍性的一个重要途径。

中世纪法律科学的初建

对罗马法的注释打开了西欧法律科学的大门，德国学者克伯勒对法律科学做了这样的定义："法律科学是关于法律规则规类的科

---

① Walter Ullmann, *Law and Politics in the Middle Ages: An Introduction to the Source of Medieval Political Ideas*, p. 62.

② 〔美〕查尔斯·霍默·哈斯金斯：《12世纪文艺复兴》，夏继果译，第169页。

学，它产生于罗马法中，随着罗马法学家的引退而逐渐消失，11 世纪末期以后在博洛尼亚由注释法学家们重新建立起来。"[1]注释法学家们并没有局限在对每个条文的释义，而是把《民法大全》所有类似的条文和相互矛盾的裁决收集在一起，并且力图克服这些矛盾，因此注释法学被看作是西方法律科学的起源。[2]注释法学家采用经院哲学中通行的方法对罗马法文本中的词句进行释义，对罗马法的法律条文进行概述、分析和说明，对其进行传授，并且逐步把简单的方法发展为一种以形式逻辑和经院哲学为基础的高度复杂的方法。对法律的研究通过传授扩大了影响，传授就要有固定的场所，在博洛尼亚为传授法律研究而出现的 universitas（大学）的形式广为流行。

法律的科学化是在中世纪大学中完成的。12 世纪兴起的大学是以经院哲学的论争和罗马法的研究为基础兴起的，因此神学和法学是最基本的两个科学学科，这两个学科有着极为密切的相互关系。经院哲学的产生起因于君权与教权关于权力的大争论，政教之间的争论表面上看是一场权力之争，其实质是世俗政治思想与神学政治思想分离的开端。在这场大论争中，政教双方各自的支持者都引经据典，从古希腊的修辞学、逻辑学以及早期基督教的教父学中寻找理论依据以论述君权与上帝的关系以及教权与君权的关系，有关哲学的和神学的拉丁古典文献因此受到极大关注，西方学者把这种文化现象称为拉丁古典文化的复兴[3]，哈斯金斯则进一步认为，在这个复兴中，"罗马法的复兴是所有罗马文化复兴的核心部分"[4]。罗马文化和罗马法的复兴并不仅限于对古典文献的翻译，更重要的是给予这些古典很多的注释和评论，在这个过程中形成了经院哲学中唯实论和唯名论两大流派。两大流派围绕着基督教的教义等引经据典，有关神学和古典哲学的讨论打破了中世纪以来罗马教会对神学教义

---

① Gerhard Köbler, *Lexikon der europäischen Rechtsgeschichte*, S. 479.

② Paul Koschaker, *Europa und das Römische Recht*, S. 67ff.

③ Sten Gagnér, *Studien zur Ideengeschichte der Gesetzgebung*, Stockholm: Almqvist & Wiksell, 1960, S. 180-182.

④ 〔美〕查尔斯·霍默·哈斯金斯：《12 世纪文艺复兴》，夏继果译，第 159 页。

理论诠释的垄断，同时也为法学这门新科学的创立准备了理论基础和方法。[1]中世纪西欧所谓对罗马法研究主要是对所发现的罗马法的文本进行注释和评论，注释者用古典"自由七艺"（artes liberales）中修辞学注释发现的法律文献，并且采用形式逻辑和经院哲学的方法对所发现的罗马法的文本进行评注，被称为"注释法学派"（Glossatoren）。[2]注释法学家们通过对汇纂中词语的解释、注解、参阅等方法，处理文中前后存在的矛盾。[3]这是西欧法律理论构建的开始，因此西方法律史学家们一般把这看作西欧中世纪法律科学的最初形态，德国著名的法学教授霍恩就曾经说过："在法律中的理论建构始于对语言进行概念性精确化，然后通过概念将材料系统化。早在罗马法中人们已经运用这种方法。"[4]

注释法学派最著名的代表是博洛尼亚的伊尔内留斯，西欧各地对罗马法有极大兴趣的人们，包括教士和律师，慕名而来，汇集在博洛尼亚，聆听伊尔内留斯以及其他的注释法学家们讲解罗马法的文献，逐渐形成了较为系统的法律课程。[5]博洛尼亚大学成为法学教育的大本营，培养出一批编撰法令和研究罗马法的专业人员。这些注释法学家们把有着不同渊源的法律资料系统化、综合化，以减少其中的矛盾并填补缺憾。[6]正是通过汇编各种类型的规则，引起了编撰法律文献的学者们对被发现的罗马法文本的更大关注。对于他们来说，罗马法的意义在于它具有辩证的法律规范，能够提供综合这些规则的原则，研究罗马法的原则和法学理念，有助于综合现有的各种类型的规则和誓言。伊尔内留斯对罗马法的注释和讲授为他赢

---

① David Knowles, *The Evolution of Medieval Thought*, London: Longman, ²1988, pp. 72-73.

② Hermann Lange, *Römisches Recht im Mittelalter*, Bd. 1, *Die Glossatoren*, S. 17f.

③ 参见〔德〕格尔德·克莱因海尔等主编《九百年来德意志及欧洲法学家》，许兰译，法律出版社2005年版，第2页。

④ 〔德〕霍恩：《法律科学与法哲学导论》，罗莉译，法律出版社2005年版，第107页。

⑤ Rashdall Hastings, *The Universities of Europe in the Middle Ages*, Vol. 1, Oxford: Oxford Univ. Press, 1936, p. 150.

⑥ 参见〔美〕哈罗德·J.伯尔曼《法律与革命——西方法律传统的形成》，贺卫方等译，第472页。

得了巨大的声誉，尽管他不是注释法学派的第一人，而且也不是出于纯粹的科学兴趣开始讲授法律的人，但是他在罗马法研究方面的影响却是无人能比拟的。从1100年起，伊尔内留斯开始在博洛尼亚讲授优士丁尼《民法大全》中的精髓《学说汇纂》，通过对汇纂中词语的解释、注解、参阅等方法，处理文中前后存在的矛盾。[①]正是通过对罗马法的注释，西欧的法律开始科学化，法学也作为一门独立的科学学科第一个从神学的领域中分离出来。

　　法律的科学化是在中世纪的大学中实现的，在这个科学化的过程中大学培养了一批又一批世俗的乃至教会的法学家。对罗马法的研究开启了西欧中世纪法律制度的一个新时代，同时也在西欧社会中形成了一个新的特殊的社会群体，即专职的司法人员。在西欧从以个人联合为基础的封建政体，向以契约为原则的君主立宪政体过渡的长时段的过程中，这个社会群体起了不可替代的作用。对罗马法的研究不仅是西欧法律制度史的一个里程碑，也是西欧政制的发展进入一个新的历史时期的重要标志。它说明人与人之间、社会群体与群体之间的关系发生了深刻的变化，导致这一变化的原因是社会生产经营方式的变化、人们的社会交往和交流的变化、人的社会性活动的变化。从社会经济史学角度来看，这是商品货币经济启动所产生的一系列连锁性的结果。社会经济的发展需要大批的法学专业人士，尤其是在手工业和商业最为活跃的意大利，直至13世纪，在意大利建立的大学的数量大大地超过了西欧其他任何地区：1204年建立的摩德纳和维琴察大学，1215年建立的阿雷佐大学，1222年建立的帕多瓦大学，1228年建立的韦尔切利大学等，都有类似的社会背景。[②]不仅在意大利，在德意志和法国也都先后建立了多所大学，这些大学为正在发生变革的政制培养了大批法律专门人员。他们突破了旧的法律传统，建立科学的法律体系。法律科学的建立为西欧

---

　　① 参见〔德〕格尔德·克莱因海尔等主编《九百年来德意志及欧洲法学家》，许兰译，第2页。

　　② Francesco Calasso, *Medio evo del Diritto*, Milano: Giuffré, 1954, pp. 87-268.

中世纪政治理论的世俗化开创了道路，为新的政治实践创造了一个新的理论构建。

三、政治理论的世俗化

主权概念的提出

新的政治理论的提出始于12世纪，主教授职权之争激发了基督教的神学家们对权力的关注，在有关权力的争论中提出了"主权"这一概念。早在法兰克的加洛林帝国时期，罗马教会就已经谋求世俗世界中的最高权威，但始终受到世俗君权的制约。11世纪中期，罗马教会实行的四大改革措施——反对买卖圣职、颁布《选举教皇的敕令》、向各地派遣教皇使节以及成立枢机主教团——在很大程度上提升了世俗社会对罗马教皇宗教权威的认知度，也膨胀了罗马教会的权力欲。教皇与德意志皇帝之间围绕主教授职权展开的争斗很快就延伸为谁应该掌握基督教世界的最高统治权。为此，经院哲学家们引经据典，在《圣经》和教父学的著作中寻找神学理论依据，世俗君主则以罗马法与之对抗，"主权"的概念由此被提出。 sovereignty源自古典拉丁语souveran，意为"最高权力"，在古罗马法和古代教会的文献中通常是指对物质的和非物质的强权。[1]进入中世纪之后，教会的神学家们常常用这个词说明教会权威，即罗马教会享有的"全权"（plenitudo potestatis），掌握这个"全权"的是"主权者"（sovereign）。sovereign这个词汇的演变过程也可以在某种程度上说明"主权"含义的变化。现代拉丁语系中sovereignty或souveraineté或者Souveränität都是源自中世纪早期的拉丁语superior，其原意是"优胜者"，此后super与regere组合

---

[1] X. S. Combothcra, "Der Begriff der Souveränität", in: Hans Kurz (hrsg.), *Volkssouveränität und Staatssouveränität*, Darmstadt: Wissenschaftlichen Buchgesellschaft, 1970, S. 1ff.

为soueraygne，即掌握权力者，[1] 主权者就应该掌握"最高的权力"（summa potestas或summum imperium），也就是"全权"。[2]

因主教授职权引发的有关基督教最高权力的争论中，经院哲学家和教会法学家为维护罗马教皇的教权，把教会执行宗教律法的权利演绎为具有普世性的至高无上的权力，教皇是整个基督教世界的最高立法者，因而具有最高统治权。1202年，英诺森三世教皇颁布敕令，无论在教会内部还是在教会与各种世俗权力的关系中教皇都享有独一无二的最高权力。英诺森三世并没有否定世俗君主的权力，但是教皇具有全面审查的权力，它凌驾于任何世俗权力之上，这就是教皇的"全权"，也就是sovereignty。英诺森四世教皇进一步阐释了这一思想，他强调教皇之所以有这种权力是因为他是彼得的继承者，彼得是耶稣基督的代理人；所以只有教皇才能享有独一无二的权力。[3]

13世纪末期，法国国王菲利普四世为加强集权扩大王室收入的来源而向教会和教士征收财产税，遭到罗马教皇博尼法斯八世的反对，教皇发布训令谴责这种征税是非法的，从财产权的问题引申出了关于基督教世界最高统治权的争论。博尼法斯八世于1302年发布教令《一座神殿》（Unam sanctam）明确说明此前象征着政与教的"双剑"应该都掌握在罗马教会手中，他强调世俗的权力是由属灵的权力创建的，因此也掌有对其的裁决权，因为属灵的权力来源于上帝。[4]

政教双方的理论基础

法王与教皇之间的争论与此前德意志皇帝与教皇之间争论的最大的不同之处在于，罗马法研究的复兴为争辩双方都提供了理论依

---

①　参见〔日〕篠田英朗《重新审视主权——从古典理论到全球时代》，戚渊译，商务印书馆2004年版，第12页。

②　James H. Burns (ed.), *The Cambridge History of Medieval Political Thought, c.350-c.1450*, pp. 433-436.

③　参见〔美〕乔治·霍兰·萨拜因《政治学说史》，上册，盛葵阳等译，第321—322页。

④　Joseph Canning, *A History of Medieval Political Thought, 300-1450*, p. 139.

据，尤其是12世纪文艺复兴时期回归的亚里士多德主义都对其产生了重要的影响。1302年教会法学家埃吉狄厄斯·科朗纳撰写了《论教会的权力》为罗马教会的最高权力进行辩护，他把奥古斯丁的神学理论与亚里士多德主义结合起来，从关于教皇"全权"（plenitudo potestatis）的论证中引申出有关财产和政府的问题，由此驳斥那些以教皇的教令为依据的反对意见。科朗纳仍然强调教皇的权力独一无二、至高无上，因为罗马教会是上帝创造的，掌握着最高的权力，它根据自然的法则管理教会以及世俗的所有事务，教皇掌有统治和管理世俗的最高权力。[1]美国学者乌尔曼认为，虽然埃吉狄厄斯是在为教皇的权力辩护，但他提出的自然法的概念却为此后"主权"的提出提供了一个非常重要的理论依据。[2]

与埃吉狄厄斯同时代的巴黎的约翰是多米尼克修士会的修道士，他于1302年撰文的《论国王与教皇的权力》则是在为世俗君权进行辩护。[3]在这个历史时期，西欧各王国的议会制都有了不同程度的发展，法国、英格兰乃至德意志和意大利、西班牙，都产生了各种形式的代议制机构，各个等级以议会为平台提出各自的利益诉求，平衡的方式就是制定法律，对这些诉求的平衡无疑增强了王权的权威，这也就为王权的集权创造了政治基础。[4]巴黎的约翰正是认识到了这个历史时期的政治特点，他把权力分为两类，即世俗实际的权力和教会属灵的权力。世俗的权力是一种强制力，需要借助于法律行使；属灵的权力不是一种强制力，因而也无须借助于法律，这是分别属于两个不同范畴的权力；[5]约翰强调，这两种权力都来源于上帝，它们是并行的，并不相悖，而且各自在自己的领域内都具有绝对的权

---

① 参见〔美〕乔治·霍兰·萨拜因《政治学说史》，上册，盛葵阳等译，第324—325页。

② Walter Ullmann, *Principles of Government and Politics in the Middle Ages*, p. 72.

③ 参见〔美〕沃格林《中世纪晚期》，《政治观念史稿》第3卷，段保良译，华东师范大学出版社2009年，第56页。

④ 参见〔奥〕弗里德里希·希尔《欧洲思想史》，赵复三译，广西师范大学出版社2007年版，第168页。

⑤ 参见〔美〕乔治·霍兰·萨拜因《政治学说史》，上册，盛葵阳等译，第333—334页。

威。①美国学者沃格林认为，约翰正是以这种方式为教权和君权之间久而未决的争论提供了一种"平衡"途径；然而，国王虽然没有掌握属灵的权力，但由于他为维护物质世界的秩序颁布的法律也涉及德性生活，因此他的权限不仅仅局限在世俗事务的范畴之内，从而也就否定了属灵的教皇权力高于世俗王权的论点。②巴黎的约翰提出的国王具有最高强制力的论点，无疑也为此后"主权"的提出准备了理论依据。

在法王与教皇的论战中，支持王权的另一位重要理论家是帕多瓦的马西利乌斯。在西欧历史上帕多瓦是较早实现自治的城市之一，法律在城市的政治生活中的影响力比较大。马西利乌斯出身于意大利北部具有古老传统的帕多瓦的梅纳迪尼家族，家族有过多名律师、法官以及公证员，他的父亲是帕多瓦大学的公证员，家族成员对马西利乌斯的耳濡目染对其此后的生涯产生的影响不可谓不大。③1313年，马西利乌斯出任巴黎大学的校长，在法国的生活使他有机会亲身经历和感受到法王实现的中央集权。他于1324年完成了《和平的保卫者》一书，但此书不仅未获教皇约翰二十二世的批准，他还因为此书于1327年被教皇斥之为异端，被迫离开法国的马西利乌斯在巴伐利亚的路德维希那里寻求到了庇护。1328年，巴伐利亚的路德维希在德意志王位的争夺中被推选为哈布斯堡家族的对立派国王，为巩固王位与法王和罗马教会发生了冲突，马西利乌斯为路德维希四世提供了理论，被其任命为皇帝在罗马的代理人。④正是在这一系列的政治实践中，马西利乌斯提出了"人民主权"论。美国学者沃格林认为，马西利乌斯提出的这个论点可以归纳为"一破一立"，所谓"破"指的是他否定教皇拥有普世性的权威；"立"则是指他为世

---

① Joseph Canning, *A History of Medieval Political Thought, 300-1450*, p. 146.

② 参见〔美〕沃格林《中世纪晚期》,《政治观念史稿》第3卷，段保良译，第57页。

③ 参见〔意〕帕多瓦的马西利乌斯《和平的保卫者（小卷）》，殷冬水等译，吉林人民出版社2004年版，第50页。

④ 参见〔美〕约翰·麦克里兰《西方政治思想史》，彭淮栋译，海南出版社2003年版，第156页。

俗的政治权力奠定了一块合法性的基石。在马西利乌斯看来，世俗的政治统一体是独立存在和发展的，这在意大利的城市国家和法兰西王国中都已经实践。新兴的社会阶层越来越多地通过议会参与城市或王国的政治事务，因此，他们的政治地位和所从事的活动也理应给予认可，是他们创建了一个政治的共同体，这个共同体具有合法性。马西利乌斯认为，在这个共同体中，政府的权威不是源自外部，而是在其自身内部产生出来的。[1]这个政治共同体中的统治者是由全体公民认可的具有"最高权威"（sovereign authority）的"人类立法者"（human legislator），他的职能是创建法律秩序，以此对共同体进行协调使其达成一致；因此，统治者必须具有绝对的权力，以保证政治共同体内部的稳定。[2]

德意志皇帝不仅与罗马教会的争斗不断，也身陷与教俗贵族的争斗之中，教俗诸侯与皇帝都大力招募法学家为其在政治上的合法性提供理论依据，正是在这样的历史条件下，14世纪出现了一大批相关的法律和政治的小册子，逐渐形成了这样一种观点，即法律出自国王的意志，法律的效力有赖于国王的颁布。根据罗马法，世俗权力只属于罗马皇帝一人，他位于所有贵族之上，教俗贵族都要服从神圣罗马帝国的皇帝。[3]不甘受制的教俗贵族在罗马教会那里找到了支持，早在13世纪初，英诺森三世教皇就曾经颁布教谕："在世俗事务上不用承认上级。"（Does not recognize a superior at all in temporal matters.）这就成为教俗贵族抵制王权的依据。[4]教会法学家洛迪的奥尔德拉杜斯·德·蓬特甚至明确提出，皇帝对世界统治既不符合事实，也非名正言顺，因为帝国完全是建立在暴力的基础

---

① 参见〔美〕沃格林《中世纪晚期》，《政治观念史稿》第3卷，段保良译，第96页。

② John B. Morrall, *Political Thought in Medieval Times*, p.110.

③ James H. Burns (ed.), *The Cambridge History of Medieval Political Thought, c.350-c.1450*, p. 432.

④ Antony Black, *Political Thought in Europe, 1250-1450*, Cambridge: Cambridge University Press, 1992, p. 113.

之上。①教皇克莱门特五世也宣称，那不勒斯的国王无论是在事实上（de facto）还是在法律上（de jure）皆处于独立地位，他据此认为那不勒斯国王在其王国内享有最高权力。②

德意志教俗贵族抵制皇权的权威也从另一个方面批驳了罗马教会教权至上观点，有利于法国国王的集权。在这同一历史时期，法国的法学家们也为法王的集权提供政治的和法学的依据，其中最著名的是博马努瓦尔。博马努瓦尔在其著作《博韦的习惯法》（Les Coutumes des Beauvaisis）中第一次使用了"主权"（sovereignty）一词。在这部法典中，他宣称"每一个男爵都是其领地中主权者（sovereign）"，而国王作为最高的封君和王国统治者则享有制定法律的权力，所以国王是最高的主权者。③巴黎的约翰在抨击教皇无限权力时，用自然法的观点分析现实的政治世界，他认为政治共同体是自然地、本能地产生，不同地区的统治形式是由气候、语言等人类生存环境的多样性决定的，这种自然的政治区划或是一个行省或是一个王国，它们并不一定要隶属于某一个强权；因此，在一个帝国内有多个王国政制的并存更优于帝国单一的统治。④巴黎的约翰这一论点对德意志帝国内邦国制合法地产生作了有力的注解，他宣扬亚里士多德所提出的"自给自足的共同体"就是一个"王国"（regnum）的论点，国王的权威保证了王国的一致性。⑤

法理上的阐述

法学家们对罗马法的阐释，更加丰富了主权的概念，尤其是注释法学家的评论。注释法学家在意大利尤为活跃。意大利的城市长

①　参见〔德〕弗里德里希·贝特根等《德意志史》，第1卷下册，张载扬等译，商务印书馆1999年版，第127页。

②　Walter Ullmann, "The Development of the Medieval Idea of Sovereignty", in: *The English Historical Review*, Vol. 64, No.250 (Jan., 1949), p. 2.

③　John B. Morrall, *Political Thought in Medieval Times*, p. 61.

④　Joseph Canning, *A History of Medieval Political Thought, 300-1450*, p. 146; Walter Ullmann, "The Development of the Medieval Idea of Sovereignty", pp. 16-17.

⑤　参见〔美〕沃格林《中世纪晚期》，《政治观念史稿》第3卷，段保良译，第56页。

期处于德意志帝国和罗马教会争斗之中，政教之间的争斗与城市自治交集在一起，在意大利各地的城市中都出现了支持皇帝的吉伯林派(Ghibellines)和支持教皇的圭尔夫派（Guelphs）。两个政治派别的出现更多地反映城市内部各个社会阶层之间的争斗，正如同时代一位法学家于1355年所写的，所谓的吉伯林派和圭尔夫派与帝国和教会没有任何联系，而是与存在于每个城市的派系纷争有关。[①]正是在这个争斗中，意大利的城市共同体发生了巨变，很多城市都出现了"强人"的统治。城市共同体权力的日益集中，也激起了人文主义者对权力的关注，巴尔托鲁、巴尔杜斯等注释法学家的相关的评论也越来越受到君王的关注。[②]注释法学不仅仅是对所发现的罗马法的文本进行注释，更重要的是在注释的同时对意大利的城市的政制现状进行评判。巴尔托鲁就在《论圭尔夫派和吉伯林派·论城市政府》和《论暴君》等著作中比较系统地提出了城市国家政治现实的理论。[③]他认为，德意志的帝国的皇帝享有合法的权力，意大利的城市国家可以依靠他的授权获得一定程度的自治；但这种授权只是"理论上的"；在现实中，尽管皇帝或教皇拥有理论上的最高统治权，但由于皇帝长期不在意大利的政治现实已经使意大利城市获得了事实上的主权，[④]只要城市内所有成员达成一致，城市就应该享有独立的地位，这就是城市主权（city-sovereignty）的社会基础。[⑤]因此，他强调"城市本身就是主权者"（civitas sibi princeps），城市市民的"同意"（consensus）就相当于"主权"。"同意"无疑是这个历史时期议会制定法律的一个基本原则。巴尔托鲁因为提出了有关主权的观点被誉为"领土主权"（territorial sovereignty）或"民族

---

① Charles Warren Hollister, Judith M. Bennett, *Medieval Europe: A Short History*, Boston, London: McGraw-Hill, [9]2002, p. 263.

② 参见〔奥〕弗里德里希·希尔《欧洲思想史》，赵复三译，第208页。

③ Magnus Ryan, "Rulers and Justice, 1200-1500", in: Peter Linehan, Janet L. Nelson (ed.), *The Medieval World*, London and New York: Routledge, 2001, p.513.

④ James H. Burns (ed.), *The Cambridge History of Medieval Political Thought, c.350-c.1450*, pp.469-473.

⑤ Joseph Canning, *A History of Medieval Political Thought, 300-1450*, p. 169.

主权"（national sovereignty）学说的开拓者。[1]马西利乌斯和奥卡姆更是把城市国家有关"同意"的原则扩展到更大的政治共同体上，也正是基于"同意"这个原则，法国和英国的国王在征收任意税之前都会召集三级会议或者等级会议，尽管法国国王已经掌握了相当的集权。法国的法学家就曾根据巴尔托鲁的法学观点，把法国国王称作"他自己王国的主权者"（princeps in his own kingdom），[2]他们宣称，法王拥有完全独立自主的权力，无论在法律上还是事实上都是如此。[3]

四、主权王权与民族意识

中世纪的国家概念

在政治学领域中，"主权"（Sovereignty）这一术语主要是表述与国家相关的内容，人们在提及这个词时首先联想到的是"国家主权"（state-sovereignty）或"主权国家"（sovereign state）等。然而，在中世纪晚期和近代早期，"主权"更多的是用来说明王权的集权；随着在西欧社会中逐步地出现了民族国家，"主权"这个词的概念也开始发生变化；可见，"主权论"内涵的演变与民族国家的出现不无密切的关系。

在中世纪的拉丁语中似乎没有与今天"国家"（state）这个词相对应的词，通常使用res publica、regnum和civitas等表示一个地区的政治共同体。[4]自13世纪以来，历任英格兰国王以议会为平台逐步地实现了王权的集权化，法国则是在扩大王室领地的过程中加强了王权的集权，然而直到15世纪末拉丁语的state和status依然只是

---

[1]　Walter Ullmann, "The Development of the Medieval Idea of Sovereignty", p. 5.

[2]　Antony Black, *Political Thought in Europe, 1250-1450*, pp.108, 113, 116.

[3]　Walter Ullmann, "The Development of the Medieval Idea of Sovereignty", pp. 7-8.

[4]　James H. Burns (ed.), *The Cambridge History of Medieval Political Thought, c.350-c.1450*, p. 479.

具有"地位""身份"的含义，古法语中的estat一词也依然只表示"等级""地位"和"集团"等含义。[①]似乎可以这样说，在中世纪的拉丁语中几乎还没有一个词具有现代语言中的"主权"的含义，中世纪通用的regnum一词，只是相当于realm的含义，但这个词所表示的含义并没有最高权威的意思。[②]从语言史的角度看，"主权"是在现代国家形成的历史进程中出现的新概念，直至16世纪晚期，国家（state）才与主权组合在一起有了新的含义。[③]

"国家主权"的基础理论是法国的政治理论家让·博丹于16世纪70年代创建的[④]，他被誉为"主权现代理论之父"[⑤]。博丹在他的《论共和国六书》（*Six livres de la République*）中明确地指出，统治者的权力不是上帝赋予的，而是共同体给予的。他认为，一个国家类似于一个家庭，需要一个类似父亲一样的统治者，管理这个共同体的是法律，统治者掌管着法律，这就是主权。[⑥]博丹正是通过强调法律，用"主权"的理论否定了中世纪以来"君权神授"的神学政治理论。[⑦]

"民族国家"的含义

"主权"的政治概念不仅否定了"君权神授"的神学政治理论，

---

① 参见〔日〕篠田英朗《重新审视主权——从古典理论到全球时代》，戚渊译，第13页。

② Barnaby C. Keeney, "The Medieval Idea of the State: The Great Cause, 1291-2", in: *The University of Toronto Law Journal*, Vol. 8, No. 1 (1949), p. 48.

③ Robert Jackson, *Sovereignty: Evolution of an Idea*, Cambridge: Polity Press, 2007, pp. 6, 20.

④ 德国历史学家凯尔森在其"主权概念转变"一文中对16世纪"主权"概念的转变做了较为详细的阐述，他把国家的主权与这个历史时期正在产生和发展的国际法联系在一起。参见Hans Kelsen, "Der Wandel der Souveränität", in: Hans Kurz (hrsg.), *Volkssouveränität und Staatssouveränität*, Darmstadt: Wissenschaftliche Buchgesellschaft, 1970, S. 164-178。

⑤ 有关博丹的理论在下文中做较为详细的阐述。

⑥ 法国天主教哲学家马利丹认为，19世纪的法学家和政治学理论家并没有从最初的哲学概念的角度诠释Souveränität，因而将其翻译为"统治"或者"最高权力"是一种误译。他认为博丹是把这个词解释为一个整体的国家，是国家的完整的权力。参见Jacques Maritain, "Der Begriff der Souveränität", in: Hans Kurz (hrsg.), *Volkssouveränität und Staatssouveränität*, S. 246。

⑦ 参见〔奥〕弗里德里希·希尔《欧洲思想史》，赵复三译，第349页。

也为现代的"民族国家"（nation-state）的形成提供了政治理论。从语言学的词源上来看，"民族"（nation）最初的意义指的是血统来源，与naissance（出生、起源）、extraction（出身）和rang（身份、地位）这些词的词义近似。[1]然而，对"国家"这个概念的定义，不能仅仅是从血统的角度来诠释。德国学者梅尼克指出，"民族"具有两大基础，一个是文化共同体，一个是国家共同体。前者是一种种族和语言的统一体，后者是国家公民的整体概念，[2]但是这两大共同体并不是一开始就结合在一起了，而是在人类历史发展的进程中逐渐结合在一起的，所以"民族"与"国家"的结合也是一个渐进的过程。

从词源的角度说，拉丁语的natio（出生、出身）是"民族"（nation）的词源。在古罗马时期，这个natio含有特定法律意义，它是对来自同一地区的外国人的统称，因为他们没有罗马人的公民权，所以其法律地位要比罗马公民低。[3]在中世纪的西欧，natio也指的是"外来者"或各种"封闭的团体"，例如西班牙的外来商人或者是大学中来自同一个地方的大学生结成的社团。在法国，natio则是指"血缘相连的亲属团体"。[4]在中世纪的大学里，natio按照行会的模式自发组织起来的，中世纪的行会是同一行业自发组织起来的自治团体，大学生们效仿这样的组织原则，按照来自同一地区的原则组织起来自治；另一方面，一些意见相同的学生们也组织起来，称为natio，所以大学中的natio也指有着相同意见的群体。从13世纪晚期起，当大学派代表参加宗教会议参与裁定重大的问题时，natio又指的是教会中的派别。14世纪中叶在康斯坦茨召开的宗教会议上，

---

① 参见〔英〕埃里克·霍布斯鲍姆《民族与民族主义》，李金梅译，上海人民出版社2006年版，第15页。

② 参见〔德〕弗里德里希·梅尼克《世界主义与民族国家》，孟钟捷译，上海三联书店2007年版，第18页。

③ 参见〔美〕里亚·格林菲尔德《民族主义：走向现代的五条道路》，王春华等译，上海三联书店2010年版，第3页。

④ 参见〔英〕埃里克·霍布斯鲍姆《民族与民族主义》，李金梅译，第16页。

更是明确地以natio的形式把那些来自法国、英国、德意志等同一地区的参会者分别组织起来对会议的决议进行表决。[1]从这个历史时期起，natio这个词含有的地区性的意义更强了，同时也逐步地被赋予了表示一个地区文化的、政治的色彩，其含义更加丰富了。[2]德国学者梅尼克认为，从心态史学的角度来看，在西欧中世纪使用nation、nazione这类词似乎比peuple、people、popolo这类词更具有一种自豪感。在中世纪晚期的德语中，Nation和Volk同是"民族"的意思，但Nation是指内涵宽泛且高深，并且富有个性的存在，Volk则指的是那些过着消极的、艰难困苦生活的、顺从的劳动民众。[3]值得一提的是，16世纪西欧各国的语言和文学作品中所表达的民族认同还只是局限在社会的和文化的层面，还没有把其与政治联系在一起。[4]启蒙运动和法国大革命激发了民众的爱国热情，民族主义思潮泛起，natio的概念也随之有了变化。民族和人民（the people）与国家之间联系日益加强，产生了"民族国家"的概念。法国大革命时期，"单一而不可分裂"成为当时的民族口号。本尼迪克特·安德森认为，现代民族思想的形成直接受益于启蒙运动和大革命，民族被定义为一种想象的政治共同体，它被想象为享有主权的共同体。个体争取自由的努力与民族的自由联系在一起，衡量这个自由的尺度与象征的就是主权国家。[5]"民族"即是国民的总称，国家乃是由全体国民集合而成，是一个主权独立的政治实体，国家乃是民族政治精神的展现。19世纪，"民族"的概念发生了进一步的变化，具有了"辖设中央政府且享有最高政权的国家或政体"；或者"该国所辖的领土及子民，两相结合成一整体"。可见，政府乃是这个定义的基

---

[1] 参见〔美〕沃格林《中世纪晚期》，《政治观念史稿》第3卷，段保良译，第278页。

[2] 参见〔美〕里亚·格林菲尔德《民族主义：走向现代的五条道路》，王春华等译，第3页。

[3] 参见〔德〕弗里德里希·梅尼克《世界主义与民族国家》，孟钟捷译，第18页。

[4] Helmut George Koenigsberger, George L. Mosse, *Europe in the Sixteenth Century*, London: Longman, 1968, p. 267.

[5] 参见〔美〕本尼迪克特·安德森《想象的共同体：民族主义的起源与散布》，吴叡人译，上海人民出版社2005年版，第6页。

石，享有最高权力，且政权普及于领土之内。根据20世纪初的《欧美图解百科全书》的解释，"民族"意指"统辖于政府之下的、一国人民的集称"，"民族"一词的现代含义此时方才出现。"民族"的意义跟所谓族群单位几乎是重合的，不过后来则越来越强调民族"作为一政治实体乃独立主权的含义"。[1]

简而言之，"民族"与"国家"的结合是经历了一个从"小众认同"向"大众认同"转变的长时期的历史过程，贯穿这一历史过程的是社会结构的转变，新兴社会阶层的不断崛起和壮大，参与政治事务能力的不断提升，这些都是民族国家产生的重要因素。新兴社会阶层通过议会制这个政治舞台逐步参与国家政权的管理；同时，他们的社会地位和财富的增加也依赖于国家政权给予的保护和保障；因此，这些新兴的社会阶层都认可统治者的最高权力。可以说，参与议会是新兴社会阶层提出自身利益诉求、提升社会地位、参与政治事务的主要途径。在法兰西，国王菲利普四世宣称他是集合在一起的法兰西人民代表的喉舌，在等级会议上所做出的决定并非代表国王的意愿而是所有人的意愿。[2] 16世纪上半期，法国已经形成了围绕高等法院和等级会议的所谓"宪政理论"。高等法院这种建制在很大程度上可以有效地限制君权：因为王室的法令公之于众并不意味着这项法令行之有效，还必须在各地的高等法院注册获得接受才能生效。[3] 所以，巴黎高等法院的首席庭长于1527年就曾这样告诫国王弗朗西斯一世："我们都知道您位于法律之上，这些法律和法令都不能约束您……但人们普遍相信您不应该拥有没有限制的权力（您也不应该盼望有这样的权力），只能行使善的和公正的权力。"[4]随着法国王室领地的不断扩大，在国王召集的等级会议中的代表来

[1]　参见〔英〕埃里克·霍布斯鲍姆《民族与民族主义》，李金梅译，第14—18页。

[2]　Walter Ullmann, *Principles of Government and Politics in the Middle Ages*, p. 208.

[3]　John William Allen, *A History of Political Thought in the Sixteenth Century*, Methuen: Barnes & Noble, 1960, p. 288.

[4]　Bernard Gunnée, *States and Rulers in Later Medieval Europe*, translated by Juiet Vale, Oxford: Blackwell, 1985, p. 82.

自的地区也越来越多，①在不断扩张的领土上，中央集权化的发展伴随着参与国家事务的群体不断增加，参与国家事务的社会等级也越来越广泛，国王不再仅仅是与贵族等级有着密切的联系，同时也与社会中不同的等级和团体建立起了新型的政治关系。正是在这个历史时期，让·博丹提出了"主权论"，为新型的政治结构提供了理论依据，国王享有的不再是个人的统治权威，而是超越一切社会机制之上的抽象的权威，从而与社会各个共同体的利益结合在一起。通过这种抽象的政治权威，在法国的所有利益共同体被整合在一起，在此基础上产生出了"民族意识"。

"民族意识"的来源

英格兰议会的发展推动了民族国家意识的形成。约翰·福特斯鸠（John Fortescue）爵士明确表达了议会在英格兰王国的政治事务中享有决定性的作用，因为没有三个等级的同意，英格兰的国王是不能够制定法律和对臣民征税的。更重要的是，他首次将议会与私有财产的权利结合在一起，即国王唯有通过议会的同意才能获取私人的财产。这实际是表明，英格兰人民的私有财产受到法律的保护，任何人甚至国王对其的剥夺都是违法的。不仅如此，即使王位的继承也须获得议会的认可才具合法性，理查三世和亨利八世的即位都是在议会确认之后才被认可的，王权通过议会以法令的形式获得三个等级的一致认可。②议会的同意等同于国家的同意，广大的民众是通过议会的代表与国家联系在一起。③也正是通过议会，广大民众才有了共同的观念，这就是"民族意识"。这种"民族意识"使新贵族和社会新兴阶层在许多领域都享有了实际上的平等，也激发社会新兴阶层以更大的热情参与更多的政治事务，增强了社会新兴阶层

---

① John William Allen, *A History of Political Thought in the Sixteenth Century*, p. 290.

② John W. McKenna, "The Myth of Parliamentary Sovereignty in Late-Medieval England", *The English Historical Review*, Vol. 94, No. 372 (Jul., 1979), pp. 499-500.

③ Antony Black, *Political Thought in Europe, 1250-1450*, pp. 168-169.

谋求更大利益的信心。以此，16世纪下半叶，阐述和宣传民族主义思想的作家中，大多是来自社会的新兴阶层，他们进入下议院，极大地提升了下议院的政治地位和影响力。参加议会的代表们也自认为是民族的代表，正是通过他们，民族意识与议会的权力联系在了一起。①

　　法国是通过第三等级的社会运动，尤其是在启蒙运动时期走向了民族主权，完成了现代民族国家的转型。1758年就曾有第三等级的代言人指出，将商人、学者与艺术家归入人民（people）是不恰当的，他们应该属于民族（Nation）一类的更高阶层，他认为人民应该是归属于民族的。德国学者梅尼克把这看作社会新兴阶层的一种觉醒，他们在谋求更高的政治地位。②经历了大革命的法国发生了两大变化，一是国家更加集权，二是政治趋向民主化。查尔斯·蒂利分析了法国和其他欧洲国家在18、19世纪由间接统治转变为直接统治的过程，新兴阶层的崛起打破了原先社会精英对统治权的垄断，"城市专业人员"取代了以地主、唯利是图的官员、神职人员和地方寡头集团为代表的"中间阶层"，构建起一个从上到下的管理和选举体制，征收赋税开始标准化。③大革命后的法国之所以被认为更加民主化，是因为国家更加公正地介入到社会事务中。国家力图不按照社会地位来分配服务和资源，要求更多的公民更积极地参与到国家事务中来。简而言之，权利平等的民族取代君主贵族，这是国家权力合法性的基础。④法国大革命的重要遗产之一《人权宣言》宣称："各民族均享有独立主权……人民的主权是不能擅加剥夺的。"因此，享有主权的全体公民即等于国家，这也就构成了"民族"。⑤

---

　　①　参见〔美〕里亚·格林菲尔德《民族主义：走向现代的五条道路》，王春华等译，第33页。

　　②　参见〔德〕弗里德里希·梅尼克《世界主义与民族国家》，孟钟捷译，第18页。

　　③　参见〔匈〕费伦茨·费赫尔编《法国大革命与现代性的诞生》，罗越军等译，黑龙江大学出版社2010年版，第63—70页。

　　④　参见〔美〕西达·斯考切波《国家与社会革命：对法国、俄国和中国的比较分析》，何俊志等译，上海人民出版社2007年版，第221页。

　　⑤　〔英〕埃里克·霍布斯鲍姆：《民族与民族主义》，李金梅译，第18、21页。

因此，以确保国民权利为最高目标的国家权力成为构建民族国家的内核。

蕴藏在民族国家之内的是如何看待个体的权利和国家的权力。美国学者波齐认为，国家通过集权把个体的人整合在一个特定的领土内，当曾经建立在个人活动的自然结合基础上的人类社会被强制力聚集起来之后，他们之间的差异和冲突必然会被放大；因此，一种强烈的民族感情不仅超越了特殊的地方的关系，同时也缓和了市场关系所导致的跨地域的、以利益为基础的显著差异。[①]中央集权化和民族化的进程同时也是个体意识与社会关系不断扩大的过程中形成的民族意识的相互影响的过程。格林菲尔德则把民族国家的观念将个体认同的本源定位于"人民"（people）之中，把"人民"视为主权的持有者、效忠的主要对象和集体团结的基础。[②]波齐把民族和民主合法性的观念看作是在构成整个人口的个人和国家之间的特定结合，即在公民身份中所表达的一种制度化。公民身份是个人所具有的与国家关系中的普遍的、平等的权利和义务的总和。[③]

在西欧从中世纪向近代转型的历史时期，"主权国家"与"民族国家"是相互补充的两个概念，前者指统一或权力集中的方面，后者指个人的权利方面，即国家是由生活在领土之上的人组成的，国家权力自然要为人的利益而运行，否则将失去其存在的意义。无论将国家称作"民族国家"还是"主权国家"，它们都来自个体的发展。个体的充分自由与民族的充分自由彼此相互适应。当个体的人开始产生共同体感觉，并愿意将自我力量融入其中，进而将其转向民族国家之时，国家作为超越个体的最高权威才能够完全获得合法性。国家通过其提供给人民的服务而宣称自己的存在是正当的，人民服从政治命令既可以看作是负责地认可国家所提供的服务，又是

---

① 参见〔美〕贾恩弗朗哥·波齐《国家：本质、发展与前景》，陈尧译，上海人民出版社2007年版，第27页。

② 参见〔美〕里亚·格林菲尔德《民族主义：走向现代的五条道路》，王春华等译，导言第1页。

③ 参见〔美〕贾恩弗朗哥·波齐《国家：本质、发展与前景》，陈尧译，第28页。

国家进一步提供服务的必要条件。因此，从"主权论"衍生出的有关集权与合法性的政治理念是形成现代国家理论的基础，后世政治思想的发展大多以此为出发点。

立法体系的建立加速了中世纪政制世俗化的过程，为此后向现代政制转型创造了十分重要的先决条件。然而，西欧中世纪新政制的开创不是在罗马法研究的大本营意大利而是在与西欧大陆隔海相望的英格兰。

第二编　欧洲社会转型时期的各国政府（13—15世纪）

第五章　在制约中建立的英国君主议会制

　　戈登认为，雅典的伟大成就对一个强大的国家来说是影响深远的，但更具影响、史无前例的是它在民主时代所发生的知识和文化的繁荣。他总结了现代立宪民主中具有的"希腊化"特征：1.一种世俗的功利的政府观：政府是一种对普遍利益作出选择的工具。2.一种牢固的宪政秩序的观念虽然是政府组织的共有特征，但它仍然是能够被改变以适应新的环境的。3.公民广泛参与制定法律的过程。4."公共舆论"在其中起着持续作用的政治制度不会限制正式法规所明确规定的行为。5.法治有两种含义：一是国家的法律适用于所有公民，一是国家的权力必须通过既定的正式程序行使。6.一种单个的公民能在独立的、有权做出具有约束力决定的法庭面前为案例辩护的审判制度。7.一种限制国家公务员擅自使用权力的制度结构。[①]

　　欧洲的议会制度是从法庭这种形式发展出来的，这是因为，在封建社会中不存在合法性的秩序，而是由一大堆各种各样的权利构成的，无论领主还是各级封臣都有自己的权利，同时也有必须履行的义务，这些权利和义务都是契约性的，维护自身权利的方式是上诉法庭，法庭成为裁定和解决领主与封臣之间矛盾和纠纷的一个重要机制，因而各级法庭也就成为封建统治的一个重要机制。中世纪

---

　　① 参见〔美〕斯科特·戈登《控制国家——从古代雅典到今天的宪政史》，应奇等译，第64—65页。

欧洲的法庭由领主召集和主持，由封臣组成，但这个法庭并不是现代意义的法庭，因为作为法官的领主在审理诉讼案件时要听取参加审判的封臣的建议和意见，这似乎又是一个高级的行政与司法会议，政治的管理规范与封建统治的司法程序几乎混为一体，议会制度与立法制度几乎同步开启。在这方面，英国走在欧洲其他王国的前面。

一、开创新政体的《大宪章》

地方行政机制

与西欧大陆的法国和德意志不同，英格兰的封建制度起步较晚，大多数西方学者都认为1066年诺曼征服是其封建制度的起点。[①]在西欧大陆经历了法兰克王国、法兰克帝国最终解体为东、西法兰克王国的历史进程时，英格兰则长期处于七王国的政治状态，直到8世纪末期丹麦人的入侵才打破了这种持久的政治形态。丹麦人的入侵打破了不列颠各部落王国不统一的僵持，反抗丹麦人这一共同利益所需的共同军事行动使各部落王国都服从当时最强大的韦塞克思王国的国王，[②]这是英格兰走向王权统一的第一步。9世纪中叶，为了向丹麦人赎买和平，七王国共同征收赋税，称之为"丹麦金"，并且统一规定了收税的时间和在各地征收的税额，逐渐形成了统一的税收制度。税收是盎格鲁－撒克逊各部落王国主要的经济命脉之一，[③]

---

① 有关英国封建制制度起源的问题，英国学者进行了多方面的阐述，诺曼征服引进了西欧大陆封建制度的这一观点得到众多英国历史学家的赞同，参见 John Horace Round, "The Introduction of Knight Service into England", in: *The English Historical Review*, Vol. 6 (1891), pp. 417- 443; Frank Merry Stenton, *The First Century of English Feudalism, 1066-1166*, Oxford: Clarendon Press, 1968; Frederic William Maitland, *The Constitutional History of England*, Cambridge: Cambridge Univ. Press, 1908. Charles Warren Hollister, *Military Organization of Norman England*, Oxford: Clarendon Press, 1965; Reginald Allen Brown, *Origins of English Feudalism*, London: Allen & Unwin, 1973, pp. 34-37；等等。

② Frank Merry Stenton, *Anglo-Saxon England*, Oxford: Clarendon, 3rd ed. reprinted, 1971, p. 259.

③ Geoffrey W. S. Barrow, *Feudal Britain: The Completion of the Medieval Kingdom, 1066-1314*, London: Arnold, 1956, p. 28.

统一的税收制为统一王国的形成奠定了最初的经济基础；[①] 与此同时，在征收赋税的基础上建立了地方行政机构，郡（shire）、百户（hundreds）和镇（boroughs）这些氏族性的社会单位逐渐成为按地区划分的地方行政管理机构，[②] 不仅负责征税，还主持当地的法庭，处理军务，执行国王的命令及处理其他事务。国王通过这些地方行政机构增强了在地方的影响，国王的权威被树立起来，王权成为王国权力的中心。[③]

地方行政统治机构是盎格鲁－撒克逊地方贵族产生的基点，统一王国形成之前，盎格鲁－撒克逊各部落王国的统治政权还没有建立较完备的行政机构，国王的家族成员和亲兵在地方代表国王履行权利，这些地方官吏是家族式的、世袭的，而且权利范围不十分明确。王国统一后，与国王有亲属关系的官员成为国家的重臣，他们因服务于王国而得到赏赐，即书田（book-land）。"书田"是依据公民法（folk-law）由国王和贤人议会赐予的民田（folk-land）以外的土地。10世纪以前，"书田"大多数是赠给教会和修道院的，而这时及此后则大部分赠给了世俗官吏和领主（thegns），在和丹麦人的战争中，领主的军事职能密切了他们和国王之间的个人关系，这种关系是以效忠和赏赐为基础的。虽然获得"书田"的领主必须履行服兵役、修城堡和架桥梁这三项基本义务，但他们同时也获得了书田所附带的经济的和司法的特权，其经济地位和政治地位因之而提高。"书田"加速了土地的集中，领地（manor）越来越多地被国王和大贵族控制。在克努特王朝时期，与国王有着姻亲关系的戈德温家族的领地几乎分布在全国每一个郡，通过这些领地而产生出来的权利控制着诺森伯里亚、东盎格里亚、赫里福德、肯特和埃塞克斯等五

---

① Charles Petit-Dutaillis, *The Feudal Monarchy in France and England*, New York: Harper & Row., 1964, pp. 42-43.

② Douglas John Vivian Fisher, *The Anglo-Saxon Age, c. 400-1042*, London: Longman, 1973, pp. 236-262.

③ Henry R. Loyn, "The King and the Structure of Society in Late Anglo-Saxon", in: *History*, 42 (1957), p. 89.

个大郡。^① 为了巩固在各地的政治势力，这些大贵族把在各郡的领地分给自己的家臣（geneat），这些家臣还不完全是封臣，因为他们在法律上还是自由人，但他们与土地的给予者之间根本的利益关系决定了他们必须服从大贵族，他们之间的关系已经是由土地衍生出来的封建依附关系了。这种关系增强了地方贵族的独立性，他们有经济实力，有政治特权，有实际的领地范围，从而形成了以他们为核心的地方统治集团，^② 并且在贤人议会中的政治影响不断增强。

《末日审判书》的出笼

诺曼人征服英格兰之后，新国王威廉一世改变了英国原有的政制形态。他虽然保留了盎格鲁–撒克逊时期的行政制度，给予习惯法继续施行的极大空间，但是却从本质上改变了原有的土地制度。正如法国学者基佐所言，"撒克逊制度和诺曼制度是英格兰政府的两个源头"^③，正是这两个源头的结合造就了英格兰不同于西欧大陆的封建制度。威廉按照在诺曼底公国施行的土地分封制度的模式，把王国内大约80%的土地重新分封给跟随他跨海作战的诺曼骑士和教会。这些获得分封土地的王室的直属封臣，无论世俗贵族还是教会贵族都必须承担服兵役、缴纳协助金以及参加封君召集的各种会议的义务，从而在这种土地制度的基础上形成了一种新的封君封臣关系。^④征服者威廉虽然并没有取缔英格兰原有的郡、百户等行政机制；但是，英格兰原有的君臣关系通过引进的采邑制改变为以土地封授为基础的人身依附关系。国王把郡作为伯爵领地分封给随其征战的诺曼封臣，在英格兰实行的封建制确立了新的诺曼大贵族阶层，

---

① Ann Williams, "Land and Power in the eleventh-century: the Estates of Harold Godwineson", in: Reginald Allen Brown (ed.), *Proceedings of the Battle Conference on Anglo-Norman Studies* III, London: Longman, 1980, pp. 171-173.

② Charles Warren Hollister, *Anglo-Saxon Military Institutions on the Eve of the Norman Conquest*, Oxford: Clarendon Press, 1962, pp. 12-15, 91-95.

③ 〔法〕弗朗索瓦·基佐：《欧洲代议制政府的历史起源》，张清津等译，第254页。

④ Frank Barlow, *The Feudal Kingdom of England, 1042-1216*, London: Longman, 1983, pp. 114-115.

征服后英国的十大贵族都是诺曼人，而且都与公爵有程度不同的亲族关系或者是他的封臣。[①]为了全面推行采邑制，威廉国王于1085年派人在英格兰各郡进行详细的调查，各郡有多少海德[②]的土地和牲畜、土地的所属关系，国王每年在各郡的收入情况，国王的封臣以及教会和修道院在各郡的财产和收入状况，各领地依附农、维兰（Villien）的数量，磨坊、林地、池塘等的数量。[③] 1086年，国王命人把所有调查结果编纂为《土地赋税调查书》，即《末日审判书》。根据《末日审判书》的记载，此时的王室占有全国土地的1/7，国王的直接封臣（总佃户）有1400人，其中180人是真正的大封建主，他们占有的土地占全国土地总面积的1/2，大封建主属下的封臣有7900人，这些数字说明，当时的土地分配相当集中，英国的王权有实现集权的强大的物质基础。威廉国王把教会和修道院也看作采邑的一部分，在《末日审判书》中教会和修道院是作为一种财产来登记的，[④]其中有24所修道院要服骑兵役（knight-service）。[⑤] 1086年的教会占有英格兰土地面积的1/4，修道院的财产总收入是全英格兰国财产总收入的1/7。《末日审判书》中登记的19 400名土地持有者中神职人员就有3850名。[⑥]这些持有土地的主教和修道院的院长的先决条件是要向国王宣誓效忠，为国王服兵役、缴纳赋税。另一方面，教会本身也完全地封建化了。《末日审判书》记载着坎特伯雷大主教有16个骑士，其中12个是修士。他的财产有三种形式，即大主教自

---

①　Charles Warren Hollister, *Monarchy, Magnets and Institution in the Anglo-Norman World*, London：Hambledon Continuum, 1986, pp. 98-99.

②　海德（Hide）是英格兰盎格鲁－撒克逊时期的土地面积单位，其面积单位并不确定，1海德大多在24—48公顷之间。

③　David Charles Douglas (ed.), *English Historical Document*, London (u.a.): Routledge, 1996, Vol. 2, p.161.

④　R. Welldon Finn, *An Introduction of Domesday Book*, London: Longman, 1963, p. 196.

⑤　Helena Mary Chew, *The English Ecclesiastical Tenants-in-chief and Knight Service*, Oxford: Oxford Univ. Press 1932, p. 12.

⑥　Andrew Ayton, Viginia Davis, "Ecclesiastical Wealth in England in 1086", in: William Sheils, Dian Wood (ed.), *The Church and Wealth: Papers Read at the 1986 Summer Meeting and the 1987 Winter Meeting of the Ecclesiastical History Society*, Oxford: Blackwell, 1987, p. 56.

身的财产、大主教的骑士的财产、修士的财产，修士所获得的土地都是附加了骑兵役的，[1]教士和修士只服从对其宣誓效忠的封建主，他们甚至被禁止与罗马教会有直接的联系和接触，未经国王的准许不得前往罗马，即使是去接受授职礼，或应教皇的要求参加重大的宗教会议。曾经称威廉是"罗马教会唯一儿子"的格里高利七世在1079年致兰弗朗克的信函中愤怒地写道："没有哪一个国王，即使是异教的国王，敢像威廉那样厚颜无耻地反对圣彼得的宗座，没有人这样不虔诚地、傲慢地阻止主教和大主教进入圣彼得的大门。"[2]同时，威廉还严格限制罗马教皇的使节踏上英伦三岛，干预英国教会的事务。威廉对教会的极端控制在英国与罗马教会之间设置了一道大门，阻挡了罗马教皇势力的渗入，使英国教会附属世俗王权的程度大大地超过了西欧其他封建国家和地区，在教会中没有形成较强大的反对势力，极为有利于威廉建立封建王权的统治。

《末日审判书》不仅是一份土地和赋役的调查册，还是英国最初的一份宪政性的文献，是作为王室征税的依据，在其中规定了土地持有者的纳税数额，是英国王室掌管御玺的国库不可缺少的指南；[3]不仅如此，它还是一个人是否具有在法庭上起誓做证资格的法律依据，是一个人享有土地用益权的社会地位的依据；但是，这个用益权又受到统一税收制度的制约。亨利一世在位时期，在1129—1130年间每年都征收土地税，每一个海德收的税是2先令，海德的税收占王室收入的1/10。亨利二世在位期间，1155—1162年期间也征收过两次土地税，同时还对骑士按其土地征收兵役免役税，对市镇按其动产的估价征收地税。1194—1220年间，在全国征收犁税或耕地税。12世纪以后，税收不再是按土地，而是根据个人的收入和对动

---

① Everett U. Crosby, *Bishop and Chapter in Twelfth-Century England: A Study of the Mensa Episcopalis*, Cambridge: Cambridge University Press, 1994, pp. 67-69.

② Zachary N. Brooke, *The English Church and Papacy, From the Conquest to the Reign of John*, Cambridge: Cambridge Univ. Press, 1987, pp. 138, 141.

③ 参见〔英〕阿萨·勃里格斯《英国社会史》，陈叔平等译，中国人民大学出版社1991年版，第67页。

产的估价来确定。1207年的税收账目显示，按1/3的比率征收的这项税高达6万英镑，其总数超过其他税款的总收入；1194年为理查国王筹措的赎金按个人收入和对动产估价比率的1/4征收；失地王约翰于1213年、1214年通过征收共积聚了大约20万马克。[1]

国王的司法权

英国国王不仅征收世俗贵族赋税，还把手伸向了教会。1199年，罗马教皇以资助十字军东征为名向英国的教会征税，此后英国国王乘十字军东征之际染指教会的税金，开始向教士课税，甚至不经教皇的同意分享其向英国教士征收的赋税。[2]1217年，教皇霍诺里乌斯三世命令英国的主教和高级教士为救出年幼的国王亨利三世筹款，教会开始资助国王，爱德华国王于1291年从教会的十字军税中获得了10万马克的资助。[3]为了保证王室税收的收益，亨利二世执政时期推行司法制度的改革，以加强王室法庭对土地权益的控制权，布洛赫就认为，英国国王司法权的发展比法国要早一个世纪。[4]无论是王室法庭的设立、巡回审判制度的建立，还是令状制度的推行，都在很大程度上涉及土地用益权的转让。为了制约土地的领有者依据习惯法滥用控制权，在1176年北安普敦巡回法庭颁布的一项关于土地继承的规定中这样宣布：

> 在一个自由土地保有人去世时，继承人将占有其父亲在去世的那一天所占有的可以继承的土地；然后，他必须去找领主，履行有关贡献的义务以及其他义务。假如该继承人不到继承年龄，领主将在接受他的效忠的同时，对他进行监护。如果领地的领主否认继承人的占有权，国王的法官们将对十二个守法的

① 参见〔英〕肯尼思·O.摩根主编《牛津英国通史》，王觉非等译，商务印书馆1993年，第160页。

② 参见〔英〕阿萨·勃里格斯《英国社会史》，陈叔平等译，第73页。

③ 参见〔英〕肯尼思·O.摩根主编《牛津英国通史》，王觉非等译，第161页。

④ 参见〔法〕马克·布洛赫《法国农村史》，余中先等译，第147页。

臣民提出询问，由他们说明死者在去世的那一天是否占有该土地，并根据调查的结果，将土地交给死者的继承人。①

巡回审判法庭对土地转让的干预实际上是在增强国王对全国土地用益权的控制，因为巡回审判法庭主要是处理与财政收入有关的法律争议。英国的法学家霍尔兹沃斯就曾一针见血地指出："中央王家管理机构对民法和刑法事务日益进行干预，也是由于财政方面的原因。"②所以，国王的令状不乏与土地转让相关的内容：

> 国王致郡长：兹命令迪克将某土地交给汤姆，这块土地依汤姆的主张，是他享有权利的遗产，迪克无权从胡夫，即他的父亲那里占有这块土地，因为威廉，即汤姆的父亲，其继承人就是汤姆，是在神志不清的时候，将这块土地授予迪克的父亲胡夫的。如果迪克不服从，即可传唤他到王室法官的面前来回答询问。③

国王颁布的这个令状所产生的客观结果是，由于这块土地进入了王室令状的管辖范围，原来的土地占有者失去了对土地的管辖权，从而使这块土地进入到王室的管辖权之中，这就意味着，这块土地的转让要依赖于王室法庭的司法权威来实现，类似这样的令状在13世纪非常普遍。

王室法庭、巡回审判以及王室令状，这些都明显地削弱了各个地区原有习惯法的司法影响和作用；或者换句话说，国王通过王室法庭、巡回审判和王室令状，逐渐地统一了原来在英国各地施行的不同的司法程序，王室认可的习惯法通用于全国。被王室司法审判

---

① 〔英〕S. F. C. 密尔松：《普通法的历史基础》，李显冬等译，中国大百科全书出版社1999年版，第140—141页。

② William Searle Holdsworth, *Some Makers of English Law*, Cambridge: Cambridge Univ. Press, 1938, p. 173.

③ 〔英〕S. F. C. 密尔松：《普通法的历史基础》，李显冬等译，第149页。

权规范的习惯法被普遍接受，即成为了普通法。可见，英国普通法的形成并不是一蹴而就的，是国王扩大司法权的一个重要结果。扩大的国王司法权逐渐统一了各地的习惯法，有了一个适用于全国范围的法律体系，"而不是纷繁驳杂的地方性习惯"，而且这个法律体系是"由一批固定在威斯敏斯特或巡回于地方郡的王室法官负责实施和发展"的，由此出现了两种现象：法律的统一化和司法人员的专业化。"统一化意味着以前发端于地方法院并将在那里滞留的大量诉讼现在被提交到了一个中央的王室法官群体面前"；[1]专业化则表现为，在这个法官群体中，在大学中研习过法律的人数逐渐增多，例如像勃拉克顿这样的大法学家，他在《论英王国的法律和习惯》一书中对诉讼程序的固定格式做了全面的总结，伯尔曼给予这部法律著作很高的评价，认为这部著作赋予当时的法律一定的确定性、稳定性，阐述了国王在立法方面的合法性，"它为法律的进一步加工和此后的有机变化奠定了基础"。[2]正是这些法学家们规范了诉讼的程序、令状的格式，统一了诉讼的法律用语，这些无疑都是普通法形成的重要标志。

《大宪章》的签订

司法管辖权的统一是王权实现集权的一个策略、一个措施，王权集权的目的是扩大王室的税源。王室法庭任意颁布令状干预因继承或者婚姻而导致的土地保有权的转移，这无疑会引起封建领主的不满，这种不满随着约翰国王对法国作战的节节失利，以及国王恣意地提高赋税而增强。13世纪以前，一个骑士的"兵役免除税"是1马克，1204年提高到了2.5马克，1213年又提高到了3马克。此外，国王还提高了土地继承税等各种赋税，凡不按期缴纳赋税者或被没收封地，或被罚以重金。沉重的赋税负担激起了贵族的愤怒，贵

---

[1]〔比〕R. C. 范·卡内冈：《英国普通法的诞生》，李红海译，第113、37、24页。
[2]〔美〕哈罗德·J. 伯尔曼：《法律与革命——西方法律传统的形成》，贺卫方等译，第552—553页。

族 为拒绝缴纳赋税不惜与国王兵刃相向，诉诸武力，最终迫使国王于1215年6月与贵族进行谈判，签订了《大宪章》（Magna Carta）。《大宪章》被看作"第一部英国法律"（the first English staute）。霍尔特这样评价《大宪章》："在英国法律史中最著名的这个文献不是作为博物馆的一张纸片被保存起来的，它是作为英国普通法的一个部分得到了辩解、保持下来或者被废除，作为法律的需要和功能则是必需的。"[①]这似乎给予《大宪章》一个比较贴切的注解，《大宪章》诞生之后的命运似乎确是如此。在其签订三个月后，教皇英诺森三世就以英国封主的身份宣布其无效，但在此后的1216年、1217年、1225年，亨利三世国王又以有利于国王的形式给予确认，因此有了1215年版、1216年版、1217年版和1225年版的多个版本。各个版本之间有很重要的区别：在1215年版中的几个重要条款在此后的版本中消失，但是在1216年之后的版本中先后出现了"经过议会的……同意"（per consilium...concessimus），或者"共同会议的法律"（statuimus de communi consilio）这样的词句；可见，每一次对《大宪章》的确认都是由国王召开大议会通过的，尤其是1225年的版本是被反复确认的，这一版本中更强调自由的意愿。[②] 据统计，1215年之后，《大宪章》被英国国王确认过37次。[③]但是自都铎王朝建立后，《大宪章》就再也没有被确认过，似乎逐渐地被遗忘了。[④]

《大宪章》并不是一部今天意义的宪章，严格来说它是中世纪早期国王给予的特许权（Charter[⑤]），1215年的这个"特许权"之所以不同于之前在于，它的内容是贵族们要求的，它是贵族与国王之间

---

① James Clarke Holt, *Magna Carta*, Cambridge: Cambridge Univ. Press, 1992, p. 2.

② David Charles Douglas (ed.), *English Historical Documents*, Vol. 2, pp. 316-346.

③ Leslie Basil Curzon, *English Legal History*, Plymouth: Macdonald & Evans Ltd, ²1979, p. 27.

④ 参见〔英〕阿·莱·莫尔顿《人民的英国史》，谢琏造等译，生活·读书·新知三联书店1958年版，第110页。

⑤ 拉丁语Carta与Charter同义，都有特许权的意思。

的一个协议，贵族在这个协议中极力表明想要恢复或者维护诺曼征服前后享有的那些传统的特权，以此保障自己的权益。庞德从法理学的角度解释这种现象："英国法官在英国法律记忆形成时期所直面的问题却是如何在一个按关系方式组织起来的封建社会中确定的和实施附属于各种权利和义务。因此，当新的问题出现的时候，英国的法官和律师会采用现成的最显见的类比，亦即贵族与臣民的封建采邑关系，并且倾向于根据关系经由阐发附属于关系的权利和义务来思考所有的问题。"[1] 由此就不难理解为什么在《大宪章》中明确表达了这样的意愿：没有获得在王国内的一致同意，更确切地说，不经贵族们的一致同意，国王不得征收封建义务规定之外的赋税；为了取得国内的一致同意，国王就必须召集教俗贵族共同讨论有关征税的事宜。贵族希冀以这种方式遏制1066年诺曼征服以来王权的集权，这在客观上起到了阻止英国的王权逐步迈向专制的趋势。

　　《大宪章》的签订虽然没有完全达到贵族所希望实现的目的，但是其无可否认的法律效力，为议会的召开以及议会制度的建立提供了法律依据。从这个意义上来说，《大宪章》确实是一部具有宪法意义的法律文献，这或许就是国内学者把Carta翻译为"宪章"的一个重要原因；也正是《大宪章》所具有的宪法意义为贵族提供了一个除武力之外的有力的法律武器。亨利三世执政的50余年期间，贵族在与王权因赋税而发生争斗时一再使用这个法律武器。1258年，威尔士的贵族们为抵制国王因远征西西里的纳税决定武装会见亨利三世，迫使后者在牛津的联席会议上接受了《牛津条例》。《牛津条例》不仅延续了《大宪章》中提出的国王要召开会议共同决定纳税的规定，还进一步关注所纳税金的归属和去向，要求成立常设的机构对此进行监督。这两个具有宪章意义的法律文献促进了王国的法律要由国王和大会议共同立法的原则，在此基础上在西欧首先创建了英国的议会制度。

---

[1] 〔美〕罗斯科·庞德：《法理学》，第1卷，邓正来译，第55页。

二、议会制度的初创

贤人会议的演变

西欧中世纪的议会创立于英格兰并不是历史的偶然，它与英格兰封建法律的发展密切相关，也与英格兰政制的传统密切相关。基佐认为，议会制度之所以最先在英格兰产生，是因为在英格兰的历史上，政府的权力从来没有集中到国王一个人的手中，平民会议、御前会议、各种议事会议都与王权有着密切的联系，"英国的君主制，一直是一个国王身处议会之中的政府"，而且这些议事会又经常视国王为对手，各种政治势力在议事会上公开地辩论、争论，并逐渐制度化，产生了议会制度。议会制度的产生是多种因素综合在一起的结果，"各种因素是相互交织的：没有任何事物是简单和纯粹的形式存在"。①

征服前的英伦三岛长久存留着氏族部落的社会形态，即使是在日耳曼人大迁徙之后，在社会形态和政治体制方面也没有发生类似西欧大陆那样的巨变，② 政治体制的长期不变致使习惯法长期地施行。1066 年诺曼人对英国的征服不是社会形态完全不同的一个民族对另一民族的入侵，它没有像日耳曼人对西欧大陆的征服一样彻底地否定原有的社会制度，从而不可避免地造成社会的大动荡。这是因为，征服前的英国社会已经具有了封建化的因素，首先是大地产已具规模。土地所有制的变更必然导致社会关系的演变，因土地的占有和使用而产生出来的政治上的依附性越来越强于原有的血缘亲族性，人身依附关系已经出现；然而，这种从占有土地而衍生出来的封建政治关系和社会关系还没有以法的形式确立下来，王国的重

---

① 〔法〕弗朗索瓦·基佐：《欧洲代议制政府的历史起源》，张清津等译，第 240、52 页。
② Robin G. Collingwood, *Roman Britain and the English Settlements*, Oxford: Clarendon Press, 1937, pp. 163-167.

大事务依然沿袭了日耳曼人的习俗以贤人会议（witennagemot）的形式决定。

贤人会议是在盎格鲁－撒克逊各王国中长期存在的政制形式，贤人会议不是一个王国的实体机构，它是由国王在王国内不定期召集的会议，参加会议的人员也不确定，通常有大贵族、教会的大主教和主教、修道院的院长以及几名郡长和贵族的代表。[1]尽管这是由国王召集的会议，但是按照习惯法国王的权力受到部落民主制度的制约。有关征税、防务等重大事宜必须经由贤人会议决定，国王的政令由贤人会议颁布，而且国王不能发行货币，在处理纠纷方面的权限也受到限制，甚至连发布法律的权力都会受到制约，其地位的神圣性也不能得到保障，有可能被贤人会议废黜。[2]更为重要的是，王位的继承必须经贤人会议通过，选立的国王都要获得贤人会议的认可。可见，盎格鲁－撒克逊时期由部落贵族构成的贤人会议对王权有很大的制衡作用，甚至起着核心的决策作用。贤人会议发布法令和契约；同时还履行王国最高法庭的职能，审理百户、郡法庭无法决断的案件，以及批准公共宗教活动并讨论国家重大事务，俨然成为制约王权的一个重要机构。[3]梅特兰曾经说过："这是一个显贵(folk)们的聚会，当主政的国王比较强势时，他就可以指定贤人会议的构成，就可以恣意选拔成员。但是，当国王比较弱势时，贤人会议就可以变得无政府主义(anarchical)。"[4]因此，有权势的贵族常常通过在贤人会议上的代表席位获取更多的权利，甚至谋求王位，从而形成一种贵族政体。10世纪上半叶，戈德温家族就是凭借在各郡占有的土地，在贤人会议上拥有众多的支持者。尽管如此，盎格鲁－撒克逊时期的国王依然是王国统治的核心，处理王国事务的是王室（court）。王室不仅有国王的扈从，而且还有教士，他们为国

[1]　Frederic William Maitland, *The Constitutional History of England*, p. 40.

[2]　Peter Hayes Sawyer, *From Roman Britain to Norman England*, London: Methuen, ^{2}1998, p. 179.

[3]　参见〔英〕肯尼思·O.摩根主编《牛津英国通史》，王觉非等译，第99页。

[4]　Frederic William Maitland, *The Constitutional History of England*, p. 58.

王起草法律文件和赐地文书，是组成王室的重要成员。[①]正是这种文武双全的组合使这个时期英格兰的王权非常强大，英国历史学家摩根等人甚至认为，"是10世纪任何欧洲其他国家难以比拟的"[②]。这是因为国王掌握了教会的授职权，并且通过增加教会和修道院在贤人会议上的席位与强势的大贵族抗衡，在这个时期的贤人会议中，各郡郡守只有5个席位，贵族有2—5个席位，亲兵则在12席位以上，而主教有9—11位，修道院院长3位以及6位以上的教士，几乎与世俗贵族的席位相等。[③]1066年，戈德温的儿子哈罗德也是在贤人会议的认可下登上了英格兰的王位。[④]

王国的政制机制

诺曼征服之后，威廉拥有了双重身份，他既是英格兰的国王，同时还依然是法国国王的封臣——诺曼底公国的公爵，因此英格兰的政制必然会受到西欧大陆政制的影响，采邑制被引进英格兰，与英格兰已有的政制相互融合，其在此后的发展也必将反馈回西欧大陆。

诺曼人开始的王朝加速了英格兰封建化的进程，由于在国王与贵族之间有了封建的人身依附关系，贤人会议的职能和作用逐渐消失。然而，威廉征服英格兰后虽然带过去了诺曼底的封建统治模式，但并没有完全以此取代被征服地原有的行政和司法制度，尤其是无法改变习惯法的效能，这在很大程度上是因为随威廉征战的仅有三千人，威廉只能在新征服地保留当地的习惯法，国王如若对习惯法有所修改必须得到当地贵族的认可和同意。[⑤]国王与臣属之间的

---

① Henry R. Loyn, *The Governance of Anglo-Saxen England*, London: Edward Arnold, 1983, pp. 112-115.

② 〔英〕肯尼思·O.摩根主编：《牛津英国通史》，王觉非等译，第99页。

③ Frank Barlow, *The English Church, 1000-1066: A Constitutional History*, London: Longman, 1963, pp. 116-117.

④ 参见〔英〕肯尼思·O.摩根主编《牛津英国通史》，王觉非等译，第161页。

⑤ George Osborne Sayles, *The King's Parliament of England*, London: Edward Arnold, 1975, pp. 24-25.

这种相互制约的关系是英国政制的一个显著特点，英国学者勃里格斯认为，这种政制是在当时欧洲范围内比较有效率的、具有"合理性"的政府机构。①这种政制的特点体现在英格兰特有的组织形式，即各种会议，例如御前会议（cocilium regni）、大会议（Magnum concilium）或者君主会议（Curia regis）等。②君主会议通常是在国王的驻节地召开的贵族参加的会议，直到亨利二世时期，在国王的政令中还明确规定，国王的所有直接封臣都有义务参加国王召集的会议（interesse judiciis curia regis）。③基佐认为，参加王室会议的资格是划定贵族的一个界限，因为"没有一个基本的和固定不变的规则来将贵族和其他臣属区分开"，参加王室会议的人员逐渐形成，"他们更富有、地位更重要，更习惯与国王一起参与国事，最终只有他们才有资格拥有贵族这一称谓"。④正是这些各种类型的"会议"为英格兰的贵族和骑士提供了一个为自身争取各种权利的有利的平台，以习惯法为武器与王权对抗，1215年失地王约翰被迫与贵族签订的《大宪章》就是在这种政制中产生的。

亨利一世继承王位后一改威廉常驻诺曼底的习惯，把统治重点从诺曼底公国移到了英格兰。为了加强王权，国王取消了贤人会议，取而代之的是由国王召集部分贵族代表参加的会议，即御前会议，⑤行使着国王的权力，是一个常设的法庭，审理各地的案件。另一方面，亨利一世还加强了对郡、百户的控制，由国王任命郡长、百户长，他们不仅治理地方、为国王征税，而且还是地方的法官，审理所在地区发生和上诉的各种案件。13世纪以前的御前会议似乎更相当于王国的最高法庭。同时，国王还完全掌握了对教职的授予权。诺曼征服之后威廉国王就牢牢掌握了教会的授职权，并且公然

---

① 参见〔英〕阿萨·勃里格斯《英国社会史》，陈叔平等译，第63页。
② 参见〔法〕弗朗索瓦·基佐《欧洲代议制政府的历史起源》，张清津等译，第261页。
③ 同上书，第261—262页。
④ 同上书，第264页。
⑤ Judith A. Green, *The Government of England under Henry I*, Cambridge: Cambridge Univ. Press, 1986, p. 22.

宣布：如未经国王认可，教皇的一切命令不能在英国实行；英国的教士未经国王批准不得前往罗马教会，教皇的特使未经国王同意不得进入英格兰；未经国王许可，教会法庭不可审判王室封臣，不能给予他们各种处罚如开除教籍或施以刑罚；教徒不得承认任何教皇，不得私自接受教皇函令。甚至坎特伯雷的大主教兰弗朗克也拒绝教皇干预英国教会的事务。[1]亨利二世执政后更通过设立王室法庭和王室巡回法庭、启用司法专业人员强化司法机构等一系列改革措施加强王权的集权，王权集权的目的是扩大王室的税源，失地王约翰继任王位后更是广开税源。沉重的赋税负担激起贵族的强烈不满，他们以习惯法为武器与之对抗，但国王则通过王室法庭淡化了习惯法的法律效力，打破了长期以来的习俗，激化了贵族与国王之间的矛盾；贵族不惜与国王兵刃相向，最终迫使国王与之签订了《大宪章》。

失地王约翰签署《大宪章》仅是权宜之计，不久之后就在教皇的支持下宣布无效。约翰辞世之后，亨利三世幼年登基，由大贵族摄政，致使王权衰落，亨利三世亲政后为恢复王权的集权，把权力集中于御前会议，并且与教皇修好，与法国贵族结盟，致使大批法国贵族涌入英国，甚至吸收他们参加御前会议。这些法国贵族在英格兰强征暴敛，当人们用英格兰的习惯法予以抵制时，他们以不是英格兰人反驳，这就再次激化了英格兰贵族与王权之间的矛盾。[2]亨利三世时期贵族与王权的争斗大多是在御前会议上进行，贵族们联合起来多次在御前会议上提出具体的要求和提议，但都遭到了国王的拒绝。[3]1258年初，教俗贵族再次因为税收问题与国王发生冲突，为筹集军费远征西西里，国王向教俗贵族征收占其财产1/3的货物税，激起贵族的愤怒，勒斯特的伯爵西蒙·德·孟福尔以武力逼迫

① F. Cantor Norman, *Church, Kingship, and Lay Investiture in England 1089-1135*, New York: Octagon Books, 1958, pp. 30-33.
② 参见〔法〕弗朗索瓦·基佐《欧洲代议制政府的历史起源》，张清津等译，第289页。
③ 参见〔英〕肯尼思·O.摩根主编《牛津英国通史》，王觉非等译，第144页。

国王驱逐法国贵族并改组御前会议。亨利三世与其达成协议，由御前会议大臣和贵族的代表各12人共同组成24人的委员会。委员会向国王提出请愿书，重申《大宪章》的基本原则和一些条款。其中提出成立以大贵族为主体的15人委员会辅助国王处理朝政；此外，由15人委员会任命常设12人委员会，以这两个委员会取代御前会议。亨利三世被迫接受了这个请愿书，签署了这个新的条例，即《牛津条例》。《牛津条例》中要求：国王必须确认《大宪章》；设立一个常设的12人委员会参与王室政务；每个郡都应有四名骑士的代表参与受理起诉郡长和其他王室官员的案件；郡长应该由郡法院任命；等等。[①]《牛津条例》的重要意义在于，它力图在王国中建立一种新的统治机制，把协助国王的御前会议改组为对国王的监督机构。虽然《牛津条例》很快又被亨利三世否定，但是其组建王国新机制的原则并没有因此被否定。1265年，在与亨利三世的争斗中占据优势的孟福尔召集会议，参加这次会议的有大主教、主教、修道院的院长、伯爵和男爵，此外还首次邀请各郡和每个城市推选两名代表参加。这是英格兰"议会"最初的形态。可见，英格兰议会的初创并不是一蹴而就的历史现象，正如基佐所说，英国议会制度的创建源自王权集权与为维护已有权利的贵族们的联盟之间的斗争；[②]也正是在这两股政治力量的长期斗争中，英格兰的议会逐渐制度化。

三、议会制度化的起步

贵族与国王的对抗

英格兰特有的政治传统以及政制形态决定了贵族建立联盟与国王相对抗的政治格局。自诺曼征服之后，英格兰的国王始终与诺曼底公国有着不舍的情结，多个国王长期滞留诺曼底，王国经常被置

---

① 参见〔法〕弗朗索瓦·基佐《欧洲代议制政府的历史起源》，张清津等译，第320页。
② 同上书，第270页。

于摄政统治中，导致英格兰经常处于动荡和混乱的政治局面。另一方面，威廉进行的土地赋税调查以及发布的《末日审判书》，都确定了王室占有英格兰的大部分土地，在英格兰没有出现像法国和德意志那样的独霸一方、能独立于王权的大封建主，这就促使贵族联合起来共同维护原有的权利，在英格兰形成了两股相互制衡的政治力量，这两股力量较量的焦点是在国王向贵族征收的赋税上。

11世纪末期《末日审判书》制定的目的是征收赋税，《大宪章》产生的起因依然是出于赋税；然而，贵族联盟进行的抵抗并没有减轻其赋税的负担。不断的内乱以及对外战争加大了王室的军费开支，国王对贵族的赋税不减反增，税收的结构也发生了变化。在亨利一世时期记录的税收中，其中85％来自土地、贵族和司法，这些都是封建采邑所规定的，因此无须经过议会的商讨决定。爱德华一世时期的税收中来自土地的税收大幅减少，仅占总税收的40％，因此他广开税源开始征收贸易税，自13世纪以后，英格兰的国王不仅依靠封臣的贡赋，而且向城市市民和乡村居民普遍征收财产税。狮心王理查和失地王约翰统治时期，征收关税只是一项战时的临时措施，到1275年，出口羊毛的关税成为和平时期王室固定征收的增补税收，至1294年以前每年都有8000—13 000英镑。[1]可以这样说，对市民和富裕农民征税的增长是吸纳他们进议会商讨征税事宜的重要原因，《牛津条例》就是对其合法进入议会所做的一个法律决议。

1265年，亨利三世的爱子爱德华率领王室军队打败了以孟福尔为首的骑士军队，亨利三世的王权得以重新集权，他明令宣布，没有国王的召集不得召开任何会议，自此直至他去世的几年间都没有召开过定期的会议。爱德华继位后，英格兰战事不断，与威尔士、苏格兰的战争加大了王室的军费。为了保障庞大军队所需军费的来源，遏制地方封建主以习惯法对此进行抗拒，爱德华经常召开会议

---

① 参见〔英〕肯尼思·O.摩根主编《牛津英国通史》，王觉非等译，第161页。

颁布法规，可以说爱德华一世是英格兰从中世纪至19世纪颁布法令最多的国王。英国学者布鲁克讷特认为，爱德华一世在13世纪颁布的法令一直影响到19世纪末期。[①]频繁地颁布法令，无疑对习惯法的统一化以及向普通法的过渡起到了极大的促进作用。正如马克垚先生所说的，"普通法就是王室法，但并非全是王室制定之法"，"它大量的仍是在实践中形成的判例，仍是一种习惯"；"普通法形成的另一标志，就是从业人员队伍的出现"。[②]西方学者一般也都认为，在12世纪80年代末期，英国普通法的轮廓已经十分清楚，因为普通法的基本要素已经确立，而且是由一个"紧密联系的法官群体依循一定的程序来实施的"[③]。德国社会学泰斗马克斯·韦伯从社会学的角度这样看待从习惯法向普通法的转变："当某种行为持续地存在，在特定规范的保障者头脑里就会浮现一个观念，即他们所面临的不再是习惯或惯例，而是要求实施的法律义务。赋予这种实际效力的规范被称为习惯法。最后，利益驱动会产生合理考虑的愿望，保障习惯和习惯法不再被推翻，于是，就明确地将它置于实施机制的保障之下，这样，习惯就演变为制定法了。"[④]

法律的效力

13世纪英国议会制度的逐步建立与普通法的成型有着密切的内在联系，税收结构的变化改变了英国王国内的利益关系，纳税比例不断增加的市民阶层必然要提出新的利益要求，共同的利益要求把各个城市中的市民结成了新的政治力量，这是贵族和王权不能视而不见的。《大宪章》中的第12条明确规定，向贵族征收盾牌钱与协助金需要获得大议会的同意，这一原则随着税收结构的变化而适用

① Theodore Frank Thomas Plucknett, *Legislation of Edward I*, Oxford: Oxford Univ. Press, 1949, p. 157.

② 马克垚：《英国封建社会研究》，北京大学出版社1992年版，第116—117页。

③ 〔比〕R. C. 范·卡内冈：《英国普通法的诞生》，李红海译，第5页。

④ 〔德〕马克斯·韦伯：《论经济与社会中的法律》，张乃根译，中国大百科全书出版社1998年版，第23页。

于对其他赋税的征收，这是爱德华一世时期多次召开议会并且吸纳市民阶层参加会议的重要原因。1284年以前，在八届议会中只有一届有市民阶层的代表出席；然而在爱德华一世统治末期的14世纪初召开的三届议会中，市民参加了其中的一届。市民被允许参加议会表明其政治影响在不断地扩大，这种政治影响在很大程度上是通过对颁布法令施加的影响增大表现出来，正如美国的社会法学家弗里德曼所指出的："只有势力和利益并不会创造法律，创造法律的是表达要求的势力和利益。"①

赋税征收和去向的关注，也使原有王室机构的性质发生了变化，设立了新的常设行政机构。盎格鲁－撒克逊时期没有任何明确职能的贤人会议经过诺曼征服发生了变化，逐渐发展成为由王室近臣组成的小议事会议，和包括教俗贵族、骑士和城市市民阶层代表参加的大议事会议，这种大议事会议在1236年的王室档案中被称作Parliament。②议事会议"谈话"（Parler）的议题越来越从王室的财政收入问题转向王国财政的收支问题；为此，《牛津条例》中要求每年要召开三次会议，把这种不定期的协商或咨询方式的"谈话"被固定下来。由于"谈话"议题更多涉及的是赋税问题，不仅参加的"谈话者"的社会构成有了变化，还扩大了会议的规模，吸收市民阶层的代表参加，有了固定的模式。更为重要的是，各个等级的代表中受过法律教育的专业人员的比例有所增加，他们的加入提升了这种"谈话"的立法职能。13世纪，这种"谈话"的咨询、劝告、商谈的职能越来越弱化，对财政的管理的职能、司法的职能则越来越强化，并且在强化的过程中设立了相应的行政机构。这些机构有各自的职责，被赋予相应的权力对长期盛行的习俗和习惯进行改革，这种改革促进了习惯法向普通法的演变，议会的立法职能也因此而

① 〔美〕劳伦斯·M.弗里德曼：《法律制度——从社会科学角度观察》，李琼英等译，中国政法大学出版社2004年版，第174页。
② 马克垚教授在其《英国封建社会研究》中对议会制度的起源及其发展有较为详细的概述，参见《英国封建社会研究》，第278—290页。

越来越明显。马克斯·韦伯说："尤其在某种制度化秩序的各种机构权力分配中，不断会有惯例向法律的演变。英国宪法的发展就是一个典型。"[1]

13世纪80年代爱德华先后发动了对苏格兰和威尔士的战争。为筹措军费，爱德华于1295年召集英格兰各地部分大主教、主教、修道院长，一些伯爵、男爵以及由每个郡地方议会选出的2名骑士代表，每个大城市选出的2名市民代表，共计400余人参加会议。英国史学家们给予这次会议很高的评价，研究宪政史的大家斯塔布斯称之为"模范议会"[2]，这是因为这次会议的模式、参加会议人员的构成、会议的权能等，都成为此后议会的样板。抑或可以这样说，1295年的会议模板是英格兰议会制度化的开始。议会制度化不仅表现在会议的规模和参加会议的人员结构上，还体现在国家机构官吏的职业化。

四、官吏的职业化

权利的界线

自中世纪早期起实行的西欧封建政治体制在本质上是个人化的，封建的人身依附关系混淆了公权力和政府的职责，权力都落入了私人手中，且变成与土地的占有相一致。另外，政府机构权限不明，相互重叠，政府官吏与宫廷侍从也常由一人兼任；因而，各级官吏和国王的关系是一种个人联合的性质，[3]统治的有效性完全维系于国王可以实现对其封臣个人控制的程度。特许权则是国王实现统治的一个有效工具；然而，特许权通常都是就某个具体的权利针对某个

---

① 〔德〕马克斯·韦伯：《论经济与社会中的法律》，张乃根译，第23页。

② William Stubbs, *The Constitutional History of England, in its Origin and Development*, Oxford: Clarendon Press, 1896, Vol.1, p. 133.

③ 参见马克垚《英国封建社会研究》，第59页。

贵族个体或者诸如某个城市这样的小群体的，缺少广泛性和通用性。12世纪，英格兰国王加强王权的集权，采取的一个重要措施是进行司法改革，新设立的王室法庭通过诠释习惯法进行审判，以代表国王的权力意志，这就在全英格兰范围内有了统一的法律，"并由一个在全国范围内拥有初审管辖权的统一法庭予以实施"[1]。然而，中世纪西欧的习惯法有个共同的特征，即始终保留着社会共同认同的原则，在英格兰也不例外。尽管国王是最高的封建主，享有王国内的最高司法审判权，王室法庭在审理案件时有权解释各地原有习惯法之间的差异，但是依然需要得到当地民众的认同，诺曼征服英格兰之后依然保留了这个传统。威廉一世在加冕为英格兰的国王时承诺，须经过各郡代表的同意后才能实施原有的习惯法，[2]这或许是西欧代议制政府成立的一个必不可少的先决条件。基佐在论述欧洲代议制政府的起源时就非常强调社会认同的重要性，他强调当社会中的所有成员都认识到一个社会中有一个"高高在上的规则"，这个规则既不是一种随意和多变的意志，也不是能作用于他人的一种强制力，只有有这样的规则的社会才是一个完整的社会，所以在这个社会中还包含了一个政府的概念，在所谓的政府的概念中则包含着"人的集合概念"以及"作用于人的规则的概念"；[3]也就是说，在每一个社会中都有一个维持其合理运行的规则，这个规则就是法，有法就一定有一个执法的政府，在这个法中包含了政府的原则。

中世纪西欧的采邑制模糊了公共权力和个人权利的界限，在王国中的统治实际上是国王个人的统治，国王通过采邑分封以及授予特许权任命王室中的大臣，例如宫廷大臣（chamberlain）、总管（seneschal）和财政大臣（chancellor），等等。这些大臣与国王之间都是人身依附的个人关系，他们更多的是管理王室的土地财产以

---

[1] 〔比〕R.C.范·卡内冈:《英国普通法的诞生》，李红海译，第113页。

[2] William Stubbs, *The Constitutional History of England, in its Origin and Development*, Vol.1, p. 436.

[3] 〔法〕弗朗索瓦·基佐:《欧洲代议制政府的历史起源》，张清津等译，第53页。

及王室成员的饮食起居，或者受命于国王处理或者治理王国内的事务；①此外，他们还会被赋予法官的职责，担任王室的或地方的法官。这些非职业的法官既不是专职的司法官也没有受过专业教育，甚至没有受过拉丁语的读写教育，几乎都是"文盲"，他们审判案件的依据是享有国王给予的特许权和当地曾经审理过的案件。亨利二世于12世纪中叶进行的司法改革改变了这一状况，在设立王室法庭和王室巡回法庭时，打破了封建政制特有的个人联合的这种政治模式，贵族不再是法官的唯一候选人，一些接受过教育尤其是法学教育的社会地位较低的人士也常常出现在巡回法官的名单里，在王室周围形成了一个受过罗马法和教会法教育的官吏团体。②

常设机构的设立

自12世纪起，一部分行政事务官开始驻守于国王在威斯敏斯特的宫廷，他们在国王外出巡视或者离开王国时，被授予处理日常事务的权力，其中最主要的是财税和王室财产管理工作。亨利一世时期以来，为适应王权加强控制王国财政的需要，财政署（Exchequer）从御前会议中分离出来，成为一个常设政府机构，所有涉及国王岁入的法律案件都要提交财政署法庭审议。③13世纪初期出现了审理专门案件的法庭：设在威斯敏斯特的普通诉讼法庭（Common Pleas）主要处理私人当事人之间的诉讼；王座法庭（King's Bench）负责审理刑事案件、涉及王室权利的案件和在贵族法庭上的错案。④在中世纪晚期，财政署法庭、普通诉讼法庭和王座法庭构成了在普通法（Common Law）指导下的英格兰司法体系，

---

① Robert Fawtier, *The Capetian Kings of France*：*Monarchy & Nation (987-1328)*, translated by Lionel Butler, London: Macmillan, 1960, pp.170-172.

② 参见〔比〕R. C. 范·卡内冈《英国普通法的诞生》，李红海译，第28页。

③ David Nicholas, *The Transformation of Europe, 1300-1600*, London: Oxford Univ. Press, 1999, p. 4.

④ John Hine Mundy, *Europe in the High Middle Ages, 1150-1300*, third edition, London: Routlege, 2000, pp. 222-225.

有效地避免了司法管辖权的重叠和冲突。①

　　12世纪出现在法律文献中的 justic 所指的人员涵盖了各种角色，也担负着各种职能，或者是掌有摄政权的摄政王，或者也可能是地方的大小法官，每一个享有行政权的人同时也都享有司法权，换句话说，司法权和行政权还没有分开。②在加强王室中央政府的同时，通过向地方派遣官吏，中央权力延伸到王国各地，形成服从于中央政府的行政网络。13世纪西欧各地的王室法庭相对于领主法庭逐渐扩大了它的裁判权。在英格兰，作为中央向地方派遣的审判机构，巡回法庭在亨利一世统治时期出现。到12世纪70年代，亨利二世将巡回审判逐渐纳入制度化轨道，《财政署对话录》中记载，亨利二世设置了六个巡回司法区，以"恢复人们遭到侵害的权利。他们在每个县都听取民意，为那些认为自己受到侵害的人恢复正义，为穷人免除债务和劳役"③。"巡回法官"成为正式的官方职衔。亨利二世的摄政大臣格兰维尔积极执行王室政策，在1179年上任后，他几乎每年都要亲自带领一支巡回法官队伍巡视各地，巡回审判制度成为树立中央权威的有效途径。由国王委派的专员，甚至是国王本人亲自巡视，这样可以成功地将国王的威严散布到王国各地，拉近了国王与臣民的距离。每当巡回法官到来，地方所有的机构都中断它们的工作，所有的社区代表、主要的土地保有人都集结于王室法官周围，接受来自国王的监督和检查。巡回审判制度是中央获取地方真实情况的重要信息渠道，它为中央治理的合理化提供了基础。密尔松认为，"这一制度必然导致一种趋势，那就是将各种问题从旧体制的底层转移到上层来，以便让国王直接统治他的臣民，使臣民可以直接到国王那里去寻求公平和正义"④。在13世纪，王室法官与此前一直

---

　　① B. Gunnée, *States and Rulers in Later Medieval Europe*, p.122；David Nicholas, *The Transformation of Europe, 1300-1600*, p. 69.

　　② 参见〔比〕R. C. 范·卡内冈《英国普通法的诞生》，李红海译，第17—18页。

　　③〔英〕约翰·哈德森：《英国普通法的形成——从诺曼征服到大宪章时期英格兰的法律和社会》，刘四新译，商务印书馆2006年版，第164页。

　　④〔英〕S. F. C. 密尔松：《普通法的历史基础》，李显冬等译，第21页。

在地方承担司法职能的骑士之间频繁出现人员流动的现象，即地方的骑士有可能出任王室法官，反过来后者也会作为骑士受理地方司法事务，这种司法人员构成的新变化说明王室司法管辖范围日趋扩大，中央与地方之间的联系更为紧密。[①]

有学识的官吏

英国亨利二世统治时期围绕着国王形成了一个"近臣圈子"，1165—1189年期间，至少有70个人担任过财税法院的法官，其中的15个核心法官参加了2/3有案可查且记录了审案法官名字的开庭活动。有84个人担任过亨利的巡回法官，但是其中只有18个人到过3个以上的巡回区审理案件。其中还有7个人同时位于财税法院的15个核心法官之列。亨利二世的高官核心群体中有着特殊的社会关系，他们中的一些成员自幼便一起长大，很多人之间都有着密切的私人关系，尤其是大多都和首席大法官有着不同寻常的联系，他们只是在有限的范围、在政府内部的分工上才被相互分开。兰纳夫·德格兰维尔是一名郡守、一个军事领袖，也是一位大法官。他们首先将自己视为国王的近臣，他们将相同的施政方法带到国家治理的各个领域，尤其是财政和司法领域，这二者都是财税法院行使职能的重点所在。这个团体中不断被新成员所补充，出现了不是出身于最上层家族的人，尤其值得注意的是出现了来自骑士家族的人。[②]这说明作为权力核心的统治集团上层一直保持着活力。

爱德华一世时期，英国王室逐渐加强了对领地法庭和郡法院的控制力度，导致王室司法权限的扩大。到1230年时，国王法院规定其管辖权可及于任何对于被告的自由保有物可能产生重大影

---

① A. Jobson (ed.), *English Government in the Thirteenth Century*, Woodbridge: The Boydell Press, 2004, p.110.

② 参见〔英〕约翰·哈德森《英国普通法的形成——从诺曼征服到大宪章时期英格兰的法律和社会》，刘四新译，第160—161页。

响的案件。13世纪的最后25年，通过一个新的规定，即但凡涉及债务或动产所有权的案件（价值40先令或40先令以上）应持有王室令状，这进一步削弱了领地法庭的审判权。法学家们还试图消除领地法庭在职能上存在的混乱现象，根据"特权依据调查令状"（Quo Warranto），对领地领主依据何种理由行使司法权展开调查。按照法学家们的说法，领主们在他们领地法庭上所占有的种种司法特权只有国王才能拥有，领地法庭的合法地位因此受到极大的冲击。①

领地法庭的裁决通常依据的是习俗或者口耳相传的习惯法；然而，随着社会经济的演进以及政治机制的改变，习惯法逐渐不再适应社会的这种巨大变化。早在罗马法研究的初始，一些注释法学家们就已经承担着社会中的司法工作。注释法学的大家伊尔内留斯（Irnerius）曾在托斯卡纳地区担任诉讼当事人的辩护人和法院的仲裁顾问。此后，伊尔内留斯成为亨利五世的皇室法官和判决官。②另一位重要的注释法学家阿佐在教学以外还做私人和公共事务的法律顾问。1198—1220年期间，他曾多次参与博洛尼亚市与意大利其他城市签订协议，他还是博洛尼亚市公使馆的成员。③德意志的皇帝弗里德里希一世于1158年在隆卡利亚举行的帝国会议上，就有在当时被称为"四博士"的布尔加鲁斯、马丁努斯、雅各布斯和雨果作为皇帝的法律顾问，协助皇帝制定了《隆卡利亚法令》。④在英格兰也不例外，尽管发源于西欧大陆的12世纪文艺复兴以及对罗马法的研究似乎对隔海相望的英格兰的影响较有限，在英格兰创建的第一所

---

① 参见〔英〕亨利·斯坦利·贝内特《英国庄园生活：1150—1400年农民生活状况研究》，龙秀清等译，上海人民出版社2005年版，第166页。

② Ernst H.Kantorowicz, "Kingship under the Impact of Scientific Jurisprudence", *Twelfth-Century Europe and the Foundations of Modern Society*, ed. by Marshall Clagett, Gaines Post, Robert Reynolds,Wisconsin Univ. Press, 1966, p. 92.

③ 参见〔德〕格尔德·克莱因海尔等主编《九百年来德意志及欧洲法学家》，许兰译，第38、157页。

④ 参见〔英〕梅特兰等《欧陆法律史概览：事件，渊源，人物及运动》，屈文生等译，上海人民出版社2008年版，第111页。

大学也晚于西欧大陆的法国和意大利；但亨利二世执政期间有目的地召回在巴黎大学学习的英格兰学生，他们成为组建剑桥大学的先锋和骨干，[①]他在组建王室法庭时任命的大法官奇彻斯特的约瑟林、杰弗里·莱戴尔和戈德夫瑞·德·路希三人都有"大师"的头衔，说明他们都接受过良好的教育。[②]可以说，亨利二世最先改变了王国的行政结构的构成，虽然这种行政结构依然是以贵族阶层为主体，但是其受过教育以及职业性的特点日益显现出来。

12世纪，英格兰与西欧大陆一样都出现了一个广泛的拓荒运动，农业经济有了长足的发展，耕地面积大幅增加，种植的种类也有所增多，更多的农产品进入了商品流通轨道，实物地租和货币地租越来越多地取代了徭役地租，领地的人身依附关系由此松动，这就必然带动农业的经营方式发生变化，也就必然导致社会结构的演变。首先，领地人身依附关系的松弛，人的流动性增大，一是地域性的流动，二是社会性的流动。农业经济的发展和变化不仅为城市和工商业的发展奠定了基础，也为新兴的城市和正在发展的手工业和商业提供必要的人员。城市和工商业的发展为英格兰王室开辟了新的税源，原有的管理体系已经不能适应对广大地区的控制，这就必然导致以王室为首的行政机制发生变化。首先，御前会议不仅是国王的咨询机构，也是一个行政执行机构，抑或可以说是在国王领导下的政府，它包括财政大臣（Chancellor of the Exchequer）、司玺大臣（Chancellor）、王室法庭的法官、司玺处（Chancery）的官员[③]，等等。御前会议商议王国的政务，提出建议后由国王定夺并颁布法令。[④]

---

① 参见〔美〕查尔斯·霍默·哈斯金斯《12世纪文艺复兴》，夏继果译，第308—309页。

② 参见〔英〕约翰·哈德森《英国普通法的形成——从诺曼征服到大宪章时期英格兰的法律和社会》，刘四新译，第161页。

③ 国内学界对Chancellor和Chancery有多种译法，笔者在这里采纳沈汉、刘新成《英国议会政治史》（南京大学出版社1991年版）中的译法。

④ James Fosdick Baldwin, *The King's Council in England during the Middle Ages*, Oxford: Clarendon Press, 1913, pp. 70-71.

官职的专业化

从14世纪30年代后期起，英格兰与法国进行了持续百余年的战争，其间还与爱尔兰和苏格兰摩擦不断；不仅如此，与西欧其他地区一样经历了黑死病的浩劫，人口大幅下降，社会财富出现了大转移，社会的经济关系也发生了极大的变化，[①]所有这些都导致了社会的动乱。从14世纪中叶起，为了获得大贵族的支持，参加御前会议的成员不再由国王独断专行决定，而须与其商议后决定，但御前会议始终在国王的控制之下；然而，大贵族也一直在谋求对御前会议的控制权，最终国王于1390年颁布法令，其中规定，即使国王不在英格兰也要每周召开一次御前会议处理王国要务，御前会议成为王国最高的行政机构。进入15世纪以后，御前会议更是拥有了王国的最高行政权力；[②]不仅如此，御前会议本身也有了很大的变化。首先，御前会议决议和处理的政务更为广泛，职能也更加扩大；其次，参加御前会议的人员不再仅仅是大贵族，还有效忠国王社会身份较低的人员，这些人大多接受过大学教育，特别是具有法学知识；再次，国王不再是以封授土地的方式给予参加御前会议的人员而是发放年薪，这是官吏职业化不可缺少的一个重要步骤。

王室中另一个重要的行政机构是司玺处。司玺处最早只是一个官职，即负责草拟令状等公文的财政大臣，早期受文化教育的限制，大多由教士担任，因此还负责王室宗教事务、王室成员的宗教信仰和宗教生活。作为国王的"大秘书"，财政大臣还要参加王室召开的财政会，并且负责那些空缺的主教区和修道院的财产收入等。王室法庭以及王室巡回法庭成立，令状制的施行及议会制度的确立，王

---

① 参见〔英〕肯尼思·O.摩根主编《牛津英国通史》，王觉非等译，第198—205页。

② James Fosdick Baldwin, *The King's Council in England during the Middle Ages*, pp. 167-168.

室发布的令状（Writ①）和政令越来越多。②令状涉及的范围也很广泛，它涉及土地的归属、债务的抵押、财产的侵占等经济领域，也涉及刑事诉讼等。令状职能的扩大自然也就需要增加相关的人员，爱德华三世国王时期，这些专门的人员逐渐地构成了司玺处这样的机构。在司玺大臣的周围聚集了12名主事的人员，在他们下面还有12名官员，再下面是24名专门负责撰写令状的官吏，此外还有一大批协助他们的小官吏和仆役。英国历史学家普雷斯特维奇把司玺处的形成看作英格兰在中央政府机构形成过程中非常重要的一个步骤。③

财政署（Exchequer④）是中央政府形成时期又一个重要的机构。诺曼征服之后的英格兰王室的税收和支出是财政大臣（Master-Chamberlain）负责，所谓的国库长实际上仅仅负责监管王室的领地。随着受继承、再分封、强占等诸多因素的影响，封建地产的所有和持有一再转移，11世纪末期开始的大拓荒运动极大地扩大了土地的耕种面积，加上手工业和贸易的扩大和发展等，王室的收入来源结构有了很大的变化；另一方面，由于在国内与贵族的争端不断，在国外与法国的战争不断升级，王室的军费开支节节攀升，管理财政的人员也逐步增加。财政署的初建是在亨利一世执政时期，在财政大臣之下增添了一名财政官、几位官吏和一位司库，这些官员中仍然不乏其亲属或者近臣，但是他们在财政事务方面都具有较强的专业性，负责王室税收的征收和支出，由他们组成了最初的王室财政

---

① Writ（令状），拉丁语为breve，它不同于特许权，而是指一种命令、禁令或者说明某种情况的简短的官方文件。令状作为行政和司法的一种工具始于盎格鲁－撒克逊时期，诺曼征服之后被沿用。参见〔比〕R. C.范·卡内冈《英国普通法的诞生》，李红海译，第39页。

② Judith A. Green, *The Government of England under Henry I*, pp. 28-29.

③ Michael Prestwich, *Plantagenet England, 1225-1360*, Oxford: Clarendon Press, 2005, p. 60.

④ Exchequer原本是负责监察各郡以织物作为税收的官员，并需要将其折算为英镑、先令和便士，因此所选出的人员必须会计算和拉丁语书写；12世纪之后，这个词逐渐演变为负责王室财政的官员，成为王室的财政官。参见Judith A. Green, *The Government of England under Henry I*, pp. 40-41。

机构。亨利一世国王时期，这个财政机构逐渐成为王室的财政结算和审计机构，每年在复活节和米迦勒节期间进行两次审计结算，逐渐地形成了结算审计制度，由专职的官员进行，解决王室在征收和支出税收方面出现的问题。[①]不仅如此，亨利一世时期还通过掌控的郡长加强了王室与地方行政之间的联系。[②]

地方郡制开始于盎格鲁－撒克逊时期，[③]诺曼征服后，威廉一世国王在进行封建分封的同时依然保留这种地方行政机构，由国王直接任命郡长，作为国王在地方的代理，具有财政和司法职能。[④]亨利一世时期，郡长在地方的职能增加了而且更为明确，即负有监管征收当地税收的财政职能、作为地方郡法庭法官的司法职能、身为地方长官负责维护道路交通等的行政职能以及征集兵力的军事职能。[⑤]英国学者迈克尔·曼把郡长（sheriffs）、地方长官（reeves）等看作是英格兰的第一批行政官员。[⑥]这些官员的社会结构也有了一定的变化，一方面是由于人身依附关系在西欧各地逐渐瓦解，对那些失去原有领主权而成为"土地食利者"的中小领主来说，在王室政府中寻得一官半职成为获得权力和财富的新途径；另一方面，在经济和社会事务中日益获得影响力的市民阶层也成为官吏的重要来源。随着大学教育的开展，越来越多在大学接受过法学专门教育的人进入各级政府，从事日益增多的各种行政管理工作，形成了一个专门的官吏阶层。这个官吏阶层围绕在王权周围，为王权的集权和等级君主制的形成奠定了一定的社会基础。

---

① Judith A. Green, *The Government of England under Henry I*, pp. 31, 37，43-44.

② Robert Fawtier, *The Capetian Kings of France*：*Monarchy & Nation (987-1328)*, pp.174-175.

③ 参见〔美〕托马斯·埃特曼《利维坦的诞生——中世纪及现代早期欧洲的国家与政权建设》，郭台辉译，第187—189页。

④ 参见〔美〕约瑟夫·R. 斯特雷耶《现代国家的起源》，华佳等译，第20—21页。

⑤ Judith A. Green, *The Government of England under Henry I*, p. 119.

⑥ 参见〔英〕迈克尔·曼《社会权力的来源》，第1卷，刘北成等译，第566页。

五、上下两院的代议制政府

两院制的确立

14世纪中叶以后，英国议会制有了长足的发展，城市和手工业商业的繁荣无疑是其必要的先决条件。城市经济和手工业商业推动了个体经济的增长，这种个体经济改变了在封建制度中因土地而产生的依附关系，取而代之的是在个体经济中结成的人与人之间的"契约"关系。[①]在这种新的社会关系中，个体活动自主性不断增强，个人对自己的财产和人身自由拥有越来越多的支配权，财富成为衡量个人地位的尺度，土地不再是唯一的财富，也不再是王室唯一的税源。在1130年的财政署档案中已经出现了伦敦、温彻斯特、林肯、牛津、亨廷顿、诺丁汉、约克等城市中手工业行会的税收记录。[②]可见，城市市民也成为王室征收赋税的又一个对象，同时也成为国王寻求的新的政治力量；另一方面，城市市民不仅需要国王给予的特许权，还需要能够提出他们诉求的政治平台，双方在议会中找到了共鸣。[③]

诺曼征服之后，英格兰的贵族与国王之间的摩擦和争斗不断，议会就是贵族在与王权的争斗中争取参政、议政的产物。"议会"一词起初宽泛地用来指各种由请愿者（petitioners）和回应者（respondents）参加的集会或"会谈"（parley）；后来该词逐渐地特指国王为了王国的事务而召集相应人员参加的会议。[④]

---

① 梅因对这种"契约"做过详细的阐述，参见《古代法》，沈景一译，第213—224页。

② Rodney Howard Hilton, *English and French Towns in Feudal Society: A comparative Study*, Cambridge: Cambridge Univ. Press, 1992, p.70.

③ Michael A. R. Graves, *The Parliaments of Early Modern Europe, 1400-1700*, London: Longman, 2001, p. 40.

④ David Nicholas, *The Evolution of the Medieval World: Society, Government and Thought in Europe, 312-1500*, London: Longman, 1992, p. 462.

虽然召开议会的决定权掌握在国王手中，但是议会商讨的赋税的征收、王国的治安以及外交等重大的王国事务都会涉及教俗贵族的利益，参加议会的教俗贵族总是会为了维护自身的利益，提出各种条件向国王讨价还价，或者与之抗争；[①]因此，客观来说，议会在一定程度上限制了王权的权威。社会经济结构发生变化之后，市民阶层成为又一纳税群体，他们的利益常常与教俗贵族的利益冲突，这似乎可以说是国王支持市民进入议会的一个重要理由。[②]市民阶层力图通过王权的特许权保护自身的利益，国王则希冀借助市民制衡贵族的势力。13世纪中叶以后国王越来越多地召集非贵族的郡长、城市等地方代表参加议会。进入14世纪，地方代表参加议会已经成为常态，但由于他们社会等级的低下，在议会中的影响力依然有很大的局限性。

1337年，英法之间发生了后来持续百年的战争，这场旷日持久的战争呈现出英格兰不同社会等级与西欧大陆社会等级之间不同的利益冲突。自诺曼征服之后，头戴王冠的英格兰国王同时也是法国国王的封臣，他在法国领有大片的封地，亨利二世时期更是通过继承和政治联姻成为诺曼底的公爵、阿基坦的公爵和安茹的伯爵，其领有的封地面积甚至超过了法国国王。13世纪上半叶，法国国王菲利普二世为了加强集权，不断扩大王室领地，与英格兰国王的利益冲突不可避免。为保持其在法国的领地，爱德华三世与菲利普六世争夺法国的王位，遭到法国贵族议会的拒绝，这成为引发百年战争的导火索。引发百年战争的经济原因是对弗兰德尔的争夺。弗兰德尔是英法商贸的一个重要中转站，对弗兰德尔的争夺是以手工业和商人为主体的市民阶层支持英国王的一个重要原因。百年战争对英法政制的发展施加了重要的影响，美国学者托马斯·埃特曼就认为，

---

① 相关方面内容国内学者多有论述，笔者不再赘述，请参见孟广林、黄春高《封建时代——从诺曼征服到玫瑰战争》，钱乘旦主编《英国通史》第2卷，江苏人民出版社2016年版，第67—106页。

② 相关方面的内容请参见沈汉、刘新成《英国议会政治史》，第29—35页。

百年战争"把英格兰转变为国家建设的开拓者",在这场战争中"一个强大而复杂的中央政府与在议会上代表的自信的辖邑共同体之间形成'共治'(shared rule)","这些郡共同体通过其挑选出来的代表"参加议会,要求参与对习惯法修改的权利。[①]正是在百年战争初期,英格兰确立了两院制议会。

议会的职权

英格兰两院制的依据是《大宪章》,基佐认为,《大宪章》是第一个区分大小贵族和高低教士的文献[②],因为其中的第14条就有了分别召集不同社会等级参加会议的规定:

> 为了召开本国的全国大会,以决定征收除上面提到的三种情况之外的特别津贴,或征兵役免除税,我们将通过信函,逐个地将大主教、主教、修道院院长、伯爵和大贵族召集到一起,我们将通过子爵和镇长将所有直接依附我们的人召集一起。

自12世纪起,英格兰的农业经济有了长足的发展,城市也如雨后春笋般在各地出现,手工业行会和商业行会大量涌现,经济结构的这种变化使得中小贵族以及城市的市民阶层逐渐成为王国的一个重要税源。根据前述《大宪章》的这个条例的规定,国王同样也需要在征税方面得到中小贵族以及市民阶层的同意,必须召集会议征得需要缴纳税款的人的许可。13世纪,羊毛是英格兰的重要出口商品,国王因此希望通过从出口商品中抽税来增加岁入,但在对羊毛征税这个问题上要征得商人的同意。1254年,国王第一次要求每个郡都选出骑士代表参加其召开的议会;1264年,国王又首次下令各个城市选派两名市民作为代表参加议会,使得议会的代表性更宽泛,

---

① 〔美〕托马斯·埃特曼:《利维坦的诞生——中世纪和现代早期欧洲的国家和政权建设》,郭台辉译,第185—186页。

② 参见〔法〕弗朗索瓦·基佐《欧洲代议制政府的历史起源》,张清津等译,第281页。

英国学者基恩把这次议会看作英国议会制度的起点[①]，基佐更是认为，在这一年英格兰的议会完全形成了[②]。1275年的税收也是在"全体英格兰商人同意"的前提下征收的；1295年，爱德华一世为筹集军费召集会议，参会者不仅有教俗大贵族，还有各郡的骑士代表以及各城市的市民代表，议会更因其广泛的代表性而被称为"模范议会"。此后，就国家的重大问题进行讨论成为召集议会的主要目的。[③]1297年颁布的《宪章的确认》(Confirmation of Charters) 以法令的形式重申，未取得议会许可的情况下国王无权征收非封建性赋税这一原则。爱德华三世时期更是有了这样的决定，即：没有议会的同意不得对羊毛或皮革开征新税。[④]美国学者派普斯就曾强调，英格兰在14世纪中叶以前就已经确立了不经臣民同意不得征税的原则[⑤]；因此，国王经常要求各郡选出代表参加御前会议商议有关征收赋税方面的事宜。

诺曼征服之后，虽然跟随征服者威廉征战英格兰的骑士领有了土地成为英格兰的大贵族，但是由于继承以及再分封等各种原因，尤其是在失地王约翰时期，他们中的大多数人逐渐失去了在法国的领地，他们的利益留在了英格兰，所以消极地对待英王争夺法国王位，经常在议会上阻挠国王的征税提案。为此，国王越来越多地召集中小贵族和市民的代表参加议会。不同阶层利益的冲突导致议会中经常发生不同社会等级之间激烈的争辩，为了保证议案通过，国王把参加会议的大贵族和中小贵族分开，为达到某种目的分别与大贵族或者中小贵族和市民协商，以获得他们的支持。例如，当涉及

---

① Maurice Keen, *England in the Later Middle Ages: A Political History*, 2nd ed., London: Routledge, 2003, p. 75.

② 参见〔法〕弗朗索瓦·基佐《欧洲代议制政府的历史起源》，张清津等译，第328页。

③ Bernard Guenée, *States and Rulers in Later Medieval Europe*, translated by Juiet Vale, Oxford: Blackwell, 1985, p. 175；David Nicholas, *The Evolution of the Medieval World: Society, Government and Thought in Europe, 312-1500*, p. 462.

④ Bernard Guenée, *States and Rulers in Later Medieval Europe*, p. 180.

⑤ 参见〔美〕理查德·派普斯《财产论》，蒋琳琦译，经济科学出版社2003年版，第154页。

封建地产的问题时，爱德华一世就召集各郡的中小贵族的代表，由此颁布了《封地买卖法》；当涉及商业利益时，国王就与城市中的手工业和商业代表协商。

14世纪中叶以前的议会没有因等级而各自分开参加议会，但由于教俗大贵族与中小骑士和市民阶层的诉求不一致，在议会上很难达到统一，百年战争爆发后这种现象日益加剧。经常进行的战争极大地增加了王国的军费开支，国王越来越需要市民在税收上的支持；对于市民，尤其是对商人而言，他们与国王一样在法国有重大的利益需求；另一方面，市民阶层赋税的增加也增强了他们的政治影响力，他们不再仅仅是听命于议会的决议，而是要在议会上争取自己的权益，这种分开进行商议的会议越来越经常地出现，并在14世纪30年代逐渐形成了两院的议会，即由大贵族组成的上议院（House of Lords），以及由中小贵族和市民阶层的代表构成的下议院（House of Commens）。①基佐把两院的形成与社会结构的变化联系在一起："社会分层意志体现在议会之中，它是议会议员分离的真正原因。"②

改变政体机制的下议院

参加上议院的教俗大贵族仍然享有很大的特许权，占有大量的地产，他们在上议院中仍然只是代表自己和家族的利益，他们也还是通过国王的令状参加议会；但下议院的议员则不能只表达自身的要求，因为他们都是由郡和城市选出的代表，正是这种代表性筑成了代议制政府的特性。这个时期的代表不是现代意义的代表，有资格被选为代表的必须拥有一定的土地和财产，抑或可以说是"不动产的终身保有者"；因为他们是纳税的一个重要组成部分，他们有权

---

① 英国学者就有关两院分开的具体时间颇有争论，但都集中于14世纪中叶，抑或说是在14世纪30年代的几次议会中，参见〔法〕弗朗索瓦·基佐《欧洲代议制政府的历史起源》，张清津等译，第371页。

② 〔法〕弗朗索瓦·基佐：《欧洲代议制政府的历史起源》，张清津等译，第374页。

参与对税收做出决定，有权修改习惯法。然而，不可否认的是，这种选举是有限的，不可能具有广泛的代表性，基佐对英格兰的代议制政府做过较为详细的阐释，他认为，这个时期的代议制政府"促使大众向整体化靠拢"，产生的结果是加强了王权的集权，"在代议制政府中，专制权力，拥有统治权的权利，并不天然地属于共同构成政府的各种力量：这些力量必须齐心协力来制定法律，尽管它们已经齐心协力，而不是永远接受由它们齐心协力而产生的专制权力，代议制度仍要求这一权力服从选举结果。而选举本身不是专制的，因为它取决于将要在政府中占有一席之地的人的选择"，这是因为，"我们所谓的代表权无非是达到这样一个结果的手段——它不是一个用来收集和计算个人意志的算术机器，而是一个将唯一有权统治社会的公共理性从社会深处提取出来的自然过程"。①

议会制度的建立改变了英格兰的政体结构，占主导地位的不再是中世纪早期那种建立在采邑制原则基础上的封建领主与封臣之间的个人联合，而是成为一种各个利益集团为了实现各自的目的而在议会中相互合作的新的政体，这个政体的特征是宣称代表着政治共同体。②亨廷顿说："一个社会所达到的政治共同体水平反映着其政治体制和构成这种政治体制的社会势力之间的关系。"③政体的改变实际上是存在利益冲突的各社会团体尝试建立新秩序的过程，各种利益集团在议会中达成和解，以实现共同生活和行动的目的。贵族、教士和市民聚集在一起，遵从同一个法律和权力，融合成一个社会，一个国家。④在形成新的政治结构的同时，需要新的法律秩序予以保障。美国学者昂格尔曾指出，在利益集团主导的社会生活形态中，"没有一个群体控制所有其他群体对自己的忠诚和服从。这就需要设计一种法律制度，这种法律制度的内容应当调和彼此利益的对立，

---

① 〔法〕弗朗索瓦·基佐：《欧洲代议制政府的历史起源》，张清津等译，第338、56—58、239、311页。

② Bernard Gunnée, *States and Rulers in Later Medieval Europe*, p. 177.

③ 〔美〕塞缪尔·P.亨廷顿：《变化社会中的政治秩序》，王冠华等译，第8页。

④ 参见〔法〕基佐《欧洲文明史》，程洪逵等译，第193页。

其程序则应当使几乎每个人认为服从这一程序符合自己的利益，而不管他偶然寻求的目的是什么"。①

下议院的产生在很大程度上阻止了专制权力的膨胀，但从另一个方面来看，它同时也有利于王权的集权，因为集权的王权并不是国王个人的权力，他要"服从上帝和法律，因为是法律让他成为国王"，"他只能做法律所允许做的事"，②议会的立法（修改习惯法）的职能，使得服从于法律的国王必须是在议会之中。议会为社会各阶层提供了一个提出诉求的平台，正如美国社会法学家弗里德曼所说的："只有势力和利益并不会创造法律，创造法律的是表达要求的势力和利益。"③可以说是法律的制定以及对制定法律的执行使国王的权威扩展到王国各地，在执行过程中产生的一套明确而稳固的行政和司法体制将公共权威具体化。约瑟夫·R.斯特雷耶认为，在这一历史时期出现了构成现代国家的基本元素。④亨廷顿认为，正是在这种代议制的政府形成的过程中，伴随着王权权威的合理化以及王权的集权，更为专门化的政府机构其职能逐渐完善，这是日益复杂的社会结构在代议制政府中的反映。⑤在这个过程中，政府机构取代了封建领主在地方上的个人统治，对法律和税制的控制权从领主手中转到国王手里，而普遍接受过大学教育和领取薪俸的官吏阶层正成为这一秩序的体现者和执行者。官吏阶层的出现促进政府职能向制度化和专业化的方向迈进，西方法学家将国家视为一种秩序，而且是一种集权化的法律秩序。⑥国王依托中央集权来获得一种超越所有个人的非个人化的权力，以强制性的措施来约束个人的行为，使

---

① 〔美〕R.M.昂格尔：《现代社会中的法律》，吴玉章等译，译林出版社2001年版，第66页。

② 〔法〕弗朗索瓦·基佐：《欧洲代议制政府的历史起源》，张清津等译，第241页。

③ 〔美〕劳伦斯·M.弗里德曼：《法律制度——从社会科学角度观察》，李琼英等译，第174页。

④ 参见〔美〕约瑟夫·R.斯特雷耶《现代国家的起源》，华佳等译，第19页。

⑤ 参见〔美〕塞缪尔·P.亨廷顿《变化社会中的政治秩序》，王冠华等译，第90页。

⑥ 参见〔奥〕凯尔森《法与国家的一般理论》，沈宗灵译，中国大百科全书出版社1996年版，第212页。

他们对该权威负有义务。[①]官吏阶层的形成与中央集权化进程是同步进行的，他们是政府权力的创造者和执行者。官吏的权威源于他们所占据的政府层级结构中的位置或职位，即职位权力。同时，官吏的职位要求他对法律负有义务而不是对领主负有个人化的义务，并在职务活动中排除个人的利益。政府的事务逐渐变成一种与统治者个人相分离的独立活动，对于国王来说，他之所以拥有权力是因为他担任国王这一职位，其本身已经成为政府权力的一部分。马克斯·韦伯认为，官僚制的基础在于依靠职位而非个人的合法权威的确立。[②]西欧政治结构的发展继续沿着不断完善的中央集权国家道路走下去，较为全面和明确的主权思想在此基础上逐渐形成，"尤其在某种制度化秩序的各种机构权力分配中，不断会有惯例向法律的演变。英国宪法的发展就是一个典型"[③]。英国是在逐步完善议会制度的过程中建立起了宪政制度。

---

① 参见〔英〕戴维·毕瑟姆《官僚制》，韩志明等译，吉林人民出版社2005年版，第11页。

② Helen Constas, "Max Weber's Two Conceptions of Bureaucracy", in: *The American Journal of Sociology*, Vol. 63, No. 4 (Jan., 1958), p. 401.

③ 〔德〕马克斯·韦伯：《论经济与社会中的法律》，张乃根译，第23页。

第六章　在扩大王室领地中确立的法国王权集权

中世纪的法兰西王国是采邑制发展最为充分的地区，大小封建领地林立，整个王国长期处于分裂的政治格局状态，国王的权势仅被限制在狭长的王室领地之内。第二次大拓荒运动为王室领地的扩大提供了良好的机遇。在扩大王室领地的过程中，法国的政制有了很大的发展，英国学者芬纳总结了法国政制在中世纪发展的四个特征：通过独立的封建领地来建立王室领地的路径；通过领取报酬的国王官员进行管理；王国内的"大议会"和最高司法部门——"高等法院"之间的分离；操纵封建法律以便使封地和封臣们（甚至间接封臣）被纳入国王封臣的范畴。[①]

一、个人联合政体的演变

政治的割裂

法兰克帝国解体之后，东西法兰克王国因各自经济基础和社会结构的不同走上了不同的历史进程，其封建制度的发展也各具特点。采邑制作为封建制核心标志，在不同地区也有不同的表现形式。今天学界所探讨的西欧封建制度通常是以西法兰克王国为主要

---

① 参见〔英〕塞缪尔·E.芬纳《统治史》，第2卷，王震译，第336页。

研究对象，英国学者安德森曾说："欧洲封建主义的核心地区是在罗马与日耳曼因素'均衡综合'产生的地方：基本是北部法兰西和与其相邻的地带，即加洛林帝国的故土。"[①]这个地区是西法兰克的王室领地所在，其封建政制的发展最为典型。马克·布洛赫说："全盛时期的加洛林王朝所具有的相对强大的力量基于几个普遍原则：全体臣民必须承担军役；王朝享有至尊地位；当时伯爵作为名副其实的官员从属于王朝；王室附庸组织遍布各地；最后是王室支配教会。10世纪末，所有这些原则中的任何一条都没有留存给法国王权。"[②]

早在罗马帝国时期西法兰克地区的新旧贵族的势力就比较强大，在查理大帝时期，阿奎丹、勃艮第的公爵们不止一次地反抗皇权的统治。在法兰克帝国因继承权一再被分割而导致皇权分裂之际，大贵族的权势则更加扩大，更具独立性。837年，阿奎丹的公爵拒绝法兰克皇帝干预其领地内的所有事务，地处南法的贵族更是彻底否定了与王权的附庸关系，布列塔尼公国完全独立，王室的档案中也没有称他们为"忠臣"，而是称为"朋友"或者"我们统治的伙伴"。[③]图卢兹不仅在政治上自治，还有自己的教会组织机制，即使那些国王的封臣也有很多从来就没有朝觐过国王。勃艮第公国的马康内伯爵领地于980年获得了该领地的各种权利，几乎完全地自治和独立。此外，伯爵还以分封的形式治理其领地，有了自己的封臣，在伯爵领地内有了更小的封地，这些小封地的领主同样也从伯爵那里获得了司法审判和经济特许权。[④]

10世纪初，诺曼人以武力迫使西法兰克的国王以封地的形式再三割让土地，获得了在塞纳河下游沿海一带的大片领地，确立了与

---

① 〔英〕佩里·安德森：《从古代到封建主义的过渡》，郭方等译，第155页。

② 〔法〕马克·布洛赫：《封建社会》，下卷，张绪山等译，第673页。

③ Edward James, *The Origins of France, From Clovis to the Capetians, 500-1000*, London: Macmilian, 1982, p. 187.

④ 参见张芝联主编《法国通史》，辽宁大学出版社2000年版，第68页。

法兰西国王的封建君臣关系，建立了诺曼底公国。[①]但是，诺曼底公爵对法兰西国王没有多少依附性，也不对其履行任何封建义务，他与法王的君臣关系仅仅是为了达到改变被视为外来入侵者身份的目的。就法兰西国王方面而言，也从未给诺曼底公国颁布过任何法令，[②]实际上，诺曼底公国从它诞生时起就是一个完全独立的公国。除此之外，在王国境内的其他公国：勃艮第公国、阿基坦公国、布列塔尼公国、加斯科涅公国以及弗兰德尔伯国、图卢兹伯国、巴塞罗那伯国、布卢瓦－香槟伯国、皮卡尔迪伯国、安茹伯国、吉恩伯国等数十个大公国和伯国也都具有程度不同的独立性。[③]

987年，西法兰克地区的众贵族共同推举法兰西公爵休·卡佩为国王，开始了法兰西的卡佩王朝时代。卡佩王朝的国王是由众贵族推举出来的，所谓的推举是"因为这个新来者没有任何世袭的资格"，后世的历史学家们则称这种现象为"推举"，并不是今天意义的投票选举产生的。法兰西王国的统一也只是一种表面现象，"事实上，一直到11世纪，国王的尊号还完全是个人的，没有和任何一个固定的地域发生联系"[④]；汤普逊形容法国的政治地理结构就"像一个蜂巢那样"，因为每一个领地"大多过着和邻人不同而又分割的生活"[⑤]；芬纳说"这是一个政治权威碎片化到极致的国家"[⑥]。欧洲中世纪史的历史学家们通常把法国的封建制度看作是"经典"，整个封建等级制度层层向下类推，有了"我的'封臣'的'封臣'不是我的'封臣'"（vassallus vassalli mei non est meus vassalus）[⑦]的原则。但

---

　　① Reginald Allen Brown, *The Normans and Norman Conquest*, Woodbridge: The Boydell Press, 1985, pp. 15-17.

　　② Charles Warren Hollister, "Normandy, France and the Anglo-Norman Regnum", in: *Speculum*, Vol.51 (1976), pp. 203-205.

　　③ 参见张芝联主编《法国通史》，第68页。

　　④ 〔法〕瑟诺博斯：《法国史》，沈炼之译，商务印书馆1964年版，第116—118页。

　　⑤ 〔美〕汤普逊：《中世纪经济社会史（300—1300年）》，下册，耿淡如译，第381页。

　　⑥ 〔英〕塞缪尔·E. 芬纳：《统治史》，第2卷，王震译，第330页。

　　⑦ Achilla Luchaire, *Histoire des institutions monarchiques de la France sous les premiers Capétiens (987-1180)*, Brüssel: Culture et Civilisation, 1964=1981, p. 224.

是，长久以来的习俗和习惯法则要求贵族承认一个国王，各公爵和伯爵对国王的承认只是因为后者能保证他们已有的各种权利的合法性。奉国王为封君的公爵和伯爵在自己的领地内享有自治权，即同样把领地分封给自己的封臣，给予其封臣各种特权和豁免权，11世纪法兰西各个公爵和伯爵的证书几乎完全取代了国王的证书。[①]另一方面，这些小领主为了得到更多的领地，又不断地向其他的封建领主宣誓效忠，因此，在西法兰克王国同时效忠两个甚至更多封主的现象并不少见，正如马克·布洛赫所说："毫无疑问，获得一处风光秀美、供给充足的庄园的美妙前景，会诱使许多武士向不止一位主人臣服。"之所以会出现这种现象是因为，每个附庸所获得的采邑均来自单一的领主。在卡佩王朝时期，这种现象经常发生，一位在国王直接治辖下的附庸曾依据法兰克时期的习俗拒绝援助一位伯爵，但在前者向后者宣誓效忠后得到一个村庄，成为他的附庸；这样，这位附庸就有了两位封主，他分别成为国王和伯爵的封臣。[②]

法兰西的公爵和伯爵在自己的领地内俨然像国王一样征收所有的赋税，修建城堡。布洛赫把建造城堡的权利看作一项主权，也是一项王室的特权，但是"现在这项权利被封建主篡夺了"[③]。城堡的领主以城堡为据点攫取了独立统治其领地的权力，并以此为据点争夺和扩大势力范围，或者为保证他们的权利和财产不断地诉诸武力，为此而进行的私战无休无止，形同虚设的王权、被分散的公共权力都无力解决因私战而造成的社会的不安定。

在这种分裂割据的政治格局中法兰西王国几乎没有什么政府机制可言，正如法国历史学家杜比等人所说："封建制度意味着权威的碎化和解体，它的发展以削弱王权为代价。"[④]国王的统治权被限制在王室的领地内，地方封建领主在自己的领地内行使着司法审判权

---

① Theodor Schieder, *Handbuch der europäischen Geschichte*, Stuttgart: Klett, 1968, Bd. 1, S. 778f.

② 参见〔法〕马克·布洛赫《封建社会》，上卷，张绪山等译，第344—345页。

③ 〔法〕马克·布洛赫：《法国农村史》，余中先等译，第93页。

④ 〔法〕乔治·杜比主编：《法国史》，上卷，吕一民等译，第316页。

和经济特权。弗兰德尔的伯爵、诺曼底的公爵、阿奎丹的公爵、勃艮第的公爵以及图卢兹的伯爵分别建立了自己的独立王国；在安茹、莫、普罗万、沙特尔、布卢瓦等地区，子爵瓜分了伯爵的权利，分裂再分裂的情况尤甚，整个法国就好像由一块块拼板缀合在一起的拼图。这种层层分封以及一仆多主的政治关系致使法兰克帝国解体之后的西法兰克王国在政治上处于封建割据的状态。在这种政治状态中，王国中几乎谈不上有什么机构建制，因此德国历史学家将其称为个人联合的政体。[1]国王的司法审判权、经济权，甚至军事权都只局限在自己的王室领地之内。法国王室的领地仅局限在巴黎、奥尔良、布尔格等地区，只占整个王国地域的1/10，米盖尔称之为"北方的小王室"。在王室领地之外形成了多个地方政治中心，勃艮第、诺曼底和吉耶讷公爵领地以及弗兰德尔、香槟和图卢兹伯爵领地是六个自治的地方强权政权，米盖尔称之为"南方的大诸侯"。[2]这些地方政权都有法兰克氏族贵族的渊源，其领地的地域范围之大也都近似于甚至大于法国国王领地的地域范围。从11世纪中叶起，一些独立的地方政权甚至先后具有了双重身份，1066年之后诺曼底的公爵同时是英国的国王，弗兰德尔的伯爵从1204年起成为君士坦丁堡的皇帝，香槟的伯爵从1234年起成为纳瓦拉王国的国王。[3]南法地区与北法地区比较而言，不仅在经济上有很大的差异，在政治上也非常独立，一些伯国或者公国强大到不服从法兰西国王的统治，甚至凭借自己的势力范围与法王相抗衡。

王权的集权

10世纪末11世纪初，西欧社会逐渐从外族入侵的战乱中走了出来，农业、手工业、贸易等经济活动都程度不同地有所恢复和发

---

① Walter Schlesinger, "Herrschaft und Gefolgschaft in der germanisch-deutschen Verfassungsgeschichte", in: *Historische Zeitschrift*, 176 (1953), S. 264f.

② 〔法〕皮埃尔·米盖尔：《法国史》，蔡鸿滨等译，商务印书馆1985年版，第67页。

③ Armin Wolf, *Gesetzgebung in Europa, 1100-1500: Zur Entstehung der Territorialstaaten*, München: Beck, ²1996, S. 162.

展；然而，在受私战纷扰的法国社会中依然无法安定地从事农业生产；林立的城堡和重重的关卡抑制了越来越活跃的贸易。不仅如此，基督教的教会和修道院也不能身处事外，大小贵族都把手伸向了教会和修道院的财产；为此，在法国南部地区最先开始了"上帝和平"运动。①所谓的"上帝和平"是教会的主教通过要求基督徒们对上帝立下的誓言，在举行宗教仪式的日子和宗教节日期间停止一切战事。教会发起这一运动的初衷一是为了保护教会财产不受世俗的侵占，二是为了保证教会领地内农业生产的顺利进行，但是它也间接地维护了社会的安定，促进了社会经济的发展。这一运动首先开展于南法地区，此后传至北方，内容也有所增加，规定禁止以武力进入教堂或抢劫教堂，禁止抢夺农民的家禽，禁止袭击非武装的教士，商人也被列入被保护的对象；凡违背者都将处以绝罚，禁止其参加任何宗教仪式和活动。"上帝和平"运动得到了贵族和国王的支持，弗兰德尔的伯爵鲍德温四世与努瓦永图尔讷的主教于1030年联合起来，举行了一次大型的集体性的和平宣誓；1047年在卡昂举行的宗教会议上也公开宣布实行"上帝的休战"，规定了休战日。②虽然这一运动很难完全禁止贵族之间的私战，但是它在一定程度上限制了中小贵族滥用权力，为社会经济的发展提供了一个良好的社会环境。在"上帝和平"运动中，以宗教信仰为约束力维护社会安定的作用远大于世俗法律的效力，正如英国著名哲学家罗素所说："因为统治者和人民都深深地相信教会掌握着升天堂的钥匙的权力。教会可以决定一个国王是否应该永恒地升天堂还是下地狱；教会可以解除臣民们效忠的责任。"③这把升上天堂的"钥匙"通过由教士主持的誓言被赋予绝对的法律权威，在西欧社会中行使着不可替代的权力。"上帝和平"的教会法令有效地制止了法国南部勒皮主教区的私战，稳定了社会秩序；可以说，"上帝和平"运动对社会秩序的维护有助于

---

① 参见〔法〕皮埃尔·米盖尔《法国史》，蔡鸿滨等译，第84—86页。

② 参见〔法〕马克·布洛赫《封建社会》，下卷，张绪山等译，第667页。

③ 〔英〕罗素：《西方哲学史》，何兆武等译，商务印书馆1976年版，第17页。

王权的集权，[①]并且很快地在法兰西、西班牙、诺曼底以及德意志王国的很多地区普及。

　　早在法兰克王国建立之初，修道院的经济职能就引起了当权者的注意，在恢复农业生产的过程中修道院起到了积极的作用，世俗大贵族把修道院看作自己的私有财产，随意地转让、赠予、作为采邑分封，甚至作为一个地产、一个领地出售，被世俗霸占的修道院既因此失去了其宗教性，同时也丧失了组织社会生产的职能。[②]10世纪初，新建立的克吕尼修道院奉行本尼迪克院规[③]，开始了规范修道院内部的宗教生活、整治修道士等一系列内容的修道院改革运动。[④]修道院改革运动并不是脱离社会的一个纯粹的宗教事件，而是一场社会性的活动。在修道院改革运动的带动下，法国最先开始了垦殖运动，砍伐森林、排干沼泽，极大地扩大了耕地面积，布瓦松纳说："巨大的开垦工作进行了三个世纪，给予了法兰西乡村以今日的面貌。"[⑤]汤普逊在阐述修道院的经济作用时强调："在开垦荒地方面，修道院制度在中世纪比起任何别的力量有着更大的影响。"[⑥]首先，改革后的修道院获得了大量领地地产，这些领地都附带各种赋税，以及磨坊、渔猎、采矿等经济特权和司法权。在所获赠的土地中有相当一部分是荒地、林地，改革的修道院遵守本尼迪克院规，把开垦荒地作为苦修的一个重要方式，修道院以领地的经济形式有条理地管理土地，卓有成效地组织拓垦获赠的荒地和林地。美国学

---

　　①　参见〔法〕乔治·杜比主编《法国史》，上卷，吕一民等译，第344页。

　　②　有关修道院世俗化的论述请参见 Ernst Sackur, *Die Cluniacenser in ihrer kirchlichen und allgemeingeschichtlichen Wirksamkeit: bis zur Mitte des 11. Jahrhunderts*, Darmstadt: Wiss. Buchges., 1962, Bd. 1, S. 19ff。

　　③　5世纪末6世纪初一位名为本尼迪克的修道士在意大利中部的卡西诺山上建立一所修道院，并为该修道院的修士制定了修道和生活的院规，有关院规的具体内容请参见笔者的《修道院的变迁》（东方出版社1998年版）中的附录。

　　④　笔者在《修道院的变迁》一书的第四章中较为详细地论述了西欧修道院改革运动的历史原因、改革内容以及对法国、英国和德意志社会所施加的不同影响和作用，这里不再赘述。

　　⑤　〔法〕P.布瓦松纳：《中世纪欧洲生活和劳动（五至十五世纪）》，潘源来译，第234页。

　　⑥　〔美〕汤普逊：《中世纪经济社会史（300—1300年）》，上册，耿淡如译，第183页。

者汤普逊就这样评价修道院:"在开垦荒地方面,修道院制度在中世纪比起任何别的力量有着更大的影响。"[1]正是在修道院改革运动的带领下,西欧开始了持续近三个世纪的大拓荒运动。其次,克吕尼修道院的改革得到了罗马教会和法国国王的大力支持。罗马教会借助修道院的改革增强了自己的宗教权威性,并引发了教会改革;国王则通过给予修道院改革的特许权,将其置于自己的庇护之下。克吕尼修道院以强调本尼迪克院规、严格修道士的宗教纪律为改革的主要内容,提出了在大贵族和国王的庇护下获得"自由"的政治诉求。获得了"自由"的修道院有了抵制分裂势力对其进行干预的特许权,同时王权也可以借助于在地产上的司法权将其政治影响力渗透到修道院所持有的地产的地区。[2]抑或可以这样说,修道院的自由有利于社会的集权统治,为身处动乱社会中的中小贵族和自由农民提供了一个避风的港湾,他们只需把自己的土地捐赠给修道院,随同修道院托庇在一个较强大的权势的保护下。因此,克吕尼修道院的改革得到了法兰西大贵族和国王的大力支持,并且在他们的推动下形成了波及各个阶层的社会运动。改革的修道院就像磁铁一样,把分散的小块的领地集中起来,置于王权或大贵族对修道院的庇护权之下。

封地结构的变化

如果说第二次大拓荒运动最初是在修道院改革运动的带领下开始的,那么到了12世纪就已经成为全社会积极从事的经济活动,拓荒活动的规模日益扩大,而且是完全世俗性的。据布瓦松纳估计,法国在10世纪时的耕地面积仅占王国土地总面积的1/2。[3]从10世纪下半叶起法国就已经开始通过排水改造沼泽地,在经过了二三百年

---

[1] 〔美〕汤普逊:《中世纪经济社会史(300—1300年)》,上册,耿淡如译,第183页。

[2] 参见〔法〕赛昂里《法国社会经济史》,上册,陆侃如译,大江书铺1933年版,第65—66页。

[3] 参见〔法〕P.布瓦松纳《中世纪欧洲生活和劳动(五至十五世纪)》,潘源来译,第231页。

不断的垦荒之后，塞纳河、卢瓦尔河以及靠近阿尔卑斯山附近的森林都得到了广泛的开垦，[①]在垦荒的年代还流行着这样的谚语："他们从石头中做出了面包。"[②]12世纪起，弗兰德尔的伯爵们就组织领地的农民排干沿海沼泽地区的水，围海筑堤造良田。在拓荒运动中封地的结构发生了很大的变化，法国历史学家布洛赫把这种变化称为"一个缓慢而不动声色的革命"[③]。在拓荒运动期间，法国领地的份地数量在减少，一是因为改革的修道院以及教会获得了大量的土地赠予，这些赠予中还有领主领地的份地，仅克吕尼修道院从910年建立到1048年间就获得了近千份的土地捐赠证书，共有2058阿克尔的土地面积。[④]显而易见，修道院如此庞大的地产是不能靠修士自己经营的，修道院改变了份地这种经营土地的方式，或是委派修士或委托给其他人监督和管理领地，由农奴耕种，或是把土地出租给他人，收取实物地租，这就为管理修道院地产的人提供了将其据为己有的便利条件。二是封建主的自营地的面积也在逐渐地减少，以徭役为地租的地产数量越来越少，夹在领地内中的一些以"劳役周"形式耕种的狭长的条形地也逐渐地与相邻的地产同化，转变为份地被租赁出去，这些不再附带徭役的地产逐渐松动了农村中的人身依附关系。[⑤]

封地结构的变化以及徭役地租退居次要的地位，实物和货币越来越成为地租的主要形态。为了获得更多的收益，提高产量，很多地区都因地制宜地种植农作物，由此出现了一些农作物专业生产区，这就势必把农作物引向了交换流通的领域。农作物进入交换流通领域，货币的职能逐渐显现出来，正如著名学者亨利·皮朗所说的：

---

① 参见〔英〕M. M. 波斯坦主编《中世纪的农业生活》，《剑桥欧洲经济史》第1卷，郎丽华等译，第258页。

② 〔法〕P. 布瓦松纳：《中世纪欧洲生活和劳动（五至十五世纪）》，潘源来译，第234页。

③ 〔法〕马克·布洛赫：《法国农村史》，余中先等译，第106页。

④ Ernst Sackur, *Die Cluniacenser in ihrer kirchlichen und allgemeingeschichtlichen Wirksamkeit: bis zur Mitte des 11. Jahrhunderts*, Darmustadt: Wiss. Buchges., 1965, Bd. 2, S. 407.

⑤ 参见〔法〕马克·布洛赫《法国农村史》，余中先等译，第148页。

"一旦收获物成为交换的对象时，它的价格就以货币来表示并以货币来支付了。"①作为支付手段的货币也被引入到地租的形态中，货币地租日益盛行。货币地租促进农产品进入商品流通渠道，更加活跃了法国的集市贸易，意大利的、西班牙的、德国的商人纷至沓来。通往优质呢绒制造中心的弗兰德尔的、通往阿拉伯世界中转站的加泰罗尼亚的以及通往意大利的三条大道交会在了一起。②"在通往弗兰德尔的大道上，像在马恩河畔的拉尼，在郎迪，在奥布河畔的巴尔，在特鲁瓦、普罗万等地，市集之兴隆真是前所未有。"夏尔特尔、第戎、鲁昂、亚眠等沿商路以及有集市的城市逐渐繁荣，诺曼底的卡恩、卢瓦尔河流域的图尔等都成了繁荣的商业中心。③活跃的集市为王室开辟了新的税源，它们也因此从国王那里获得城市自治的权利，新形成的市民阶层成为国王的支持者。

12世纪经济的发展对法国政制的发展而言具有十分重要的意义。卡佩王朝自建立之后，国王尽管得到了大大小小封建主的承认，但主权的实际统治权则被限制在以法兰西岛为中心的从塞纳河到卢瓦尔河之间的王室领地内，王室领地的面积仅占全国总面积的1/10。④王室领地的面积虽然狭小，但是集中在奥尔良、埃当普和巴黎周围，而且多位于塞纳河中游和瓦兹河河谷地带，这个地区比其他所有地区都更容易受经济增长因素的刺激，"水道的汇合、最早的垦荒活动、瓦兹河和塞纳河边大型葡萄园的扩张——其产品远销弗兰德尔和英国——这些因素都有利于该地区乡村、沿河地带以及奥尔良市和巴黎市的发展和繁荣"⑤。农业的发展和封地结构的演变以及市场和集市的活跃增加了王室的财力，王室给予城市和集市自治的权利，

---

① 〔比〕亨利·皮朗:《中世纪欧洲经济社会史》，乐文译，上海人民出版社1964年版，第71—72页。
② 参见〔法〕乔治·杜比主编《法国史》，上卷，吕一民等译，第357页。
③ 〔法〕皮埃尔·米盖尔:《法国史》，蔡鸿滨等译，第88页。
④ Armin Wolf, *Gesetzgebung in Europa, 1100-1500: Zur Entstehung der Territorialstaaten*, S. 162.
⑤ 〔法〕乔治·杜比主编:《法国史》，上卷，吕一民等译，第319页。

并从城市获得新的赋税，扩大了王室的税源，王室的收入有了很大的增加，这就使王室有了扩大王室领地的经济实力。

王室扩大领地主要分为两个历史阶段。11世纪中叶菲利普一世登基之后，王室以法兰西岛的领地、以马孔和奥弗涅等地为起点，兼并了长期以来嵌在王室领地内的那些小领地，实现了王室领地的完整。在兼并小领地和扩大王室领地的同时，出于加强对领地的管理以及征收赋税的需要，国王通常派遣自己的封臣作为国王的代理人承担管理领地和征收赋税的职责，王室的领地统一在国王的统治之下，在王室的领地内不再存在"我的'封臣'的'封臣'不是我的'封臣'"的政制现象，个人联合的政体形态开始发生了变化。

二、扩大王室领地中形成的地方官吏

王室领地的扩大

法国历史学家们一般认为，法国王权的集权是与王室领地的不断扩大同步进行的，大拓荒运动以及"上帝和平"运动、修道院改革运动为王权的集权提供了有利的途径，正如英国学者爱德华·米勒所说："统治者开始把扩大领地的范围、增加领地上产出作为一个重要目的。"[①]法国历史学家瑟诺博斯同样认为，"并不是因为王权扩大到整个王国而创造了法国的君主国家，乃是因为国王的私人领地（这里国王是以领主资格统治的）扩大至法国全部的领土。所以并不是起源于加洛林朝的旧王国，而是以卡佩家族私有的领地变成了法国的君主国家"[②]。11世纪中叶菲利普一世登基时，王室的领地主要分布在三个地区：以奥尔良为中心的卢瓦尔河以北的地区；以巴黎为核心的塞纳河流域地区；以桑利斯、贡比涅以及拉昂为核心的瓦

---

① 〔英〕M. M.波斯坦等主编：《中世纪的经济组织和经济政策》，《剑桥欧洲经济史》第3卷，周荣国等译，第248页。

② 〔法〕瑟诺博斯：《法国史》，沈炼之译，第140页。

兹河、埃纳河流域地区。菲利普一世在位时（1060—1108年），利用十字军东征的机会开始在王国内扩大王室的领地，经过近五十年的努力，把加迪内伯爵领地、科尔比城以及科尔比修道院的大部分土地财产、维克辛伯爵领地、奥尔良以南的布尔日子爵领地都划归为王室领地。这些领地的面积虽然有限，但却以此使王室的领地连成片，并派遣国王的封臣前往这些新划归的领地进行管理，称之为邑督（baillis，在法国南部则称之为sénéchal ①）。菲利普一世的继任者路易六世（1108—1137年）虽然在王室领地扩大方面的成就不大，但是他给予新兴的和原有城市特许权，将其置于王权的保护之下，允许其自治，市民成了"自由的市民"，国王得到的回报是在进行集权的过程中获得到了市民的支持；同时，路易六世以及他的孙子菲利普二世（1180—1223年）都大力支持法国境内国际贸易的发展。12世纪初，香槟伯爵领地内的定期集市只是地方性的农贸市场；到了12世纪末，香槟地区的集市已经发展成为法国、意大利、弗兰德尔商人们汇聚的地点。为保护往来商人的安全，菲利普二世于1209年给予所有往来香槟集市的商人安全通行证。②不仅如此，从王室的首都巴黎还有了通向弗兰德尔和鲁昂的商道，以及从巴黎经过塞纳河、罗讷河、索恩河通向马赛、圣吉尔、阿尔、博凯尔等多条国际贸易要道。在这个历史时期，法国是弗兰德尔和意大利之间的纽带，在法兰西王国的境内有了很多的贸易点。③

王室财政收入的增加使其更具有了扩大王室领地的经济实力，菲利普二世在扩大王室领地时面对的是强大的安茹家族。安茹家族的亨利二世通过继承和婚姻领地囊括了法兰西王国一半以上的领地，其中包括诺曼底、昂儒、都兰和曼恩，后又通过继承权获得了布列

① ballish和sénéchal是中世纪早期法国封建领地内负责行政管理、征收各种税金、维护社会秩序以及进行司法审判的人，国内学界对该词的翻译不太统一，笔者采用"邑督"这一翻译。

② 参见〔英〕M. M.波斯坦等主编《中世纪的经济组织和经济政策》，《剑桥欧洲经济史》第3卷，周荣国等译，第263页。

③ 参见〔法〕皮埃尔·米盖尔《法国史》，蔡鸿滨等译，第95页。

坦尼、奥弗涅、普瓦图和利姆赞等地区的领地，"囊括了今天的法国西部，占全国的1/3，包括整个英吉利海峡和大西洋的法国沿海地带，从布斯勒河口直到巴约讷以南的比达索阿河滨"，在法国境内建立起了一个强大的"安茹帝国"。[①]1154年，亨利二世登上了英国的王位，法王扩大领地与其产生的冲突演变为英国和法国之间的冲突。王室丰厚的收益是其与安茹伯爵争夺领地的经济后盾，仅以1202—1203年度王室的一份预算为例，在这一年的王室收入中，从王室的森林、农庄、耕地中获得的收益以及在司法、市场上获得的利润和教士的特别税等，大约60 000里弗尔（livre[②]）；另一方面，国王因突发战争额外征收的人头税、代兵役税以及对城镇、教堂和犹太高利贷商人征收的特别税等，约63 000里弗尔。[③]菲利普二世还在1214年的布汶战役中取得了重要的胜利。布汶战役之后，法王获得了诺曼底、缅因、安茹、布列塔尼等地区，王室领地由此扩大了三倍；王权在整个王国的地位也得到了确立和巩固，勒高夫认为，"从总体上看，菲利普·奥古斯都在位时期是法兰西王国的一个转折点"，在他执政期间，王室收入几乎翻了一番，他在位初期的12世纪80年代，王室的收入是22.8万里弗尔，到了13世纪20年代，则增加到43.8万里弗尔，他不仅为继承人留下了大量遗产，还有一笔数目惊人的财政储备。[④]毋庸置疑，王室不断增加的财富是13世纪法国王权逐渐集权的重要经济基础，正如马克·布洛赫所说："腓力·奥古斯都（菲利普二世）去世时，他每天的收入大致相当于稍后时的一个教会领主年收入的一半，而这个教会领主虽不属于最富有者之列，却在一个极其富庶的省份拥有非常广袤的财产。所以，

---

①　参见〔法〕乔治·杜比主编《法国史》，上卷，吕一民等译，第376页。

②　13世纪以前的法国货币种类非常杂乱，很多贵族都在自己的领地内建有铸币所，livre是在王室领地巴黎铸造的一种货币，参见〔法〕雅克·勒高夫《圣路易》，许明龙译，商务印书馆2002年版，第70页。

③　参见〔英〕M. M.波斯坦等主编《中世纪的经济组织和经济政策》，《剑桥欧洲经济史》第3卷，周荣国等译，第256页。

④　参见〔法〕雅克·勒高夫《圣路易》，许明龙译，商务印书馆2002年版，第69—71页。

国家从这个时期开始获得其至尊权威的根本因素——任何个人或者团体不能比拟的巨大财源。"①菲利普二世首先用王室的财政建立了西欧中世纪最早的雇佣兵（soldats②），③从而减少了对其封臣在军事上的依赖，正是通过这种雇佣兵制，菲利普二世才能与英国的金雀花王朝进行了多场战争，与有罗马教皇、德意志皇帝加盟的反法联盟对抗，并在布汶战役中取得最终的胜利，也由此有了"奥古斯都"的称谓。

地方行政区的划定

法国司法和财政保留在领地中的时间比英格兰更久，因为即使国王可以发布法律，他也不能在王室领地之外强制执行。菲利普·奥古斯都统治时期初步设置了地方行政官员制度，1190年颁布敕令，将处理各王室领地事务的权力交给地方行政长官。到1200年这种地方行政单位的数量增加到40—50个。12世纪晚期，另一种被称作"邑督"的地方官吏出现，他们作为巡回王室官员集团成员被派驻王室领地。这是菲利普·奥古斯都统治时期设立的新官职，是国王在各行省中的真正代表。邑督拥有行政、司法、军事和财政大权，负责征收领地内的常规收入、执行国王的决定。各领地法庭审判过的案件都可以上诉到邑督管辖区。④13世纪，随着王室领地规模的快速扩大，由国王间接或直接控制的法庭数量也在增加，国王法庭逐渐蚕食了领主司法管辖权。⑤如果原告不满意公爵或伯爵法庭的判决，他不必跑到巴黎上诉，可以直接去找作为国王意志代表的邑督。⑥邑督管辖区的建立可以把从英国夺来的领土通过设立行政

① 〔法〕马克·布洛赫：《封建社会》，下卷，张绪山等译，第672页。

② 因为这些专职的士兵领取薪金（solde），所以这些士兵被称为soldats，中文翻译为"雇佣兵"，参见〔法〕瑟诺博斯《法国史》，沈炼之译，第224页。

③ John Beeler, *Warfare in Feudal Europe, 730-1200*, Ithaca (u.a.): Cornell Univ. Press, 1971, p. 42.

④ David Nicholas, *The Transformation of Europe, 1300-1600*, p.72.

⑤ 参见〔法〕马克·布洛赫《法国农村史》，余中先等译，第148页。

⑥ David Potter (ed.), *France in the Later Middle Ages, 1200-1500*, Oxford: Oxford University Press, 2003, p. 34, 102.

机构的方式固定下来，这些管辖区很快就变成了名副其实的行政区，"王国与王室领地趋于融为一体"①。正如上文所述，邑督由国王任命并发放俸禄，国王也可以罢免他们。伯尔曼高度评价了这一官职的作用，认为它的采用与中央集权、专门的王室司法机构的发展密切相关。②正是在这些官吏的努力下，国王成为王国内权力的中心。

自法兰克帝国解体之后，法国的南方就与北方割裂开来，汤普逊认为罗亚尔河是把法国分为南方和北方的分界线，南方在中世纪时无论制度发展还是文化方面都比北方落后了一个世纪。③12世纪末13世纪初，盛行于东欧的基督教派别卡塔尔派随十字军进入西欧，在法国南部的图卢兹地区极为流行，这一教派以阿尔比城为中心，又被称为阿尔比派。阿尔比派对基督教教义的诠释对罗马教会的宗教权威构成了一定的威胁，故而罗马教会将这一教派斥之为异端。1208年，教皇派遣图卢兹的特使因与当地居民发生冲突被杀害，激怒了教皇，他宣称对图卢兹伯爵的领地"人人得以夺之"，从而导致这一地区陷入20余年的混战之中。菲利普二世虽然对南方领地垂涎已久，但却采取谨慎的态度不愿涉事其中，他的继任路易八世虽政绩平平但介入此事却异常积极。1226年，路易八世率领十字军征服了朗格多克地区大部分城市，1229年图卢兹伯爵领地被划归为王室领地，南法和北法由此都统一在国王的领地中。

法国南北的统一并没有呈现出一种新的政制形态，正如马克·布洛赫所说："与其说法国诸王统一了法兰西，不如说他们将法兰西重新聚集在一起。"他把同一历史时期的法国与英格兰进行了比较：英格兰有《大宪章》，在其规范下创立了议会；而在法国依然是法王向各封建领地颁发特许权。所以，"法兰西王权即使在国家已经复兴以后，似乎还永久地带有那种聚合体——伯爵领、堡领和对教

---

① 〔法〕雅克·勒高夫：《圣路易》，许明龙译，第70页。
② 参见〔美〕哈罗德·J.伯尔曼《法律与革命——西方法律传统的形成》，贺卫方等译，第563页。
③ 参见〔美〕汤普逊《中世纪经济社会史（300—1300年）》，下册，耿淡如译，第382、390页。

会的权利的聚合体——的痕迹,法国王权以非常'封建的'方式使这种聚合体成为其权力的基础"。[1]然而,王权集权的法国政制也逐步地有了演变,这种演变的起点是在菲利普二世时期。

在王室扩张领地的初期,其政制几乎保持着加洛林时期的政制特征,王室宫廷是王国的行政机构,但是其官员的数量有限,而且其职能并不很清晰,如掌玺大臣(chancelier)、总管(sénéchal)以及司酒官等宫廷官员,主要是管理王室领地的事务,负责巡视骑兵、整理国王的宅邸、安排王室内的膳食、监督王室的收入等;此外,还有负责起草文件的文书以及负责王室宗教事务的执事。[2]随着王室领地的扩大,王室宫廷的机制也有了新的变化。菲利普二世登上王位以后,设立了一些新的官职,把王室事务交给"内府"的官员打理,他自己掌管王国内的司法审判大权,任命了精通法律的法官(conseiller),审理王国内上诉的案件;由此,王室和王国的事务被分开。基佐这样形容菲利普二世的王权:"他在小心地利用他的封建宗主地位把他的诸侯们集合在他的周围时,同时不失任何机会使国王脱离出来并把他提高到诸侯之上。"[3]13世纪初,菲利普二世设立了御前会议(Council),参加御前会议的是由国王指定的少数的教俗大贵族,法国学者托克维尔这样评价御前会议:"在王权的中央,靠近王位的地方,形成了一个拥有特殊权力的行政机构,所有权力都以新的方式凝聚在这里,这就是御前会议。"[4]御前会议完全是根据国王的意愿召集的会议,通常是在复活节、圣诞节和五旬节等重大节日召开,所涉及的事务有战争与媾和、王室的婚姻、十字军东征以及关于犹太人的政策等。虽然已经具有了咨询和立法的职能,但它依然不是一个现代意义的立法机构。因为,"它既是最高法院,因为它有权撤销所有普通法院的判决,又是高级行政法庭,一切特别

---

[1] 〔法〕马克·布洛赫:《封建社会》,下卷,张绪山等译,第677—678页。
[2] 参见〔法〕乔治·杜比主编《法国史》,上卷,吕一民等译,第371页。
[3] 〔法〕基佐:《法国文明史》,第3卷,沅芷等译,第270页。
[4] 〔法〕托克维尔:《旧制度与大革命》,冯棠译,商务印书馆1992年版,第75页。

管辖权归根结蒂皆出于此。作为政府的委员会，它根据国王意志还拥有立法权，讨论并提出大部分法律，制订和分派捐税。作为最高行政委员会，它确定对政府官员具有指导作用的总规章。它自己决定一切重大事务，监督下属政权。……国王一人进行决断，御前会议像是发表决定。御前会议似乎有司法权，其实仅仅是由提供意见者组成的，高等法院在谏诤书中就曾这样说过"①。

邑督的职权

菲利普二世（即菲利普·奥古斯都）在自己的领地内挑选自己的封臣担任王室的和王国的官员，给予他们薪金作为俸禄。国王派遣邑督加强对地方的管理，邑督是代表国王在各地履行权力的地方官员，掌有财政和司法大权。②邑督管辖的地区称为 bailliage（邑督辖区），在南部地区称为 Sénéchaussée。邑督制并不是菲利普二世新创造的行政制度，早在 11 世纪菲利普一世统治时期邑督就已经存在，但这个时期的邑督是法兰西王国内的城堡监护人（castellan），掌有这一职位的通常是国王的封臣，拥有国王给予的封地，封地和职务都可以世袭，身兼邑督的封臣掌握着所在地区的政治、经济、司法权力，因而使他们更具独立性。菲利普二世继任国王后不仅保持了邑督这种建制传统，还在新扩大的王室领地内任命了 35 位之多的邑吏，在 1190 年更是增加到了 52 位。③ 值得一提的是，菲利普二世时期的邑督与之前的邑督有所区别，为了保证王室领地的完整性，菲利普二世不再给予邑督封地而是改用了薪俸，邑督也不再有世袭这一职务的权利，国王有权随时任免。抑或可以这样说，邑督获得报酬方式的这种变化，是中世纪的法兰西王国从封建的采邑制官员向薪俸制官员转变的一个起点。这些拿取薪俸报酬的邑督较为稳定

---

① 〔法〕托克维尔：《旧制度与大革命》，冯棠译，第 76 页。
② 参见〔法〕皮埃尔·米盖尔《法国史》，蔡鸿滨等译，第 95—96 页。
③ Jim Bradburg, *Philip Augustus: King of France, 1180-1223*, London: Longman, 1998, p. 48.

地为国王服务，少则10年，多则30余年。①邑督的固定且长期的任职保证了王室对地方的统治效率。另一方面，为了避免邑督在地方的权力坐大，菲利普二世以及后来的国王都经常调动邑督任职的地区，②在圣路易时期更是加强了对邑督的监管。③

法兰西王国官制的转变还体现在邑督的职能和权利方面。1190年，菲利普二世在参加第三次十字军东征之前颁布敕令，明确了邑督的职能："我们命令我们的大法官（邑督）为每个地方行政长官（邑吏）管辖区选出四个有好名声的、明智而可靠的人，并将我们的权力交托给他们。城市里的事务不经他们的同意，或者至少他们中的二人同意，不得处理。至于巴黎，我希望它有六个这样的人，全都诚实而公正。"他还在这个敕令中强调了邑督与国王的直接关系："我们的大法官（邑督）们应向我们作关于我们的地方行政长官（邑吏）的这种同样（犯罪行为）的报告。"同时，国王还强调了他人不得干预邑督的职能，甚至是王后和主教："王后和总主教不能褫夺我们大法官（邑督）们的职务，除非犯了谋杀、强奸、杀人或叛逆的罪；大法官（邑督）们也不能褫夺地方行政长官（邑吏）们的职，除非犯了这种罪。"④通过这个相关的法令，邑督成为王室的行政官员，是被委以重任的地方官员。"他接受国王的指导，监督国王的财务并向国王报告工作，还被授权审理国王法院的王室诉讼，12世纪末以后，每一位邑督都有了固定的辖区，在此管区中他为王室施政和作为一名王室法官。"⑤此外，国王颁给邑督的法令也越来越多，"这些法令也就成为了邑督制发展中的一个转折点，标志着他们作为

---

① John Wesley Baldwin, *The Government of Philip Augustus: Foundations of French Royal Power in the Middle Ages*, Berkeley: University of California Press, 1986, p. 134.

② Ibid., p.132-133.

③ 参见〔法〕雅克·勒高夫《圣路易》，许明龙译，第223—224页。

④ 〔法〕基佐：《法国文明史》，第3卷，沉芷等译，第267—268页。

⑤ 〔美〕哈罗德·J.伯尔曼：《法律与革命——西方法律传统的形成》，贺卫方等译，第572页。

王室统治中最活跃的官员，最终拥有了凌驾于邑吏之上的权力"①。菲利普二世在1190年颁布的敕令中明确宣布，把处理各王室领地事务的权力交给了作为地方行政长官的邑督，1200年时这种地方行政单位的数量增加到40—50个之多。由于这些官吏在代表国王对地方征税时普遍采用包税制的方法，他们将大量个人利益掺杂在了职位之中，甚至出现将官职视作个人财产的现象。②1217年，菲利普二世已经掌控了67个管辖区和采邑领地，其中有32个被并入王室的领地之内，③在诸如诺曼底等扩大的王室领地，邑督是重要的地方官员，拥有行政、司法、军事和财政大权，负责征收领地内的常规收入、执行国王的决定。各领地法庭审判过的案件都可以上诉到邑督管辖区，他们有自己的下级和议会（councils），④地方原有的、起源于中世纪早期的作为地方伯爵助手的子爵（viscounts，在法兰西南部称为 viguiers）则逐渐地消失。⑤

三、在集权中建立的政府机制

新的官吏制度

作为王室官吏的邑督与之前的采邑制官员有着显著的不同，虽然对国王忠诚依然是候选人的首要条件，但是家世的要素则明显地削弱了，在邑督这个社会群体中，出身于显赫的大贵族世家的成员明显减少了。12世纪以前法国特有的采邑制导致王国在政治上分裂，大贵族都独霸一方，因而王权所依靠的政治力量只有在王室领地内

---

① John Wesley Baldwin, *The Government of Philip Augustus: Foundations of French Royal Power in the Middle Ages*, p. 127.

② Robert Fawtier, *The Capetian Kings of France：Monarchy & Nation (987-1328)*, p. 175.

③ 参见〔法〕基佐《法国文明史》，第3卷，沅芷等译，第263页。

④ David Nicholas, *The Transformation of Europe, 1300-1600*, p. 72.

⑤ John Wesley Baldwin, *The Government of Philip Augustus: Foundations of French Royal Power in the Middle Ages*, p. 222.

的中小骑士。随着王室领地的扩大，国王派遣原有领地的中小骑士担任新划归王室领地地区的邑督。[1]为了防止新的邑督在任职地区成为新的分裂因素，国王不仅不再给予他们封地，代之以薪俸作为俸禄，而且使他们每三年轮换一个新的地区；因此，这些地方长官很难在一个地方形成独霸的政治势力。

新官吏制度的建立加强了地方与王权之间的联系，官吏们不再是国王的封臣，而是其官员，他们没有能够独霸一方的领地，他们在地方上执行的是国王颁布的训令（Ordonnance），是代表国王行使司法、行政和财政大权，国王通过训令扩大在各地的统治影响和权势，训令的数量大大增加，涉及的范围也很广泛，其中有关于地产、铸币以及城市自治或某些社团的特许权等。显然，王权的权力范围不再仅限于相关的封建领地，也干预到了以前没有干预的领域，国王的权威通过这些官吏而扩大。12世纪的一位编年史家把这些地方官吏比喻为"国王们都有长长的胳膊"[2]；可以说，邑督制为王权的中央集权奠定了非常重要的制度基础。正是因为地方官吏制从封臣向官吏的演变，法国的王权也发生了变化，这是因为王室领地扩大的一个结果是"王国与王室领地趋于融为一体"[3]，王室逐渐转变为以国王为首的、由官吏构成的王国的政制机构，这就在很大程度上保证了王权的集权不会因为国王个人的原因受到影响。十二岁登基的路易九世，在其祖父菲利普二世的三位重臣辅佐下，延续着其祖父和父亲的政策，这似乎表明了，王权不再仅仅是体现国王个人的统治意愿，所反映出来的是超越个人之上的王权的意愿，基佐把这种王权称为sui generis（自我生成的）权力，"王权不仅是唯一的，而且它对整个法国有权力"。[4]

自菲利普二世之后，国王更加注重御前会议的职能，经常在颁

------

[1] John Wesley Baldwin, *The Government of Philip Augustus: Foundations of French Royal Power in the Middle Ages*, p. 134.
[2] 〔法〕基佐：《法国文明史》，第3卷，沅芷等译，第304—305、244页。
[3] 〔法〕雅克·勒高夫：《圣路易》，许明龙译，第70页。
[4] 〔法〕基佐：《法国文明史》，第3卷，沅芷等译，第254—255页。

布训令之前召集大贵族与之进行协商，13世纪颁布的多个法令中都有这样的内容：此法令是与"我们的大人物和贤明人士"协商后制定的；"所有这些法令都是由一些贤人和善良的教士的大会制定"；"制定这个法令的是召集了某些人参加的会议，即所颁布的法令是与诸侯商议后根据他们的共同意见制定的"；等等。[1]尤其是一些有关保护城市的工商业者、保护有助于工商业发展的犹太商人方面的训令，更是强制所有贵族服从，因为这些训令是面向全王国（in toto regno）的。美国学者兰米尔在评价这类训令时强调，这种在处理有关重要的经济问题时的方式，即从召集个人参加的议会的形式到面向公众所有人颁布制定的法律的做法，不仅仅包含了法律本身的演变，也包含了法律形式的演变，是一个很大的跨越。[2]这种跨越的一个方面就是越来越注重任命那些受过法学教育的人为王室的官吏，无论他是什么出身。

罗马法的传播

12世纪是中世纪高等教育机构建立的时期，虽然中世纪西欧第一所大学产生于意大利的博洛尼亚，但是巴黎被看作"中世纪最早的教师之城"[3]，在那个时期曾经流传着这样的谚语："意大利有教皇，德意志有皇帝，法国有大学。"巴黎大学是12世纪学术的中心，聚集着文法学、经院哲学的大家，这就不可能不对罗马法的研究有影响，更何况罗马法的研究是以经院哲学为主要方法，巴黎大学在传播罗马法的过程中起到了不可磨灭的作用。[4]罗马法的复兴为中世纪的法兰西王国提供了大量的法律规范，这就必然促使菲利普二世重视对大学的支持，他曾颁布敕令给予巴黎大学的教师们某些特权，

---

① 〔法〕基佐：《法国文明史》，第3卷，沅芷等译，第283—284页。

② Gavin I. Langmuir, " 'Judei nostri' and the Beginning of Capetian Legislation", in: *Traditio*, Vol.16 (1960), p. 237.

③ 〔美〕查尔斯·霍默·哈斯金斯：《12世纪文艺复兴》，夏继果译，第304页。

④ 参见〔英〕保罗·维诺格拉多夫《中世纪欧洲的罗马法》，钟云龙译，中国政法大学出版社2010年版，第52页。

希望大学能为王国培养出教会的和世俗的"高级官员",虽然教皇洪诺留三世于1219年发布敕令禁止在巴黎大学教授罗马法,但是国王依然有意识有目的地支持大学中的法学教育。[①] 12世纪建立的蒙彼利埃大学、图卢兹大学都是以讲授和研究罗马法为主的大学,13世纪在法国王室领地的大本营奥尔良建立的法学院更是以讲授和研究罗马法而远近闻名,这些大学为法国行政官吏体制的建立输送了所需要的人才。[②]王室的御前会议虽然依然是以大贵族为主体,但是相当一部分的地方官吏接受过法学教育,路易九世亲政后更是重用那些在奥尔良法学院学习过的人为王室的官吏,[③]很多人被委以邑督之职,由此形成了一个新的法学家官吏阶层;基佐认为,这个法学阶层"成了几乎唯一掌握司法行政工作的人"[④]。为了有效地控制王国内的最高司法权,国王任命受过法学教育的人为官吏,这是王权集权的一个十分重要的途径;"王室司法更为专业化,因为它是由专业上受过培训的法官施行的"[⑤]。

王权的司法审判权不仅涉及世俗贵族的权利,也触动了教会的利益,这是因为教会同样享有世俗的权力,而且常常把世俗权与教会的教权混在一起,国王经常与鲁昂、兰斯等大主教发生矛盾,并最终酿成了国王与主教之间公开的冲突。13世纪30年代,巴黎北部的博韦市的市民因该市市长的人选问题与主教发生了激烈的冲突,路易九世亲往博韦市力图平息这场冲突,关押了大批市民;但博韦市的主教不仅拒绝国王干预此事,还拒绝向国王缴纳其征收的住宿税。被激怒的国王立刻下令取消博韦主教已有的所有世俗权利,断绝了教会的所有收入来源,还把教堂酒窖的所有窖藏葡萄酒公开出

---

① 参见〔法〕雅克·勒高夫《圣路易》,许明龙译,第113页。

② Paul Koschaker, *Europa und das Römische Recht*, S. 77f.

③ Walter Rüegg(hrsg.), *Geschichte der Universität in Europa*, München: Beck, 1993, Bd.1, S. 97.

④ 〔法〕基佐:《法国文明史》,第3卷,沅芷等译,第316页。

⑤ 〔美〕哈罗德·J.伯尔曼:《法律与革命——西方法律传统的形成》,贺卫方等译,第578页。

售；主教则以宣布停止教区内的一切日常的宗教仪式和活动的禁令
作为回击。博韦主教的这一禁令措施得到了兰斯大主教和其他主教
们以及罗马教皇的支持，这一事件的影响很快波及王国的其他地区，
正如时任教皇所说，"对博韦教会的伤害，也是对法国教会乃至全世
界教会的伤害"，甚至威胁要对国王处以绝罚。年轻的路易九世强势
对应，他宣布任何禁令和绝罚都是无效的。[1]博韦事件改变了法国王
权与教会的关系，在此之后国王的司法审判权高于教会的教权。为
了保证王权的集权，路易九世于1254年在巴黎颁布了重要的训令，
即《朗格多克和朗格多克地区习俗改革》(Réformation des mœurs
dans le Languedoc et le Languedoil)。这个训令实际上是有关行政
改革的一个法令汇编，法国的历史学家们称之为"国王第一敕令"，
将其看作"法国的自由宪章"。[2]这个训令强调严格遵守维护王权的
现行的习惯法，取消一切有害于王权利益的地方习俗，在王室领地
内施行的官吏制度推广至国内其他地区。为了加强对地方官吏的控
制，防止他们结党营私构成威胁王权的政治势力，训令中特别规定
所有的邑督都必须向国王宣誓效忠，其获得的权利只能在任职所在
地行使，在王室领地范围内推行博马努瓦尔所提倡的官吏必须履行
的职责。[3]这一系列的行政命令无疑推进了公共行政机制的运行，从
而在公共权力和私权之间划分了一条界线，这是中世纪法律体系向
近代立法制度过渡的重要环节。为了保证国王司法审判权的有效实
施，路易九世还在机构上进行了改革。1250年，路易九世在御前会
议之外设立了王室的高等法庭(Parlamentum)，即常驻巴黎的高等
法院，并且最终成为一个常设的司法机构。[4]设立这一机构的目的
在于限制或缩小地方封建领主的审批权，加强中央司法管辖权。在

---

① 参见〔法〕雅克·勒高夫《圣路易》，许明龙译，第119—120页。

② 同上书，第218页。

③ 参见 Armin Wolf, *Gesetzgebung in Europa, 1100-1500: Zur Entstehung der Territorialstaaten*, S. 165f;〔法〕雅克·勒高夫《圣路易》，许明龙译，第218—219页。

④ 参见〔美〕哈罗德·J.伯尔曼《法律与革命——西方法律传统的形成》，贺卫方等译，第561页。

1239年的一次有关司法审判的御前会议上首次使用Parlamentum这个词汇，巴黎高等法院逐渐成为所有涉及国王或他的地产案件的初审法庭，也是针对贵族的同级审判法庭。[①]巴黎高等法院的主要职能之一是负责将国王的法律登记在案，只有通过这个程序，国王才可以正式颁布法令并具有法律效力。这一职能也赋予巴黎高等法院一项权利，它可以否定被认为是损害个人或团体利益的国王法令，并运用法律程序阻止或拖延该法令的颁布。抑或可以这样说，巴黎高等法院虽然是在王室之下的法庭，它的主要职能是在不断扩大的王室领地内强制推行国王的法令，但它并不是仅仅维护国王的个人利益，而是兼顾该法令所涉及的所有人的利益。因此，巴黎高等法院不仅进行判决，还兼有行政职能，此外还有立法的功能，它在法国领土统一的过程中发挥了重要作用；因为，法律统一性的趋势要求一种可以纠正某些地方习惯的不公之处的权威，建立起通行于整个王国的法律一致性。[②]巴黎高等法院就起到了这样的作用。

作为最高司法机构的王室法庭不仅审理王室领地内的案件，还把王室法庭的司法审判权扩大到其附属封臣的领地，一切重大案件由王室法庭审理。为了保证王国内的安定，路易九世于1258年宣布禁止在王室领地内进行司法决斗，取而代之的是向国王的宫廷提起诉讼。为此路易九世宣布实行"国王四十日"，任何人在宣战之后四十天内不准开战，以便弱者向国王申诉，"现在在国王的一切领地内，诸侯们、自治市自由民们、自由人或半自由人，都不求助于战争这个赌注来决定他们的争端了，而是不得不把他们的争端提交给国王的法官、他的大法官（邑督）、地方行政长官（邑吏）等人来解决。国王的裁判权就这样取代了个人势力；他的官吏用自己的裁决解决了原先由双方的斗士解决的问题"[③]。官吏逐渐主导了在领土上

---

① David Nicholas, *The Transformation of Europe, 1300-1600*, p. 73.

② David Potter (ed.), *France in the Later Middle Ages, 1200-1500*, p. 36.

③ 〔法〕基佐：《法国文明史》，第3卷，沅芷等译，第290页。

推进统一法律秩序的活动。①接受过法学教育的官吏阶层将共同法律意识的理念带入政府组织机构的发展过程中，将抽象的法律原则交由具体的职能部门去执行，由此推动法律秩序的统一。伯尔曼认为，12、13世纪在法兰西所流行的王室法律制度成为使国家经济和社会生活有序化的有效工具。②在具有法学研究背景的官吏的努力之下，用罗马法将分散的习惯法统一起来，为政府职能的确立提供了理论支撑，国王不再仅是其封臣的宗主，而且成为领土上所有臣民的君主，无论任何等级的人都同样要遵从国王的法律。一种新的法律观念，即国王是司法权的唯一源泉日益流行，王室官吏在推进王国法律秩序的统一方面发挥了重要作用。

习惯法的理论化

在中世纪，法国与西欧其他地区一样，法律不是以立法条文为基础，而是以部落或采邑的古老习惯为基础。在扩张领地的过程中，法兰西王室面对着一个难以克服的问题，即各地差异不同的习惯法，这无疑是王权集权的一个障碍；因此，在领土扩张和中央集权为特征的政治整合时代，也需要对各地区的习惯法进行统一整合。③而罗马法中就具有对不同地区地方法律进行整合的平衡原则，并且具有被普遍接受的合法性。自菲利普二世时期起，历任法王都注重起用那些接受过大学法律教育的人规范各地的习惯法并将其统一在王室法庭下。1278年，被称为勇敢者的菲利普三世在王室法庭下分别设立了申诉法庭、预审法庭、诉状法庭，此外还有成文法审理院（auditoire du droit écrit），颁布了一系列法令（ordonnances）和法规（établissements），以此作为依据审理上诉到王室法庭的案件，

---

① David Luscombe and Jonathan Riley-Smith (ed.), *The New Cambridge Medieval History*, Cambridge: Cambridge Univ. Press, 2004, Vol. IV, Part I, pp. 141-142.

② 参见〔美〕哈罗德·J.伯尔曼《法律与革命——西方法律传统的形成》，贺卫方等译，第568页。

③ 参见〔法〕皮埃尔·米盖尔《法国史》，蔡鸿滨等译，第108页。

此后这个审理院成为巴黎议会的一个重要机构。[①]1280年，当时最著名的法学家博马努瓦尔用三年的时间编纂了《博韦人的习惯法》，这是西方学界公认的在13世纪的法国最具罗马法知识的法律汇编。[②]

博马努瓦尔曾任博韦德克莱蒙特郡的法官和副郡长。《博韦人的习惯法》的重要性在于作者运用其所熟知的罗马法原则说明当地习惯的要旨。博马努瓦尔曾多处提及"普通法"，对他来说这一术语意味着法兰西王国各地广泛接受的法律规范。博马努瓦尔对法律的理解构建在"法兰西王国的普通法"基础之上，他始终在考虑当时社会所面临的实际问题。[③]这个汇编中规定，只有在战争时期或者受战争的威胁，或者是饥荒年代才能颁布新的法令，而且新颁布的法令必须具备五个条件：具有理性的理由；有利于公共利益；给人劝告；与上帝的禁令一致；具有良好的道德规范。这无疑为制定法律提出了必须遵守的基本原则，具有了现代宪法的某种含义。[④]在这个习惯法汇编中，博马努瓦尔强调了这样一个观点，即"只要是国王喜欢的就是要遵守的法律"，他强调："每位贵族在其领地都有主权，[但]国王对全国拥有主权。"[⑤]博马努瓦尔还宣称："国王可以为了公共利益（the common good）而制定法典，而且他所制定的法律必须为所有人所服从。"[⑥]《博韦人的习惯法》是经过王室法庭解释、构建和合理化的，成为统一其他地区的习惯法的依据，是适用于全王国的法律，西方学者把博马努瓦尔的这个习惯法汇编看作法国立法制度的

---

① Paul Koschaker, *Europa und das Römische Recht*, S. 142f; Armin Wolf, *Gesetzgebung in Europa, 1100-1500: Zur Entstehung der Territorialstaaten*, S. 167.

② Paul Koschaker, *Europa und das Römische Recht*, S.143.

③ 参见〔英〕保罗·维诺格拉多夫《中世纪欧洲的罗马法》，钟云龙译，第60—62页。

④ 德国学者施米特关于宪法概念的学说，他认为宪法是一种"根本规范"，或者说是一种规范化的限制，参见《宪法学说》，刘锋译，上海人民出版社2005年版，第47—48页。

⑤ 〔美〕哈罗德·J.伯尔曼：《法律与革命——西方法律传统的形成》，贺卫方等译，第572页。

⑥ Joseph Reese Strayer, "The Laicization of French and English Society in the Thirteenth Century", in: Sylvia A. Thrupp (ed.), *Change in Medieval Society*：*Europe North of the Alps, 1050-1500*, New York: Appleton-Century-Crofts, 1964, p. 110.

起点。①不仅如此，那些受过罗马法教育的邑督们也用罗马法对当地的习惯法进行规范。在菲利普三世统治时期，韦芒杜瓦的邑督皮埃尔·德·方戴汇总了当地的习惯法，他并不是简单地将当地习惯加以整理，而是运用罗马法的原则进行汇编和诠释，其中还引用了部分罗马法原文作为补充。②这些法律汇编的出现有助于王室司法活动向地方的深入，这说明官吏职能的专门化有助于王室权力的加强。

美国学者伯尔曼高度评价13世纪法国王室通过法学家使习惯法理论化的法律效能，他说："13世纪法兰西王室法律的功效基于习惯法和法律学问的巧妙综合，以及它将法律学问适用于习惯法的较为精巧的程序。将法律学问和法律程序适用于法律习惯创造了一种法兰西的习惯法体系，它作为一种强有力统一的和具有教育作用的力量而发挥作用。"③法国学者杜比等人认为，更重要的是这些法学家们"把君主的封建权利诉求与关于各种法典和论著的回忆联系起来，澄清了仍很模糊的'国王的主权''王国的君主'等概念"④，并通过统一的法律把封建王权特有的"保护"扩展到整个王国，实现了王权对整个王国的统治。

法律对国王权威的保障

王室法庭和成文法审理院的建立，使法国王室有了最初的立法和执法的法律机构，并且通过邑督制保证了王室的法令通行于全王国，抑或可以这样说，这种立法和执法一体的法律体系与此前建立的邑督官吏制度结合在一起建构了中世纪法国最初的政府机制。这种新的政府机构就使得国王成为真正意义的主权者，通过这个行之有效的政府机构，全王国都被置于王权的统治之下。在扩大王室领

---

① Paul Koschaker, *Europa und das Römische Recht*, S. 167f.

② Ryan Magnus, "Rulers and Justice, 1200-1500", in: Peter Linehan, Janet L. Nelson (ed.), *The Medieval World*, London and New York: Routledge, 2001, p. 504.

③ 〔美〕哈罗德·J.伯尔曼：《法律与革命——西方法律传统的形成》，贺卫方等译，第569页。

④ 〔法〕乔治·杜比主编：《法国史》，上卷，吕一民等译，第423页。

地的同时加强了王权的集权，王权集权在于实现法律体系的统一，统一的法律需要构建一个有效的法律机构，正是在这个过程中建立了政府机制，与此同时也形成了一个专职的官吏阶层，有了选择和任免官吏的规则。1259年出版的《公正和申辩之书》(*The Book of Justice and Pleas*) 中就要求，即使王室任命地方的官吏，也应该像城市选举市长一样，需要在当地获得2/3的多数同意才有效。[1]可见，官吏的任命权虽然还掌握在国王的手中，但是他们被要求遵循的是客观的、统一的法律和行为规范；换句话说，作为官吏，其职位要求他对法律负有义务而不是对领主负有个人化的义务，逐渐地摆脱了国王个人的控制，因为他们忠于法律和上帝要更胜于忠于他们的国王，当时著名的法学家布拉克顿就强调，政府是在法律和上帝之下，而且是法律创设了国王。官吏不再是国王个人的封臣，他们受职业规范和纪律的制约，在政府机构中履行相应的公共职能，只有当官吏接受组织机构的约束时，政府的公共职能和公共权力才能够获得威信。[2]

国王通过集权将其权威扩展到王国各地，随之产生的稳固的行政和司法体制将公共权威具体化，约瑟夫·R.斯特雷耶认为，在这一历史时期出现了构成现代国家的基本元素。[3]在这个阶段，政府机构取代了封建领主在地方上的个人统治，对法律和税制的控制权从领主的手中转到国王手里，而普遍接受过大学教育和领取薪俸的官吏阶层正成为这一秩序的体现者和执行者。官吏阶层的出现促进了政府职能向制度化和专业化的方向迈进，西方法学家把国家视为一种秩序，而且是一种集权化的法律秩序。[4]

国王依托中央集权获得一种超越所有个人的非个人化权力，以

---

① John Hine Mundy, *Europe in the High Middle Ages, 1150-1300*, London: Longman, 2nd ed., 1991, p. 229.

② Robert Fawtier, *The Capetian Kings of France: Monarchy & Nation (987-1328)*, p. 182.

③ 参见〔美〕约瑟夫·R.斯特雷耶《现代国家的起源》，华佳等译，第19页。

④ 参见〔奥〕凯尔森《法与国家的一般理论》，沈宗灵译，中国大百科全书出版社1996年版，第212页。

强制性的措施来约束个人的行为，使他们对该权威负有义务。官吏阶层的形成与中央集权化进程是同步进行的，他们是政府权力的创造者和执行者。在集权化的进程中，王室宫廷的各个行政部门走上了专业化的道路，官吏的行为也受到了职业规范的制约。在早期王室宫廷中，一个官吏可能既是法官也是税务官，随着财政与司法的分开，法官和税务官也各自走上了专门的道路。法官必须遵循司法程序进行审判，未接受过法学教育的人已不能胜任法官的职务。[①]13世纪末，在王室法庭之下有了四个各司其职的法庭，负责审判的人被称为"法官"（Councillors，conseiller）。早期主持法庭的大多是大贵族，13世纪中叶之后，接受过法学教育的专业人士逐渐增多，约有30人；[②]1296年，高等法院有51名法官，1316年时则达到69人。[③]1345年，王室颁布法令，明确规定了各法庭的法官人数以及法官领取的薪俸。14世纪中叶以后，最高法院逐渐脱离了御前会议，成为独立的司法机构。[④]

官吏的权威源于他们所占据的政府层级结构中的位置或职位，即职位权力。同时，官吏的职位要求他对法律负有义务而不是对领主负有个人化的义务，并在职务活动中排除个人的利益。博马努瓦尔指出，法官不应以服从他的领主为借口不服从上帝，假如法官执行领主的直接命令会使他"良心有愧"，他甚至可以不受这种命令的约束。[⑤]在13、14世纪，卡佩王朝的官吏们支持的不是代表国王个人的王室利益和权利，甚至在他们认为有违真正的君主利益的时候，不惜无视国王的个人愿望也坚持按照法律要求行事；[⑥]抑或可以这样说，政府的事务逐渐演变为一种与统治者个人分离的政务，就国王

① 参见〔美〕约瑟夫·R.斯特雷耶《现代国家的起源》，华佳等译，第23—24页。

② Charles Petit-Dutaillis, *The Feudal Monarchy in France and England, from the Tenth to the Thirteenth Century*, London: Kegan Paul Trench, Trubner & Co. Ltd., 1936, p. 243.

③ John Hine Mundy, *Europe in the High Middle Ages, 1150-1300*, p. 232.

④ Bernard Gunée, *States and Rulers in Later Medieval Europe*, pp. 123-124.

⑤ 参见〔美〕哈罗德·J.伯尔曼《法律与革命——西方法律传统的形成》，贺卫方等译，第578页。

⑥ Robert Fawtier, *The Capetian Kings of France: Monarchy & Nation (987-1328)*, p. 182.

本人来说，他之所以拥有权力是因为他担任国王这一职位，其本身已经成为政府权力的一部分。马克斯·韦伯认为，官吏制确立的基础在于职位的设定而非个人的合法权威。[1]西欧政制结构的发展继续沿着不断完善的中央集权国家道路走下去，较为全面和明确的主权思想在此基础上逐渐形成。英国学者毕瑟姆就认为，官吏的制度化和专业化是与领土国家的形成同步进行的，因为常备军、统一的法律和税收体制都需要专职的官吏队伍。[2]

四、国王掌控的三级议会

等级的权利

西方历史学家们普遍认为，菲利普二世的统治是法国王权的一个转折点，他以"奥古斯都"自居似乎也得到了认可，[3]他统领着1200名骑士、3000名骑兵以及10 000名步兵，用十年进行了一系列的战争，使王室领地扩大了三倍，王室的岁入增加了两倍。此后的几任国王则进一步扩大了王室领地，14世纪20年代的统计显示，王室领地占全国总面积的3/4，[4]法国国王成为欧洲最富有的君主，有欧洲最强大的军队。[5]但是，为了扩大王室领地而经常进行的战争使王室的财政入不敷出。13世纪末年，菲利普四世把手伸向了工商业极为发达的加斯科尼和弗兰德尔，由此与英国国王发生了武装冲突。与此同时，法王还觊觎德意志的皇位，与东部的德意志帝国交恶。对外扩张需要巨大的军费开支，这就不得不使国王一再扩大税源，增加了城市税，鼓动领主出钱赎买兵役，并且把征收赋税扩大

---

① Helen Constas, "Max Weber's Two Conceptions of Bureaucracy", in: *The American Journal of Sociology*, Vol. 63, No. 4 (Jan., 1958), p. 401.

② 参见〔英〕戴维·毕瑟姆《官僚制》，韩志明等译，第55页。

③ 参见〔法〕雅克·勒高夫《圣路易》，许明龙译，第69—70页。

④ 参见〔法〕乔治·杜比主编《法国史》，上卷，吕一民等，第455页。

⑤ 参见〔英〕塞缪尔·E.芬纳《统治史》，第2卷，王震译，第337页。

到了教会和修道院，向其征收财产税。为此，时任教皇博尼法修斯八世发布教谕，命令法国教士不得向国王纳税，违者处以绝罚，因为任何世俗君王都无权向教会征税。菲利普四世立刻针锋相对，颁布法令禁止输出货币、金银以及马匹等，以此断绝罗马教会在法国征收任何什一税的方式，致使双方冲突加剧。后因教皇政敌与法王站在同一战线，迫使博尼法修斯八世不得不妥协，允许教士"自愿"向法王纳税。1301年，因法王对教士的司法审判再次与罗马教皇产生冲突，后者发布教谕，要求法王释放拘押的教士，取消向教士征税的政令。为了对抗罗马教皇，菲利普四世召集有贵族、教士和市民等社会各阶层代表参加的会议，即三级会议。

三级会议是以三个等级为基础召开的会议，三个等级的概念是法国的教士们最先提出来的。拉昂的主教阿达尔贝伦在其著作《致罗伯特国王的诗》中写道："信仰的本质是单一的，但在等级顺序上有三种身份……被视为一个的上帝之家因而是三分的。祈祷，一些人作战，其他人劳作。这三类人是合在一起的，绝对没有裂痕。因此两个的工作是立在一个职位的基础上的，他们也给所有人以支持。这种三方的连接因而是单一的。"[1]与他同时代的康布雷主教杰拉德一世也说道："从一开始，人类就被分为三种，祈祷者、农夫和战士，他还给出清楚的证据，表明这些阶层的每一个都是另外两个的左右手，相互支持。"[2]阿达尔贝伦还对此做了进一步的归纳："尘世之上，有人祈祷，有人战斗，还需有人劳作，此三者为一整体不可分离，一方之职责，实为余下二者之所依，故三者皆彼此相助。"[3]此后，基督教的神学家们再三强调三个等级，"每个等级都把这个制度看作是上帝为了维护其秩序而制定的"，每个等级都有自己的权

---

① Giles Constable, *Three Studies in Medieval Religious and Social Thought*, Cambridge: Cambridge Univ. Press, 1995, pp. 283-284.

② Ibid., p. 285.

③ 〔法〕乔治·杜比主编：《法国史》，上卷，吕一民等译，第329页。

利。[①]12世纪城市复兴之后，改变了第三等级的社会结构，市民阶层成为第三等级的主体，这首先是因为从事农业劳作等级中的农民还被束缚在领地制的藩篱中，还没有完全从人身依附关系中解脱出来，他们还不是国王征税的主体。其次，刚刚形成的市民阶层正在摆脱城市领主对其的掌控，需要依靠更强大的政治力量，这就为因扩大王室领地与地方领主产生冲突的国王提供了新的政治力量。再次，城市经济越来越上升为社会经济的主导，而市民的财富也成为王室新的税源。在日益发展的城市中法兰西国王找到了新的政治盟友——市民。正如基佐所说："在法国，谁反对封建主义？两种力量：一方面是王族，另一方面是平民。靠着王族，在法国成立了一个中央政府；靠着平民，建立了一个幅员辽阔的国家，这个国家使平民团结在中央政府的周围。"[②]13世纪初，法王依靠的政治力量主要还是他的封臣，1205年，菲利普二世在与教皇发生争端时召集男爵们集会，希望得到他们的支持，给予国王必要的帮助。[③]随着这个世纪城市经济的发展，菲利普二世逐渐地把城市纳入君主体系中，使其具有经济职能和军事职能。他为许多城市颁布特许状，宣称自己是王室直属领地以外所有城市的保护者，[④]以此说明他是整个法国的君主，而不仅仅是王室领地的领主。

国王的意愿

在法国，从某种程度上来说三级会议更像是国王实现自己意愿的场所，尤其是不断壮大的市民阶层在三级会议中的政治影响力越来越大，有利于国王打破领地的界线，彰显自己在全王国的权威。路易九世执政时期更是注重城市市民的作用，在这个时期的史

---

① 〔法〕里夏德·范迪尔门：《欧洲近代生活——村庄与城市》，王亚平译，东方出版社2004年版，第199页。

② 〔法〕基佐：《法国文明史》，第3卷，沅芷等译，第5页。

③ Charles Petit-Dutaillis, *The Feudal Monarchy in France and England, from the Tenth to the Thirteenth Century*, p. 237.

④ Thomas Frederick Tout, *The Empire and Papacy, 918-1273*, London: Rivingtons, 1924, p. 403.

料中出现了"优良城市"的提法。所谓"优良城市",就是"国王有利可图的城市"。路易九世大力扶持"优良城市","在他的优良城市中所能看到的,一是名副其实的行政官员,二是应该始终加以控制的人群,三是任何时候都应加以操纵的一支无可比拟的政治力量";路易九世曾经直言不讳地说,"巴黎和我的王国中的各个城市曾帮助我对付贵族"。[①]1262年,路易九世国王因财政问题召集会议时,第一次邀请市民的代表参加,其目的不言而喻。13、14世纪之交,菲利普四世因向王国内的教士们征税,即"教士收入十分之一税"(decimes),引起教士们极大不满,罗马教皇博尼法修斯七世也在法兰西境外召开的一次法国主教会议公开批评菲利普四世,国王与教皇因此而发生了冲突。法王菲利普四世对此针锋相对,于1302年5月召集贵族、教士和市民代表在巴黎圣母院召开会议,动员全国的力量与罗马教皇抗衡。历史学家们通常认为,这次会议是"在法国历史上第一次召开的三级会议"[②],但是杜比等人却认为,"它比三级会议更可取,是一次直接倾听法国民意的会议"[③];换句话说,菲利普四世通过这种方式使更多的社会阶层认可国王的决策,获得更大的支持。1303年菲利普四世改变了征税的方式,由封建性质的援助转向普遍征收。在国王与贵族之间的封建采邑关系中,贵族必须履行向国王交纳税收的义务,而国王也只有权征收已经规定的采邑税,如要收取其他赋税则要经过纳税者的同意。1304年,为了筹集远征弗兰德尔军费,国王要求大贵族缴纳其全年收入的1/5作为赋税;另一方面,因为有了一支善战的雇佣军,规定骑士可以缴纳炉灶税以取代在军中的服役。为了获得中小骑士对此的支持,国王召集有三个等级参加的大会议。14世纪初,圣殿骑士团在法国倚仗财力桀骜不羁,再加上王室多次向其借贷,欠了圣殿骑士团巨额债务无力偿还,为了打击圣殿骑士团的嚣张气焰,也为了褫夺其在法国

①　〔法〕雅克·勒高夫:《圣路易》,许明龙译,第229页。
②　张芝联主编:《法国通史》,第62页。
③　〔法〕乔治·杜比主编:《法国史》,上卷,吕一民等译,第450页。

的财产以此抵销债务，菲利普四世于1307年以异端罪名将骑士团的成员交由异端审判法庭。罗马教皇对此进行干预，发布教谕宣称，世俗君主无权对教会人士行使任何权力。为了在王国内获得广泛的支持，菲利普四世于次年召集了有三个等级参加的会议。①在这次会议上，法国的主教们为了维护自身的利益站在国王一边。这次会议之后，法王的权威再次提升，在菲利普四世的大力举荐下波尔多的大主教当上了教皇，即克莱蒙五世。新上任的教皇立刻支持法王在法国取缔圣殿骑士团，撤销了上任教皇针对法王颁布的教谕，同时还宣布法国教会岁收的1/10上缴王室。虽然克莱蒙五世提拔了多名法籍教士进入枢机主教团，但他深感在意大利地位不稳，不得不于1309年把教廷迁到法国南部的小镇阿维尼翁，至此开始了长达70余年的"阿维尼翁之囚"，教廷开始走下宗教权威的顶峰。可见，三级会议成为法国加强王权集权的一项有效措施，自14世纪起，法王经常以"王国的需要"为名召开有三个等级的代表参加的会议，以这种三级会议的模式增强王权的集权，三级会议也逐渐成为王室筹集军费、决定赋税等政务的不可或缺的政制机制。②值得一提的是，并不是每一次国王召集的会议都能达到他预期的结果，1321年的一次等级会议就曾经否决了菲利普五世国王试图征收一种赋税作为财政补贴的意图。③

法国中世纪的三级会议完全按照国王的意愿召开或者中止。④参加会议的三个等级的代表并不在一起议事，而是各自商议之后把协商的结果禀告国王；不论每个等级有多少代表参加会议，都只有一票表决权；显而易见，这种"民主集中"的方式只是有利于国王建立政治同盟。与英国的议会制度比较而言，法国的三级会议不是制

① David Nicholas, *The Transformation of Europe, 1300-1600*, p. 62.
② Bernard Gunée, *States and Rulers in Later Medieval Europe*, p. 179.
③ David Abulafia (ed.), *The New Cambridge Medieval History*, Vol. V, Cambridge: Cambridge Univ. Press, 1999, p. 307.
④ Vivian Hubert Howard Green, *The Later Plantagenets: A Survey of English History between 1307 and 1485*, London: Edward Arnold, 1955, p. 93.

约王权的一种机制，更像是由法王操纵的一个政治工具，"参与这些会议是遵照国王的命令，并不是一种权利"①。社会的其他等级都无权召集三级会议，甚至把有意图召集三级会议看作是一种叛逆。②召开会议的目的是扩大国王的影响，使国王的决策能更好地得以施行，主权王权也逐渐得到了确立，在三级会议中通过的决议不再是代表国王个人的意愿，而是他所代表的政治观念，"作为君主政体之主要因素是王权则是这一观念的象征"③。因此，国王总是在其权威受到威胁时才会召开三级会议，以便找到支持自己的同盟者；另一方面，作为第三等级的市民阶层也正是通过与国王的结盟提升了自身的政治地位，他们中的一些人也受到国王的重用，走上仕途，成为王室的官吏。

五、走上仕途的市民阶层

市民的崛起

市民阶层形成于11世纪末期。大拓荒运动促进了农业的发展，农业发展的表现是多方面的，农产品进入商业流通渠道是其中一个重要的方面。法兰克帝国解体之后，西法兰西的商业活动几乎处于停滞的状态，正如汤普逊所形容的："在第十世纪开端，法国濒于混乱局面。在查理曼帝国领土内，再也没有一个国家像法国那样接近瓦解。"④以罗亚尔河为界划分的南北法国之间不论经济上还是文化上都有了越来越明显的差异，南部地区由于受到北欧人的侵扰，经济被破坏的程度似乎更严重，荆棘丛生、土地荒芜、村落凋零，由于道路和桥梁年久失修，严重毁坏，法国几乎与外界没有什么交往，不仅与地中海没有贸易往来，就是与东部的东法兰克王国和意大利

---

① 〔法〕瑟诺博斯：《法国史》，沈炼之译，第229页。
② Peter Shervey Lewis, *Later Medieval France: The Polity*, London: Macmillan, 1968, p. 97.
③ 〔法〕乔治·杜比主编：《法国史》，上卷，吕一民等译，第447页。
④ 〔美〕汤普逊：《中世纪经济社会史》，上册，耿淡如译，第381页。

也都没有贸易往来，即使是在法国内部的经济往来也很少有，汤普逊形容10、11世纪的法国经济图景就像一件拼凑补缀的棉衣，上面的每一省都是分隔开的一块，而且每一省的情况都各不相同。①最先在法国开始的修道院改革运动带动了拓荒运动，随着荒地、沼泽地和林地的开垦，农业种植技术也有了很大的进步，人们学会了根据气候和土质条件种植不同的农作物，这就极大地促进了农作物的流通。诺曼人于1066年的征服在英格兰和西欧大陆之间架起了桥梁，促进了法国南部与英国的贸易往来，尤其是弗兰德尔"成为来自英格兰的船只或者穿过松得海峡出波罗的海南下的船只的旅程的天然终点"②。11世纪中叶以后，葡萄酒的运输以及来往的商人冲破了法国很多地区的隔离。在领地制的体制下，农业为农民赋予了人身依附性，而商业也使商人享有了自由身份，他们获得了王室特许权给予的保护，不受地方领主的司法审判权；为了获得保护，他们只向大封建主和王室缴纳关税、交通税等，无须向领主纳租，正是在经济上和法律上特有的地位，逐渐形成了一个新的社会群体，城市是这个新的社会群体的栖居之地。

12世纪初期，意大利的商业活动不断延伸到法国，南法的一些港口也恢复了生气，商业的活跃带动了城市的复兴，"城市复兴，是一种与商业复兴紧连着的现象"③。进行商业活动的商人聚居在一起，从事交换的市场也吸引了手工业者，他们在市场的周围安置了手工作坊，在这个聚居地不仅有商人还有手工业者、犹太人、基督教的教士和修道士，以及领主的仆役等。居住在一起的居民为了安全修建了墙垣，城墙成为中世纪城市的一个重要特征，但是布罗代尔并不认为中世纪城市的标准是城墙，"城市最鲜明的特征表现于它在尽可能狭窄的地域内集中了最大量的经济活动"④，居住在墙垣里面的人

---

① 〔美〕汤普逊：《中世纪经济社会史》，上册，耿淡如译，第392页。
② 〔比〕亨利·皮雷纳：《中世纪的城市》，陈国樑译，商务印书馆2006年版，第62页。
③ 〔法〕赛昂里：《法国社会经济史》，陆侃如译，第97页。
④ 〔法〕费尔南·布罗代尔：《法兰西的特性·空间和历史》，顾良等译，商务印书馆1994年版，第142页。

按照行业被组织在各个行会或者同业公会里，承担共同的义务。行会是一种自发的社会组织，德国学者迪尔歇在论述行会和同业公会的社会结构时强调，行会实际上是在城市这个地域范围内组织起来的一个居民的共同体（cives nostri），是一种通过有组织的团体和具有法律约束效力的规则（come et advocatus moster）建立起来的邻里关系，封建政制中的个人联合的关系同样也被嵌入这个共同体中，共同体中的每个成员都有义务遵守共同体的规则，违反者要被驱除出这个共同体。[1]调解共同体内部成员之间关系依据的是在商人间约定俗成的习俗，所涉及的主要是商人们之间的债务关系、举证的方式以及有关婚姻等方面的问题。行会坚决禁止以决斗的方式处理成员内部的纠纷，只能通过法庭，法庭的职能是监督：监督赔偿金的支付，不服从裁决的成员则要驱逐出行会。[2]在政治上一直处于封建割据的法国，大多数城市都是在教俗贵族的控制之下，市民与城市领主因经济利益产生的矛盾冲突不断加剧，共同的利益使各行各业的人们自愿地联合起来组成了誓约团体，订立了互助的誓约。在这个誓约团体中，每个市民无论社会地位和政治地位的高低都是自由人，都有参与城市事务的权利，以必须履行义务的誓约的形式结成了一个社会的共同体，由此"形成了权利义务的重要基础"[3]。正是誓约使他们有了一个共同的称谓，即市民（burgeneses）。[4]

市民的共同体

12、13世纪是城市快速发展的历史时期，这种发展不仅表现在经济方面，也表现在政治、文化以及宗教等各个方面。新的修士会

---

[1]　Gerhard Dilcher, "Die genossenschaftliche Struktur von Gilden und Zünfte", in: Berent Schwineköper (hrsg.), *Gilden und Zünfte: Kaufmännische und gewerbliche Genossenschaft im frühen und hohen Mittelalter*, S. 84f.

[2]　Edith Ennen, *Frühgeschichte der europäischen Stadt*, S. 166f.

[3]　〔美〕哈罗德·J. 伯尔曼：《法律与革命——西方法律传统的形成》，贺卫方等译，第477页。

[4]　参见〔比〕亨利·皮雷纳《中世纪的城市》，陈国樑译，第97页。

的产生、异端运动的发生、大学的建立等极大地影响着历史进程的事件都发生在城市；不仅如此，城市的行政管理也对封建政制施加了重要的影响。为维护已经获得的权利，市民提出了参与制定各种赋税的要求。中世纪的法学家们借用亚里士多德为市民下的定义强调，市民应该"参与法庭和政府的事务"，换句话说，市民应该"享有建议或者决定的权利"。[1]市民阶层形成后，他们的代表不仅被邀请参加国王召集的会议，还被给予参加行政管理的职责。路易六世在任时，开始对参加御前会议的成员进行改组，挑选了一些市民、教士和中小封建主参加。12世纪上半叶，加强集权的法国国王给予这些市民的誓约团体特许权，给予市民不同于农村居民的法律地位。自路易六世起，法国的历任国王就以特许权的形式保护市民，给予他们对城市自治的权利，获得自治权利的城市行使着管理城市的权力。以法国北部皮卡第的博韦城为例，该城始建于11世纪中叶，一直在主教的控制之下，为了反对主教对市民经济利益的盘剥，市民们通过誓约结成共同体（commune[2]）与之相对抗；12世纪初，路易六世给予博韦城的市民特许权，承认市民有自治城市的权利，1144年，路易七世国王再次确认这项特许权，1182年菲利普二世又一次确认了这个特许权；通过这个特许权，城市市民有了自己司法审判权，每个共同体的成员都应该宣誓秉公裁判，其他成员应当宣誓遵守和执行共同体同等者做出的裁判。[3]博韦城并不是一个个案，路易六世把给予城市特许权与扩大王室领地结合起来，巴黎周边地区以及毗邻地区集聚着密集的城镇，它们几乎都获得路易六世给予的特许权。这些特许权在很大程度上保护了市民的利益，例如规定了房舍和土地租金的最高限额，免除了市民的徭役，限定其服兵役的时

---

① Ulrich Meier, *Mensch und Bürger: Die Stadt im Denken spätmittelalterlicher Theologen, Philosophen und Juristen*, S. 190f.

② 国内学界通常把commune翻译为公社，即城市公社。笔者认为翻译为"共同体"似更能准确地体现外文原文的含义。

③ 参见〔美〕哈罗德·J. 伯尔曼《法律与革命——西方法律传统的形成》，贺卫方等译，第443—444页。

间仅为一天往返的路程，此外还免除了市民的其他一些赋税，限定了关税和通行税的税额。更为重要的是，市民有权只接受城市的司法审判权，不受城市之外的任何审判的制约。[1]通过司法审判权，城市逐渐地脱离了封建领主的控制，国王在扩大王室领地的过程中通过城市将王权扩大到了分裂割据的领地内。特许权使城市作为一个不同于农村领地体制的经济单位和政治单位而存在，同时也作为一个特定的司法单位而存在，有了城市的法庭。

城市法庭所审理的诉讼与城市的经济生活密切相关，涉及财产的抵押、出售、继承、租赁等各种权利，这些都是完全的世俗事务，只能由专业的司法人员处理，12世纪已经有了专业的法律人员，各种契约大多都是由受过训练的法律专业人员草拟的。从这些契约文书中可以看出，这个时期的法律专业人员有负责草拟契约和其他商务文件的公证人（notarrii）、出庭代人辩护的律师、法庭的执法官（magister）、负责记录的书记员（scribus）。[2]专业法律人员的出现可以说是12世纪大学兴起以及中世纪法律科学产生的直接结果。从12世纪起，法国的蒙彼利埃大学、图卢兹大学就已经开始讲授和研究罗马法。13世纪，在法国王室领地的大本营奥尔良建立的一所专门研习罗马法的法学院，更是以研究罗马法而远近闻名。[3]这些大学为法国行政官吏体制的建立输送了所需要的人才，中小贵族和市民在构成官吏阶层的人员中的比例越来越大，他们成为王室政府忠诚的"仆人"，这充分说明了政治结构的中央集权化趋势。

薪俸制的实行

早在确立邑督制之初，中小封建主是国王均衡大领主势力的一股政治力量，国王大量起用王室领地中的小贵族担任一些临时职

---

[1]　参见〔美〕哈罗德·J. 伯尔曼《法律与革命——西方法律传统的形成》，贺卫方等译，第446—447页。

[2]　参见〔美〕泰格、利维《法律与资本主义的兴起》，纪琨译，第60页。

[3]　Paul Koschaker, *Europa und das Römische Recht*, S. 77f.

225

务。地方行政官吏最早出现于菲利普一世统治时期，这个时期的官吏通常任命中小贵族担任。路易七世时期，小贵族家族出身的罗伯特·克莱芒以及吉勒斯·德·托勒拉经常出入王室宫廷。菲利普·奥古斯都延续其祖父和父亲的做法，将骑士、教士和宫廷管家（chamberlains）补充进王室政府。菲利普·奥古斯都于1191年回国之后，王室的命令往往单独下达给邑督，他们被赋予了越来越多的新职责，其重要性日渐凸显。一些地方行政官吏通常都是邑督的后备力量。皮埃尔·德·贝蒂斯在1186—1221年间担任地方行政官吏，此后在亚眠出任邑督。盖伊·德·贝蒂斯同时是拉昂的邑督和地方行政官吏。巴黎的邑督和地方行政官吏于1219年被合并。后来，其他各种头衔的官吏逐渐合并、转化为邑督。①这些地方官吏的工作没有被详细记述，但他们的名字出现在国王令状之中，可以证明他们享受到国王的恩宠，以宫廷管家戈蒂耶为例。戈蒂耶在路易七世的宫廷中服侍多年，后又活跃在菲利普·奥古斯都的宫廷中，他还曾被任命为普瓦西的地方行政官吏。菲利普·奥古斯都提供给他一笔20里弗尔的年金（pension）。在戈蒂耶于1205年去世之前，他的两个儿子已经接替他成为国王的宫廷大臣，其他三个儿子也都被提升为高级教士，而艾蒂安于1188年已经获得努瓦永的主教职位。虽然出身低微，但戈蒂耶从侍候国王的起居做起，成为王国政府中的高级官吏。②13世纪初时，王室任命了邑督45名，他们管理着62个地方行政区（prévôtes）。在菲利普·奥古斯都统治的前十年，他在整个王室领地内任命了大约35位地方行政官吏。③在王室领地之外，菲利普则任命男爵或者主教作为在当地的"王室行政机构"（royal administration）的官员，行使国王的权力。④菲

---

① John Wesley Baldwin, *The Government of Philip Augustus: Foundations of French Royal Power in the Middle Ages*, p.133.

② Ibid., p.34.

③ Ibid., pp.36, 126.

④ Robert Fawtier, *The Capetian Kings of France*：*Monarchy & Nation (987-1328)*, pp.173-174.

利普二世在扩大王室领地的同时，不断改进原有的行政管理方式以适应新的形势。他虽然允许王国内的各省保留传统的习俗，但从巴黎派遣官吏进行管理。比尔松认为，地方行政官吏的出现说明法兰西王室开始放弃从王室领地中给封臣分封可收回土地的做法。[1]

国王通过薪俸实现了对地方官吏的控制。为了防止地方势力垄断邑督这一职位、独霸一方，王室规定任何人都不得在自己家乡的省份担任官职，而且其任职的时间和地区是不固定的，经常出现转换和调动。例如，根据当时的国库账目（fiscal account），1204年巴斯勒米·德鲁姆是埃当普的税收评估员，但在1209—1227年他则是诺曼底的佛内伊的邑督。1202年雷诺·德·库尼龙是巴黎的地方行政官吏，此后他是康坦丁的邑督。[2]王室对邑督的调动是相当频繁的，邑督较地方行政官吏更具有流动性，他们在一个地方的任期大约为五年。[3]路易九世还曾于1265年颁布过一项针对高级官吏的法律，其中规定如果没有得到国王的恩准，邑督不得在他们的辖区内婚嫁子女。他们本人也不得在辖区内娶妻或购置地产或不动产。[4]美男子菲利普在1303年颁布新的敕令，进一步强调禁止邑督在他的出生地任职，以避免其在当地借助家族的势力独霸一方。1317年，菲利普五世解除博凯尔－尼姆司法管辖区的首席法官的职务，就是根据王室法令的规定，任何人不能担任其出生地所在地区的法官。[5]不仅如此，国王还经常调换邑督的任职地区，有的甚至一年一换。频繁调换的目的是防止邑督在某一个地区日久扎根，培植自己的力量，

---

① Thomas N. Bisson, "The Problem of Feudal Monarchy: Aragon, Catalonia, and France", in: *Speculum*, Vol. 53, No. 3 (Jul., 1978), p. 473.

② John. Wesley Baldwin, *The Government of Philip Augustus: Foundations of French Royal Power in the Middle Ages*, p.132.

③ David Abulafia (ed.), *The New Cambridge Medieval History,* Vol. V, Cambridge: Cambridge Univ. Press, 1999, p.294.

④ Alan Harding, *Medieval Law and the Foundations of the State*, New York: Oxford Univ. Press, 2001, p.150.

⑤ 参见〔美〕约瑟夫·R.斯特雷耶《现代国家的起源》，华佳等译，第28页。

成为当地的实际掌权者。控制邑督的另一个方式是通过薪俸。邑督的薪俸每年通常是在60—100里弗尔不等，视所在地区的不同而定，原有的伯爵、子爵也不再世袭，而是成为在王室领地中领取固定薪俸、可由政府随意任免、定期向上级汇报的地方官吏。[①]

薪俸是王室掌控地方官吏的一项重要措施。邑督和各级法官的薪俸由国王发放，不能把由他们负责征收的赋税等其他王室收入直接作为他们的薪俸，他们所经手的每一笔收入都要受到王室严格的监督。与市民中的其他职业比较而言邑督的薪俸要丰厚得多，1202—1203年的一份有关邑督的工资簿记载，一位名叫罗伯特·德·缪兰的邑督的日工资是1里弗尔（livres），此外，罗伯特·德·缪兰得到了王室保管库中的衣服。这个工资簿中还记载了名叫马修·皮斯杜的工资是15苏（sous），休盖斯·德·格拉维勒是10苏。他们的日工资都相当于一个手工业者日工资的3倍。[②]1285年，韦芒杜瓦的邑督的年俸是500里弗尔；1299年，掌玺大臣的薪俸也相当于这个水平。布洛赫把邑督称作"真正的薪俸官员"[③]。

通往仕途之路

菲利普二世时期的官吏与之前最大的不同在于，他在任命官吏时不仅注重其忠诚，还有意识地选拔那些受过法学教育的人。虽然菲利普二世周围的近臣依然是以大贵族为主体，但是地方官吏中已经有相当一部分人是受过法学教育的，形成了一个新的法学家阶层，"成了几乎唯一掌握司法行政工作的人"，这些人大多都是市民出身。[④]王室定都巴黎后，菲利普二世挑选了六位巴黎市民管理巴黎市政，他们的主要职责是执行司法，即以国王的名义批准各种交易；

---

① Joseph Reese Strayer, "Viscounts and Viguiers under Philip the Fair", in: *Speculum*, Vol.38, No.2 (Apr., 1963), pp. 242-255.

② John Wesley Baldwin, *The Government of Philip Augustus: Foundations of French Royal Power in the Middle Ages*, p.133.

③ 〔法〕马克·布洛赫：《封建社会》，下卷，张绪山等译，第677页。

④ 〔法〕弗朗索瓦·基佐：《法国文明史》，第3卷，沅芷等译，第316页。

为此，他们掌有特殊的图章，并负责监管王室的财政，掌有国王的官玺。[①]菲利普二世还加强了对王室派遣的地方官吏的监管，1190年，他下令各地官吏每年向巴黎呈交三次王室财政收入账目，由专人负责审计工作。[②]市民官吏的司法管辖权并没有仅限于巴黎市，他们也以国王的名义扩大到各地，位于鲁昂的圣图安修道院就曾三次获得在巴黎的官吏给予的特许状。市民被任命为官吏这种现象不仅仅是在巴黎，例如，1246年，市民约翰（John of Champbaudun）在瓦卢瓦地区开始担任克雷皮市（Crépy）的王室地方官吏，后来又在巴黎任职，此后相继被任命为蒙特勒伊、贡比涅的市长，并再一次担任克雷皮市的市长。[③]

路易九世亲政后更是重用那些大学毕业的官吏，其中的大部分都在奥尔良法学院学习过。[④]菲利普五世在位期间，朗格多克地区的记录显示，在1280—1320年间的全部211名法官、律师（advocates）和代诉人（proctors）中，3/4是市民出身，余下的1/4是贵族出身。[⑤]洛奇评价这个历史时期官吏制度的形成时强调："无论在王室官员还是各地的执政官中，来自市民阶层和小贵族出身的人所占的比例不断扩大，国王的行政体系吸引了来自中产阶级的法国人，因为提供了获得财富、权位和级别的途径，而国王也越来越倾向于吸收出身低微者来执行日常的行政事务。"[⑥]德国学者埃利亚斯认为，市民被王室任命为官吏除因其具有的理财能力和组织能力之外，还在于这些被任命为官吏的市民大多数都是通过学习教会法和罗马法而进入政府机构的。官吏阶层的社会地位、等级威望、个人

① John Hine Mundy, *Europe in the High Middle Ages, 1150-1300*, p.229.

② Charles Warren Hollister and John Wesley Baldwin, "The Rise of Administrative Kingship: Henry I and Philip Augustus", in: *The American Historical Review*, Vol.83, No.4 (1978), p. 896.

③ John Wesley Baldwin, *The Government of Philip Augustus: Foundations of French Royal Power in the Middle Ages*, pp.102-103.

④ Walter Rüegg (hrsg.), *Geschichte der Universität in Europa*, Bd.1, S. 97.

⑤ Bernard Gunée, *States and Rulers in Later Medieval Europe*, pp. 199-200.

⑥ Richard Lodge, *The Close of the Middle Age, 1272-1494, Period 3*, London: Rivinton, [5]1935, p. 160.

利益，与王室的利益在很大程度上是等同的。埃利亚斯认为，"最晚是在腓力·奥古斯都时代就已出现了法学家，可谓是'法学骑士'：他们的任务是将封建法和天主教会法规与罗马法融会起来，以便创建出君主制度的法律"[①]。作为第三等级城市市民子弟担任书记员、国王的顾问、税务官员、最高法院的法官等各种各样的职务，以此逐步对王室权力机构渗透，由此造就了一个错综复杂、盘根错节的群体，日益壮大的官吏阶层与王权的扩张同时进行，二者之间形成相互依存的关系。斯特雷耶称中世纪的法国是一个由地方政权组成的松散国家，官吏制度就是将其组合在一起的黏合剂。[②]国王需要在王国统一进程中通过官吏将王室的权威扩展到王国各地，而官吏阶层则需要一个强大和稳定的王权作为自身合法地位和利益的有效保障。在这一过程中王权获得了更大的权威，而国王个人对王国事务的任意处置权则日益受到限制。

13世纪，西欧各国的君主越来越倾向于起用大学法学研究所培养出来的法学家为其服务。受过大学教育的人不再仅仅服务于教会，更多地是服务于国王或者议会，形成了一个新的官吏阶层。世俗官员数量的增加是中世纪晚期西欧最引人注目的现象之一。[③]法兰西王室雇佣了一批毕业于蒙彼利埃大学精通罗马法的法学家（legists），他们逐渐成为国王对付封臣的重要手段，正是这些人提出了尊重君权的主张。[④]来自下级贵族家庭的吉尧姆·德·诺加雷和皮埃尔·弗洛特就是凭借法律学识受到菲利普四世的重用。[⑤]彼埃尔·弗洛特是普通市民出身的法学家，从1298年到1302年他去世一直担任掌玺大臣。皮埃尔·德·贝勒佩尔什、让·谢尔施蒙等著名教授也都做

① 〔德〕诺贝特·埃利亚斯：《文明的进程——文明的社会起源和心理起源的研究》，第2卷，袁志英译，生活·读书·新知三联书店1999年版，第206页。

② 参见〔美〕约瑟夫·R.斯特雷耶《现代国家的起源》，华佳等译，第28页。

③ Joseph Reese Strayer, "The Laicization of French and English Society in the Thirteenth Century", in: Sylvia A. Thrupp (ed.), *Change in Medieval Society: Europe North of the Alps, 1050-1500*, p. 107.

④ 参见〔美〕查尔斯·霍默·哈斯金斯《12世纪文艺复兴》，夏继果译，第172页。

⑤ David Nicholas, *The Transformation of Europe, 1300-1600*, p. 83.

过国王的掌玺大臣。可见，法学家们通过担任这一职位为国王出谋划策，为法兰西王国的中央集权做出了不容忽视的贡献。[1]不仅如此，王室的最高法院和审计院的各个部门中的审查官、书记官等也大多都在大学中获得过法学学位，他们中的有些人还担任过巴黎大学或奥尔良大学的教授。[2]

国王与市民阶层的合作所产生的益处是双向的，国王不仅可以从市民阶层那里获得充裕的税收，还可以选用大量精通法律知识和其他方面专业知识的人才。而市民为了维护自由的权利和提高自己的政治地位，往往也依附于国王身边，利用向国王出谋划策的机会谋取更高的政治地位。菲利普四世更是宣布，国王有权册封新的贵族，这就使那些既无显赫家世，也没有封地地产的市民有可能跻身贵族阶层。为了与传统贵族相区别，这些被封的市民贵族被称为"穿袍贵族"。[3]新的贵族集团效忠于王权，成为制衡传统教俗贵族的新的政治力量。在穿袍贵族中，一部分是依靠自己的财富，一部分则是接受过大学教育的知识精英，尤其是接受过法学教育的，正是这个新的贵族集团为法国王室的官吏队伍注入了新的因素，为政制向现代化的迈进提供了必要的先决条件。

---

[1]　参见〔法〕雷吉娜·佩尔努《法国资产阶级史》，上册，康新文等译，上海译文出版社1991年版，第173页。

[2]　参见〔法〕雅克·韦尔热《中世纪大学》，王晓辉译，上海人民出版社2007年版，第119页。

[3]　Richard Lodge, *The Close of the Middle Age, 1272-1494*, p. 61.

第七章　松散的德意志帝国政制

在东法兰克王国的基础上建立的德意志王国，在一定程度上保留了日耳曼人时期的政治传统，为了削弱世族贵族在王国中的分裂势力，奥托一世推行的"奥托特恩权"培植了教会的势力。德意志的中世纪政制最鲜明地反映出了政教二元的特点，在整个中世纪的历史进程中始终贯穿着德意志的王（皇）权与罗马教会之间的相互辅佐相互争斗，这就决定了德意志在中世纪的政制与英、法不同的特征。

一、政教二元的政制结构

难以统一的五大公国

中世纪的德意志更确切地说是一个地理概念，不仅包括现代德国的领域范围，还囊括意大利北部、法国东北部、荷兰、比利时、卢森堡等低地地区和西斯拉夫人居住的部分地区，今天的奥地利、捷克和波兰也都在德意志帝国的版图之内，西方史学家通常用德意志帝国(das deutsche Reich)区别现代德国(Deutschland)的概念。9世纪中叶，法兰克帝国经历了外族入侵以及国内的多次战乱，形成了三个大的区域：帝国东部的日耳曼尼亚（Germania）、帝国西部法兰西亚（Frância）以及两地中间地区的洛林（Lothringen）。[1]这

---

① 因为中间地区是洛达尔分得的领地，故取意洛达尔的属地，称之为"洛林"（Lohring）。参见 Norman John Greville Pounds, *An Historical Geography of Europe*, Cambridge: Cambridge Univ. Press, 1990, Vol. 2, p. 116。

个时期的划分并没有一个固定明确的界线，大致是以斯梅尔德河、索恩河、默兹河以及罗讷河这四条河流为界，地区的归属更多取决于所在地区居民的选择，正如庞茨所说，更多取决于生活在这个地区的人们与王权的关系是否密切，取决于他们忠诚于谁，依附于谁。[①]芬纳也认为："西方封建制度最突出的特点就是政治上的忠诚和疆域是分开的，决定对谁服从不是'你是哪个国家的？'而是'你的领主是谁？'——封建关系是跨区域的。"[②]这种现象在中世纪的法国和德国似乎更明显。

中世纪早期的德意志涵盖了日耳曼尼亚和洛林的大部分地区，它包括法兰克帝国的东部，即东法兰克王国以及低地和阿尔萨斯地区、弗里斯兰、莱茵兰、洛林以及意大利的伦巴德地区等。这个区域是查理大帝后征服的地区，日耳曼人的社会组织结构比较完好地保留，特别是在萨克森地区，东部地区的氏族贵族家族也因此保留下来，封建政制的发展远不如西法兰克王国，几乎谈不上有什么行政建制和机制，查理大帝时期在这些地区按照日耳曼各部族划分的公爵领地，依然保持着自己的习惯和习俗，具有相当的独立性。

各大公爵以及地方贵族或是通过与王室的政治联姻，或是利用王室家族的内部争斗与某一派结盟提升自己的政治地位。德意志的贵族在政治上摇摆不定，甚至国王的诸子也常常会为了争夺权势举兵反叛。因此，法兰克帝国解体之后，东法兰克王国一直处于混战的无政府状态，直到9世纪80年代，逐渐形成了独霸一方的五大世族公爵领地：继承了东法兰克王位的弗兰克的加洛林家族、萨克森的柳多夫家族、勃艮第的韦尔夫伯爵家族、巴伐利亚的卡尔曼家族、施瓦本的阿洛芬格家族。[③]911年11月五大公爵共同推举出接替已故国王的即位者，这一历史事件被德意志的历史学家们定义为

[①]　Norman John Greville Pounds, *An Historical Geography of Europe*, Vol. 2, p. 119.

[②]　〔英〕塞缪尔·E. 芬纳：《统治史》，第1卷，马百亮等译，第5页。

[③]　Hagen Keller, "Zum Sturz Karls III. Über die Rolle Liutwards von Vercelli und Liutberts von Mainz, Arnulfs von Kärnten und der ostfränkischen Großen bei der Absetzung des Kaisers", in: *Deutsche Archiv für Erforschung des Mittelalters*, 22(1966), S. 333ff.

德意志王国的诞生。[1]这次选举虽然标志着东法兰克地区的世族贵族家族结成的政治联合体最终完成，但是在这个政治联合体中仍然充满着各种各样的矛盾，各个公国依然具有很大的独立性。[2]10世纪初，匈牙利人长驱直入东法兰克王国地区，各大公爵面对强大的入侵者不得不联合起来，再次推举势力强大的萨克森公爵海因里希一世为国王，919年，海因里希一世即位，成为德意志国王。自此之后，"德意志"这个词逐渐取代了"东法兰克"。"德意志王国"是由萨克森公国、阿雷曼公国、巴伐利亚公国、弗兰克公国以及在10世纪20年代以后回归的洛林公国这五大公国构成的一个联合体，五大公国享有同等的政治地位。德意志王国的这种政体形式决定了德意志在此之后历史进程的特点。19世纪中叶德国著名的历史学家威廉·冯·吉泽布莱希特评价海因里希一世当选为国王这一历史事件标志着"一个新的、德意志王国的开始"[3]；兰克的亲传弟子、实证主义史学的大家乔治·维茨称海因里希一世是"完全意义的德意志国王，他统治着一个真正的德意志王国"[4]。20世纪以后的德国历史学家们普遍认为，919年王位交接这一历史事件是德意志历史上一个重要的转折点："统治权转交给海因里希一世，这是从东法兰克王国向德意志王国过渡的重要一步。"[5]

德意志的国王是由公爵们共同推举产生的，被推举的国王与其他公爵之间没有采邑关系，抑或也可以这样说，公爵的政治地位与国王相等，他们在自己的领地内享有最高的政治权力。海因里

① Gerd Tellenbach, "Vom karolingischen Reichsadel zum deutschen Reichsfürstenstand", in: Theodor Mayer (Hrsg.), *Adel und Bauern in deutschen Staat des Mittelalters*, Leipzig: Koehler & Amelang, 1943, S. 24.

② Hans-Henningen Kortüm, "König Konrad I. – Ein gescheiterter König?", in: Hans-Werner Goetz (hrsg.), *Konrad I.: auf dem Weg zum "Deutschen Reich"?*, Bochum: Winkler, 2006, S. 52f.

③ Wilhelm von Giesebrecht, *Geschichte der deutschen Kaiserzeit*, Leipzig: Duncker & Humblot, ⁵1881, Bd. 1, S. 207.

④ Georg Waitz, *Jahrbücher des Deutschen Reichs unter König Heinrich I.*, Darmstadt: Wiss. Buchges, 1963, S. 111.

⑤ Herbert Grundmann (Hrsg.), *Handbuch der deutschen Geschichte*, Bd. 1, S. 226.

希一世当选为国王后，他把王室中最高的四个要职，即司库大臣
（Kämmerer）、膳务大臣（Truchseß）、掌酒大臣（Mundschenk）、
御马监（Marschall），分别任命给了洛林、施瓦本、弗兰克和巴伐
利亚的公爵，以此保持与公爵之间的相互关系。德意志王室这四个
要职可以追溯到法兰克王国墨洛温时期的宫廷，他们的主要职责是
负责国王起居的服役，司库大臣负责管理国王的财产和宝物；膳务
大臣顾名思义负责国王的膳食；掌酒大臣管理国王的酒窖和葡萄园；
御马监负责照看国王的马厩。在整个法兰克时期，这些服役都逐渐
有了很大变化，上升为王室的官吏，例如司库大臣上升为王室财政
官，膳务大臣成为倾权王国的宫相，掌酒大臣掌管着王室的所有葡
萄园和酒窖，御马监上升为国王骑兵的统帅。

"奥托特恩权"

海因里希一世的官吏制度并没有达到集权的目的，更何况由于
各大公国都是独立自治的政治实体，这些宫廷的职务都失去了原有
的实际职能，只具有象征性的性质，虽然这些官职依然是由国王指
定王国中与其关系最为密切的大贵族担任，但其目的还是保持国王
与各大公国之间的联系。德国弗莱堡大学的特伦巴赫教授在阐述东
法兰克王国演变为德意志王国时就这样强调，在新建立的德意志王
国中虽然确立了国王的权威，但是那些有势力的世族贵族家族担任
了王室宫廷中的重要职务，他们在决定王国事务方面举足轻重；另
一方面，公爵的领地依然保持着相当的独立性，而且公爵不是国王
的封臣，在他们两者之间没有如同法兰西王国那样的封君和封臣之
间的人身依附的采邑关系。[①]拉贝也认为，与中世纪的法国不同的是，
德意志日耳曼人的政治传统以及贵族的原始权利大多都保留下来，
这些权利都没有与采邑权融合在一起；因此，从一开始国王就不是

---

① Gerd Tellenbach, *Die Entstehung des deutschen Reiches: von der Entwicklung des fränkischen und deutschen Staates im neunten. und zehnten Jahrhundert*, München: Rinn, 1943, S. 142.

作为公爵的封君而与其具有那种原始的人身依附关系，采邑制发展得并不充分。[①]因此，外来入侵威胁消除后，国王与公爵之间的从属关系就更加淡化，独立的公爵并不完全服从国王，反而屡屡发生公爵反叛国王、对抗王权的事件，甚至联合起来推举反对派国王与之抗衡。

大贵族的反叛瓦解了奥托在王国内建立起来的以家族成员为核心的贵族统治集团，家族的联合并不一定能保证王权的集权统治，为了强化王权的权威，奥托一世承袭了查理大帝推行的教会政策，培植能够抑制大贵族封建势力的新的政治势力。940年，奥托在宫廷内设立掌玺官（Reichskanzler[②]），任命他最小的弟弟布鲁诺担任这一要职，同时他还掌管宫廷教堂（Hofkapelle）。此后，布鲁诺由奥托授职为科隆的大主教，给予他国王的特许权，其中包括允许其在科隆市设防、开办市场、开办铸币所、征收关税等，科隆成为王国中最重要的一座城市。不仅如此，奥托还罢免了洛林的公爵红头发康拉德，将其领地交与布鲁诺掌管，布鲁诺凭借其大主教的宗教权威有效地均衡了教会和世俗之间的势力，稳定了洛林的局势。奥托一世从布鲁诺治理洛林的方式中找到了一种新的政制模式，他通过任命主教和大主教控制了在各公爵领地内设立的主教区和大主教区，在其王室宫廷的教堂里培养了大批教士，任命他们为各地的主教和大主教，他们被看作王权在各公爵领地内行使王权的代理，给予他们与公爵同样的司法审判权、征收关税权、开办集市权和铸币权。与此同时，奥托一世还在各地建立了许多修道院，为修道院捐赠大量土地，给予修道院院长对所获捐赠土地的行政管理权和司法审判权。大主教、主教和修道院院长都享有

---

① Horst Rabe, *Deutsche Geschichte 1500-1600: Das Jahrhungdert der Glaubensspaltung*, München: Beck, 1991, S. 103f.

② 从卡罗林王朝起，王国的档案文书存放在宫廷小教堂里，由小教堂的教士管理。奥托执政时期在宫廷内设立了掌玺官，不仅掌管国王的国玺，还处理王国的文书，享有很大的权限。因为中世纪只有教士才能读会写，因此直到13世纪这一重要职务一直由教士担任，并且主持王室的教堂。参见 *Lexikon des Mittelalters*, Bd.5, S. 910f。

了"奥托特恩权"(Ottonianum),①由此建立起了一种王国教会制度(Reichskirchensystem)。"奥托特恩权"在德意志的教会中培植了服从王权的政治势力,在德意志王国内有了能与世俗贵族抗衡的教会贵族,他们成为王权统治的重要支柱之一。奥托为德意志构建了政教二元的政制结构,而这为此后德意志帝国的长期分裂埋下了伏笔。

10世纪50年代,匈牙利人再次入侵德意志,奥托在王国内大多数贵族的支持下抵抗住了外族的入侵,同时也镇压了企图借机反抗的大贵族,迫使他们不得不向奥托宣誓效忠。奥托借此在大公爵领地推行王国教会制度,通过任命的主教和大主教加强对其的控制,使教会和世族家族这两大政治势力能够相互制衡,稳固了奥托的王权,并在抵抗匈牙利人的侵略中大获全胜,奥托在王国内以及整个西欧的声望都有了显著的提升。10世纪50年代末期,罗马教会不仅陷入罗马城内贵族的争斗中无力自拔,还面临意大利其他势力的武力威胁,时任教皇不得不派出使团向奥托求助,奥托从中看到了把"奥托特恩权"推向罗马教会的机会,亲自率军直入意大利。962年初,在奥托帮助下稳住脚跟的罗马教皇依据罗马帝国时期的传统在圣彼得大教堂为奥托施了涂油礼,加冕其为罗马帝国的皇帝,他被称为奥托大帝(Otto der Große)。

罗马教皇的初衷是借助奥托的武装力量摆脱罗马城内贵族对其的钳制,奥托应该是罗马教会的保护者;为此,他命人复制了"君士坦丁赠礼"赠给新加冕的皇帝,强调"君权神授"。然而,皇帝的加冕礼膨胀了奥托的权力欲,他自认为是查理大帝的接班人,是西欧最强大的君王,他通过给予教皇特许权再次确认法兰克王国早期丕平国王赠予教皇的领地,企图把"奥托特恩权"推向罗马教会,并要求教皇以及罗马城的贵族们向奥托大帝宣誓效忠。②奥托的野心

---

① Gerd Tellenbach, *Die Kirche in ihrer Geschichte: Die westliche Kirche vom 10 bis zum frühen 12.Jahrhundert*, Göttingen: Vandenhoeck & Ruprecht, 1988, S. F54-F60.

② Gerd Althoff, *Die Ottonen: Königsherrschaft ohne Staat*, Stuttgart: Kohlhammer, 2000, S. 115.

引起教皇的不满，他转而与拜占庭的皇帝结盟试图清除奥托的势力，奥托再次进军意大利，废黜了时任教皇，指定他的封臣为罗马教皇，在重申"奥托特恩权"的同时还增添了新的内容：选举教皇时须经皇帝允许，新当选的教皇要向皇帝的特使宣誓，履行对皇帝的义务。[1]此后，德意志的皇帝们经常染指教皇任免，从955年到1057年这百余年间，罗马教会的25位教皇中有12位是由德意志皇帝推举登上圣宗座，罗马贵族推举的13位教皇中有3位是被德意志皇帝废黜的。[2]然而，"奥托特恩权"并没有如奥托所愿加强和巩固德意志的王（皇）权，反而适得其反，给了教会贵族扩大政治势力的机会。

没有权威的帝国皇权

1056年，德意志皇帝海因里希四世六岁登基，由其母阿戈尼丝摄政，教皇维克托二世成为摄政王的顾问。次年，教皇辞世，摄政的孤儿寡母无力控制德意志的政治局面，萨利尔王室在各地的领地先后被各地的公爵蚕食瓜分，与王室敌对的大贵族重又回归掌管了被海因里希三世剥夺的领地，王室一向倚重的科隆大主教和不来梅大主教也趁机分割王室在教会中的权力，并且还控制了所辖大主教区内世俗伯爵的领地，拥有了类似公爵的权力和地位。不仅如此，大主教们还与世俗大贵族结成了一个强大的政治同盟，逼迫皇后把摄政大权转交给科隆和不来梅的大主教。科隆的大主教解除了一批修道院与王室之间的从属关系，将其划归大主教区的管辖范围，以此扩大自己的势力范围，曾几何时，科隆大主教几乎就是德意志的无冕之王。

海因里希四世成年亲政后，为收回被教俗贵族侵吞的王室财产，

---

① Walter Ullmann, "The Origins of the *Ottonianum*", in: *Cambridge Historical Journal*, Vol.11 (1953), pp. 114-128.

② Walter Ullmann, *Kurze Geschichte des Papsttums im Mittelalter*, Berlin: de Gruyter, 1978, S. 110-118.

在各地设立王室特辖区（Reichsvogtei），重用王室封臣，派遣王室封臣担任特辖区的长官。与此同时，国王还大力支持各地兴起的摆脱城市领主争取自治的斗争，给予支持王权的城市获得自治和自由的特许权，由此赢得了城市市民对王权的支持。海因里希四世推行的一系列追讨王室领地的政策以及采取的措施，激化了与教俗贵族的矛盾冲突，激起各地教俗贵族的强烈反对，国王在市民阶层的支持下，通过许诺、赦免等各种手段分化瓦解贵族的同盟，臣服了萨克森公爵领地的众贵族，在萨克森地区树立起了国王的权威。

德意志摄政统治时期，大主教对政务的干预无疑令海因里希四世无法忽视，重新控制主教和大主教的授职权是掌握主教区和大主教区的最佳方式，这就与经过教会改革教权增长的罗马教会发生了冲突，并以米兰大主教的任免为导火索引发了"主教授职权之争"（Investiturstreit）。[1]在这个持续一个多世纪之久的争斗中，与王权对立的大小贵族与教皇结成同盟，他们借教皇对海因里希四世处以绝罚之际，另选国王企图取而代之，迫使国王不得不向教皇妥协，走上了"卡诺萨之路"（Gang nach Canossa）。[2]卡诺萨事件并没有削弱德意志国王的政治权力，这是因为在国王的反对派内部存在着不可调和的矛盾冲突，海因里希四世反而利用这一事件得以喘息，他依靠在王国特辖区的王室封臣和城市市民以及自由农民击败了诸侯选出的对立派国王的军队，瓦解了施瓦本的贵族联盟，夺回了施瓦本和巴伐利亚公爵领地的采邑权。罗马教皇试图重新用处以绝罚的方式遏制德意志皇权势力的扩张，但海因里希四世在国内获得贵族尤其是中小贵族以及大部分地区城市市民的支持，对教皇给予反击。他率军攻入罗马城，教皇仓皇逃亡，在枢机主教团的支持下指定了新的教皇，为其主持了皇帝加冕礼，罗马教会重又在德意志皇

---

[1]　笔者在《权力之争——中世纪君权与教权》（东方出版社1995年版）一书中对"主教授职权之争"的始末有过详细的阐述，这里不再赘述。

[2]　"卡诺萨之路"是指海因里希四世为求得教皇解除绝罚，在卡诺萨城堡向教皇忏悔的事件，参见笔者的《权力之争——中世纪西欧的君权与教权》第四章"主教授职权之争始末"。

帝的控制之下。

二、政教之争后的乱象

教会的政治势力

卡诺萨事件之后，海因里希四世的权势达到了顶峰。在国内，王权反对派的势力仅局限在萨克森地区，德意志大部分地区城市的市民都给予皇帝在政治上、经济上以及军事上的支持；此外，他还借助于其指定的教皇的影响力把德意志皇权的势力渗透到匈牙利、英国和克罗地亚等地区。1084年4月，海因里希四世在美因茨召开帝国会议，宣布在全德意志范围内施行"上帝和平"，以此保证市民阶层从事经济活动所需要的社会安定，同时也有效地抑制了贵族之间的武力争斗，扩大皇权的影响力，进一步削弱了皇帝的反对派势力。但是，经过教会改革的罗马教会并不甘心再次受控于世俗君权，坚持改革主张的改革派们于1088年推举出了对立派教皇乌尔班二世。乌尔班二世是克吕尼修道院改革和罗马教会改革的积极参与者，他坚决反对世俗对掌控主教的授职权，大力支持德意志的修道院摆脱皇权控制的修道院改革运动，给予众多修道院免于主教管辖的特许权，这些修道院享有"附属于罗马的自由"，由此脱离了与皇权的从属关系。修道院获得受教皇委托的世俗贵族的保护，世俗贵族借助对修道院的庇护权扩充自身的经济实力，扩大其政治影响，乌尔班二世用这种方式扶持反对海因里希四世皇帝的诸侯势力。例如，韦尔夫家族先后获得赖兴瑙、肯普滕等帝国重要修道院的庇护权，扩大了在博登湖地区的势力范围，此后韦尔夫家族的遗产被施陶芬家族继承。在黑森地区，策林格家族通过对修道院的庇护权建立起了自己的势力范围，后被哈布斯堡家族所取代，修道院以及修道院的财产是此后施陶芬家族和哈布斯堡家族崛起的一个重要经济基础。不仅如此，乌尔班二世还授权萨尔茨堡、帕骚和康斯坦茨的三位主教共同为米兰的大主教举行授职礼，以此促进他们与反德意志皇帝的卢卡、比萨、曼托瓦等伦巴德城市同盟之间的合作。乌尔班二世还积极干预德意志帝国的内部事务，甚至通过撮合贵族家族的婚姻促成皇帝反对派势力的结盟，海因里希四世的儿子康拉德也是在乌尔班二世的策反下，加入了与其父对立的反对派阵营，此后，海因里希四世的第二任妻子、俄罗斯大公之女阿德尔海德也改变了政治立场，加入反对皇帝的阵营。

被利用的选王制

海因里希四世的继任者海因里希五世一改其父与教皇的紧张关系，他从执政之初就谋求与罗马教皇的和解，派遣使者多次与罗马教皇进行谈判，最终于1122年与罗马教会签订了《沃尔姆斯协定》，协定规定：德意志皇帝放弃授予主教戒指和权杖的权利，承认在他的王国和帝国内按照教规进行的主教选举和举行的授职礼，但德意志主教的选举必须是在国王或其委派的代表在场的情况下进行；在举行授职礼接受戒指之前，当选的主教从国王的手中获得代表经济权的权杖。[①]《沃尔姆斯协定》为主教授职权之争画上了句号，这个协议否定了德意志皇帝对教会的绝对支配权，动摇了长期以来教会作为德意志皇权支柱的重要基础。德意志的教俗贵族则因为这个协定在皇权和罗马教会之间周旋，从中获得了极大的利益；抑或可以这样说，《沃尔姆斯协定》是德意志在政治上更加分裂的开端。

在整个中世纪这个历史时期，选王制度是大贵族与王权进行争斗的一个有力武器，被选出的国王必须经过教皇主持的加冕礼才具有合法性，由此促成了德意志教俗贵族与教皇的结盟，也迫使国王不得不周旋于德意志教俗贵族与罗马教会之间。自12世纪以后，各方政治势力都为了自身的利益推举国王，致使多次出现了两王并立，

---

① Wolfgang Lautemann (bearb.), *Geschichte in Quellen, Mittelalter: Reich und Kirche*, München: Bayerischer Schulbuch-Verlag, [3]1989, S. 353.

甚至三王共存的无政府的政治局面，就连非德意志籍的贵族也觊觎德意志的王位。可以说，在中世纪中期以后德意志的政治舞台上，一直存在着多头政治的现象，始终难以克服。《沃尔姆斯协定》签订之后，王权与诸侯之间的矛盾和对立丝毫没有缓解，主要表现在国王的选举方面。

1125年5月，没有子嗣的海因里希五世临终之前指定他的外甥、施瓦本的公爵、施陶芬家族的弗里德里希二世为王位的继承人，但却遭到了美因茨的大主教阿达尔贝特的坚决抵制，他召集教俗贵族在美因茨集会选举新王，萨克森、施瓦本、巴伐利亚、弗兰克四大公爵领地的世族家族各自派出了10名代表，组成了一个40人委员会。委员会提出了三位国王候选人，在美因茨大主教阿达尔贝特的操纵下，萨克森公爵洛塔尔三世登上了德意志的王位。未戴上王冠的弗里德里希二世不甘心把由他管理的王室财产转交他人，一再强调他是王位的合法继承人，并且召集他的支持者重新进行选举，另立了对立派的国王（Gegenkönig），在德意志形成了相互对立的两大政治派别，双方剑拔弩张，兵刃相见，最后洛塔尔三世以武力臣服了弗里德里希二世。[①]洛塔尔三世虽然在王位之争中赢得了胜利，但施陶芬家族并没有放弃对王位的追求，更何况在洛塔尔三世的大本营萨克森地区也经常发生贵族的反叛，这些反叛和斗争又给予罗马教会干预德意志事务的口实。1137年，洛塔尔三世远征意大利时客死他乡，临终前指定他的女婿、巴伐利亚的公爵海因里希为王位继承人。时任教皇英诺森二世因与洛塔尔三世在意大利的政见上的分歧产生矛盾，而拒绝承认海因里希为合法国王。教皇对德意志王位继承人的否定导致王位之争烽烟再起。次年，特里尔的大主教乘美因茨和科隆的大主教区均空缺大主教之际，在科布伦茨召集施陶芬家族的支持者们推举康拉德三世为德意志国王，开始了德意志历史上的施陶芬王朝。

---

① Wolfram Ziegler, "Studien zur staufischen Opposition unter Lothar III. (1125-1137)", in: *Concilium Medii Aevi*, 10 (2007), S. 77-111.

鼎盛一时的施陶芬王朝

施陶芬家族的第一位皇帝弗里德里希一世把树立皇权的权威作为其制定帝国政策的核心，力图建立一个以皇帝为首的"整体国家"（Gesamtstaat），自称为"神圣罗马帝国"（das Heillige Römische Reich）的皇帝。为了削弱帝国内反对派诸侯的政治势力，他竭力要打破奥托一世以来延续下来的公爵领地和伯爵领地原有的政治格局，从12世纪50年代起重新划分一些具有悠久历史的世族公爵领地的边界，同时还把原有的一些伯爵领地提升为公爵领地，在德意志帝国境内逐渐形成了实力强大的地方诸侯势力。最为典型的例证是，为了削弱施陶芬王朝最大的反对派韦尔夫家族的政治势力，以防其与之争夺王位，弗里德里希一世于1156年把奥地利伯爵领地从巴伐利亚公爵领地分离出来，为了使其能完全摆脱原来的母邦，于1158年授予奥地利的巴本贝尔格家族"小特权书"（Privilegium minus）。"小特权书"首先强调了皇帝享有对奥地利事务的干预权，巴伐利亚公爵必须放弃对奥地利伯爵领地的一切权利；其次，提升伯爵领地为公爵领地，巴本贝尔格家族享有对新提升的公爵领地绝对的继承权，即使公爵夫妇没有子嗣也有权决定继承者；再次，不允许任何人以任何理由参与公爵领地的事务，由此杜绝了其他诸侯染指公爵领地的可能；最后，"小特权书"明确说明除了皇帝在巴伐利亚召开的帝国会议之外，奥地利公爵无须履行任何义务，也无需履行皇帝要求之外的任何兵役义务。[1]弗里德里希一世通过这一特许权把这个新提升的公爵领地置于德意志皇权的直辖之下，新提升的奥地利公爵因为这个特许权在政治上有了相当的独立性。德国历史学家们普遍认为，奥地利公爵获得的"小特权书"是德意志皇权对地方贵族领地主权（Souveränität）的一种承认，为此后德意志各邦国政权的建立铺下了第一块基石。同年，弗里德里希一世还提升莱茵行宫伯爵领地为享有主权的公爵领地；1168年，维尔茨堡市的主教也获得

---

① Wolfgang Lautemann (bearb.), *Geschichte in Quellen, Mittelalter: Reich und Kirche*, S. 397f.

了类似奥地利公爵的司法特许权；1180年，帝国会议宣判了对狮子海因里希的处罚，此后把隶属巴伐利亚世族公爵领地的施泰厄伯爵领地上升为直属皇室的公爵领地。

弗里德里希一世在位期间，通过打压旧诸侯、扶持新诸侯的政策在政治上赢得了不少的支持者，王权的声望由此提高，并且把其势力范围延伸到了意大利。为了保证德意志皇权在意大利的权势，他于1158年授命博洛尼亚大学的四名法学家以及意大利二十几个城市的代表共同组成法律编纂委员会编纂了四部法规：《经济权法》（Lex Regalia）、《普通法令》（Lex Omnis iurisdicio）、《王宫和财产法》（Lex Palaci et Pretoria）、《纳税法》（Lex Tributum）。这四部法规都明确规定，皇帝享有对所有公爵领地、马尔克伯爵领地、伯爵领地以及城市的经济特权，皇帝有权任免其执政官，有权确定是否给予市场权和铸币权，有权掌管和支配道路和水路的交通网络、设立关卡，有权享有对交通道路的使用特权、收取关税以及道路和港口的费用；皇帝有权享有在全帝国境内征收特别税的决定权，有权提高或降低税收。法规还强调，德意志皇帝是法律的制定者和解释者，享有最高司法审判权，规定了皇帝可以在帝国境内的任何地方设立法庭，法庭的法官由皇帝委任，接受法官职务的人要向皇帝宣誓，以表明司法权属于皇帝。法规中还规定，德意志皇帝有权在任何地方建立行宫。[1]

弗里德里希一世颁布的这些法令不仅否定了意大利城市原有的城市法，极大地损害了意大利商人以及城市市民的利益，也侵害了罗马教会的利益，意大利北部的城市联合起来组成了伦巴德城市同盟与罗马教会结成同盟共同抵制德意志皇帝在意大利推行的经济政策。1176年，伦巴德城市同盟的军队击败了皇帝的军队；次年，双方在康斯坦茨签订了《康斯坦茨和约》。和约规定，皇帝承认各城市共同体的权利以及它们结成的同盟，这些城市或者一次性或者每年

---

[1]　Dietmar Willoweit, *Deutsche Verfassungsgeschichte: vom Frankenreich bis zur Wiedervereinigung Deutschland*, München: Beck, [3]1997, S. 59.

支付皇帝一定数量的款项，以此获得皇帝在1158年隆卡利亚召开的帝国会议上提出的经济权。意大利的城市可以由市民自己选举城市的执政官，但必须获得皇帝的批准，执政官要向皇帝宣誓行效忠礼，皇帝是在城市中享有最高审判权的领主（Gerichtsherr）。与伦巴德城市同盟签订和约为德意志皇帝解决与罗马枢机主教团和罗马教会之间的纠纷增加了有力的筹码，皇帝再次干预罗马教会的事务。为了推行在意大利的经济政策以及在与罗马教会的纷争中占得上风，弗里德里希一世在位期间六次远征意大利，这就给德意志境内新诸侯生长、被打压的旧诸侯反弹的机会。1190年，弗里德里希一世亲率十字军远征时意外溺水身亡，德意志境内反对派诸侯势力借机抬头，流亡英国的韦尔夫家族的狮子海因里希立刻返回，迅速夺回了失去的萨克森领地。与此同时，一贯支持施陶芬家族的马格德堡的大主教维希曼去世，皇帝在萨克森地区失去了一个强有力的政治支柱；此外，科隆的大主教、美因茨的大主教以及莱茵河中游和下游地区的许多主教、伯爵都因不满帝国的政策联合起来反对新国王海因里希六世；为此，他们谋求与英国、西西里和罗马教会的支持，致使德意志的皇帝处于四面楚歌的困境中。英国的狮心王理查被囚事件缓和了海因里希六世的危机，英王的巨大赎金为他提供了充足的军费，他再次率军远征意大利，他甚至意欲控制罗马教会、把法国并入德意志帝国的版图。一场疟疾终止了海因里希六世实现他的帝国梦。

德国的历史学家们普遍认为弗里德里希一世时期是德意志帝国的鼎盛时期，他的继任者海因里希六世在此基础上继续扩张，征服了西西里的诺曼王国，以政治婚姻的方式获得了诺曼王位的继承权。然而，弗里德里希一世和海因里希六世的大帝国既没有行之有效的政府机制，也没有真正行使中央集权的政治中心，维系对帝国进行统治的依然是皇帝个人的施政策略和政治手腕。虽然弗里德里希一世实行的直辖领地的政策在某种程度上打击了旧的诸侯集团，致使一些旧有的世族公爵家族沉沦；但从另一方面来看，他扶植的新诸侯也都利用对新的领地主权的要求获得了更多的特许权。新诸侯的特许权并没有对德意志皇权的集权起到应有的作用，反而加剧了德意志帝国在政治上的分裂。因此，皇帝突然辞世时，也就是王位之争再次开始之际。

三、无政府的"大空位时期"

两王对立

海因里希六世唯一的继承人是年仅三岁的弗里德里希二世，他随母后远居西西里，而且还尚未加冕为德意志的国王，这就不可避免地在帝国内发生争夺王位的内战，首先发难的是科隆的大主教阿道夫。科隆地处莱茵河中游，是东西陆路和南北水路两大交通动脉的交会点，也是从中欧内陆跨海与英国进行贸易往来的重要枢纽之一，控制着对英国进行转运贸易的特许权。因此，历任英国的国王都与科隆大主教之间保持着良好的关系，德意志国王与英国的敌对不利于科隆与英国的贸易往来，阿道夫大主教企图在德意志立新君之际攫取对德意志王位的决定权，从而改变德意志王权对英国的政策。科隆大主教强烈反对海因里希六世年幼的继承人为德意志国王，他于1197年8月召集威斯特法仑地区的众诸侯聚会，共同商议选举新国王。在他的策划下推举不伦瑞克的奥托四世为德意志国王，并亲自为其主持了国王加冕礼。奥托四世是狮心王理查的亲外甥，他是法国境内普瓦图的伯爵，从小在英国王室宫廷里长大，对德意志的情况不甚了解，甚至不会德语。面对科隆的大主教阿道夫选立的国王，施陶芬家族以及德意志南部诸侯和王室封臣强烈反对，他们与东部的诸侯联合起来选举菲利普为德意志的国王。然而，菲利普虽然得到德意志大多数诸侯和主教以及大主教的承认和支持，而且他还拥有王冠和权杖等王权象征物，但他却没有按照传统在亚琛举行加冕礼，而且在德意志政治中占有非常重要地位的莱茵兰地区的诸侯和大主教们均未在场见证；奥托四世虽然是按照传统在亚琛接受的加冕礼，但他却没有真正的王权象征物，戴的王冠、手持的权杖都是复制品。这样一种戏剧性的局面使两个对立国王都有理由自称是合法的国王，互不妥协，互相指责对方违背传统。

两个对立国王无论在经济上还是军事上的实力都势均力敌，不分伯仲；与此同时，英国和法国也都积极介入德意志的王位之争，这与英法的领地之争犬牙交错般地交织在一起，使德意志的王位之争演变为一场国际性的纠纷。在这场纠纷中，自然不会缺少罗马教会的参与。颇具政治头脑的教皇英诺森三世适时提出了"收复政策"（Rekuperationen）：收复罗马城和教皇国的自主权；收复对西西里的采邑权；收复在意大利中部地区的领地；意大利的各种政治势力都必须服从罗马教皇的权威。对此，德意志对立的两位国王表现出了截然相反的立场。施陶芬家族拥立的国王强烈谴责教皇的收复政策，拒绝教皇干预德意志国王的选举；奥托四世则旗帜鲜明地支持英诺森三世的"收复政策"，他向教皇许诺，如果教皇承认他为德意志的合法国王，他将把施陶芬家族在意大利占领的教皇领地奉还给教皇。1201年5月，英诺森三世派教皇特使前往德意志，宣布承认奥托四世为德意志合法国王，允诺为其加冕为德意志的皇帝。同时，英诺森三世还致函施瓦本地区的教俗诸侯，要求他们背弃菲利普，支持奥托四世。

外部势力的参与加剧了德意志王位之争的乱象，英国与法国的领土之争、教皇立场的突变，都为德意志的政治局势增添了不稳定性，德意志诸侯更是在这场乱战中摇摆不定，菲利普被刺事件似乎为奥托四世扫清了障碍，但是法王扶持的新国王又在政治格局上平添了新的不稳定因素，迫使奥托四世再次向罗马教皇许诺，最终获得了后者的首肯，为其加冕为德意志的皇帝。然而，刚登上皇位的奥托四世违背了曾经对教皇许下的所有诺言，攻占了教皇的领地斯波莱托、安科纳等地，恼羞成怒的教皇宣布对奥托四世处以绝罚，解除所有人对皇帝发过的誓约，并示意反对韦尔夫家族的教俗贵族另选皇帝。[①]在法国国王的支持下，美因茨的大主教西格弗里德、波西米亚的国王奥托卡尔一世在纽伦堡召集德意志的诸侯集会，选举远在西西里的弗里德里希二世为皇帝。[②]这是在德意志中世纪历史上第一次由诸侯直接选举皇帝，此前的程序都是由诸侯选举的德意志国王才能在罗马由教皇加冕为皇帝。由此出现了两个皇帝并列的政治格局。

弗里德里希二世仅两岁就戴上了西西里的王冠，由其母摄政，为了保住他在西西里的王位，摄政王宣布弗里德里希二世放弃德意志的王位，并且把西西里王国托庇于罗马教会，成为其采邑，使之与德意志分离成为独立的领土王国，教皇英诺森三世成为西西里王国的摄政王。弗里德里希二世十四岁成年亲政，1211年9月，在教皇的授意下弗里德里希二世再次被选为德意志的国王；次年，他首次觐见了素未谋面的监护人英诺森三世教皇，向他宣誓行了效忠礼，向教皇承诺，一旦他执掌德意志王权立刻践行此前国王的所有承诺。他还要求英诺森三世为他年仅一岁的儿子海因里希（七世）[③]加冕为西西里的国王，以保证西西里的王位不会因为他的远征落入他人之手。此后，他在教皇使节的陪同下前往德意志，踏上了夺回德意志王位的征途。1212年末，德意志诸侯在法兰克福集会，共同推举弗里德里希二世为国王，四天后美因茨的大主教西格弗里德在美因茨的大主教教堂为弗里德里希二世主持了加冕礼。

维护教会的特许权

1214年，为争夺在西欧大陆的领土，英法两国在布汶交战，法

---

① Herbert Grundmann, *Wahlkönigtum, Territorialpolitik und Ostbewegung im 13. und 14. Jahrhundert*, in: Bruno Gebhardt (hrsg.), *Handbuch der deutschen Geschichte*, Bd. 5, 8. Auflage, München: Dt. Taschenbuch-Verl., 1985, S. 29.

② Knut Görich, *Die Staufer: Herrscher und Reich*, München: Beck, 2006, S. 87.

③ 德国历史学家们认为，海因里希从来没有独立地执掌德意志王国，他只是王国的同治国王（Mitkönig）或称亚国王，所以给他的名字后面表示国王排序的"七世"加括号，即海因里希（七世）。

王以少胜多大获全胜，被卷入其中的奥托四世因与英国同盟而败北。布汶战役之后，整个西欧的政局发生了极大的变化。赢得战役的法国国王把安茹的金雀花王朝彻底赶出了西欧大陆，王室的领土有很大程度的扩大。在布汶战役中惨败的英国国王受到罗马教皇的挟制，引起英国贵族的极大不满，1215年签订的《大宪章》开启了英国通向议会制的道路。在德意志，年轻的国王弗里德里希二世坐享其成：奥托四世的败北消除了与其继续争夺德意志王位的政治实力，不得不返回韦尔夫家族的大本营布伦瑞克，同时也放弃了对王位的要求，为德意志的王位之争画上了一个休止符。罗马教皇英诺森三世则把教会的权势推上了顶峰，他在罗马的拉特兰宫召开了在中世纪历史上最为重要的宗教会议，做出了许多重要的决议，如反对异端、确立了教会法、组织第四次远征东方的十字军等。对弗里德里希二世来说这次宗教会议更具有重要的意义，英诺森三世向全欧洲宣布，确认诸侯选举的弗里德里希二世是德意志的合法国王。然而，站稳脚跟的弗里德里希二世并没有履行他曾经对教皇许下的所有诺言，而是在罗马加冕为帝后，指定科隆大主教为德意志帝国本土的摄政王，辅佐他九岁的儿子、新推选为德意志国王的海因里希（七世），同时还颁布了《与教会诸侯联盟》（Confoederation cum principibus ecclesiasticis）的法令。弗里德里希二世在这个法令中明确指出，皇帝要维护教会的经济利益，给予教会诸侯所有经济特权，禁止任何人违背教会的意愿在教会的土地上修建城堡、建立城市；扩大教会诸侯的司法审判权，保护其控制城市的各种权利以及铸币权；等等。弗里德里希二世用这个法令作为对教会和诸侯支持皇权的回报。[1]皇帝以这种成文法的形式确认了主教享有权利的合法性，保证不在他们的领地内设立新的关卡和铸币所，禁止自治城市接受主教的依附农；不能未加限制地在主教的城市里支付税金和货币。这个

---

① Arno Buschmann, *Kaiser und Reich: Verfassungsgeschichte des Heiligen Römischen Reiches Deutscher Nation vom Beginn des 12. Jahrhunderts bis zum Jahre 1806 in Dokumenten*, Baden-Baden: Nomos-Verl.-Ges., [2]1994, Bd.1, S.75-77ff.

法令中还规定，国王必须禁止直辖区的长官和封臣危害教会的财产，保证世俗服从教会的处罚。①

弗里德里希二世给予教会贵族特许权是为了延续弗里德里希一世统治时期推行的实现"神圣罗马帝国"的政治目的。弗里德里希一世皇帝强调德意志的皇权直接授命于上帝，弗里德里希一世的儿子海因里希六世则进一步强调，施陶芬家族作为皇室家族（imperialis prosapia）是凯撒的合法继承人，不仅有权统治德意志，还有权统治罗马乃至教皇国。在他看来德意志皇帝是基督教世界最高的统治者、罗马教会的保护者、十字军的领导者、最高的立法者，所以他的统治范围还包括罗马城、意大利和西西里。为了实现这一目的，他把帝国的政治中心移到了西西里，以西西里王国为其在意大利实现这一政治目的的根据地。②首先，弗里德里希二世确立了他在西西里的最高司法审判权，而且他还享有绝对的立法权（Gesetzgebung）。为此，他授意掌玺官、宫廷大法官（Großhofrichter）佩特鲁斯在位于今天意大利波坦察省的梅尔菲编纂了一部法典，即《梅尔菲法典》（Konstitution Melfi）。《梅尔菲法典》是自古典社会以来西欧第一部国家的法典，收录了西西里的国王罗格二世、威廉一世、威廉二世以及弗里德里希二世颁布的所有的宫廷会议决议。此外，《梅尔菲法典》还综合了在西西里和北意大利地区一直盛行的诺曼人的、阿拉伯人的以及拜占庭的各种习惯法和法令。弗里德里希二世颁布这部法典的目的是要废除在西西里王国内正在施行的其他法律和习俗，任何人都不能违背和对抗这个法典。这部法典开宗明义强调，弗里德里希二世是上帝指定的、由诸侯选出的罗马皇帝，他掌握着上帝赐予的宝剑，负有维护公正及保卫和平的职责。上帝通过诸侯的选举赋予皇帝权力，并借教皇之手

---

① Dietmar Willoweit, *Deutsche Verfassungsgeschichte: vom Frankenreich bis zur Wiedervereinigung Deutschland*, S. 64.

② Josef Deér, "Die Siegel Kaiser Friedrichs I. Barbarossa und Heinrichs VI. in der Kunst und Politik ihrer Zeit", in: Ellen Judith Beer (hrsg.), *Festschrift Hans R. Hahnloser zum 60.Geburtstag*, Basel Stuttgart: Birkhäuser, 1961, S. 84, 89.

为其施加冕礼，德意志的皇帝是基督世界的实际统治者。德意志皇帝的权威第一次这样明确地用法律文字的形式确定下来。[①]弗里德里希二世宣扬世俗君权的最高统治，完全没有履行再三对教皇许下的多个承诺，甚至把他权力的触角伸向了耶路撒冷，令教皇有了极大的不安全感，政教之间的争斗烽烟再起。1228年，教皇以弗里德里希二世迟迟不组织十字军为由对其处以绝罚，宣布解除德意志帝国和西西里王国所有封臣对皇帝的誓约。

保护诸侯的法令

弗里德里希二世长期滞留意大利，把对德意志本土的统治交给他的幼子海因里希（七世），任命科隆的大主教恩格尔贝特为摄政王辅佐朝政，这就为德意志的教俗贵族增强自身的政治和经济实力创造了最有利的时机，尤其是科隆的大主教通过摄政权不断扩大自己的势力范围，地方诸侯也趁机争权夺势。为了防御其他权势的侵扰，诸侯们在自己的领地设置边防线，建立城堡，逐渐形成了地域性的、有固定疆域的诸侯邦国。他们在自己的邦国内施行地区性的集权统治，掌控教会，在重要的交通要道设立关卡，在开办的市场征收市场税。海因里希（七世）成年亲政后，为夺回摄政时期被诸侯分割的王权，与邦君诸侯之间产生了激烈的冲突。为了在与诸侯的斗争中争取更多的政治力量，海因里希给予各地城市众多特许权，从而赢得了城市市民以及中小贵族的支持，这就更加引起诸侯的不满。诸侯们联合起来，先后两次在沃尔姆斯召开诸侯会议，谴责国王对其权利的干预，他们共同做出决议宣布，未经城市领主的允许，任何城市的市民都不得联合起来，不得建立同盟或者联盟。1231年5月1日海因里希（七世）被迫把诸侯在沃尔姆斯帝国会议上的决议以特许权的形式颁布，即《有利于诸侯的法令》(statutum

---

① Wolfgang Lautemann (bearb.), *Geschichte in Quellen, Mittelalter: Reich und Kirche*, S. 573f.

in favorem principum)。^①这个法令要求国王宣布放弃在诸侯邦国领地内的最高司法权、侍从权（Geleitrecht^②）、铸币权、征收关税权、建立城堡和城市权；国王必须保证诸侯铸造的货币在城市内有效通行；给予诸侯防御城市的军事权利；要求城市市民维护诸侯的权利。法令还明确规定，任何城市的市民都不得擅自结成同盟或者建立联盟，如果未经城市领主的许可，即使国王也不得予以认可。此外，国王还不得以限制市场和道路交通的方式、不得以接收贵族和教会的依附者以及居住在城堡外的市民进入法律共同体的方式阻碍诸侯建立主权领地。最后，在这个法令中还规定，在制定和颁布新的法令时，诸侯必须获得所辖地区内各等级的一致同意。^③为了迫使国王遵守这个法令，诸侯们以支持其力图建立一个世界性大帝国的政策为交换条件，换取弗里德里希二世皇帝对《有利于诸侯的法令》的认可。不得不承认该法令的弗里德里希二世还进一步强调，禁止所有城市擅自组成城市议会，不得自己任命市长，不得在城市成立同业公会、兄弟会和行会等自治机构。在皇帝的强制下，海因里希国王被迫向诸侯保证服从皇帝的决定，如果他违背了这个承诺，将会请求教皇对他处以绝罚。^④

13世纪上半叶以皇帝法令形式颁布的《与教会诸侯联盟》以及十余年后的《有利于诸侯的法令》虽然似乎使皇帝在推行建立世界性大帝国政策方面获得了教俗贵族的支持，但实际上在很大程度上削弱了王（皇）权的权威，尤其是极大程度地削弱了其在司法审判权和经济利益方面对城市的保护，这就为教俗诸侯巩固和增强自身的权力提供了政治条件。为了防御其他权势的侵扰，诸侯们在自己的领地周边设置边防线，建立城堡作为其领地的政治中心，他们掌

---

① Armin Wolf, *Gesetzgebung in Europa, 1100-1500: Zur Entstehung der Territorialstaaten*, S. 235.

② "侍从权"是指国王要求诸侯随从的权利，这是诸侯必须履行的一种采邑义务。

③ Armin Wolf, *Gesetzgebung in Europa, 1100-1500: Zur Entstehung der Territorialstaaten*, S. 235.

④ Herbert Grundmann (Hrsg.), *Handbuch der deutschen Geschichte*, Bd.1, S. 449f.

控领地内的教会，施行地域性的集权统治，在重要的交通要道设立关卡，在所开办的市场征收市场税。诸侯实施的各项政策逐渐地使原有的采邑领地逐渐演变为地域性的、有固定疆域的、有主权的邦国。德国历史学家对1220年的《与教会诸侯联盟》以及十余年后的《有利于诸侯的法令》给予高度重视，他们认为这两个法令是德意志历史进程中的一个重要里程碑。其之所以重要，不是因为在德意志形成了一种新的权力关系，而是因为这种新的权力关系以法律的形式被确定下来。①

弗里德里希二世在与教皇的争斗中走完了他的一生，直到辞世都没有得到教皇的宽恕解除对其的绝罚，故而不得不身着教士的僧衣下葬，他的去世为德意志中世纪历史上长期进行的政教斗争画上了句号，自此之后德意志进入了将近30年的"大空位时期"。英国学者芬纳曾经对德、法在中世纪政制的历程进行过比较："在德意志，政府的发展过程与法兰西正好相反。法兰西的政府组织始于一个羸弱的君主制，其后君主制变得足够强大，从而能够制止封建制度中的离心倾向。它变成了整合地方性架构的基石，为民族国家的建立铺平了道路。德意志始于一个强大的君主制，在11世纪时起其君主制陷入了分崩离析之中。虽然在12世纪时出现过强势复兴，它在消亡之前一直处于衰落态势，与此同时贵族们则建立了独立的地方性公国。"②

四、帝国中的邦国

邦国的主权

1245年教皇重申对弗里德里希二世处以的绝罚，科隆、美因茨和特里尔的大主教结成反皇帝同盟，他们在没有任何世俗诸侯在场

---

① Herbert Grundmann (Hrsg.), *Handbuch der deutschen Geschichte*, Bd.1, S. 450.
② 〔英〕塞缪尔·E.芬纳：《统治史》，第2卷，王震译，第347页。

的情况下选举出了反对派国王。但这个反对派国王还没来得及接受加冕礼就辞世了，反对皇帝的主教们重又选举荷兰伯爵威廉为德意志的国王；然而威廉并没有得到全德意志诸侯的认可。德国历史学家们把从1245年大主教们选举反对派国王，直到1275年哈布斯堡王朝开始，这30年的时间称为"大空位时期"（Interregnum）。所谓的"大空位"并不是王位上没有国王，而是因为德意志的诸侯更多的是注重自己统治的区域，扩大自己的政治势力，对这近似于虚设的国王并不关心。外部势力趁机加强了对德意志事务的干预乃至参与王位的选举。1257年，在觊觎德意志王位的英国和法国国王们的干预下，先后有两位非德意志贵族同时被德意志的教俗大贵族选为德意志的国王。①两个外籍国王自然不会得到大多数诸侯的认可，致使王权的权威被大大削弱；但是，这次双重选举产生了一个重要的政治结果：为了克服政治局面的这种混乱，德意志的大诸侯们相互妥协达成一致，确立了科隆、美因茨、特里尔的大主教以及萨克森公爵、莱茵行宫伯爵、勃兰登堡马尔克伯爵以及波西米亚国王为德意志帝国的七位选帝侯（Kurfürst），即只有这七位教俗大诸侯才有权推荐和决定皇帝的候选人。自13世纪以来，德意志的诸侯虽然都有权参与国王的选举，但决定国王候选人的仅限于这七位教俗大诸侯。这七位选帝侯同时还担任帝国的要职，科隆的大主教是德意志地区的帝国大掌玺官（Reichserzkanzler），美因茨的大主教是意大利地区的帝国大掌玺官，特里尔的大主教是勃艮第地区的帝国大掌玺官；莱茵行宫伯爵是宫廷膳务总管（Erztruchsess），萨克森的公爵是内廷大臣（Erzmarschall），勃兰登堡的伯爵是司库总管（Erzkämmerer），波西米亚的国王是掌酒总管（Erzmundschenk）。这些任要职的选帝侯们并不关心王权的集权，而是利用自己手中的

---

① 1257年，以科隆大主教为首的一派选举英国国王亨利三世的弟弟康沃尔的理查为国王，因为他的妹妹是弗里德里希二世的妻子，因而有王位的合法继承权。与法国有着密切关系的特里尔的大主教以及萨克森的公爵和勃兰登堡的马尔克伯爵则选举得到法王支持的西班牙国王阿方索十世，因其母也是王位的合法继承人之一。

权势扩大自己，都不希望在政治上受到强势王权的制约，争相推举势单力薄的中小诸侯为国王候选人；因此，德国历史学家施耐德米勒把在此之后一个多世纪选举出来的十位国王统称为"伯爵国王"（Grafenkönig）。①

14世纪，英国和法国都先后走上了议会的政制道路，尽管两国的议会制度有差异，但在加强王权集权方面异曲同工；在德意志，七大选帝侯的确定以及《与教会诸侯联盟》和《有利于诸侯的法令》这两个法令的颁布，则极大地削弱了王权的集权，大小封建领地的独立自治也因此更加合法化了，这就为教俗诸侯巩固和增强自身的权力提供了政治条件。为了防御其他权势的侵扰，诸侯们在自己的领地设置边防线、建立城堡，采邑封地越来越自成一体更为封闭，从而具有了领土主权（souverains）的性质，诸侯在自己的领地内有了绝对的权威，形成了邦国制（Territorialstaat②）。德意志的邦国制不是在中世纪历史上一蹴而就的政治现象，它是在诸侯与王（皇）权的斗争过程中逐渐确立的，德国历史学家莫拉夫把德意志邦国制的进程划分为三个阶段：它的起点是在中世纪的中期；14世纪中叶在帝国境内已经成为一种较为普遍的政治现象；15世纪中叶进入了邦国制快速发展的第三个阶段。③德意志邦国的形成是由各种因素综合起来的结果，具有较强的区域性。邦国制最早形成的是在西北部地区，这里公爵领地的独立性比较强，与王权的矛盾由来已久，与其的争斗也较为激烈。也可以这样说，诸侯在与国王的争斗中获得越来越多的权利，并把这些权利聚集自己的手里成为一种集权，从而具有了领土主权的性质，诸侯在自己的领地内有了绝对的权威。

---

① Bernd Schneidmüller, *Die Kaiser des Mittelalters: Von Karl dem Großen bis Maximilian I.*, München: Beck, 2006, S. 87.

② Territorialstaat的原意是"区域国家"，国内学者通常将其译为"邦国"。

③ Peter Moraw, *Von offener Verfassung zu gestalteter Verdichtung: Das Reich im späten Mittelalter 1250 bis 1490*, Berlin: Propyläen Verlag, 1985, S. 183.

《金玺诏书》的颁布

我们今天所定义的"主权"通常是现代政治学的一个概念，主权是现代国家的属性，是以16世纪法国近代著名的政治理论家博丹阐述的主权概念为起点。[1] 英国学者霍夫曼将其归纳为，"主权明显地表现了权力在特定一国的集中"[2]。然而，"主权"这个词汇早在13世纪就已经出现，主要是说明王权的最高司法权，即最高的司法裁判权属于国王。[3] 霍夫曼认为，13世纪的"主权"表现在君主权力的集权化上。[4] 詹宁斯则更明确地指出，"主权学说是中世纪末期，为了促进世俗国家摆脱教会控制而产生的一种理论"[5]。君主权力的集权化是在社会共同体保护共同利益的基础上实现的，因此，霍夫曼把中世纪的主权看作"一个政治共同体总体上的权力"[6]。西方法学家和政治学家的论述在历史学家那里得到了进一步的印证，迪斯特尔坎普对13世纪史料中的术语进行了考察，在此之前史料文献中通常出现的是ministriales ducis（公爵的封臣）或者vasalli comitis（侍从），13世纪，最晚在14世纪，这两个词汇有了明显的变化，改变为ministriales ducatus（公国的封臣）或者vasalli comitatus（议会的侍从），这种表述方式的变化意味着封臣履行的采邑义务不再仅对领主个人，而是对邦国的议会。抑或可以这样说，邦君的主权改变了其与封臣的政治关系，迪斯特尔坎普把这种关系的改变归结为"采邑制的区域化"。他认为，在13世纪的德意志帝国境内，金字塔式的采邑制仍然很明显，但是其结构已经发生了演变，在领地的区域内出现了地区性的治理，"对个人的统治越来越明显地建立在对地

---

① Andrew Vincent, *Theories of the State*, Oxford: Blackwell, 1987, p. 32.

② 〔英〕约翰·霍夫曼：《主权》，陆彬译，吉林人民出版社2005年版，第7、43页。

③ *Lexikon des Mittelalters*, Bd. 7, S.2068f.

④ 参见〔英〕约翰·霍夫曼《主权》，陆彬译，第42页。

⑤ 〔英〕詹宁斯：《法与宪法》，龚祥瑞等译，生活·读书·新知三联书店1997年版，第100页。

⑥ 〔英〕约翰·霍夫曼：《主权》，陆彬译，第44页。

区的控制上"①。威洛魏特则从臣属关系的角度阐述邦国"主权"的集权性。他认为，邦国的法律不认可由享有诸如最高司法的特许权、受保护的权利、采邑权或者低级司法权等特许权决定的臣民之间的差异，邦国的权力对所有臣民来说都有着相同的权限。②

1346年，与波西米亚卢森堡家族对立的哈布斯堡家族的国王突然辞世，七位选帝侯毫无争议地达成共识一致推举卢森堡的卡尔四世为国王，结束了选举国王的乱象。卢森堡家族与法国王室有着极为密切的关系，卡尔四世娶法王菲利普四世的孙女为妻，由于这段婚姻卡尔四世很快就获得阿维尼翁教皇的认可，为统一德意志王位的卢森堡王室增添了政治筹码。为了稳固刚刚在帝国确立的皇权，卡尔四世对选帝侯们再次做出重大让步，他于1356年颁布了《金玺诏书》（Goldene Bulle）。《金玺诏书》被德国历史学家们看作中世纪德意志帝国的第一部基本法，它第一次以法律的形式明文规定了选帝侯选举国王的程序，规定了选帝侯在选举国王时的程序和选帝的固定地点，同时也以法律的形式确认了选帝侯们已经享有的各项权利：③首先，选帝侯在自己的邦国内与国王享有同等的地位和权利，享有最高统治权和不受帝国司法权干预的最高司法权；其次，选帝侯有权参与帝国的政务，共同决策帝国内外的政策；再次，选帝侯享有开采矿山、盐矿、铸币和收取关税的经济特权；最后，选帝侯有权保护犹太人、有权禁止城市接受外来居民、有权限制或取缔城市间结成的同盟。④《金玺诏书》从法律角度保障了选帝侯们的各项权利，这就使邦国在政治、经济以及司法和军事上都保持完全的独立，保证选帝侯邦国领地不因任何因素被分割，增进了邦国的领土

---

① Bernhard Diestelkamp, "Lehnrecht und spätmittelalterliche Territorien", in: Hans Patze (hrsg.), *Der deutsche Territorialstaat im 14. Jahrhundert*, Sigmaringen: Thorbecke, 1970, S. 82f, 67.

② Dietmar Willoweit, *Rechtsgrundlagen der Territorialgewalt. Landesobrigkeit, Herrschaftsrecht und Territorium in der Rechtswissenschaft der Neuzeit*, Köln : Böhlau, 1975, S. 296.

③ Peter Moraw, *Von offener Verfassung zu gestalteter Verdichtung: Das Reich im späten Mittelalter 1250 bis 1490*, S. 247f.

④ Wolfgang Lautemann, *Geschichte in Quellen. Mittelalter. Reich und Kirche*, S. 772ff.

化。《金玺诏书》的颁布不仅仅有利于选帝侯，也有利于帝国境内大大小小的教俗诸侯，因为它从法律上承认了区域性统治的合法性，它以立法的形式保障了教俗诸侯的权利，教俗诸侯的统治区域在政治、经济以及司法和军事上都有了完全的自主性；但它却是阻碍德意志实现政体统一的一块巨大的绊脚石。《金玺诏书》直到1648年才被废除。

贵族的政体

德意志邦国的形成经历了两个世纪左右的历程，致使德意志长期处于多头政治的格局中，国王的权力仅局限在自己的实际统治区域内，帝国无法逾越选帝侯制造成的政治障碍，始终处于分裂的状态。但德国历史学家们对邦国制给予了较为积极的评价，他们普遍认为，13世纪至15世纪是西欧现代国家形成的一个重要历史时期，与英、法等国所走的议会君主制的道路不同的是，德国是以邦国制这种方式开始了向现代国家的进程，或者将其称为"现代国家"的"早期形式"。[1]莫拉夫把在这个历史时期发生的邦国制的形成、城市的发展以及东进运动看作三个重大的社会变革，且三者之间相互有着密切关联。[2]德国历史学家们大多从法律史的视角考察邦国制度，迪斯特尔坎普认为，自13世纪起，帝国的结构开始发生变化，虽然金字塔式的采邑制依然是帝国的政治特点，但是在邦国层面上已经朝着地域性政治治理的方向发展，对人的统治越来越是以控制一个地区为基础，而不是通过采邑分封结成的个人关系。这是从中世纪中期至中世纪晚期最重要的一个政治转变，而且产生了重要的结果。迪斯特尔坎普从采邑权的角度阐述了这种变化，他认为，中世纪晚期采邑权渐渐失去了原本仅仅是与领主个人有关系的特点，集中于

---

[1] Gerhard Theuerkauf, *Land und Lehnswesen vom 14. bis zum 16. Jahrhundert: ein Beitrag zur Verfassung des Hochstifts Münster und zum nordwestdeutschen Lehnrecht*, Köln: Böhlau, 1961, S. 16.

[2] Peter Moraw, *Von offener Verfassung zu gestalteter Verdichtung: Das Reich im späten Mittelalter 1250 bis 1490*, S. 183, 189.

邦国的法律制度中，而且采邑制与邦国制逐渐趋于一体，采邑权也成为邦国制度中的一部分。[①]

西欧的采邑制也就是封建制，这是一种以封建主个人为首的个人联合的政体模式，正如英国学者安德森所说："在封建制度中，君主是他封臣的一个封建宗主，他与他们以互惠的忠诚纽带约束在一起，而不是位居他臣属之上的最高君主。他的经济实际上全部来自他作为领主的个人领地，他对封臣的要求基本上是军事性质的。他与人民没有直接的政治接触，因为对他们的司法是通过无数层的分封制施行的。"[②]法国著名学者基佐认为，在这个层层分封的社会中，各级封臣只与自己的封主建立起了直接的关系，而与上一级的封主乃至国王之间几乎没有任何的关系和往来，因为建立和维系这个关系的是采邑赋予的权利和应该履行的义务，"同等地位的人都孤立地生活着"，唯一把他们联系在一起的是封主，"封建关系，封建主与封臣之间的关系，可以说是联合的唯一原因，结合的唯一理由"。[③]德国的历史学家把这种体制称为"贵族体制的王国政体"[④]。在采邑制的领地中强调的是人身依附关系，通过被依附者对依附者人身和财产的"保护"维系这种依附关系，依附者回报的是对被依附者的义务，在这里采邑制的土地起到至关重要的作用，土地附着各种权利。领地的区域化首先表现为地区性立法机构的建立，居住在这个区域内的所有居民都要服从颁布的法律，土地附着的权利消失了，对人和财产的保护不再是通过采邑制确立的人身依附的关系，而是邦国的法律，人身的依附关系由此消除。在邦国里有了立法机构，所有居民都要服从邦国制定的法律，对人的保护不再是通过人身关系，而是通过法律进行调停，人身的依附关系因此被解除；所以莫

---

① Bernhard Diestelkamp, "Lehnrecht und spätmittelalterliche Territorien", in: Hans Patze (hrsg.), *Der deutschen Territorialstaat im 14. Jahrhundert*, S. 67, 83-86.

② 〔英〕佩里·安德森：《从古代到封建主义的过渡》，郭方等译，第154页。

③ 〔法〕基佐：《法国文明史》，第3卷，沅芷等译，第193页。

④ Hans Hirsch, *Die hohe Gerichtsbarkeit im deutschen Mittelalter*, S. 234.

拉夫认为，在邦国的政体中邦君的统治可以看作是这种贵族统治的终结。①

邦国制的形成有着各种历史的条件和原因，国王的特许权把越来越多的权利集中在诸侯的手中无疑是一个重要的原因，抑或可以这样说，德意志在中世纪晚期开始形成的邦国制不是封建制度的延续，而是向着现代国家转变的一个重要的途径。德国历史学家莱因哈特认为，现代国家有三个要素：首先，国土是唯一的统治领域；其次，国民是有着固定成员的定居的个人联合体；再次，绝对的国家的权力应该在两方面行使：对内通过合法使用暴力的垄断，对外独立于任何其他的权力。②邦国制似乎具有了这三种要素，在所有权利集于一起的同时邦国独立于任何其他的权力，但是与现代国家不同的是所有邦国依然与皇帝（国王）有着明确的采邑关系。邦国虽然具有了现代国家的要素，但它与王（帝）国之间依然还存在着采邑关系，即邦国的合法存在依然需要王（皇）权的认可和保护，这是因为邦国的形成是在王（皇）权给予的特许权的基础上形成的。但不应否认的是，皇帝与邦君的采邑关系在发生着变化，它不再只以保护和义务的原则维系着对封君个人的依附关系，而是通过法令的形式使之合法化。

"采邑制的区域化"

这种变化开始于12世纪中叶，弗里德里希一世开始注重通过法律来确定皇帝与邦君的臣属关系，他于1158年指令组织法学家编纂面向社会所有阶层的四部法规，即前述《经济权法》《普通法令》《王宫和财产法》《纳税法》，明确了皇帝享有的权利，帝国各地的司法权都必须置于皇帝的最高权力之下。13世纪，在皇帝授意下编纂

---

① Peter Moraw, *Von offener Verfassung zu gestalteter Verdichtung: Das Reich im späten Mittelalter 1250 bis 1490*, S.183.

② Wolfgang Reinhard, *Probleme deutscher Geschichte 1495-1806, Reichsreform und Reformation 1495-1555*, Stuttgart: Klett-Cotta, 2001, S. 92.

的《梅尔菲法典》以及当时广为流行的《萨克森箴言》也都是以法律的形式说明邦国和帝国的关系，皇帝的权威以及邦君诸侯的权利通过法典明确下来；另一方面，《与教会诸侯联盟》和《有利于诸侯的法令》也是君王以法令的形式颁布。这些都说明，在这个历史时期，面向所有诸侯的立法逐渐取代了只针对个体的特许权，这是采邑权主权化的重要表现。国王的官员们通过研究和学习罗马法，把君主的封建权利诉求与有关各种法典和论著的理论联系起来，逐渐产生了"国王的主权""王国的君主"等概念，由此得出一切司法权均属国王的结论，进一步提升了国王在领地之外的权威。

　　法律肯定的是国王的权威，同时也规定了邦君的权限，特别是司法审判权为在此之前模糊不清的领地划上了清晰的边界。此前西欧各王国都没有很明确的地域边界，所谓的领地或者王国疆域更多是通过封臣的效忠表现出来，是一种模糊的政治的界限。德国学者西蒙在对德意志境内一个马尔克伯爵领地的区域化进行较为详细的考察和研究而得出这样的结论：司法审判权是促成邦国区域化的一个重要因素，在邦国内部通过设立特辖区，有助于邦君的司法审判权破除在其境内教会和修道院对司法权的割裂，统一了邦国的司法权；另一方面，邦君的司法审判权具有地域性权限，由此邦国的地域性的特点也显现出来。[1]英国学者庞茨从历史地理学的角度也有类似的观点，他认为14世纪因为早期西欧各国政治的发展，在它们之间有了比较明确的边界，而且这些边界越来越固定，作为中心城市的首都是行政管理的中心。[2]在德意志，诸侯都在自己领地内修建了城堡，宫廷成为邦国的政治中心，德国历史学家格茨把宫廷社会的形成与西欧中世纪政体的演变联系在一起，他认为，在宫廷中个人的联合不再是核心，宫廷作为邦国的行政管理中心掌管着地域性的统治权，这是从旧的"个人联合的国家"向有主权的"地域的国家"

---

[1]　Thomas Simon, *Grundherrschaft und Vogtei: Eine Strukturanalyse spätmittelalterlicher und frühneuzeitlicher Herrschaftsbildung*, Frankfurt am Main: Klostermann, 1995, S. 103f.

[2]　Norman John Greville Pounds, *An Historical Geography of Europe*, Vol. 2, p.119.

的重要转变。[①]

　　米泰斯认为，从这个历史时期起，以骑士制为基础的采邑制在各个地区都已经逐渐地失去了意义，[②]德国历史学家迪斯特尔坎普把这一历史时期领地制的变化称为"采邑制的区域化"（Territorialsierung des Lehnswesens[③]）。他认为从12世纪起在德意志帝国境内的采邑制逐步地发生变化，至少在13世纪末期采邑权已经逐渐演变为一种国家的行政管理权力。[④]德国历史学家们在研究中不再使用Grundherrschaft（领地制）这个术语，而是采用Landesherrschaft（或者Territorien），[⑤]国内学界通常将其翻译为"邦国"。[⑥]采邑的区域化产生的结果一是使帝国原有的公爵领地和伯爵领地都有了自己的政治中心和经济中心从而更加独立，帝国的政治分裂也因此日益加剧。二是在这些采邑区域化后产生了地区性的治理机制，逐渐改变了中世纪早期通过个人联合的政治关系以及必须服役或者履行军事义务的领地制的机制。

---

　　① 参见〔德〕汉斯－维尔纳·格茨《欧洲中世纪生活（7—13世纪）》，王亚平译，第182—185页。

　　② Heinrich Mitteis, *Der Staat des hohen Mittelalters: Grundlinien einer vergleichenden Verfassungsgeschichte des Lehnszeitalters*, Weimar: Hermann Böhlaus Nachfolger, [4]1953, S. 424.

　　③ 笔者把从拉丁语演变过来的Territorialsierung翻译为"区域化"，因为这个词源自拉丁语的terra（地区）。中世纪早期采邑的边界较为模糊，正如上文引用的庞茨所说的取决于采邑获得者的意愿，"采邑制的区域化"则是逐步地把采邑的边界较为清晰地确定下来，所以这种采邑的区域化还包括教会的采邑，乃至包括城市。

　　④ Bernhard Diestelkamp, "Lehnrecht und spätmittelalterliche Territorien", in: Hans Patze (hrsg.), *Der deutsche Territorialstaat im 14. Jahrhundert*, S. 82-85.

　　⑤ Landesherrschaft是现代德语，与Territorialsierung同义。德国历史学家认为，这个时期的领地与前有所变化，为了说明这种变化不再使用Grundherrschaft，而是采用Landesherrschaft = Territorium。德国历史学家H.帕策曾经对14世纪的卷宗、官方文书、采邑记录、证书簿、契据登记簿、账簿、法庭记录、市政文书、商人的账簿以及各种其他的史料进行了多方位的考据，以此为依据阐述领地行政管理向领土制行政管理的变化，参见Hans Patze, "Neue Type des Geschäftsschriftegutes im 14. Jahrhundert", in: Hans Patze (hrsg.), *Der deutsche Territorialstaat im 14. Jahrhundert*, S. 9-64.

　　⑥ 笔者认为把Territorien翻译为"邦国"并不十分贴切，因为采邑的区域化不仅是世俗的采邑，还包括教会的领地，但笔者没有找到较为贴切的中文词汇，故采用国内学界约定成俗的"邦国"。

第三编　现代宪政制度的政府
（16—17世纪）

第八章　民族国家与早期宪政制度

中世纪的欧洲没有民族国家的概念，在封建政制体制中，个人联合的政体形式还没有构成国家的形态。法国学者西耶斯说："国家是什么？是生活在一部普通法之下并由同一个立法机构代表的人们的联合体。"①西方学者通常把国家的概念与司法权和立法权结合起来，英国学者斯金纳在给国家下定义时指出："国家是其领土内司法和立法权力的唯一渊源；是其人民矢志忠诚的唯一正当目标。"②恩格斯则把国家看作缓和社会冲突的一种力量，他说："国家是社会在一定发展阶段上的产物；国家是表示：这个社会陷入了不可解决的自我矛盾，分裂为不可调和的对立面而又无力摆脱这些对立面。而为了使这些对立面，这些经济利益互相冲突的阶级，不致在无谓的斗争中把自己和社会消灭，就需要有一种表面上驾于社会之上的力量，这种力量应当抵制冲突，把冲突保持在'秩序'的范围以内；这种从社会中产生但又居于社会之上的并且日益同社会脱离的力量，就是国家。"③西欧从个人联合的封建政制走向有立法制度的现代国家的起点在于，西欧整个社会的经济结构以及生产力的水平都发生了根本性的变化，加速这一变化的是14世纪中叶肆虐西欧20多年的黑死病，西方学界通常把黑死病看作中世纪中期与中世纪晚期的一个

---

① 〔法〕西耶斯：《论特权·第三等级是什么？》，冯棠译，商务印书馆1990年版，第23页。
② 〔英〕昆廷·斯金纳：《现代政治思想的基础》，段胜武等译，前言第2页。
③ 〔德〕恩格斯：《家庭、私有制和国家的起源》，《马克思恩格斯选集》第4卷，第166页。

分水岭，是西欧迈向近代社会的一个起点。这是因为，黑死病之后的西欧不仅在社会经济方面发生了本质性的变化，而且西欧很多国家在政制上都出现了绝对主义国家（Absolutist state）。所谓的"绝对主义国家"是指君权的集权化，这种集权化的君主政体是西欧通向现代国家的必经之路，"是与金字塔式的四分五裂君主制及其领地制、封臣制这一整套中世纪社会结构的决裂"①。在王权集权化的同时发生的是宗教改革运动、资本的原始积累、工业化的起步以及大航海的开始，这些又都促进了西欧民族国家的兴起和发展。

宗教改革运动看似是一场宗教的改革，然而路德却对西欧政制的发展做出了极大的贡献，他的《九十五条论纲》打破了基督教长达1300年的统一，也正是这一举动，"把此前主要是教会特权的神圣光环转移到了世俗统治者身上，把人们的敬意的道德转移到公民的道德，把他们的理想从修道院生活转移到世俗生活"，基督教的神圣光环转移到了世俗统治者的身上，君权的神授甚至不再是罗马教会而是直接来源于上帝，君王有控制教会的权力。②西欧政制与教会的这种变化源自社会经济结构的演变，也得力于文艺复兴与宗教改革运动的发生，正如芬纳所说："文艺复兴和宗教改革运动两者结合，形成一种爆炸性的力量。"③这个爆炸的力量对16世纪的欧洲产生了重大的影响。

芬纳把16世纪看作欧洲政治发展史上的分水岭，在这个世纪的欧洲产生了现代国家的概念，芬纳把这种概念的产生归纳为："从统一的服务到分化的服务，从分化的领土到统一的领土，这两个过程同时发生，构成了'现代国家的发展过程'，这一过程于1450年左右从大西洋沿岸国家开始。"芬纳定义的现代国家有六个特点：其一，法律有一种独特的、至高无上的神圣性；其二，公民享有生命

---

① 〔英〕佩里·安德森：《绝对主义国家的系谱》，刘北成等译，上海人民出版社2001年版，第3页。

② 参见〔英〕塞缪尔·E.芬纳《统治史》，第3卷，马百亮译，第219页。

③ 同上。

权、自由权和财产权；其三，罪责个人化；其四，私有财产的原则受到尊重；其五，统治权受到法律、私有财产权和消极公民权的制约；其六，在公法和私法、私有权和国家权之间划清界限。[①]德国历史学家莱因哈德更是把法治看作现代国家重要的标志："现代统治是法治的，因为它是一种基于非常明确的、有意识地制定的但却是抽象的法律条文的制度。发布的命令是基于一个非个人的机构，服从的不是某一个人，而是非个人的法律。就这方面而言，命令发布者的权限是受到限制的。"[②]

　　值得一提的是，这里所说的16世纪不是一个具体的时间概念，而是一个抽象的时间概念，英国学者罗伯特·杜普莱西斯在研究欧洲现代早期资本主义形成时就提出了欧洲经济史上的"长16世纪"（long sixteenth century）概念，从1450—1500年到1550—1570年间欧洲出现了一个长约100年的经济增长阶段。[③]从更广泛的社会经济变迁的角度看，虽然16世纪出现了剧烈的社会变革，但其依旧延续了前期的发展趋势。比如，有关现实的社会和中世纪的等级观念已经在16世纪之前存在着相互的矛盾，社会中的个体正在挣脱原有等级秩序的束缚。教皇、帝国皇帝和国王之间的权力之争不断动摇着封建统治秩序；大商人和银行家的大笔财富挑战着神学理论家有关不为自己谋利的言论；等等。[④]因此，这里所指16世纪不是时间上的简单划分，而是根据西欧历史变化从社会发展角度上所作的划分，其间包括两大发展趋势，一是黑死病之后西欧社会经济结构的进一步变革；二是宗教改革带来激烈的思想碰撞，越来越多的人开始反思当时的政治结构。根据这两点，这里所指16世纪不是一个具

---

① 参见〔英〕塞缪尔·E.芬纳《统治史》，第3卷，马百亮译，第217、223、258页。

② Wolfgang Reinhard, *Geschichte der Staatsgewalt: Eine vergleichende Verfassungsgeschichte Europas von den Anfäng bis zur Gegenwart*, S. 127.

③ 参见〔英〕罗伯特·杜普莱西斯《早期欧洲现代资本主义的形成过程》，朱智强等译，辽宁教育出版社2001年版，第61页。

④ Helmut George Koenigsberger, George L. Mosse, *Europe in the Sixteenth Century*, London: Longman, 1968, pp. 3-6.

体的时间概念，而是一个"长16世纪"的概念，向前追溯到15世纪末，向后延伸到法国宗教战争的结束。

一、西欧经济与社会结构的演变

黑死病的肆虐

西欧持续两个世纪的第二次大拓荒运动把西欧社会经济推向了一个辉煌的高潮期，然而紧跟这段辉煌的是社会经济发展遇到了一个巨大瓶颈，表面上看造成这个瓶颈的首先是不可抗拒的天灾和突如其来的黑死病，但实际上是农业经济发展到一定阶段必然会引起结构性变化的结果，但原本是循序渐进的改变因为三年的自然灾害和黑死病有了加速度。

1314—1316年，西欧各地都发生了连续三年的自然灾害，灾年期间粮食大歉收，紧随其后的是1315—1317年的三年大饥荒，导致粮食价格上涨，给社会带来了极大的不稳定。1348年，西欧经历了长达20余年令人不寒而栗的黑死病的肆虐。黑死病期间西欧各地人口骤降，尤其是城市人口死亡的数字非常高。[①]根据意大利经济史学家奇波拉的研究，西欧在这个时期人口总体减少了1/4，[②]当然各地的情况有很大的差异。据保守估算，南欧在黑死病期间人口总数下降了1/3；法国、意大利也都至少损失了1/3的人口；在佛罗伦萨，1338年在册登记人口是11万人，但到了1351年，在册登记的人口骤降到了4.5万至5万人，虽然在1380年人口有所增长，但也

---

① 法国学者布瓦松纳认为，黑死病期间西欧约减少了2400万到2500万人口，参见《中世纪欧洲生活和劳动（五至十五世纪）》，潘源来译，第289—290页；美国学者汤普逊则认为，由于缺少可靠的统计数字很难得出一个比较确定的数字，而现有的一些估算数字都被扩大了，参见《中世纪晚期欧洲经济社会史》，徐家玲等译，商务印书馆1992年版，第519—520页。

② 参见〔意〕卡洛·M.奇波拉《欧洲经济史》，第1卷，徐璇译，第31页。

只是恢复到了7.5万人，而且这个数字一直保持到1526年；[①]在英格兰，仅在1382年的一年内人口就减少了1/5。[②]14世纪初期，在中欧德语区居住的居民有1400万左右，经历了黑死病之后，到15世纪下半叶仅有八九百万。从威悉山地到勃兰登堡和迈森、从施瓦本到西里西亚的区域内，约有40%以上的居民区消失；在符腾堡地区，14世纪以后有520处居民区也就是说相当于有50%左右的居民区不复存在。[③]与农村相比，城市由于房屋密集、居住集中，传染程度更大，人口的死亡率也更高，有的城市甚至高达60%。根据1350年布莱梅市教会保存的资料统计，居住在这个城市有名有姓的死亡者多达6966人，相当于当时全市人口总数的2/3，这其中还不包括那些毙命街头没有登记在册的亡者。[④]农村因居住分散，受黑死病传染的直接危害相对而言要小很多。

人口骤降不仅造成整个社会劳动力的空前减少，反映在社会经济上就是大大降低了社会的消费能力，物价急遽下跌。根据汤普逊的研究，原来价值40先令的一匹马在黑死病期间仅值6先令8便士；一头公牛仅值4先令，一头母牛才值12便士，猪、羊、谷物等的价格更是廉价。[⑤]如此低廉物价使那些在黑死病期间幸免于难的人瞬间聚集了财富，成为牲畜和各种物品的所有者；更为重要的是，大片的耕地或因为耕种者逃避瘟疫背井离乡被遗弃，或因为人口锐减种植的农作物无法销售而导致农产品过剩，土地不得不撂荒，幸存者或者外来者几乎都可以无偿占有那些因无人耕种而荒芜的土地和房舍。在城市，人口的锐减造成粮食市场的萎缩，粮食价格大幅度下

---

① 参见〔英〕M. M. 波斯坦等主编《中世纪的贸易和工业》，《剑桥欧洲经济史》第2卷，钟和等译，第317、322页。

② 参见〔法〕P. 布瓦松纳《中世纪欧洲生活和劳动（五至十五世纪）》，潘源来译，第289—290页。

③ Ernst Pitz, *Wirtschafts- und Sozialgeschichte Deutschland im Mittelalter*, Wiesbaden: Steine, 1979, S. 150f.

④ 参见〔德〕威廉·威美尔曼《伟大的德国农民战争》，上册，北京编译社译，商务印书馆1982年版，第140页。

⑤ 参见〔美〕汤普逊《中世纪晚期欧洲经济社会史》，徐家玲等译，第520—521页。

降，无论在法国还是在德意志以及低地地区，谷物的价格都大幅下降。在英格兰，1377年时的谷物价格降到了30年以来的最低点，[1]农民的收入大幅缩水，以致很多农民不得不放弃土地，这种情况在西欧很多地方发生，由此出现了严重的土地荒耕现象。德国学者伯尔恩认为，中世纪晚期各地出现的荒耕是这个时期西欧社会中的一个十分重要的历史现象，它对农村的社会形态、土地的占有制度和用益权都产生了极大的冲击，在此之后随之再次进行的开荒活动几乎完全是以一种新的形式和形态实践。[2]

复耕运动的效应

15世纪下半叶，西欧逐渐从黑死病和饥荒的噩梦中挣脱出来，最初的表现自然是人口重又快速增长，人口增长必然导致对粮食需求的增大，粮食价格不可避免地随之上扬。粮食价格的变化刺激了农村扩大耕地面积的积极性，开始了西欧中世纪历史上的第三次大拓荒运动，更确切地说是一场复耕运动。在这次复耕运动中不仅久被荒废的土地全部复耕了，还继续围海造田、改造沼泽地。1500年左右，在德意志的石勒苏益格－荷尔斯坦茵地区，经过改造的沼泽地约有17 000公顷，1650年进一步扩大到了25 000公顷。[3]复耕后，自中世纪早期以来实行的土地公共占有的所有制体系基本消亡，农村出现了大量的小土地占有者，土地的让渡形式也发生了变化，土地的让渡不再仅限于住户内部的继承，更多的是在家庭之外的买卖。据英国历史学家的研究，英格兰在15世纪已经有一个很活跃的土地市场，在15世纪下半叶近40年的时间段中，有档案可查的900余件土地转让中有66%是对家庭之外的转让。也有史学家对布赖特沃尔

[1] Wilhelm Abel, *Agrarkrisen und Agrarkonjunktur: Eine Geschichte der Land- und Ernährungswirtschaft Mitteleuropas seit dem hohen Mittelalter*, Hamburg & Berlin: Parey, 1966, S. 55.

[2] Martin Born, *Die Entwicklung der deutschen Agrarlandschaft*, Darmstadt: Wiss. Buchges., ²1989, S. 70f.

[3] Edith Ennen, *Deutsche Agrargeschichte: von Neolithikum bis zur Schwelle des Industiezeitalters*, Weisbaden: Steiner, 1979, S. 190.

顿地区进行了研究，表明土地在家庭内部的转让呈明显的下降趋势，1300年占土地交易的56％，1400年骤降到仅占总数的13％。[1]在英国，有1/3的耕地由自耕农耕种，他们同时享有对土地的让渡权和继承权，享有对土地财产的支配权。这无疑是导致小土地所有者人数增加不应忽视的一个原因。法国历史学家布瓦松纳认为，这个历史阶段法国土地所有权的改变高达60％，有1/5的土地被小土地所有者占有，有些地区甚至达到1/3。在德意志的莱茵地区，原有份地的面积减少了3/4。另一方面，有权势的教俗大贵族也在强制圈占公有地，通过在领地内建立强权竭力获得土地的最大收益。[2]土地的共同占有原则，或者说"土地的集体主义"自然因此而消失，个人占有土地的趋势在扩大。城市富裕市民在农村购买土地的现象不仅改变了中世纪土地的占有原则，也改变了土地的收益现状。富裕市民极少自己经营土地，他们通常采取租赁制的经营方式，且又不受采邑制的约束，因而在农村中出现了自由契约和现金交易这样的阶级关系。[3]土地买卖催生了土地市场的出现，这是领地制解体的一个重要因素。15世纪晚期，在西欧大多数地区，领地制逐渐瓦解，[4]土地占有者身份也发生了极大的变化，例如在法国。

土地所有权的变更

美国学者泰格、利维十分强调土地所有权的变更与国家形成的关系，认为中世纪土地所有权与直接政治控制权的分离是现代国家产生的一个条件，并且举例说明。在法国的勒冉岛上有一所修道院，该修道院在城市附近领有大片土地，土地上的农民、小贵族和商人

---

① 参见〔英〕艾伦·麦克法兰《英国个人主义的起源——家庭、财产权和社会转型》，管可秾译，商务印书馆2008年版，第128—129页。

② 参见〔法〕P. 布瓦松纳《中世纪欧洲生活和劳动（五至十五世纪）》，潘源来译，第325—328页。

③ 参见〔美〕泰格、利维《法律与资本主义的兴起》，纪琨译，第163页。

④ Wallce K. Ferguson, *Europe in Transition, 1300-1520*, Boston, Mass.: Houghton Mifflin, 1962, p. 137.

都必须向该修道院院长宣誓效忠，向其缴租纳税，如有纠纷要向修道院所属的法庭起诉。1400年前后，该修道院依然掌有这片土地，但法庭的、治安的职权以及军事防务权都转移到了世俗贵族的手中，而到了15世纪末期，这些司法的、防务的权力都掌握在法国国王的手中；由此，土地的所有权与政治的控制权逐渐地完全分离开来。泰格、利维强调："封建关系是以对个人的臣服为基础的，它将领主和地主，首要的是军事防御者和法规制订者几种角色，结合在一个人或机构身上。这种以封建主个人占有土地为特色的封建权力，可以与国家这一概念对比：国家乃是一个独立的主权实体，对土地仅有远离的、调控的利害关系。"[①]

在黑死病之后的复耕运动中，法兰西与西欧各地的情况相同，农业与市场和货币的关系得到进一步发展，促进了社会结构和经济结构的快速转变，农村中的分成租佃制也越来越广为盛行，[②]这也带动了土地的流通和集中趋势更为明显。[③]在土地流通市场上，购买土地的不仅有贵族、富裕农民，更为重要的是还有来自城市的富裕市民、商人、律师、官吏以及教会的教士等社会各个阶层的人们，他们把购得土地分租给农民，在农村中形成了新的没有人身依附关系的自由的雇农阶层。[④]1550年前后，巴黎南部胡雷波瓦地区，有60%的土地都不是农民的地产；而在这其中，只有1/3的土地属于传统的教俗贵族，其余2/3则是官吏、商人和其他资产者所有；可见，几乎有40%的土地都流转到了非农业人口的手中。[⑤]同样，于勃列的阿夫林维尔也出现了类似的情况，而且愈演愈烈，1546年这个地区

---

① 〔美〕泰格、利维：《法律与资本主义的兴起》，纪琨译，第42页。

② 参见〔美〕道格拉斯·诺思、罗伯特·托马斯《西方世界的兴起》，厉以平等译，第156页。

③ 参见〔英〕罗伯特·杜普莱西斯《早期欧洲现代资本主义的形成过程》，朱智强等译，第80—81页。

④ J. Rusell Major, "Noble Income, Inflation, and the Wars of Religion in France", in: *The American Historical Review*, Vol. 86, No. 1 (Feb., 1981), p. 45.

⑤ 参见〔法〕伊曼纽埃尔·勒鲁瓦·拉迪里《历史学家的思想和方法》，杨豫等译，上海人民出版社2002年版，第146—147页。

的土地有47%掌握在农民的手中，巴黎市民只在这个地区占有19%的土地；然而到了16世纪60年代，巴黎市民在这个地区占有57%的土地，村民占有土地的比例则大大下降到了20%。[1]土地占有境况的变化大大改变了农村中的社会结构，自由农民成为农村社会中的大多数，农民的自由不仅表现在法律身份方面，也体现在其经济活动方面，在欧洲很多地区都出现了较为独立的和以市场为导向的农民经济，[2]农产品大量进入流通领域，市场左右着土地的经营，农业经济有了较为明显的商业化经营趋势，增强了农村与城市之间的商业联系。

增强城市与农村联系的是商业。土地权益和土地产权结构的变化促进了农业的发展，不仅农业产量大幅增加，农产品的品种也大大增多，农产品在商业活动中的比重加大也促进了城市工商业的模式发生极大的变化。这种变化开启了一个"商业革命时代"，美国学者洛佩斯认为在这个革命中起到催化作用的是商人："农业是基本的，是绝大部分人口的职业和收入的来源。但是单单它的进步难以打破旧时建立起的经济限制，除非经济发展的领导权从那些喜欢消费而不喜欢投资的人手中转到为了更大的利益而愿意推迟消费的人手中。商人没有必要比富有的地主更贪婪，但通常在追求财富的过程中更专一、更专业，商人成为可被恰当地称为商业革命（Commercial Revolution）的催化剂。"[3]商人的"催化剂"作用首先表现在经商方式方面的变化，这种变化最先开始于意大利的城市，佛罗伦萨充当了领军的角色。国际贸易、银行业以及毛纺织工业是佛罗伦萨城市经济的特点，这些特点也改变了西欧中世纪以来传统的经商模式，商业模式转变的基础是商品结构的变化。中世纪中期的商品以远程贸易贩运来的东方物品为主，但在中世纪晚期，当地

---

① 参见〔英〕罗伯特·杜普莱西斯《早期欧洲现代资本主义的形成过程》，朱智强等译，第80页。

② Werner Rösener, *Peasants in the Middle Ages*, translated by Alexander Schutzer, Oxford: Polity Press, 1992, p. 223.

③ 〔英〕M. M. 波斯坦等主编：《中世纪的贸易和工业》，《剑桥欧洲经济史》第2卷，钟和等译，第275—276页。

的物产成为各大贸易中心的主要商品。另一方面，货币经济随着城市的增长也越来越影响着城市周边的农村。比较典型的例证是在普鲁士地区，15世纪初德意志骑士团在德意志东部的马林堡和柯尼斯堡两座城市内设立了两个大货栈（Großschäffer），普鲁士地区的城市都是大货栈的重要贸易伙伴，普鲁士和波兰王国90%的贸易都分摊给了这两大货栈。他们出售给市民来自西部的布匹、盐、香料，或者来自普鲁士的木材、谷物等产品，大多数的商务都是以信贷方式结算。[①]

市场经济的活跃

西欧近代的城市有两大经济支柱，一是手工业，二是商业，这两个经济支柱都有较为清晰的行业分工。然而行业分工不仅没有割裂社会，反而因生活的需要通过货币联系得更为紧密，而且居住在城市中的少数人的这种生活方式也对居住在农村中的多数人的生活方式产生了举足轻重的影响。城市是手工业的中心也是商业的中心，这两个中心吸引了周边的农产品，同时也提供农村所需，城乡之间的相互需要以及相互供给，把城乡更为紧密地联系在了一起，城乡中的每个人也都因为城乡间的密切关系被吸引进了一个更广泛的社会共同体之中，由此塑造出一种新的社会生活方式。社会的流动性更大了，其主要标志是摆脱土地束缚的自由，实现自由迁徙、自由支配劳动力和劳动产品。大批乡村人口移居到正在兴起和发展的城市，15世纪英格兰的城市的登记册较为清楚地记录了城市人口增长的趋势，大批来自农村的居民不断涌入城镇，领主几乎无法阻挡农民向城市的迁徙。[②]在社会流动的大趋势下，伦敦市的人口膨胀，这些新迁徙而来的移民大多来自农村。从市民登记册中还可以看出，迁徙进城市的移民来自英格兰的各地，诺里奇市市民登记册中就

[①] Roman Czaja, "Der preußische Handel und die Wende zum 15. Jahrhundert Zwischen Krise und Expansion", in: Rudorf Holbach (hrsg.), *Städtische Wirtschaft im Mittelalter: Festschrift für Franz Irsigler*, Köln-Weimar-Wien: Böhlau, 2011, S. 99f.

[②] 参见〔英〕亨利·斯坦利·贝内特《英国庄园生活：1150—1400年农民生活状况研究》，龙秀清等译，第264—266页。

显示出，迁徙到这个城市的市民来自诺福克、萨福克等450余个地区。①这些新移民在城市里安身立命，受雇于手工作坊、商行，成为学徒、帮工或者雇员，改变了城市原有的社会结构。

在城市的工商业活动中，产品交换环节不断延长，将越来越多的人卷入市场经济中，社会分工和交换日趋复杂与活跃，这就需要更多的货币，进而创造出一种新的财富形式——货币财产或资本财产。②货币财产不仅可以代替土地成为主要的生活来源，它本身也成为衡量其他一切财富的主要标准。商业和手工业成了独立的职业，商人和工匠的生活不再取决于他们与土地的关系，因为他们的货币财产不是来源于分封和世袭，而是依靠贸易和手工业。相较于采邑制下对土地占有的种种限制，贸易活动中的商品和这些商品所换来的货币在任何时候在任何地方都是可以自由支配的私有财产。马克斯·韦伯也指出领地经济与城市商业经济的矛盾并非简单的物物交换的自然经济与货币经济的对立，因为领地经济在很大程度上也存在商品交换和货币。关键的问题在于领地制中的依附关系限制了人身和土地的流通自由，土地虽是最重要的生产生活资料，但其经济职能并不重要，土地上面所承载的更多是法律地位和权利义务关系。当货币成为经济活动的主要手段、私有财产成为衡量财富的象征之时，土地也就成为可以产生更大利润的资本形式之一。③货币在经济活动中的广泛使用改变了原有的社会结构，财产或利益逐渐支配了人们与财产之间、人与人之间的关系。由此凸显了个人在经济活动中的价值，财富也成为衡量个人成功的重要标志。

经营商业的新模式也带动了手工业行业变化，传统的行会向更为专业化的领域扩展，矿山、冶金、各种制造业等，这些新的手工业行业都不再组织新的行会，而是以"公司"这种新的生产组织形

① Rodney Howard Hilton, *English and French Towns in Feudal Society: A Comparative Study*, p. 64.

② 参见〔德〕诺贝特·埃利亚斯《文明的进程——文明的社会起源和心理起源的研究》，第2卷，袁志英译，第53页。

③ 参见〔德〕马克斯·韦伯《经济通史》，姚增廙译，第60页。

式逐渐盛行；另一方面，不仅这些新的手工业的行业分工非常明晰，而且诸如纺织业这类传统的手工业的分工也更加细化，以此满足为市场生产的需要。商业和手工业的快速发展需要不断地补充新的劳动力，这就为农村中不再受领地制制约、有了迁徙的自由的依附农民提供了机遇，他们当中那些不堪各种赋税重负的农民有了新的出路。他们一无所有来到城市，加入手工业者的行业，通过自己的劳动换取货币满足生活必需，从而也被带进了与商业有关的活动中，正是这种商业活动加强了人与人之间的社会联系。差异性极大的城乡不仅通过相互之间的供需关系有了日益密切的联系，而且城乡居民之间的互通和联系也因此更为频繁，中世纪的城墙失去了原有的法律意义，商业活动使城乡有了维护一个社会的共同利益，形成一个共同的社会意识成为可能。[①]西美尔也关注于货币在社会结构转变中的作用，他指出社会分工与货币经济的兴起之间是相辅相成的。货币使生产的分工成为可能，但是生产的分工却把人的生产活动更紧密地联系在一起了，因为每个人分工的劳作都与他人的劳作相关，正是所有人的劳作的组合才可能创造出一个完整的经济体，组合这些劳作成果的是货币。西美尔这样说过："货币使生产的分工成为可能，从而必然将人联系在一起，因为每个人都为他人劳动，只有所有人的劳动才能创造全面的经济统一体，这样的统一体补充了个体的片面生产。最终是货币，它使人与人之间产生了许多联结。"[②]所以货币能为所有人创造出一种共同利益。这种共同利益确定的人们的社会关系不再是采邑制和领地制中的人身依附关系，在争取共同利益的同时，个人也有追求自我利益的可能。

城乡之间的联系日益密切还表现在土地所有权的流转。社会流动性增大是15世纪整个西欧社会的共同特征，而且这个时期也不再仅仅是如12、13世纪从农村向城市的流动，同时也出现了富裕的

---

① 参见〔美〕理查德·派普斯《财产论》，蒋琳琦译，第130页。
② 〔德〕格奥尔格·西美尔：《金钱、性别、现代生活风格》，顾仁明译，华东师范大学出版社2010年版，第5页。

市民在农村购买土地的现象，即出现了城市向乡村流动的现象，15世纪，在西欧各地富裕市民购买土地的不在少数；另一方面，农村中也有了进行贸易和手工业活动的富裕农民阶层，英国学者戴尔就通过研究这个历史时期的遗嘱，得出这样的结论：在立遗嘱的人中，无论城里的还是农村的，他们既在农村有财产，在城市中也有财产。[①] 可见，个人的财产状况不仅密切了城乡之间的关系，还改变了贵族的收入形态。法国北部的蓬－圣皮埃尔男爵领地的土地收入就很具有典型性，在1400年前后，男爵领地收入的90%都是来自封建权利，其中司法权占领地收入的15%，磨坊的收入占14%，定额地租占63%，只有8%的收入来自对男爵领地辖区的直接开发。到了16世纪20年代，来自封建权利的收入减少到77%，但到16世纪70年代则快速减少到了19%。[②] 显而易见，贵族收入的变化与封建权利的大小密切相关。

社会等级的变化

土地收益的变化打破了社会原有的三个等级，财富成为衡量社会基层的新的标尺，来自农村的新市民在城市的阶级活动中积累了财富，他们或者通过放贷等经济活动与贵族乃至王室和教会建立起了经济关系，或者通过婚姻与大贵族有了姻亲关系，跻身贵族行列，改变了中世纪等级社会的结构。[③] 中世纪的三个等级是根据原始农业的社会分工确定的：祈祷的人、保护的人和供养的人，这三个等级的划分不是依据财富，而且泾渭分明不得越界，属于第三等级的市民阶层也没有上升等级的可能。15世纪前后，城市中的富裕市民利用手中的货币冲破了等级的界限，他们中越来越多的人到农村去购

---

① 参见〔英〕克里斯托弗·戴尔《转型的时代：中世纪晚期英国的经济与社会》，莫玉梅译，社会科学文献出版社2010年版，第112、114—115页。

② 参见〔美〕乔纳森·德瓦尔德《欧洲贵族1400—1800》，姜德福译，商务印书馆2008年版，第81—82页。

③ Otto Forst de Battaglia, "The Nobility in the European Middle Ages", in: *Comparative Studies in Society and History*, Vol. 5, No. 1 (Oct., 1962), p. 66.

买土地，格林菲尔德就认为，在1450—1500年期间，大约有1/3的伦敦商人购买了土地，成为拥有地产的绅士，他们因为购买了土地而在农村中享有一定的权利，从而跻身贵族行列；他甚至认为，英格兰的旧贵族在1540年之前就已经消亡了。[①]新的土地所有者有了一个新的社会身份——"地主"（landlord），他们根据粮食市场经营土地，所以温特说，是地主（landlord）而不是"贵族"（noble）适应了日益商业化的农村经济才得以发展；[②]与此同时，他们也因为在市场中的获利积累了财富，财富提升了他们在社会中的地位。然而还应该强调的是，封建领主制并没有因为贵族结构的这种变化完全瓦解，正如布洛赫所说的，领主制度没有受到损害，也没有推迟它新的发展，领主的财产在广泛程度上已经易手。[③]可以说，从16世纪起，社会的流动性更大了，尤其是市民阶层通过接受大学的教育进入国家官吏的队伍，一些商人、律师和官吏出身的新贵族正逐渐替代旧贵族。这些新贵族更具有的是贵族的社会地位而不是法律的地位，他们在很大程度上改变了贵族社会的传统，他们不屑于习武、狩猎、决斗等旧的习俗，而是更追求财富和利益。[④]

中世纪晚期西欧社会结构变化的特点是，新兴社会阶层与原有的等级制结合在一起，形成了新的统治阶层。布罗代尔认为，在资本产生和发展的过程中出现的资产者创造了或利用了坚固的等级制。"为了巩固财富和实力，资本主义同时先后依靠了贸易、高利贷、长途贸易、行政官职和土地，土地是尤其可靠的价值，土地拥有者在社会享有的声望比人们所能想象的更高。如果注意到了名门世家的代代相传以及祖产的缓慢积累，欧洲从封建制向资本主义的过渡就

---

① 参见〔美〕里亚·格林菲尔德《民族主义：走向现代的五条道路》，王春华等译，第28页。

② Ronald G. Witt, "The Landlord and the Economic Revival of the Middle Ages in Northern Europe, 1000-1250", in: *The American Historical Review*, Vol.76, No.4 (Oct., 1971), p. 969.

③ 参见〔法〕马克·布洛赫《法国农村史》，余中先等译，第143页。

④ 参见〔法〕费尔南·布罗代尔《15至18世纪的物质文明、经济和资本主义》，第2卷，顾良译，生活·读书·新知三联书店2002年版，第530—531页。

变得不难理解。封建制是一种有利于贵族家族的分配地产的稳固形式，也是一种具有固定结构的等级制。在几个世纪里，资产阶级一直寄生于这个特权阶级，留在它身旁，危害它，利用它的错误、奢侈、闲散和缺乏远见，往往通过高利贷攫取它的财产，最后挤进它的行列并跟着它没落。另一些资产者接着又冒了出来，重新开始同样的斗争。这是长期的寄生现象。"[①]在中世纪晚期西欧社会转型过程中，新兴富裕阶层进入上层社会的途径之一就是成为贵族，统治阶层的人员变化必然导致政制的演变。

二、利益集团与绝对主义王权

利益集团的形成

社会经济结构演变引发政制的演变不可避免，但是政制的变化是一个长期发生的过程，在这个过程中新旧因素共存，相互影响、相互作用。在这个历史阶段，采邑制中原有的封君封臣关系依然存在，但是从14世纪起这种采邑关系已经在潜移默化地发生着变化，抑或可以这样说，社会主要矛盾的焦点不再是围绕集权与分权的争论，而是如何争取为自身的利益而进行的斗争，社会各阶层都需要一个超越所有权利之上的绝对权力给予其保障的保护，19世纪末20世纪初英国的历史学家查尔斯·普卢默把西欧这种正在变化的政制现象称为"变态封建主义"（Bastard Feudalism[②]），因为虽然在君臣之间的主从关系中依然需要保护关系，但是决定附庸关系的不再是土地而是通过签订契约，并且是以货币为主的年薪作为报酬。希尔顿也认为，中世纪晚期的这种庇护关系是土地贵族（landed

---

① 〔法〕费尔南·布罗代尔：《资本主义论丛》，顾良等译，中央编译出版社1997年版，第96—97页。

② bastard的原意是"变异的""不纯粹的"，笔者认为Bastard Feudalism翻译为"变异的封建主义"在学理上似乎更确切些，但国内历史学界通常将其翻译为"变态封建主义"，因此笔者在这里也就采用了这个翻译。

aristocracy）在争夺国家权力的过程中形成的。[1]但是，这个时期的庇护关系是通过订立契约确立的，在这种以契约为基础确立的庇护关系中，保护者不再给予被庇护者采邑，被庇护者（client）不再向保护者（patron）宣誓效忠，因为他们不再从保护者那里得到采邑以及随之享有的权利和必须履行的义务，取而代之的是根据合同规定的、定期的货币支付。[2]换言之，把双方连接在一起的更多的是彼此需要的利益；所以，波斯坦也同样认同这样的观点，他强调这种庇护关系是非封建性质的，也认同将其描述为"变态的"（bastard）；[3]但是，法国学者盖内则把这个时期的政制称为"新封建主义"（new feudalism）。[4]

西方学者通常认为，这种"变态封建主义"源自13世纪晚期法国在王室领地扩张时施行的雇佣兵制。为了在扩大领地的同时加强王权的集权，国王不再以要求其封臣服兵役作为授封采邑的条件，而是向他们收取兵役税作为支付雇佣兵的军费，法王利用雇佣兵最终以少胜多战败了英国，夺取了布汶战役的最后胜利。[5]雇佣兵依然是以贵族为首领，尤其是在施行长子继承制后，许多非长子的贵族子弟加入了雇佣军，通过为王室服役保持贵族的身份和社会地位；另一方面，雇佣军还吸收了社会其他阶层的成员，城市市民、富裕农民等。处于社会转型的历史阶段，贵族依然享有各种权利，尤其是有关税收的权利；[6]市民、有地产的农民乃至知识分子还都极力希

---

① Rodney Howard Hilton, "Agrarian Class Structure and Economic Development in Pre-Industrial Europe: A Crisis of Feudalism", in: *Past & Present*, No. 80 (Aug., 1978), p. 15.

② J. Russell Major, "The Crown and the Aristocracy in Renaissance France", in: *The American Historical Review*, Vol. 69, No. 3 (Apr., 1964), p. 635.

③ Michael Moïssey Postan, "Feudalism and its Decline: a Semantic Exercise", in: Trevor H. Aston (ed.), *Social Relations and Ideas：Essays in Honour of R. H. Hilton*, Cambridge: Cambridge Univ. Press, 1983, p. 80.

④ Bernard Guenée, *States and Rulers in Later Medieval Europe*, p. 160.

⑤ John Beeler, *Warfare in Feudal Europe, 730-1200*, pp. 41-42.

⑥ 参见〔美〕乔纳森·德瓦尔德《欧洲贵族1400—1800》，姜德福译，第36页。

望通过为领主服役提升社会地位，跻身贵族阶层。[①]这些新的贵族不再能通过采邑获得封君的保护，而是建立起了新的庇护关系，在这种新的庇护关系中，那些富裕的市民或者农民依然是借助某种个人联系，或者通过为封建主服役进入王室的官吏阶层，通过在政府中担任某些要职提升自己的社会地位，由此可以参与分享国家权力和资源的分配；因此，在某个大贵族周围很容易形成一个利益集团，以贵族为核心的庇护关系是形成不同的利益集团的基础。这些利益集团的代表在议会中就与其相关的国内和国际的事务或争斗、或协商、或妥协，最终达成一致，形成议会的决议以法的形式颁布，具有了绝对的权威，由国王任命的官吏执行，国王的绝对权威也由此得到了体现。议会制度的发展推进了绝对主义王权的确立。

王权的强化

14、15世纪西欧社会经济结构的演变与原有的封建政制发生了脱节，货币地租的盛行以及领地制的解体极大地削弱了作为领主的封建主阶层原有的各种权利，这就呈现出了一种悖论，即封建主在经济上对农民剥削的方式有了很大的变化，他们在地方上的权力尤其是在村镇层次的权力反而相应地被削弱；另一方面，领地制的解体也导致原有的社会组织结构被打破，被布洛赫称为"双刃剑"的习惯法制约贵族的效力被减弱，农民的权益无法得到保证，迫使农民不得不用武力进行反抗，14世纪法国和英国的农民起义，16世纪的德国农民战争都是基于这一原因发生的。安德森指出，社会经济变革引发的权力的这种变化，"其结果便是政治－法律强制向上转移到中央集权化、军事化的顶峰——绝对主义国家。这种权力在村社层次上被削弱的同时，全国范围内却实现了集权化。结果是强化王权机器，其常备政治功能便是将农民和市民群众压制在社会等

---

① 　J. Russell Major, "The Crown and the Aristocracy in Renaissance France", in: *The American Historical Review*, Vol. 69, No. 3 (Apr., 1964), p. 635.

级制度的最底层"①。他强调，中世纪晚期领主对农民剥削形式的变化，即货币地租的盛行并不是微不足道的，恰恰相反，正是这一变化改变了国家的形式，"从本质上讲，绝对主义就是：经过重新部署和装备的封建统治机器，旨在将农民再度固定于传统社会地位之上——这是对农民由于地租广泛转化所获得的成果的漠视和抵抗。换言之，绝对主义国家从来也不是贵族与资产阶级之间的仲裁者，更不是资产阶级反对贵族的工具，它是受到威胁的贵族的新政治盾牌"②。

在西欧领地制已经解体、社会经济结构已经发生变化的历史时期，尽管西方历史学家把这个历史时期称为"变态封建主义"，但仍然是贵族阶层占有社会的主要资源，他们的政治地位和经济地位依然没有发生很大的变化，西欧的政制依然是贵族统治的，但是贵族这个阶层的社会结构和构成都有了很大的变化，一些富裕的市民和农民或是通过与贵族的联姻，或是通过接受大学的教育走上仕途，或者为领主或者王室服役跻身贵族行列。这些新贵族占有地产的方式不同于旧贵族，封建地产通过各种方式的流转或者买卖转变为"自由地产"（allodialized），封建地产附带的封建义务和封建权利消失了，这也就意味着曾经对封建主的那些羁绊也随之解除了，在这个时期出现的新贵族不仅仅占有农村的土地，他们中的大多数还从事商业或者手工业，是城镇资产阶级的前身，商业和制造业促进了前工业化的发展，同时也在城镇中塑造了一个新的贵族阶层，但是关于封建的政治体制方面，恩格斯说："可是社会的政治结构决不是紧跟着社会经济生活条件的这种剧烈的变革立即发生相应的改变。当社会日益成为资产阶级社会的时候，国家制度仍然是封建的。"③与此同时，王权也相应地变得更加"绝对"④。英国学者霍布豪斯把"绝

①〔英〕佩里·安德森：《绝对主义国家的系谱》，刘北成等译，第7页。
②同上书，第6页。
③〔德〕恩格斯：《反杜林论》，人民出版社1999年版，第108页。
④〔英〕佩里·安德森：《绝对主义国家的系谱》，刘北成等译，第7页。

对"看作"能调和一切矛盾的力量","在绝对中,现实的各个组成部分都会按照其基本原则互相紧密联系,以便构成一个始终如一的整体,而当我们是部分地或者是分散地认识它们时,由于了解得不完全,就会引起各种表面上的矛盾"。①法国学者阿尔都塞总结了绝对君主制的特点:"绝对君主制的政治统治只是在商品经济发展阶段为保持封建统治及剥削方式而产生的新政治形式。"②在这个历史时期商品经济的发展自下而上地强化了私有财产,而君主的专断权力则自上而下地强化了公共权威,12世纪复兴的罗马法似乎可以解决西欧这个时期看似非常矛盾的现象,因为罗马法既划分了公权的范围,同时也有有关私有财产的原则,正如安德森所说:"在中世纪,罗马法的再现已经导致了在可以找到的古典观念启发下在法理上'强化''界定'所有权的努力。"他认为:"关于土地的绝对私有产权观念的完整再现是近代初期的产物。因为只有在农业与制造业中商品生产和商品交换得到全面发展——即相当于或者超过古代水平之后,把这些活动变成法律条文的法律观念才再度盛行。superficies solo cedit(唯一的无条件的土地所有权)如今再度成为地产的有效原则(如果还不能说占统治地位的原则的话),其原因正是商品关系在农村的广泛发展,而后这一现象标志着西欧封建主义向资本主义的漫长转变。"因此,他认为"绝对主义国家的整个结构正是新经济在旧体系内的长期运行的结果:即封建形式的各种混杂'资本化'大范围发展"。③德国学者埃利亚斯也认为:"明确地说,只要是自然经济关系在社会中占有统治地位,那就几乎没有可能形成强有力的、中央集权的官僚体制,形成稳定的、主要以和平手段进行工作的并一直受到中央监控的统治机器。"④与绝对主义国家同时出现的是新的行

---

① 〔英〕L.T.霍布豪斯:《形而上学的国家论》,汪淑钧译,商务印书馆1997年版,第149页。

② 〔英〕佩里·安德森:《绝对主义国家的系谱》,刘北成等译,第6页。

③ 同上书,第11—12、24页。

④ 〔德〕诺贝特·埃利亚斯:《文明的进程——文明的社会起源和心理起源的研究》,第2卷,袁志英译,第31页。

政机制的建立。

共同法律意识的形成

近代早期行政机构中的官吏依然以贵族为主体，但是与中世纪的官吏比较而言，这些官吏大多受过大学教育，尤其是受过法学教育，第三等级中的市民或者富裕的农民也都把自己的子弟送到大学接受教育，由此进入仕途。"由于在社会上享有教育的荣誉和发号施令的地位，这些人逐渐把自己看作一种贵族，一种不是基于出征作战而是基于国家行政管理之上的贵族"①，这些人成为王室的官员，并且在议会中形成了不同的利益集团，最为典型的例证就是在法国。14世纪中叶，在扩大王室领地加强集权的过程中王室中开始有了受过大学教育的市民出身的官吏。在这个世纪，巴黎的上诉高等法院的80余名法官中有34位世俗人，在此后两个世纪中，法国其他省相继设立了上诉法庭，法官的人数大幅增多，此外负责税收的财政机构也相继建立。1515年，每4700名法国居民中就有一名国王的官员，一个半世纪之后的1665年，每380名居民中就有一名国王的官员。1600年，法王亨利四世甚至终止了自中世纪早期起因服兵役而授封贵族的传统，②可见这个新的官吏阶层成长速度之快。王权的集权造就了这个官吏阶层，与此同时，由官吏组成的政府成为新贵族谋求利益的平台，安德森就非常明确地指出过，在绝对主义国家中官吏行政机构虽然稳步发展起来了，但它是豪门显贵钻营的战利品，"这些人统治着由低级贵族组成的寄生门客，为争夺做官为宦的政治特权和经济利益而勾心斗角。他们渗入到国家机构中并形成了相互竞争的庇护网。这纯粹是中世纪后期家臣体制及其内部冲突的现代翻版"③。在社会经济结构变革的历史时期，政治结构的变化不可避免，尽管后者的演变大大滞后于前者，这种滞后必然会导致社会

---

① 〔美〕乔纳森·德瓦尔德：《欧洲贵族1400—1800》，姜德福译，第42页。

② 同上书，第43、24页。

③ 〔英〕佩里·安德森：《绝对主义国家的系谱》，刘北成等译，第39页。

各阶层的冲突，这种冲突主要反映在旧贵族集团和新贵族集团的关系上，持传统观念的旧贵族竭力想维持和延续传统，而持现代观念的新贵族则努力要建立一种新的秩序，新与旧的冲突在绝对主义国家中找到了平衡，创造了新的国家机构，正如美国学者亨廷顿所说："在任何一个社会势力复杂且利害关系纵横交错的社会里，如果不能创设与各派社会势力既有关联又是独立存在的政治机构的话，那么，就没有哪一个社会势力能够单独统治，更不用说形成共同体了。"[①]

不断发展的个体经济活动成为改变社会结构的动力，在追求各种利益的过程中，更加强调个体自主性的"契约"关系取代了个人之间围绕着土地所形成的直接依附关系。[②]个体经济活动需要自由，英国学者霍布豪斯从哲学的角度看待这个"自由"，他认为，"自由就是自主。但是，只有使自我屈从于随时都可能和我们自己最擅长的和最专注的方面发生冲突的力量，我们才能获得自由"[③]。法国学者布罗代尔把中世纪的自由看作是"局限于某些集团——这些集团有的大、有的小——的公民权（franchisses）或特权"，因此这些"自由"往往互相冲突，或者互相排斥，[④]正是这种自主和自由才需要法律的约束，因为，"有了共同自我的概念，自我与别人的不一致就会消失，想到有能反映我们自己的真实意志的法律，个人与国家的不一致也会消失；因此，服从法律时，我们既不是使自己服从其他人，也不是服从一个不具人格的事物。我们是服从自己的真实意志"[⑤]。个体活动自主性增强，个人对财产和人身自由拥有越来越多的支配权，社会分工也更为细化，这就使得参与社会经济活动的所有人都被聚集在不同的经济环节中，每个参与者都会在不同的经济环节中获得大小不同的利益，在整个社会经济活动中每个个体都和他人有了既合作又有竞争的关系，并因为不同的经济活动结成了多个利益团体，以此追

---

① 〔美〕塞缪尔·P.亨廷顿：《变化社会中的政治秩序》，王冠华等译，第9页。
② 参见〔英〕梅因《古代法》，沈景一译，第231—224页。
③ 〔英〕L. T.霍布豪斯：《形而上学的国家论》，汪淑钧译，第33页。
④ 参见〔法〕费尔南·布罗代尔《文明史纲》，肖昶等译，第289页。
⑤ 〔英〕L. T.霍布豪斯：《形而上学的国家论》，汪淑钧译，第35页。

逐利益的最大化，利益集团之间的博弈构成了中世纪晚期社会结构转变的动力，这也是政治权力集中的一个重要社会根源。英国学者罗素说："在英、法、西班牙三国，新型君主国是处于教会和贵族至上的。它们的权力依靠民族主义和商业这两种增长中力量的支持。"①

以市场和货币构成的经济社会从形成之初就存在着利益集团的博弈，议会则是他们进行博弈的政治平台，参与议会是各利益集团保护自身利益的有效途径，他们也因此参与了国家的统治。各利益集团正是通过议会提出其政治主张，在更广泛的范围内获得了协调、寻求了保护，并且最终达成共识，制定出各方都必须遵守的准则，即法律条文。法律超越了个人之间直接的、具体的联系，更广泛且有效地约束着各个利益集团，同时也将它们置于其保护之下。②颁布议会制定的法律的国王也因此凌驾于所有利益集团之上，成为"绝对"的权威，所以美国学者弗里德里希说："中世纪的宪政成了'依靠和通过'（by and with）等级集团的政治"，"它集中体现在议会制度的发展过程之中"。③议会制度改变了西欧的政体结构，中世纪早期建立的那种以采邑制为基础的个人联合的政体逐渐消亡，取而代之的是各个利益集团以代表形式参加的议会制度，无论是英格兰的"议会"（parliament），还是法兰西的"等级会议"（Estates General），都是利益集团在谋求自身利益过程中达成共识，使之成为一个政治共同体。④政体的这一转变过程实际上是社会中利益冲突的各社会团体尝试建立新秩序的过程，各种利益集团在议会中达成和解，"贵族、教士、市民聚集一堂，使他们遵从同一法律和权力，融合成一个社会，一个国家"。⑤美国学者昂格尔则把这看作一种特

---

① 〔英〕伯特兰·罗素：《权力论：新社会分析》，吴友三译，商务印书馆1991年版，第55页。

② Michael A. R. Graves, *The Parliaments of Early Modern Europe, 1400-1700*, p.16.

③ 〔美〕卡尔·J.弗里德里希：《超验正义——宪政的宗教之维》，周勇等译，生活·读书·新知三联书店1997年版，第20页。

④ Bernard Guenée, *States and Rulers in Later Medieval Europe*, p. 177.

⑤ 〔法〕基佐：《欧洲文明史》，程洪逵等译，第172页。

殊的社会生活形态，在这其中"没有一个群体控制所有其他群体对自己的忠诚和服从。这就需要设计一种法律制度，这种法律制度的内容应当调和彼此利益的对立，其程序则应当使几乎每个人认为服从这一程序符合自己的利益，而不管他偶然寻求的目的是什么"。[①]基佐也认为，英国议会的形成实际上是派系斗争时期的产物。[②]正是在彼此间进行利益的合作与碰撞之中，中世纪晚期的西欧社会培育出了以罗马法的原则为基础的调节彼此关系的共同法律意识，正如美国学者乌尔曼所说的，罗马法中有关正义的一般原则、法律的概念以及法律的分类等，都在中世纪法律观念中居于中心地位，同时它还以《法典》为基础确立了一种君主制政府的形式。[③]抑或可以这样说，西欧绝对君主制与立法制度几乎是同步确立起来的。

三、政治理论的世俗化

意大利的政治环境

经济上的自由和独立不可避免会波及政治实践以及政治理论，所谓的政治实践更多地体现在城市的自治以及议会制度的确立，在政治实践的同时也有了对政治理论的阐述，有关政治理论的阐述开始于意大利。

中世纪的意大利只是一个地理名词，直到19世纪之前都处于各种势力的争夺之中。法兰克帝国解体之后意大利受三种权力的控制，北部伦巴德平原隶属于德意志帝国，中部地区是罗马教皇的势力范围，南部地区则长期处于诺曼人、拜占庭以及阿拉伯等多方势力的拉锯式的统治中；然而，古典文化的传统以及东罗马皇帝优士丁尼

---

① 〔美〕R. M. 昂格尔：《现代社会中的法律》，吴玉章等译，第66页。
② 参见〔法〕弗朗索瓦·基佐《欧洲代议制政府的历史起源》，张清津等译，第328页。
③ Walter Ullmann, *Medieval Political Thought*, p. 47.

编纂罗马法的法典都在意大利得到了保存，正如哈斯金斯所言："甚至一定程度上，在罗马文化积淀沉厚的地区，如意大利的部分地区和法国南部，罗马法实际上是当地的法律。"① 多个政治势力在意大利的统治使之在整个中世纪乃至近代都没有出现统一的政治体制，而是以罗马帝国时期就较为发达的一些城市为中心形成了区域性的政治，"在意大利公众生活中交织着四种因素：伦巴德王国、帝国、教皇国、地方自治。前二者既安宁相处，又互相排斥；他们又都同第四者相对立；教皇在这三者之间巧妙周旋，应付自如，越来越倾向于变为一种地区自治权力"②。

与欧洲其他地区不同，中世纪意大利的市政生活开始得很早，在对城市的管理和统治方面依然沿袭了罗马帝国时期的某些传统，即设立了由城市贵族参加的城市议会，这可以说是由于意大利地理环境的特点所至，正像汤普逊所形容的："意大利是地中海的锁钥，从希腊时代起这'地中之海'已经是商品的巨大分发站。"③ 意大利城市生活得力于与东方的贸易往来，在西欧各地领地制经济日益缩小了社会交流和交往，商业贸易活动萎缩到了最小程度，在意大利的贸易活动却开始出现增长的势头，汤普逊把这种现象归纳为意大利在商业活动方面所具有的四个优势："第一，因为意大利拥有活跃的商船队和海军力量，尤其是像威尼斯、热那亚、比萨和阿马斐那样；第二，因为意大利拥有大量资金，这些资金是从意大利的从未完全停滞过的贸易里积累起来的；第三，因为意大利和拜占庭、埃及以及叙利亚港口之间的密切而又有利的关系，从那里运入东方的名贵商品；第四，因为在工业方面它继承罗马帝国时代的工业技术遗产和传统。"④

不同于西欧其他地区的经济活动的意大利得到德意志皇帝的青睐，自奥托大帝时期起，德意志的皇帝就亲自率军多次进军意大利，

---

① 〔美〕查尔斯·霍默·哈斯金斯：《12世纪文艺复兴》，夏继果译，第160页。
② 〔意〕路易吉·萨尔瓦托雷利：《意大利简史——从史前到当代》，沈珩等译，第81页。
③ 〔美〕汤普逊：《中世纪经济社会史（300—1300年）》，上册，耿淡如译，第399页。
④ 同上。

一方面是因为与罗马教会的关系，另一方面则是因为意大利的城市经济，"皇帝若能够设法制服整个北意大利，他就会成为一个'真正的乐园'的主宰。因为到这个时候，伦巴德平原上的诸城已经在'财富和实力方面超过世界上所有其它国家'"①。德意志皇帝意欲对意大利城市的控制与城市的自治成为矛盾的两个方面，并且日益尖锐，意大利的城市不仅联合起来用武力反对德意志皇帝对其的控制，争取城市的自治和自由，还在此基础上加强了对罗马法的研究，并且进行了理论阐述，因此12世纪罗马法研究开始于意大利，研究的中心也在意大利。罗马法研究的方法是经院哲学，尤其是经院哲学中的修辞学，斯金纳认为：在13世纪末，有关共和自治政体的理论就借助于两种不同的思想传统，一是由修辞学研究发展而来，"意大利各大学内的修辞学研究，最终导致了一种影响深远的政治思想体系的诞生"；二是由法国传入意大利的经院哲学的研究。那个时代的意大利学者就是借助这两种思想传统"将其政治实验所具有的特殊意义总结成为理论"。这是因为，在研究修辞学的过程中学者们的观念开始发生了转变，"从认为自己仅仅是在传授正式的修辞学原理，到自觉地关注意大利城市共和国的法律、社会和政治问题"。②自13世纪下半叶起就出现了一些有关阐释亚里士多德《政治学》的政论性著作和文章，例如出生于意大利佛罗伦萨的雷米焦·德·吉罗米拉的《公共利益》和《和平的益处》、卢卡的托勒密的《宗教史》、帕多瓦的马尔西略的《和平的保卫者》，等等。③

马基雅维里的《君主论》

在修辞学研究的发展过程中出现了新的城市编年史，这也是人文主义产生的先决条件。人文主义是意大利文艺复兴的产物，虽然文艺复兴时期艺术家们的创作题材依然以宗教为主要内容，但是在

---

① 〔英〕昆廷·斯金纳：《现代政治思想的基础》，段胜武等译，第3页。
② 同上书，第28—30页。
③ 同上书，第54—55页。

这些宗教题材中却凸显了人的精神、人的情感，这也成为神学讨论的一个核心问题。基督教的神学家们从人与上帝的关系的角度出发讨论理性与信仰之间的关系，阐述对有关人的个体性的认识，经院哲学家们在关于人和上帝的关系的神学辩论中引经据典，古典时期的著作越来越受到重视，学习和研究古典著作蔚然成风，尤其是在中世纪的大学中出现了包括艺术和科学在内的"人文学科"（hummanities），由此产生了人文主义[①]，奥尔森说："这是'人文主义'这个词的真正来源。"[②]

16世纪的西欧各国都进入了一个新的政治局势之中，佛罗伦萨、威尼斯等城市共和国的政制也有了新的发展，正是在这个历史背景下，16世纪30年代佛罗伦萨的马基雅维里延续和发展前人的思想写出了《君主论》。马基雅维里在《君主论》中强调君主自身的才略和命运，他强调，"一个胜任的统治者的真正职责应是'使其人民服从法律和规章，使他们生活在安宁与和平之中'"，同时也要保证其臣民的"稳定和安全"。[③]马基雅维里以及他同时代的人文主义政治学家更多的是从统治者本人的德性和臣民服从的角度论述政制，人文主义的政治理论在很大程度上背弃了中世纪早期以来一直占统治地位的"君权神授"的神学政治理论。最终使政治理论世俗化的是宗教改革运动。

---

① 人文主义这一概念并不是在当时的历史时期提出来的，而是在19世纪由德国的哲学家和神学家弗里德里希·伊曼纽尔·尼特哈默尔在一篇讨论教育应该以博爱主义还是人文主义为指导的文章中首先提出来的，提出了以重视语言知识、数学教育和文法为基础的教育，取代中世纪经院哲学中的逻辑和形而上学的教育理念。此后，历史学家卡尔·哈根用"人文主义"标注14—16世纪西欧的文化运动，他认为在这场文化运动中，对文法、修辞、诗歌、历史以及道德哲学的重视促进了人文学科的发展。人文学科的沿袭和发展需要阅读古典文献，而那个时代能够找到的古典文献仅限于经院哲学的著作，后世学者把那些致力于古典文献研究的学者们，致力于文法、修辞学、诗歌、历史学以及伦理学的学者们称为人文主义者。参见 Horst Rabe, *Deutsche Geschichte 1500-1600: Das Jahrhundget der Glaubensspaltung*, S. 162。

② 〔美〕奥尔森：《基督教神学思想史》，吴瑞诚等译，北京大学出版社2003年版，第376页。

③ 〔英〕昆廷·斯金纳：《现代政治思想的基础》，段胜武等译，第128页。

"因信称义"扫清的障碍

从马丁·路德提出的《九十五条论纲》开始的宗教改革运动迅速席卷整个西欧，宗教改革运动不仅仅关乎信仰、行为以及仪式等宗教问题，还涉及社会和政制问题。国内外学界就有关路德神学思想的研究成果汗牛充栋，这里不再赘述；相比之下，有关其神学思想对西欧政制发展影响的研究成果则比较有限，尤其是对《九十五条论纲》多是从信仰和神学的角度进行阐释。诚然，《九十五条论纲》主要是针对赎罪券的宗教功能，是此后马丁·路德提出"因信称义"（Sola fide）教义的神学理论的基础，"因信称义"不仅用自我对上帝的信仰否认了罗马教会的宗教权威，也由此摒弃了教会法在世俗社会中的司法职能，他在此后发表的一系列神学论著中对此进行了深刻的分析和阐释。

自法兰克王国早期以来，"君权神授"就是西欧政治思想的核心，查理大帝扶持基督教的教会，给予主教、大主教与世俗贵族相同的经济特权和司法审判权，培植起了一个教会贵族，成为封建统治的一个重要支柱，教会的法庭成为治理地方的一个重要行政机构。11世纪罗马教会的改革膨胀了罗马教皇的权力欲，为争夺基督教世界领袖地位，罗马教皇与德意志皇帝争夺了半个多世纪；12世纪中叶，教皇英诺森三世把罗马教会推上了权力的顶峰，不仅教皇利用各种方式干预西欧各王国的政务，而且各国的高级教士也在议会中占有重要的一席之地，在德意志确定的选帝制中，大主教就在七大选帝侯中占有三席。"因信称义"不仅通过自我信仰否定了教会的宗教权威，也通过自我信仰否定了教会法在社会中的法律职能。他认为，基督徒同时生活在两个国度中，即基督的国度和世俗的国度。基督国度的权力完全是精神的，是"一个灵魂的政府"，因此对基督徒是没有强制的，只要相信上帝灵魂就能得救，成为"义人"；世俗的国度虽然也是上帝创造的，但它是完全独立的，而且具有强制的权力，"因为世俗政权受命于上帝惩恶扬善，所以它应当在整个基督教世界中自由地行使职权，不受任何限制，对所有的人，即使是教皇、主教、教士和修女等等均一视同仁"。[1]在路德看来，一切强制权力都是世俗权力，教皇和主教的权力不是世俗意义的权限和权力，由此得出的结论是："教皇或教会凭借其职位而行使世俗的司法权的任何权力要求都是对世俗权力的篡夺。"[2]路德有关世俗政权的论述无疑是从神学的角度对16世纪绝对君主制的注解，抑或也可以说这是英格兰的亨利八世国王敢于因为婚姻问题与教皇反目，在英格兰自上而下推行宗教改革的一个神学理论依据。路德的"因信称义"也为此后德意志帝国确定的"教随国定"的宗教政策奠定了神学基础。"因信称义"为西欧政治理论的世俗化扫清了障碍，西方学者称马丁·路德是一位"颠覆了世界"的革命家。[3]美国学者萨拜因说："宗教改革并非源于君主专制政体，君主专制政体也并不同某种宗教信仰形式比同另一种有更多的自然联系，然而君主专制政体却成为主要的政治上的受益者。"[4]

四、加尔文神学政治的实践

加尔文神学思想的核心

路德开始的宗教改革运动把西欧的基督教分为三大教派，即维护基督教传统的罗马天主教、信奉福音的新教路德宗和加尔文宗，三大教派面对的是相同的社会经济、政制，正如李伯庚所说的："在天主教范围内和在改革教派的范围内，人们讨论着同样的问题，在教育思想和教育措施上也持有不少共同的见解。"[5]基督教本身的这种

---

① 〔英〕昆廷·斯金纳：《现代政治思想的基础》，段胜武等译，第290—291页。
② 同上书，第290页。
③ 参见〔美〕奥尔森《基督教神学思想史》，吴瑞诚等译，第396页。
④ 〔美〕乔治·霍兰·萨拜因：《政治学说史》，下册，盛葵阳等译，第412页。
⑤ 〔荷兰〕彼得·李伯庚：《欧洲文化史》，赵复三译，上海社会科学院出版社2004年版，第276页。

分裂对西欧已有的政制造成了很大的冲击，无论宗教改革者和支持改革的世俗君主，还是反宗教改革的罗马教会和世俗君主都十分关注国家的权力和君主的权限，其中加尔文宗有关现代国家的理论对西欧资产阶级政制乃至此后美国的政制的形成都施加了重要的影响。不仅如此，加尔文还在日内瓦建立了第一个由新教掌权的资产阶级共和国。

16世纪初，约翰·加尔文出生于法国巴黎东北部皮卡第一个小镇子里的殷实职员家庭，少年时代受过良好的教育，青年时代先在巴黎大学学习神学，后遵从父命在奥尔良大学学习法律，父亲去世后他重回巴黎大学继续学习神学。他在那里学习希腊语、拉丁语和希伯来语并研习《圣经》，同时在追随路德的老师的指引下研读了马丁·路德、菲利普·梅兰希通、茨温利、马丁·布塞等宗教改革家的著作，深受德意志宗教改革思想的影响，改宗新教教派。[1]16世纪上半叶，法国国王为了王权的集权与罗马教会合作，继而在法国境内迫害路德宗的新教徒，作为新教教徒的加尔文也因此受到迫害被迫逃亡巴塞尔，在那里完成出版了他最重要的神学政治著作《基督教要义》。加尔文在《基督教要义》中采用基督教的神学体系阐释世俗政制，他的神学政治理论对欧洲政制的发展以及此后美国政制的形成施加了重要的影响。

加尔文神学思想的核心是"预定论"（Sola gratia），巴黎大学是中世纪经院哲学的大本营，也是唯名论和实在论辩论的主战场，埃克哈特、托马斯·阿奎那、邓斯·司各脱等经院哲学的大家都曾受聘巴黎大学，那里有着极为浓厚的学术氛围。在巴黎大学期间，加尔文不仅深受唯名主义的影响，同时在研习《圣经》时接触到了新奥古斯丁主义的神学思想。唯名论强调个性的客观存在，新奥古斯丁主义秉承"原罪论"的宗教学说，在加尔文这里被结合到一起，提出了"预定论"的教义理论。加尔文与路德一样强调《圣经》是

---

[1]　John T. McNeill, *The History and Character of Calvinism*, Oxford: Oxford Univ. Press, 1973, pp. 93-106.

信仰的唯一依据,《圣经》是基督徒信仰和生活独一无二的最高权威。加尔文把上帝看作决定万事万物的实在,是万事万物的终极原因,世上的每一个事件都是按照上帝旨意所预定的方式运行,在人们看来是偶然的事件,在信仰里则认为是来自上帝的预定,即使是亚当夏娃的堕落也是上帝的预定,上帝已经预定了一部分人将获得上帝的恩典永生,这也就意味着另一部分人将受到永远的处罚,这就是"双重预定论"。[1]

日内瓦的实践

16世纪中叶,西欧的宗教改革运动出现了逆转。1545年12月,针对在西欧各地如火如荼的宗教改革运动,罗马教会在意大利特伦托召开了基督教公会议,旨在维护罗马教会受到冲击的宗教权威,然而受到各国政局的影响,特伦托公会议断断续续历时18年,这次会议主要涉及有关教义的权威以及统一基督教信仰等问题,[2]尤其是要对《圣经》进行诠释以反驳宗教改革者的观点。[3]会议还决定在罗马教会内部进行新的改革以抵制宗教改革,开始了反宗教改革运动。特伦托公会议不仅对这个时期罗马天主教教会此后的走向起到了重要的作用,也对16世纪西欧各国的政制发展施加了重要的影响,在西欧各国都得到了程度不同的响应。在德意志,卡尔五世皇帝于1521年在沃尔姆斯召开帝国会议,传唤马丁·路德并在帝国会议上谴责其神学主张,意欲执行罗马教皇开除路德教籍的通谕,路德在新教诸侯的帮助下逃逸。此后,卡尔五世长期打压路德宗和新教诸侯,新教诸侯结成施马尔卡尔登同盟,并于1546年与卡尔五世进行了持续五年的战争,施马尔卡尔登同盟最终因战败而解体。在英国,亨利八世国王于1547年去世,英国的宗教改革也戛然而止,继承王

---

① 参见〔美〕奥尔森《基督教神学思想史》,吴瑞诚等译,第443—444页。

② Paul Ⅲ, *The Canons and Decrees of the Sacred and Oecumenical Council of Trent*, trans. by Rev. J. Waterworth, London, 1848, pp. 83-90.

③ Quentin Skinner, *The Foundations of Modern Political Thought*, pp. 146-147.

位的玛丽女王推翻了议会关于教会的立法，对新教徒大开杀戒，大批新教徒不得不逃亡他乡，女王也因此有了"血腥玛丽"的恶名。在法国，天主教的教徒与新教教徒一直摩擦不断，甚至于1572年发生了圣巴托罗缪惨案。也正是在这个历史时期，加尔文在日内瓦实践了他的神学政治理论。

日内瓦位于阿尔卑斯和侏罗山两大山脉之间，是西欧重要的商贸中心，自13世纪以来成为重要的国际交易会所在地，每年举行多次交易会，聚集来自各地的商人，它的繁荣来自国际贸易交易会的重要影响。活跃的商贸促进了日内瓦的市民阶层的快速成长，市政建设也较为完善，但是日内瓦的主教掌握着市政大权，他享有司法审判权、城市的市政管理权、选举市政官员以及铸币等经济特权。15世纪下半叶，日内瓦的市民为摆脱主教的控制展开了争取自治的斗争，日内瓦与弗莱堡市建立了联盟。[1]1536年，避祸巴塞尔的加尔文从意大利返回途中绕道日内瓦，被老友劝留在该地，直至他去世。此时的日内瓦刚刚赢得争取城市自治的斗争。[2]

16世纪日内瓦市民争取城市自治的运动与瑞士宗教改革活动密切相关，瑞士宗教改革运动的中心在苏黎世，领导瑞士宗教改革运动的是茨温利。茨温利与苏黎世的教会领导者和市议会一起改革了苏黎世以及周边教会天主教繁缛的宗教仪式，清除了教堂里的宗教雕像，改革了教士的服饰以及天主教的许多其他习俗。[3]茨温利在苏黎世进行的宗教改革对加尔文产生了很大的影响，正如奥尔森所说："加尔文的神学建立在路德、茨温利，以及斯特拉斯堡改教家布塞的基础上。"[4]加尔文更注重宗教与政权的结合，他认为世俗政权同教会权力同样都是上帝的创造物，所以世俗政府的形式、社会的政治秩

---

[1]　Herbert Darling Foster, "Geneva Before Calvin (1387-1536), The Antecedents of a Puritan State", in: *The American Historical Review*, Vol. 8, No. 2 (Jan., 1903), pp. 219-221.

[2]　Herbert Darling Foster, "Calvin's Programme for a Puritan State in Geneva, 1536-1541", in: *The Harvard Theological Review*, Vol.1, No.4 (Oct., 1908), p. 401.

[3]　参见〔美〕奥尔森《基督教神学思想史》，吴瑞诚等译，第431—432页。

[4]　同上书，第443页。

序都必须体现上帝的意志，这是上帝引领世俗实现救赎的工具；因此，加尔文强调世俗大众应该服从统治者，遵守政治秩序；他重申了奥古斯丁《上帝之城》的观点，认为作为属灵政府的教会和世俗政府之间没有矛盾冲突，都是上帝预定的，只是它们要实现的目的和承担的责任有所不同，他在《基督教要义》中写道："属世政府与食物、水、太阳以及空气一样重要，它不仅管理人共同的生活，也防止信仰遭到冒犯，维护社会的治安，给个人保护财产的权利，使人能够彼此顺利贸易往来，保守人与人之间的诚实和节制。简言之，这政府要确保基督徒能公开表达信仰，世人能行仁道。"① 因此，加尔文十分强调法律的职能，他认为政府的首要职责便是践行正义，维护人类社会的法律，宣称上帝是宇宙的主宰，国家的统治依据神的意志，政府官员是神的仆从，服务于神的意愿，并各自行使着神赋予其的特殊职能，上帝的话语作为上帝意志的体现，是政府官员及民众活动的准则；② 民众则要严格遵从国家的法律和秩序，维护公共权力。

初到日内瓦的加尔文仅仅是一名讲授圣经的教师，但是他广博的知识以及丰厚的神学素养很快就为他在日内瓦的市民中赢得了众多听众，为宗教改革者在市议会中争得了一席之地，改革的主张也赢得了市议会的认可得以实施。③加尔文并没有把宗教改革停留在只是对教义的理论阐述上，更重要的是他力图让教会参与市政管理，承担组织和管理社会的职能；由此他与市议会产生了矛盾，遭到抵制，甚至被逐出日内瓦。加尔文离开后的日内瓦市内的派系斗争更为复杂，曾经支持加尔文的一派逐渐掌握了市政大权，他们认为城市的政治秩序的稳定与宗教信仰之间相辅相成，他们力邀加尔文返回日内瓦。1541年9月，重返日内瓦的加尔文着手实现他的三个政

---

① John Calvin, *The Institutes of the Christian Religion*, Vol.4, p. 1624.

② H. Henry Meeter, *The Basic Ideas of Calvinism*, Michigan: Backer Book House, 1990, p. 92.

③ Herbert Darling Foster, "Calvin's Programme for a Puritan State in Geneva, 1536-1541", p. 407.

治目的：世俗的司法审判权与教会法权的分离，使教会摆脱世俗权力的控制；废除不符合基督教传统的教义，让广大信徒自己读《圣经》，理解基督教的信条；用基督和使徒的训诫规范基督教的教职人员。[①] 在加尔文的提议下，市议会授权他组成六人委员会，制定了《教会法令》，[②] 法令中除了对教会机构建制的规定之外，还包括规范市民在城市生活方面的礼仪等诸方面的规定，例如婚礼、葬礼等，甚至对探访病人、穷人、罪犯也有具体的细则。[③]《教会法令》成为日内瓦社会管理和组织的重要依据，成为维护社会秩序的有效准则；此外，加尔文还在日内瓦建立了社会福利机构。[④]加尔文试图通过重新构建基督教教会的组织机构，促进民众自觉服从上帝，以此规范社会的秩序，建立起一个宗教和世俗合一的理想社会。

实践中的理论阐述

加尔文在日内瓦实践他的神学政治理论时对世俗政府的形式及运作原则进行了进一步的阐释，他认为，是建立君主制还是以议会的形式管理国家，都应该根据上帝的意志决定，臣民都应服从上帝所安排的统治者，因为世俗政府体现了上帝的意志，世俗统治者的任务是维护基督徒信仰。[⑤]加尔文强调作为神意的执行者，官员应具备高尚的品格，以虔敬的心实践权力，这是官员社会责任的重要体现。"当他们知道神设立他们执行神的公义时，他们就应当行事正直、谨慎、平和、节制，并且单纯。当他们明白自己的宝座属于神时，他们怎敢允许自己做不公正的判决呢，因他们若犯任何的错误，

---

① Reyburn, Hugh Y., *John Calvin, His LIfe, Letters and Work*, London: Hodder & Teughton, 1941, p. 110.

② Ibid., p. 113.

③ Herbert Darling Foster, "Calvin's Programme for a Puritan State in Geneva, 1536-1541", p. 422.

④ Robert M. Kingdon, "Social Welfare in Calvin's Geneva", in: *The American Historical Review*, Vol. 76, No. 1 (Feb., 1971), pp. 50-53.

⑤ David W. Hall, Peter A. Lillback (ed.), *A Theological Guide to Calvin's Institutes*, Phillipsburg, NJ: P & R Publishing, 2008, p. 415.

便使神圣洁的审判受到玷污。"① 由此，加尔文认为民众不应当否定或拒绝官员的职责，也不应质疑行政官员实践权力的强制性特征，因为是神所赐予的。"一切做官的人，民众必须将他们视为神所设立来统治的人。圣经明确地教导人们：君王之所以能统治，是出自于神在他关照他的智慧，并直接吩咐人们当敬畏君王。"②

加尔文试图通过构建系统的教会组织体系实现对社会的全面管理，使民众服从神的旨意，建立起有效、规范的社会秩序，使福音得以宣扬，邪恶得以惩戒，并依照神的安排确立世俗与宗教权力体系的严格区分，使神帮助人获得救赎的世俗与精神的两种外在方式均得以有效的实行，从而建立起一个与神合一的理想社会。抑或可以这样说，加尔文治理下的日内瓦是"一个神权政治的共和国，在地上效法在天上之神的国度。至少，这是加尔文为日内瓦所订的理想与目标"③。加尔文的神学政治实践有效地抑制了日内瓦城市贵族政体的发展趋势，促进了日内瓦市政代议制体制的完善，加尔文对日内瓦城市宪政发展的影响是渐进的，但却是深远的。对加尔文于1543年参与起草的日内瓦民法，卢梭在《社会契约论》中如是评价："将加尔文仅仅视为神学家的观点，太过狭隘了，他所参与编撰的民法体系同他的《基督教要义》一样杰出。无论革命给我们的信仰带来什么，只要我们对国家及自由的热爱从未消失，这个人就应当被铭记于心。"④ 加尔文对于公共权力的阐释，以及对日内瓦行政及法律秩序的贡献，成为16世纪欧洲政治体系的重要注解，他的日内瓦政治实践对西欧社会政治结构及政权体系树立起了有效而影响深远的政治模式。正如奥尔森所说："瑞士、法国和荷兰改革宗教会对于欧洲、南非和北美生活的所有层面，都有很大影响。英国清教徒想要按照加尔文管理日内瓦的模式，在新世界中建立一个虔诚的

---

① Calvin, John, *The Institutes of the Christian Religion*, Vol.4, p. 1627.

② Ibid., p. 1628.

③ 〔美〕奥尔森：《基督教神学思想史》，吴瑞诚等译，第442—443页。

④ Herbert Darling Foster, "Calvin's Programme for a Puritan State in Geneva, 1536-1541", p. 425.

联邦，并且美国的长老教会和公理宗主义（Congregationalism），都采用一种加尔文主义神学。"[①]在欧美近代政制的构建过程中，加尔文主义无论在政治理论阐述，还是在具体的政治实践中都起到了重要推进作用。

[①]〔美〕奥尔森:《基督教神学思想史》，吴瑞诚等译，第446页。

第九章　法国的绝对主义王权

黑死病结束后的法国赢得了与英国断断续续持续了百年的战争，王国的领土进一步统一，王权的集权更加扩大。在扩大王室领地的同时，国王开始建立并逐步完善王国的政制，不仅设立了进行实际统治和管理的行政机构，也扶植了一支官吏队伍，博丹提出的"主权论"更是为法国的绝对主义王权进行了理论说明。美国学者斯科特·戈登说："17世纪是法兰西的世纪，这不但是因为法国是当时欧洲大陆最强大的民族国家，而且还因为它在文化上的影响力远比罗马时代以来的任何霸权中心更为广泛和深刻。"[①]

一、绝对主义王权的确立

宗教冲突的实质

1453年，百年战争以法国大获全胜而告终，此后法国又进行了看似徒劳无益的约半个世纪意大利战争，进入16世纪以后，与西欧其他王国一样，法国也开始了从封建政体向现代国家转型的重要历史阶段。基佐认为，在百年战争之前的法国还是封建性质为主的国家，不存在法兰西民族、法兰西思想和法兰西爱国主义，与英国的战争促进了法兰西国家的形成，推进了它的统一。法国不仅在百年

---

① 〔美〕斯科特·戈登：《控制国家——从古代雅典到今天的宪政史》，应奇等译，第226页。

战争的胜利中赢得了英国人在西欧大陆上的领地，还在精神上创建了国家，"法国在精神和物质上共同扩大和统一起来"。[①]但是，法国国家性质的转型以宗教教派冲突的形式表现出来，正如恩格斯所说："一般针对封建制度发出的一切攻击必然首先就是对教会的攻击，而一切革命的社会政治理论大体上必然同时就是神学异端。为要触犯当时的社会制度，就必须从制度身上剥去那一层神圣外衣。"[②]中世纪的法国虽然没有像德意志帝国一样，政教之间发生过激烈的冲突，但基督教的历史书写依然会对法国浓墨重彩：11世纪引发教会改革的修道院改革，12世纪起源于法国的文艺复兴，13世纪法国的修道院创造了辉煌的哥特艺术等。也正因为如此，意大利文艺复兴对其产生的震动作用被减弱了许多，所以法国历史学家瑟诺博斯说："文艺复兴运动对于法国只是起到了肤浅的影响，而且只是对于少数的特权阶级起了影响。"[③]自从1309年教廷从罗马迁址阿维尼翁后，教廷就在很大程度上受控于法国王室，1378年教廷迁回罗马后出现了西方教会的大分裂，在这一系列的事件中法国王权在教会中始终占据着主导的地位，大有取缔德意志皇权的势态。宗教改革发生之后，路德宗的改革主张也传到了法国，加尔文接受了马丁·路德的"因信称义"的教义学说，并且要求恢复教父圣奥古斯丁的"救赎论"；但是在法国的新教徒受到王权的打压，加尔文也被迫远赴日内瓦，在那里实践他的宗教改革。在法国不满王权专制的新贵族、市民阶层中有着大批的加尔文改革的追随者们，他们开办大学、开展初等教育，希冀提升民众的认知性，以此与法王的专断抗衡，组成了胡格诺教派，但是这些宣传改革主张的新教教徒受到天主教保守势力的打击和迫害，甚至遭到驱逐，更有甚者受到火刑的惩罚。1559年，在法国的新教徒们在巴黎集会，他们以卡佩王朝的创立者于格·卡

---

① 〔法〕基佐：《欧洲文明史》，程洪逵等译，第177—178页。

② 〔德〕恩格斯：《德国农民战争》，《马克思恩格斯全集》第7卷，人民出版社1959年版，第401页。

③ 〔法〕瑟诺博斯：《法国史》，沈炼之译，第257页。

佩的名字命名，自称为"胡格诺派"①。法国国王并不希望改变现有的政制，因而积极支持天主教派对胡格诺派的打击，并于1572年演变为天主教徒肆意屠杀胡格诺教徒的圣巴托罗缪惨案。虽然1598年法王亨利四世颁布了《南特赦令》，但在1685年，路易十四国王又废除了这个赦令，致使大批胡格诺教徒不得不远走他乡，几年之间就有25万胡格诺教徒逃亡英格兰、荷兰、普鲁士和美洲新大陆。天主教在法国完全站稳了脚跟，但是处于王权的绝对控制之下。

新贵族的权力基础

从15世纪起，法国的新贵族对王室的政治影响就日益加强，国家在新贵族的生活中也占有非常重要的地位，但是贵族与王国的关系也在发生着变化，曾经由领主个人把持的地方统治权逐渐转让给了专门的政府机构。1439年，王室宣布，国王享有直接向农民征税的权力，无须经过领主的同意，与此同时还宣布，领主不得擅自向农民征税。为此，王室还鼓励农民，如果对领地法庭的判决不满，可以直接上诉到王室司法，提升和扩大了王室法庭的权威和影响力。国王还对领地法庭提出要求，必须由法学专业人士主持法庭的审判，给予他们相应的报酬，这就致使领地法庭不再是领主的收入来源，反而成为领主的一项负担。②

社会经济结构以及贵族收入方式的变化，致使王室逐渐改变了贵族的权力基础，而且重新确立与他们之间新的政治关系，确立这种政治关系的基础不再仅仅是贵族对国王的效忠和服役，他们的财富也不仅仅来源于封赐的土地，其中相当一部分是由于他们在王室中任职而获得的薪俸。例如，1473—1476年间，曾是法王大胆查理陪臣的盖伊·德·博瑞缪尔每年的收入大约是32 000里弗尔，其中只有5000里弗尔的收入来自他的祖产，其余大部分则是他在勃艮

---

① Huge的法语发音是"于格"，但国内多年来一直按照英语发音音译为"胡格"，这里按照约定俗成的译法依然也翻译为"胡格诺"。

② 参见〔美〕乔纳森·德瓦尔德《欧洲贵族1400—1800》，姜德福译，第84页。

第宫廷服务以及在地区行政管理机构任职的薪俸。法王路易十一的统帅安东尼奥·德·查班尼斯每年从王室获得的薪俸是 25 000 里弗尔，但他从个人财产中获得的收入仅有 10 000 里弗尔。1546 年，阿尔布瑞特的亨利二世担任地方长官时，在他每年的收入中，他作为地方长官获得的薪俸占其总收入的 48.4%，从他自己的财产中获得收入占 37.1%。从这些官吏的收入结构可以看出，他们与王室的关系不再是人身的依附关系，而是一种新的雇佣关系。[1]

　　王室和贵族关系的变化产生的一个直接结果是，构成王室官吏的社会结构有了很大的改变，[2]引发这种变化的一个重要原因是，王室在选拔官吏时不仅注重其出身，更重要的是要接受过良好的大学教育，也正因为如此，市民阶层都会把自己的子弟送到大学，把学习法律作为走进仕途的敲门砖，[3]进而有了被国王封为贵族的机会。14 世纪晚期和 16 世纪下半叶，法国国王曾经两次为市民出身的官吏封授贵族头衔，[4]这些新封的贵族大多是城市里富裕的商人或者手工业者，他们因从事的行业积攒了财富，与贵族甚至王室联姻，由此获得授封。例如，洛德·洛朗森的家族以小酒店老板和呢绒商起家，此后发展为货币兑换商，他在路易十一的女儿那里购买了男爵领地，由此地位有所提升，他的妻子也进入王室成为陪伴王后的贵妇人，他的儿子则成为国王的首席神甫。[5]来自法国西部一个较为贫穷省的贵族昂盖朗·德·马里尼，用财产托人引荐给王后，成为王室的官吏，此后被授封为贵族；罗贝尔·德·洛里斯原本是巴黎的一个小官吏，在一次机缘巧合中为国王服务，此后他不仅获得了土地和贵族称号，他的两个儿子也分别娶了大贵族出身的女儿为妻。[6] 17 世

---

①　James B. Collins, *From Tribes to Nation: the Making of France, 500-1799*, Boston: Cengage Learning, 1988, p. 258.

②　Otto Forst de Battaglia, "The Nobility in the European Middle Ages", *Comparative Studies in Society and History*, Vol. 5, No. 1 (Oct., 1962), p. 64.

③　Ibid., p. 72.

④　James B. Collins, *From Tribes to Nation: the Making of France, 500-1799*, p. 257.

⑤　参见〔法〕马克·布洛赫《法国农村史》，余中先等译，第 143 页。

⑥　Joseph H. Shennan, *The Parlement of Paris*, London: Sutton Publishing, 1998, p.110.

纪时的一份统计资料显示，在14世纪下半叶，贵族阶层就吸收了大量的新贵族，1350—1409年这五十余年中，法国新增加了九百余个贵族家族；1345—1660年这三百余年中，法国一共新增加了2826个贵族家族。[①]贵族阶层社会结构的变化不言而喻，主要由三部分组成：古老贵族家族出身的世袭贵族（nobility）、因担任官职而被封授的穿袍贵族（Noblesse de robe）、因其财富被提升的市民贵族（bourgeois patricians）。[②]新贵族是法国绝对主义王权的重要支柱，1505年在法国约有12 000名官吏，[③]他们是绝对主义王权最有力的支持者，改变了国家的性质。

王权的绝对权威

中世纪的王国是国王个人的财产，辅助国王管理王国的是对国王本人的效忠封臣，进入近代以后，王国不再是国王个人的财产，逐渐成为一个包括社会各阶层的共同体，参与管理这个共同体的是受过教育的官吏，他们因承担的职责不再是获得国王封赐的土地而是薪酬，这就在一定程度上淡化了官吏与国王的个人关系；也正因为如此，他们围绕在国王的周围，形成了超越一切权利的权力中心。[④]可以说，王室与贵族的结合增强了国家的权力，由此确立了王权权威的绝对性，[⑤]权威的绝对性主要体现在税收和司法审判方面。中世纪晚期和近代早期法国的官吏主要分布在三个方面，一是税务官，二是法官，三是行政官。

法国税收官吏队伍的形成是在意大利战争期间。意大利文艺复兴的艺术成果、美第奇家族的财富及其对世界金融的控制，使意大

---

① James B. Collins, *From Tribes to Nation: the Making of France, 500-1799*, in: *The Ameriean Historical Review*, Vol. 69, No.3 (Apr., 1964), p. 142.

② J. Russell Major, "The Crown and the Aristocracy in Renaissance France", p. 631.

③ Bernard Guenée, *States and Rulers in Later Medieval Europe*, pp. 203-204.

④ Joseph Reese Strayer, "Philip the Fair—A 'Constitutional' King", in: *The American Historical Review*, Vol. 62, No. 1 (Oct., 1956), p. 21.

⑤ Hillay Zmora, *Monarchy, Aristocracy, and the State in Europe, 1300-1800*, London: Routledge, 2001, p. 35.

利成为西欧瞩目的中心，也是强权争夺的焦点。尽管西方教会大分裂以及宗教改革运动极大地削弱了罗马教廷的宗教权威，但作为天主教的大本营，加上这个时期的反宗教改革运动，罗马教廷的宗教地位依然不容小觑，宗教改革时期的法国虽然也不再承认罗马教皇的权威，但是却继续维持基督教的传统。文艺复兴的艺术成果、意大利的财富以及罗马的宗教地位都吸引着百年战争中大获全胜的法国国王们进军意大利。15世纪末，查理八世国王以那不勒斯王位继承人的身份率军进军意大利，戴上了那不勒斯的王冠，法国被查理八世拖进了持续半个世纪的意大利战争，不仅与意大利城市之间进行了无数次的交战，还与德意志皇帝查理五世争战不休。[①]然而，法国在意大利战争中并没有得到更多的领土，只是赢得了洛林地区几个讲法语的城市：梅斯、杜登、凡尔登和加雷。常态的战争需要大量军费，军费的来源是国王的税收，国王有了一支负责征税的庞大的官吏队伍：负责评估和征收赋税的司库、国王的审计官和收税官。1523年，弗朗西斯一世设立了专门负责国王私人金库的职务（private treasurer），负责王室领地收税的是reseveurs（收税官）和trésoriers（司库员），将其与王国的财政区分开；并建立了中央国库（Central Treasurer），征收税款和管理国库的称élus，负责国库出纳的称général。[②]在这个世纪的四五十年代，国王还以"地区财政区"（*généralités*，regional financial districts）和"派管税区"（*élections*，local districts）为基础，设立永久的地区行政机关。[③]这些机构的建立，无疑扩大了官吏的队伍：1500年，法国有不少于25个财务总督（treasurers-general）负责监督全国的税收，到了1586年，财务总督增加到了200人，路易十三世于17世纪初登基时，财务总督更是增加到了650人；弗朗西斯一世在位时期，负责监督地方税收的官吏以及主持税收法庭的法官大约有100人，1589年时这

---

① 参见〔法〕乔治·杜比主编《法国史》，上卷，吕一民等译，第583—586页。
② 参见〔法〕瑟诺博斯《法国史》，沈炼之译，第272—274页。
③ James B. Collins, *From Tribes to Nation: the Making of France, 500-1799*, p. 292.

个数字超过了1000人。①因为有了这支税收队伍，法王几乎不再通过召开议会征税，自查理七世国王于1440年召开了一次全国性的等级会议之后，直到16世纪60年代初的一个多世纪的期间内仅召开过四次全国性的等级会议。

王室领地的扩大是法国实现政治统一的一个重要措施，而实现王室领地真正统一的一个重要环节是削弱领主法庭的司法效力，王室官吏阶层和高等法院（parlements）所构建起来的体制成为这一时期强大的政治发展动力。②1497年设立的大法院主要负责审理普通法院审理案件的判决，这就更强化了王权的最高司法权，"从这个时候起，法国司法上的两种习惯已经确立了：（一）判决书不是由某一个法官宣判，而是由构成法院的一群法官来宣判的；（二）法院分为两级或两级以上，原告和被判决的人永远可以把下级法院的判决书提出向上级法院上诉，由它宣布最后的判决"③。此外，亨利二世在位期间还在领主法庭设立了顾问法官的职位，地方教会法庭的一些案件也都交由地方法庭进行审理。此外，从查理七世到路易十二统治期间，在图卢兹（1443年）、诺曼底（1499年）、波尔多（1463年），在勃艮第的第戎、鲁昂和艾克斯（1493年）均建立了高等法院，它们在各自地区拥有最高司法权，④巴黎的高等法院则有权审理其他没有高等法院地区的上诉。⑤国王的权威正是通过在各地设立的高等法院渗入贵族的领地，国王可以通过高等法院用一纸命令改变各地领主法庭一直以来依据的习惯法，"因为这就是朕的意志"，国王的权力是绝对的。⑥

随着王室领地的扩大，为了使国王的旨意能准确地传达到各地，国王设立了"国务秘书"，专门缮写王室的文件，弗朗索瓦一世国

① James B. Collins, *From Tribes to Nation: the Making of France, 500-1799*, pp. 292-294.
② David Potter(ed.), *France in the Later Middle Ages, 1200-1500*, p. 11.
③ 〔法〕瑟诺博斯：《法国史》，沈炼之译，第277页。
④ 参见〔英〕佩里·安德森《绝对主义国家的系谱》，刘北成等译，第86页。
⑤ David Nicholas, *The Transformation of Europe, 1300-1600*, p. 73.
⑥ 参见〔法〕瑟诺博斯《法国史》，沈炼之译，第273页。

王的"国务秘书"多达120人，这些秘书本身并不掌有多大的权力，但因为他们办理或接触了王国的重要档案文件，他们的政治地位逐渐提高，势力也随之增大，在此后成为政府中重要的官员。意大利战争期间，法王招募雇佣兵作战，战后这些雇佣军团则驻扎在边防，此后，在此基础上划分了30个军事辖区（gouvernements），为了管理这些雇佣军团，法王经常派遣监察官前去视察，这些军事辖区逐渐与财政联系在一起成为财政区，这些监察官就成为各财政区的行政官员。正是这些专职的官员逐渐取代了原有的、个人效忠的、难以驾驭的贵族，为了摆脱这些贵族，改变官职的性质，国王大量出卖官职，弗朗索瓦一世甚至还设立了卖官的机构bureau des parties casuelles，[1]卖官鬻爵的现象愈演愈烈。卖官为新贵族以及富裕市民阶层提供了进入王室的机会。格林菲尔德认为，正是通过卖官，"王室帮助大批出身平民的军官和富人们得到了高等贵族的地位，这一阶层人员数量的扩大是和权威集中到国王手中有联系的"。[2]另一方面，这一阶层因为社会地位的提高以及政治权力的增长，也更加关注王国的政治，他们也更需要一个集权的王权。[3]法国的王权也在经历了王室领地的扩大、官吏队伍的建设的过程中树立起了绝对性的权威。

二、欧洲近代政治理论的发源

让·博丹的主权论

16世纪的法国在宗教战争中暴露出了政治结构中存在的弊端，特别是卖官鬻爵导致官职的世袭性，以及大家族垄断政权的现象，

---

[1] 参见〔法〕瑟诺博斯《法国史》，沈炼之译，第275、279页。

[2] 〔美〕里亚·格林菲尔德：《民族主义：走向现代的五条道路》，王春华等译，第107—108页。

[3] Hillay Zmora, *Monarchy, Aristocracy, and the State in Europe, 1300-1800*, p. 29.

这些都加剧了新旧贵族间的矛盾，这些矛盾在宗教改革时期被激化，呈现出天主教教派和胡格诺教派间的公开对峙，以致演化出圣巴托罗缪惨案。此时的法国王权因受赋税收入的影响，无力均衡各方的利益，因而遭到天主教教徒和胡格诺派教徒等多方面的批评，正如萨拜因所说："在法国，同其他各地一样，宗教分歧是同政治、经济势力难分难解地交织在一起的。"[①]因而在16世纪的法国出现了大量有关政治理论的论述，尽管有关政治的争论都不涉及天主教和新教的教义理论问题，但是争论各方还都是以此作为论理的依据；然而，16世纪有关政治的理论和论述最大的特点是，几乎都脱去了此前总是披在政治理论上的宗教外衣，为欧洲近代政治理论的世俗化奠定了基石。萨拜因认为："所以，在十六世纪，政治哲学最重要的篇章是在法国写成的。在这里出现了主要的对立思想，这些对立思想在下一世纪英国内战时期得到了详尽的发挥。"[②]那个时代著名的政治家、首相米歇尔·德·勒·洛皮塔尔就曾经呼吁，应该消除人们因对各个宗教派别不同信仰而产生的差别，不能把王国的命运和宗教信仰等同起来；在他看来，宗教的统一与否并不是这个时期最重要的问题，为了国家的安定、减小对和平的危害，有必要放弃对宗教统一的追求。他认为，那个时代应该解决的问题不是不同的宗教信仰，而是如何能够和平共处；[③]为此，他在1562年的一次等级会议上提出，在王国内实现宗教的统一并不利于国内的稳定，一味地寻求宗教的统一或许会导致对社会稳定的危害，应该改变统一宗教的政策。[④]在这个历史时期，作为第二等级的贵族们纷纷发表自己的政治主张，要求结束社会中的宗教教派的对抗，推行宗教宽容政策以保障社会的安定，他们中参加等级会议的代表甚至联名向国王提出了请愿书，要求阻止对胡格诺派再次开战，以免加剧社会动荡，因为

---

① 〔美〕乔治·霍兰·萨拜因：《政治学说史》，下册，盛葵阳等译，第429页。
② 同上书，第428页。
③ John William Allen, *A History of Political Thought in the Sixteenth Century*, p. 295.
④ 参见〔英〕昆廷·斯金纳《现代政治思想的基础》，段胜武等译，第523—524页。

这既违背了上帝的意愿，也不符合王国的利益。[①]在这些贵族看来，王国的统一高于宗教的统一，正如同时代的人所指责的："他们是那些宁愿王国平静或他们的家庭平安无事，而不愿他们的灵魂得救的人"，"他们宁愿王国保持和平而不要上帝，而不愿在有上帝的情况下进行战争"。[②]显而易见，宗教与政治的分离已经在很多贵族中达成了共识，其中最具代表性的是让·博丹。

让·博丹出身于一个市民家庭。与那个时代的大多数市民家庭一样，都希望自己的子女能够接受良好的教育，以此作为走向仕途的起点：他被送到图卢兹学习法律。图卢兹大学是法王路易九世在镇压了阿尔比派之后于1229年在法国南部建立的第一所大学，从建校时起就以法学和神学为主要教学内容。[③]后世学者一般都认为，这所大学是法王为了建立和维护绝对主义王权所建，因此在那个时代是学习法学的重要学校之一。[④]学业完成后，博丹前往巴黎做了一名律师，并以此为踏板进入了巴黎市的行政机构，成为王国内的一名检查官。1571年，博丹因服务于阿朗松大公开始参与王室政治，并于1576年被选为第三等级的代表参加了等级会议。[⑤]在这个历史时期，博丹积极发表自己的主张，他以宗教战争给王国带来的危害为依据，拥护君主的绝对权力，[⑥]为此，他于1576年完成了《论共和国六书》[⑦]，他在这部书里主要阐述的是王国统一应该遵守的理论原则。萨拜因这样评价博丹，他的"政治哲学是新旧政治哲学的奇异混合物，正像十六世纪的所有的哲学思想一样。他已不属于中世纪，但也并未成为近代作家"，他认为博丹是"宗教信仰自由和开明政府

---

①　Mack P. Holt, *The French Wars of Religion, 1562-1629*, Cambridge: Cambridge Univ. Press, 1995, pp. 109-110.

②　〔美〕乔治·霍兰·萨拜因：《政治学说史》，下册，盛葵阳等译，第457页。

③　Walter Rüegg(hrsg.), *Geschichte der Universität in Europa*, Bd.1, S. 64.

④　John William Allen, *A History of Political Thought in the Sixteenth Century*, p. 280.

⑤　Martin Wolfe, "Jean Bodin on Taxes: The Sovereignty-Taxes Paradox", in: *Political Science Quarterly*, Vol. 83, No. 2 (Jun., 1968), pp. 270-271.

⑥　Julian H. Franklin, *Jean Bodin*, Aldershot: Ashgate, 2006, pp. 53-85.

⑦　国内学界也有将此书的书名翻译为"论共和政体"。

的直言不讳的倡导者"。①博丹认为，相互对立的各个教派是导致社会动荡的根源，实行宗教宽容的政策是消除宗教教派对立的良药，因为这是一种哲学信条，因为宗教的统一并不是社会和民族统一的 sine qua non（必要条件）。②君主应该实行宗教宽容的政策，宗教的争论和纠纷与政府的事务没有重要的关联，君主不应该是宗教争论的某一方，而应该是拥有至高无上权威的审判官，③宗教教派之间的冲突不应该左右国家的权力，因为国家是超然于各个团体之上的最高权力。博丹强调王权是稳定社会和建立秩序的主要支柱，是凝聚王国的核心力量，所以国王的地位应在所有宗教派别之上；由此，他提出了"主权论"（法语为souverains，英语为sovereignty，德语为Souveränität）。④

今天政治学中定义的"主权"或者与博丹提出的"主权"并不完全相同，美国学者戈登说："在学术文献、法律和日常话语中，'主权'这个术语具有两个完全不同的意义，一是指代表一个民族国家相对于其他民族国家的地位，表明每个国家在其自身的地理范围之内都拥有自主的管辖权。另一个是指这样的观念，即在每个个别的国家之内存在着构成最高政治和法律权威的实体。"⑤博丹提出，"主权是国家应该具有的最根本的特征，国家的绝对和永恒的权力"，更确切地说，"主权就意味着权力在力度、作用和存续时间上都不是有限的"。⑥因此主权就是凌驾于臣民之上的最高权威，它独立于任何其他权力，不是基于任何授命，而是独一无二的和不受制于具

---

① 〔美〕乔治·霍兰·萨拜因：《政治学说史》，下册，盛葵阳等译，第457—458页。

② 参见〔法〕费尔南·布罗代尔《文明史纲》，肖昶等译，第308页。

③ 参见〔英〕昆廷·斯金纳《现代政治思想的基础》，段胜武等译，第527页。

④ William Farr Church, *Constitutional Thought in Sixteenth-Century France*, Cambridge, Mass.: Harvard University Press; London: Oxford University Press, 1941, pp. 221-222.

⑤ 〔美〕斯科特·戈登：《控制国家——从古代雅典到今天的宪政史》，应奇等译，第20页。

⑥ 〔法〕让·博丹：《主权论》，李卫海等译，北京大学出版社2008年版，第29页。

体法律的。[①]这是因为，博丹所处的是一个宗教严重干预政治的时代，宗教改革虽然正在改变这种现象，但改变带来的政治的不稳定依然存在，博丹正是针对这种政治局势为王权的集权进行辩护提出了"主权"的概念，[②]他力图以严格的法学方式促使国家找到自身存在的根据，而不受宗教或其他任何外在社会势力的影响。因之，这种"主权"是绝对的，它不承认还存在一种更高的权力，也不依靠任何其他权力，国家自身独自拥有主权。

博丹主张，君主拥有不可让渡的主权，所以他的权力是"绝对的"，他把君主制定法律的权威看作统治权的重要标志，但是他并不认为国王是最高的法官，而是强调国王拥有制定法律的权威，这与传统的中世纪司法审判权的理论有所区别。[③]博丹认为，作为最高权力的是非授予的、是永恒的，它是不能转让的，也不受法令的限制。"主权的主要特点是不经上级、同级或下级的同意，集体地或分别地有为公民制定法律的权力。"[④]意大利学者马斯泰罗内认为，博丹的"主权论"是同国家制度的法学学说联系在一起的，他希望人们遵守国家制定的实在法（positive law）以此解决政治或宗教冲突。[⑤]博丹十分注重主权者的立法权，从词源的角度看，lex（法令）源自ligere（约束），而法令就含有下命令的含义，是主权者为臣民下的命令，是主权者用法律对臣民的某种约束，"拥有主权的人在任何时候都不必服从他人的支配，而且定能颁布适用于其他臣民的法律，并且能废除和搁置会带来不利后果的法律，或用新的法律来代替这些有弊病的法律"。[⑥]另一方面，博丹也强调虽然君主享有绝对的权

---

① 参见〔德〕弗里德里希·迈内克《马基雅维里主义："国家理由"观念及其在现代史上的地位》，时殷弘译，商务印书馆2008年版，第123页。

② James H. Burns, "Sovereignty and Constitutional Law in Bodin", in: *Political Studies*, Vol.7, Issue 2 (1959), pp. 174-177.

③ William Farr Church, *Constitutional Thought in Sixteenth-Century France*, p. 228.

④ 〔美〕乔治·霍兰·萨拜因：《政治学说史》，下册，盛葵阳等译，第463页。

⑤ 参见〔意〕萨尔沃·马斯泰罗内《欧洲政治思想史——从十五世纪到二十世纪》，黄华光译，社会科学文献出版社1992年版，第53页。

⑥ 〔法〕让·博丹：《主权论》，李卫海等译，第42—43页。

力，但他依然要受到抽象的自然法和神法的约束，[1]"由于上帝本身拥有无限的权力而且在逻辑上两个无限物不能共存，上帝这位伟大的统治者因而不能缔造出和其处于同一地位的统治者来，因此，我们可以说，作为上帝代表的君主，在其权力未消失的情况下，不能创造出与其权力等同的主体"[2]。博丹有关主权者享有立法权的观点改变了中世纪以来实行的习惯法。

创建宪政的立法

中世纪的国王只享有解释习惯法的权力，尽管在解释法律的过程中已经在改变习惯法的内容，而且国王颁布的敕令也都具有法律的效力，但国王在颁布敕令时仍然受到习惯法制约，因为对中世纪的人们来说，习惯法古而有之，国王对法律的解释是在恢复古老的习惯法。罗马法研究复兴之后，西欧的法律体系逐渐地在发生着变化，英国学者乔利夫说，"这些变革是以一种作为立法变革这个真正本质的方式实现的"[3]。所谓"立法"（legislation）是指，专门设定的政府机构进行的一系列创制法律律令的活动，并且在执行法律的实践中有权对其进行解释和说明，正如哈耶克所说："人们在实践中不断地把这种制定新的正当行为规则的新型权力融入统治者一直行使的较为古老的权力——亦即它们组织和控制政府机器的权力——之中，直到把这两种权力融为一体，变成一种难分难解的最终被称之为'立法'权的东西。"所以他认为："规则系统作为一个整体，其结构并不是法官或立法者设计的产物，而是这样一个进化过程的结果，亦即习俗的自生自发演进与法官和立法者对既有系统中的细节所做的刻意改善始终处于互动之中的那个进化过程。"[4]可以说，立

---

[1]   William Farr Church, *Constitutional Thought in Sixteenth-Century France*, p. 237.

[2]   〔日〕篠田英朗：《重新审视主权——从古典理论到全球时代》，戚渊译，第17页。

[3]   John Edward Ausdin Jolliffe, *The Constitutional History of Medieval England, from the English Settlement to 1485*, London: Black, [2]1947, p. 334.

[4]   〔英〕弗里德利希·冯·哈耶克：《法律、立法与自由》，第1卷，邓正来等译，中国大百科全书出版社2000年版，第130、160页。

法创建这一过程就是主权国家形成的过程，是宪政制度的创建过程。因此，这种创建不单纯是法律表现，同时也是政治和经济的表现，霍恩说："立法活动由宪法来规范。宪法本身是国家的法律基本秩序。它不能回溯到其他的法律原则，而是一个政治行为的表现。"[①]

西欧从中世纪的习惯法向现代意义法律过渡的这个进程，是从等级制国家向现代国家转变的过程，也是中世纪个人联合的政体向利益联合政体的一种转型，能够实现这种转型的前提条件是有一个专制的王权。所谓专制王权并不是国王的独裁，而是必须具备一定的政治基础和条件。正如恩格斯所分析的："封建制度的瓦解，以及城市的发展，这两个过程引起了地方分权制；因此就产生了实行君主专制的直接必要性，通过君主专制把民族结合起来。君主专制必然是专制的，正是由于一切因素的离心性。但是，不应该庸俗地理解它的专制性质；〔它〕是在时而同等级的代表机关时而同叛乱的封建主和城市的不断斗争中〔发展起来的〕；等级在任何地方也没有被它取消；因此，应该宁可把它看成是等级的君主制（仍然是封建君主制，但却是瓦解中的封建君主制和萌芽中的资产阶级君主制）。"[②]由此，恩格斯得出了这样的结论："日益明显日益自觉地建立民族国家的趋向，是中世纪进步的最重要杠杆之一。"[③]

现代政治学家们一般认为，"主权"是现代政治学的概念，但它的起点是博丹提出的"主权论"，[④]因为现代主权概念的特点是，"主权明显地表现了权力在特定一国的集中"，主权涉及的是政治的最高权力，在古代和中世纪的君权同样也存在着集权的问题，所以古代和中世纪的君权也都存在着主权性。[⑤]早在13世纪，souverains就出现在法国的法律文献中，法学家博马努瓦尔在1283年编纂的《博韦

---

① 〔德〕霍恩：《法律科学与法哲学导论》，罗莉译，第21页。
② 〔德〕恩格斯：《关于"农民战争"》，《马克思恩格斯全集》第21卷，第459页。
③ 〔德〕恩格斯：《论封建制度的瓦解和民族国家的产生》，《马克思恩格斯全集》第21卷，第452页。
④ Andrew Vincent, *Theories of the State*, p. 32.
⑤ 参见〔英〕约翰·霍夫曼《主权》，陆彬译，第7、43、42页。

习惯法汇编》(*Coutumes de Beauvasis*)中这样写道:"每个伯爵都是其伯爵领地内的主权,……国王是所有臣民的主权。"(chascuns barons est souverains en sa baronie,……il rois est souverains par dessus tous.)[1]可见,主权是一种集权的统治权,而在中世纪晚期,主权更多的与君权的集权相关。博丹就非常明确地宣称,主权(sovereignty)就是单纯的王权,是一国之中的绝对而又持久的权力。在博丹看来,主权国家是高于除自然和神圣法律之外的任何法律的:在人类舞台上没有比它高的东西。每一个现代国家都希望自己是独一无二的,不受控制和自由的,国家的理由变成了最高的法律。[2]在以地域为特点的领土制的国家中,主权的概念被强化,采邑制所具有的保护和义务的原则被淡化,保护的职能被法律所取代。德国著名的政治学家奥本海在阐述国家概念时指出,"不是因保护利益的需要而产生了国家,恰恰相反,保护职能是已经形成的国家的需要"。他进一步指出:"国家的本质似乎就是保护机构,即:对外保护边境,对内保护权利,这好像是它产生和存在的理由。"[3]

国家权力的强化

中世纪的君权受制于"君权神授"的基督教神学政治理论,君权的集权受到基督教教会的干扰,人文主义和宗教改革运动在很大程度上削弱了基督教神学政治理论对世俗政治的影响,詹宁斯说:"主权学说是中世纪末期,为了促进世俗国家摆脱教会控制的目的而产生的一种理论。"[4]霍夫曼则把中世纪的主权看作"一个政治共同体总体上的权力"[5]。法国君主的集权化是伴随着王室领地的扩大实现的,在这个过程中,领地制度逐步瓦解,土地的租赁制度逐渐盛行起来,中世纪的采邑义务和封臣的效忠越来越物质化,并由此越来

---

[1] Paul Koschaker, *Europa und das Römische Recht*, S. 143.
[2] 参见〔法〕费尔南·布罗代尔《文明史纲》,肖昶等译,第303页。
[3] 〔德〕弗兰茨·奥本海:《论国家》,沈蕴芳等译,商务印书馆1994年版,第5、4页。
[4] 〔英〕詹宁斯:《法与宪法》,龚祥瑞等译,第100页。
[5] 〔英〕约翰·霍夫曼:《主权》,陆彬译,第44页。

越松弛，采邑权也逐渐地不再是封建领主个人所掌有的权利；抑或可以这样说，采邑制度领土化了（Territorialisierung des Lehnswesens），采邑权（Lehnsrecht）转化为国家权（Landesrecht）。正如德国学者迪斯特坎普所说："在中世纪晚期，以领主个人为特征的采邑权削弱了，统一在了领土化的制度中。"[①] 在领土化了的国家中，作为最高的权力，王权就是主权。法国学者狄骥这样描述主权的特征，它"对社会整体或者每一个具体个人发布命令，而不必征得上级、同级或下级的同意"[②]。主权的实际代表是国王，但是与中世纪国王不同的是，国王个人不能随心所欲地使用统治权，他必须受到法律的约束，抑或可以这样说，国王是根据法律实行统治，同时他也受到法律的约束，法律被视为一种无所不在的手段，它渗入并控制了人与人之间的各种关系，包括臣民和统治者之间的关系。[③] 由此，"君权神授"的神学政治理论逐渐地失去了实际的政治意义，法律的政治作用则更加突出，奥地利著名的经济学家门格尔说："法律是把一块土地上的人们组成一个民族并建立成一个国家组织的最为强大的纽带之一。"[④] 在领土制的国家中，国王雇佣那些受过法学系统教育的人担任王室的官员，导致封臣尤其是主教的政治职能逐渐地减弱，这是政治权力世俗化的一个重要方面。

在中央集权化过程中，国王在新的政治架构中具有特殊的地位。领土性的主权城市和王国逐渐被视为超越个人的、抽象的共同体，与其成员或政府相分离而获得独立存在的地位。国王个人必须与作为职位的王权相分离，这一权力本身从来不曾完全集中于国王一人之手。国王个人的行为受到限制，而不是王权。王权成为一种代表

① Bernhard Diestelkamp, "Lehnrecht und spätmittelalterliche Territorien", in: Hans Patze (hrsg.), *Der deutsche Territorialstaat im 14. Jahrhundert*, Sigmaringen: Thorbecke, ²1986, S. 72-79, 83.

② 〔法〕莱昂·狄骥：《公法的变迁·法律与国家》，郑戈等译，第21页。

③ 参见〔美〕乔治·霍兰·萨拜因《政治学说史》，上册，盛葵阳等译，第251页。

④ Carl Menger, *Problems of Economics and Sociology*, Urbana: University of Illinois Press, 1963, S. 227.

最高权力的职务，官吏受命于国王履行各自的职责，这种权力本质上是一种公共权力，是不能与私人利益相混合的，更不能被利益集团为私利而分割。对代表公共利益的真理、理性和正义的追求是制约实际统治权的规则。①

博丹的绝对主权思想是与非个人化的国家（impersonal state）的形成联系在一起的。国家正在成为一种与国王个人相分离的实体，对国王的忠诚意味着对国家的忠诚。但是，国王个人是国家中的根本组成部分，国王手中的权力来自国家的权威。②正如基佐所指出的，存在于所有国家的统治权不属于任何势力或团体，它的唯一源泉是真理、理性和正义。③ 16世纪，法国议会立法职能逐渐完善，说明议会更关注于协调政治共同体内部的利益分配。议会与国王之间的矛盾并不是此时英格兰政治格局的主要方面。个体和社会集团在议会中找到了处理彼此关系的有效途径。此时的立法活动关注于各种社会现实问题而不是单纯地表达对王权的不满，诸如农业、贸易和工业生产、司法改革以及财产权利等问题是议会立法最为关注的议题。④对统治者权力的制约构成了西方绝对主义国家和专制主义国家之间最重要的差异。绝对主义国家的目标原则上只是集中于国家自己某些特殊的政治权力和人员，而让个人和团体拥有他们自己的资源和权利，只要他们不谋求瓜分统治者的主权。⑤

博丹提出，主权是共同体所享有的绝对且永久的权力，这个观点的核心是要遵守公共利益的契约；在博丹看来，制定法律的目的就是维护"共同体"的秩序，秩序就意味着正义。实现共同体利益的前提就是充分允许社会各阶层的人参与到国家事务之中，议会就

① 参见〔法〕弗朗索瓦·基佐《欧洲代议制政府的历史起源》，张清津等译，第238页。
② 参见〔德〕弗里德里希·迈内克《马基雅维里主义："国家理由"观念及其在现代史上的地位》，时殷弘译，第63页。
③ 参见〔法〕弗朗索瓦·基佐《欧洲代议制政府的历史起源》，张清津等译，第238页。
④ Goeffrey Rudolph Elton,"Parliament in the Sixteenth Century: Functions and Fortunes", in: *The Historical Journal*, Vol. 22, No. 2 (Jun., 1979), pp. 261-262.
⑤ 参见〔美〕贾恩弗朗哥·波齐《国家：本质、发展与前景》，陈尧译，第45页。

是实现广泛参与的必不可少的途径。博丹所提出的"主权论"具有鲜明的时代特征，王权性质的双重性或过渡性体现了中世纪政治结构向现代宪政政治的转型。博丹的主权思想对这种转型进行了较好的注解。博丹并不是16世纪法国政治思想领域中的独行者，同一时期有大批政治学家与博丹有着类似的政治理论，他们在意识形态领域为这个历史时期王国专制制度的合法化奠定了基础。[①]

三、旧制度的没落

黎塞留的施政

法国虽然在16世纪确立了王权的绝对主义，但是因宗教改革运动的蓬勃发展而被搅动的社会却埋下了动荡的根源，圣巴托罗缪惨案中天主教徒对胡格诺教徒的屠杀点燃了宗教战争的战火，法国经历了三十余年的动乱，已经确立的绝对主义君权也遭受威胁。1594年，亨利四世继承王位，开启了波旁王朝的历史。亨利四世登基后首先消除了来自西班牙的外部威胁，此后于1598年颁布《南特赦令》，在宣布天主教为国教的同时也给予新教徒信仰自由，新教徒享有与国王和其他臣民同等的权利，保证给予他们司法公正，允许他们有自己的宗教社团，可以上大学、担任公职，甚至可以接受爵位等。虽然《南特赦令》遭到罗马教会以及法国天主教徒的谴责和反对，罗马教皇甚至说"这是能设想出来的最糟糕的法令"[②]，其实施也遭到很大的阻力，但毋庸置疑的是，它在很大程度上缓解了法国社会中的宗教矛盾冲突，起到了稳定社会的作用。

亨利四世承接的是一个社会动乱和经济不景气的王国，王国原有的行政机构也几乎瘫痪，"没有臣民，没有高等法院，没有钱"[③]；

①　参见〔英〕昆廷·斯金纳《现代政治思想的基础》，段胜武等译，第575—576页。
②　〔法〕乔治·杜比主编：《法国史》，上卷，吕一民等译，第643页。
③　同上书，第639页。

为此，亨利在推行宗教宽容政策的同时着手重新建立新的政府机构。首先，他任命长期跟随他的马克西米利安·贝休安为财政大臣，并授予他苏利公爵的爵位。苏利公爵采取强硬的手段改革税制，整治贪腐，减免赋税，废除了不合理的摊派，对官吏征收年贡等措施，极大地增加了王国的财政收入。其次，亨利四世重新整顿了已经失去效能的政府机构，他整肃了大议会，不仅清除了其中反对派的成员，还限制了大议会的成员人数。此外，他还成立了一个由五六个成员组成的小议会，并且依靠穿袍贵族加强王权的集权。然而，他的遇刺身亡致使法国王权再次面临被削弱的境地。1642年，亨利四世的继承者路易十三世任命红衣主教黎塞留担任首相，开始了首相治国的历史时期，他拥有全部统治实权，"国家的整个行政均由一个统一机构领导，同样，内部事务的几乎全部管理都委托给单独一位官员，即总监"[①]。

身为首相的黎塞留再次开始强化王权的集权。黎塞留上任之初粉碎了贵族策划的一起刺杀他的阴谋，获得了国王的信任，掌管了国务大权。此后他开始实施一系列加强中央集权的措施。为了加强地方对中央王权的服从，他把此前临时性派遣到各省的钦差大臣改为监察官，由国王任免，通过他们与各省的省长建立政治联系，对各省的行政、司法和税收进行监管，他们掌有地方的司法、治安和财政大权。1638年，监察官开始征收所在省的军役税，次年向富人征税，1641年在城市征收商业税，1642年开始征收人头税。[②]正是通过这些监察官，王权扩大和强化了在各省的影响力。与此同时，黎塞留还加强了对驿站的管理。驿站是16世纪初由路易十一建立起来的一套王家驿马邮政体系，亨利三世在位时期，由王室提供开支的邮政驿站多达252处，还有13处河渡，这些驿站和渡口是中央王权与地方之间的重要纽带，国王通过这些纽带增强了王权在地方的影响力。

黎塞留在位期间，平定了胡格诺派贵族的反叛，在席卷全西欧

① 〔法〕托克维尔：《旧制度与大革命》，冯棠译，第76页。
② 参见〔英〕塞缪尔·E. 芬纳《统治史》，第3卷，马百亮译，第279页。

的三十年战争中提升了法王在国际上的影响力。然而，也正是这种中央集权的统治为法国政制留下了一个庞大的官吏队伍，据芬纳研究，1515年为王室服务的大小官员有8000人，一个半世纪以后的1665年，这个数字增加到了10倍，大小官员多达80 000人。黎塞留任首相时期的1630—1634年间，王室通过鬻官制和因官位转让所征收赋税的收入几乎占王室总收入的40%。①鬻官制和有偿的官位转让为法国王室组建了一个庞大的官僚机构，然而这个官僚机构贪腐成性、墨守成规，办事极为拖沓，即便如此国王也无权对这些官员革职。更有甚者，弗朗西斯一世在位期间为了增加王室的收入不惜创造出很多新的职位。卖官鬻爵的腐败现象不仅没有杜绝，反而愈演愈烈。为了官职的买卖在16世纪末还设立了专门的部门，向买卖官职收取10%—25%的"职位转让税"（Paulette），对买卖的官职规定了一定的税额，卖官鬻爵被系统化。不仅如此，官职在同一个家族内世代相传的现象也很普遍，在1515—1650年间，有28%的官职是在统一家族内世代相传。②法国学者托克维尔这样评价大革命之前法国的政府机构："行政机构或官吏遍布法国，这些官吏彼此孤立，互不依赖，他们参加政府是凭借他们买到的一种权利，谁也不得夺走这一权利。他们的权限常常混杂、接近，从而使他们在同类事务的圈子里互相挤压，互相碰撞。"③芬纳则把这个时期的法国政制称作"是一种由依附关系组成的蜂窝状结构"④。

路易十四世的专制

黎塞留之后，路易十三的首相马扎然继承了前任施政纲领，在国内继续加强王权的集权，在国外力图争霸欧洲；尤其是在路易十四幼年登基、王后摄政期间，他更是权倾天下。然而连年不断的

---

① 参见〔英〕塞缪尔·E.芬纳《统治史》，第3卷，马百亮译，第282页。
② 同上书，第270、273页。
③ 〔法〕托克维尔：《旧制度与大革命》，冯棠译，第75页。
④ 〔英〕塞缪尔·E.芬纳：《统治史》，第3卷，马百亮译，第272页。

对外战争以及国内的暴乱，导致王国的财政日益恶化，再加上马扎然本人的贪婪和挥霍，在国内横征暴敛，大大提高了人头税：在他担任首相期间，王国的人头税从4400万里弗尔增加到了5500万里弗尔。这激起社会各阶层的强烈不满，1646年法国至少有一半的地区处在公开或不公开的动乱之中。[①]1661年，首相马扎然去世，路易十四亲政，前两任首相为他扫清了建立绝对君主制的一切障碍，正如法国历史学家瑟诺博斯所说："在路易十四世亲政时期，法国政治的特点不是创造新的制度，只是巩固以前所创造出来的制度。马扎然给路易十四留下一群听话的臣民、被驯服的贵族和被压制的高等法院；他还遗留一批有经验的、惯于处理行政的人员。绝对君主政制已经建成，因此用国王名义发布命令的官吏和国王自己一样地被人服从。"[②]因此，路易十四不再任命首相，而是一人独揽大权，"朕即国家"成为那个时代的名言，所以他才会说："我决定绝不设置首相这一职位，只要我是国王，就不让任何人代替我履行国王的职能。恰恰相反，我希望让几个人共同执行我的命令，这样我才能集所有权威于一身。"[③]为此，路易十四世仍然重用马扎然时期设立的机构以辅佐他的统治。路易十四时期一共有三个议政会，一是由16名终身的国务大臣组成的"高级议政会"，每周举行两次或三次会议；二是"政令议政会"，有四位国务秘书，他们负责国内事务；三是"王室财政议政会"，主要负责王室的收入和王国的经济事务。大贵族从来都是国王进行统治不可忽视的政治力量；尽管进入近代以后法国的大贵族多次反叛，但他们并不是反对王权，而是谋求与国王分享统治权。此外，这些由大贵族担任的国务大臣是王室政府的核心，是国王依靠的政治力量。王室还设有负责司法和行政的"财政和指导秘密国务议政会"，这个议政会下设一些部门的议政会，参

---

① 参见〔法〕皮埃尔·米盖尔《法国史》，蔡鸿滨等译，第202页。
② 〔法〕瑟诺博斯：《法国史》，沈炼之译，第331页。
③ 〔英〕塞缪尔·E.芬纳：《统治史》，第3卷，马百亮译，第288页。

加会议的都是法官、国务秘书等。[1]路易十四时期，所有这些行政部门都是国王政令的执行者。为了掌控地方，路易十四保留了监察官制度，在各地的监察官都享有极大的司法、治安和财政大权。

法国是西欧最早开始实行雇佣兵制的王国，通过雇佣兵制路易十四掌控着一支庞大的军队，1667年国王的雇佣兵有7.2万人，1672年增加到了12万人，1688年增加到了29万人，1703年更是多达40万。另外，这支雇佣兵还有了不同的兵种：龙骑兵、海军、陆军等。1661年，法国的海军只有18艘战船，但在此后不到十年的时间就增加到了276艘；[2]不仅如此，路易十四还重新修建了一些军港；骑兵则装备有47 000匹战马，此外还有训练有素的强大的炮兵。[3]强大的军力膨胀了路易十四称霸欧洲的野心，他在任期间多次发动战争。1665年为夺取西班牙的部分地区，与荷兰进行了10年的战争，最终使西班牙割让了勃艮第和弗兰德尔等地归属法国。法国在莱茵河地区的扩张引起了周边地区的警觉，奥地利、英国、荷兰、西班牙、瑞典等国于1688年在德意志的奥格斯堡市结盟，与之交战，直到1697年法国被迫放弃一些地区，双方签订和约。[4]1701年，因西班牙的王位之争，荷兰、英国、奥地利以及德意志帝国的部分邦国组成了反法联盟，双方的交战持续了13年。[5]这场战争之后，欧洲的政治格局发生了巨大的变化，西班牙和荷兰受到法国的打压逐渐走向衰落，英国和普鲁士则崭露头角，逐渐走向强盛。

路易十四在位期间大权独揽，但是却放手让他任命的财政总监柯尔柏掌管王室的经济和财政。柯尔柏出身商人家庭，他在王国内大力推行重商主义的经济政策，兴办王室手工工场，支持商业的发展，保护关税，为增加王室的收入设立新的税源。柯尔柏实施的一系列经济政策在很大程度上促进了法国资本主义的发展，正如法国

① 参见〔法〕乔治·杜比主编《法国史》，上卷，吕一民等译，第710—711页。
② 同上书，第700—701页。
③ 参见〔法〕皮埃尔·米盖尔《法国史》，蔡鸿滨等译，第213页。
④ 同上书，第216—219页。
⑤ 同上书，第226—227页。

历史学家佩尔努所说："重商主义的理论是在君主专制制度的机构中形成的，它是工商业资产阶级引以为根据的第一个系统的近乎哲学式的原则模式。"[①]在实行重商主义理论的过程中，资产者找到了所需要的活力和动力，也找到了最有力的支持。路易十四晚年，法国在一系列战争中消耗了大量的财力，1715年五岁继承王位的路易十五接手的是一个贵族跋扈、腐化堕落的政府机构，这种政制状态不仅与正在发展的资本主义极不相适应，还成为其发展的桎梏，法国最终以大革命的形式冲破了这个桎梏。大革命不仅仅是对旧制度的冲击，正如托克维尔所说的，"法国革命的目的不仅是要变革旧政府，而且要废除旧社会结构，因此，它必须同时攻击一切现存权力，摧毁一切公认的势力，除去各种传统，更新风俗习惯，并且可以说，从人们的头脑中荡涤所有一贯培育尊敬服从的思想"；所以他认为，"中央集权制本身是这场革命的开端和标志"。[②]

---

① 〔法〕雷吉娜·佩尔努：《法国资产阶级史》，下册，康新文等译，上海译文出版社1991年版，第113页。

② 〔法〕托克维尔：《旧制度与大革命》，冯棠译，第48、100页。

第十章　英国的专制君主制

经历了百年战争以及红白玫瑰战争的英国贵族阶层大伤元气，国王推行的遏制贵族的政策也阻碍了新贵族的成长，这就为乡绅这个社会群体提供了生长的条件，乡绅在经济上和政治上的影响力和作用大大提升，在议会中出现了"乡绅入侵"的政治现象，上议院的优势被下议院所取代。法国学者基佐非常精辟地总结了英国走向代议制政制道路的原因："英格兰社会的三大力量——王权、贵族和平民——之间一直保持着直接的、不间断的联系，而且或者是作为障碍，或者是作为成功的手段而轮番相互影响。正是借助于大贵族，下议院才赢得了自己的自由。王权自身虽然仍很强大，但它不得不有时候借助于贵族，有时候借助于平民。从这三种重大社会力量的一致性上，在他们的联盟和命运的变迁中，代议制政府实现了进步。只有在任何合法的权力都不可能强大到篡夺绝对权力的地方，自由才能建立起来。"[①]英国学者芬纳也认为，在英格兰，所谓的"君临议会"是一个由三个机构组成的集体，"整个政治过程就在于让三个机构互相合作，而之所以说是'有限的'，就是因为三个机构之间的相互制衡"。[②]

---

① 〔法〕弗朗索瓦·基佐：《欧洲代议制政府的历史起源》，张清津等译，第449页。
② 〔英〕塞缪尔·E.芬纳：《统治史》，第3卷，马百亮译，第268页。

一、君主政制支柱的变换

旧贵族的衰败

1485年，兰开斯特家族的亨利·都铎在博斯沃思战役中打败英国国王理查三世，随即登上英国的王位，称亨利七世，由此开始了英国历史上"真正的黄金时代"[①]。都铎王朝是在英国经历了英法百年战争和红白玫瑰战争之后建立的，英国历史学家摩根等人认为："这些战争是英格兰社会变化、宪法发展和政治冲突的催化剂，要是没有它们，这一切就会发生得缓慢些。"[②]这些战争对英格兰社会经济的影响远不如对社会结构施加的影响大，首先是战争期间贵族的大量牺牲，这就不可避免地加速了贵族内"新陈代谢"的进程。百年战争之后，在1300年的136个上院贵族家族中，到1400年由男系传承下来的不到一半，1500年只有16家。[③]理查二世在位期间无情地镇压了那些反对他的贵族家族，仅在1397—1398两年的时间，他就处死和放逐了多个伯爵，因而被称为暴君。[④]红白玫瑰战争结束之时，曾经强烈抵制王权的旧贵族家族几乎在内战中消失了一半左右，波尔、斯坦福德、库尔特奈等大家族在战争中覆灭，战前英国约有勋爵50人，1485年仅剩下29人。

长期的战争并没有对英国的农业经济以及手工业和商业造成严重的影响，大贵族的缺位反而为那些积累了财力的中小贵族和富裕的市民阶层提供了上升的机会，他们通过积累的财富购买土地上升为新的贵族，正如布罗代尔所说："于是，一些小贵族，一些购买了

① 〔英〕肯尼思·O.摩根主编：《牛津英国通史》，王觉非等译，第239页。

② 同上书，第190页。

③ 参见〔美〕乔纳森·德瓦尔德《欧洲贵族1400—1800》，姜德福译，第19页；Hillay Zmora, *Monarchy, Aristocracy, and the State in Europe, 1300-1800*, p. 30。

④ Jenni Nuttall, *The Creation of Lancasterian Kingship: Literature, Language and Politics in Later Medievial England*, Cambridge: Cambridge University Press, 2007, pp. 11-12.

地产的资产者，甚至一些出身低微而得国王宠信的人，利用英国国土上所谓'政治地质'的深刻变化，填补了上层社会的空缺。"[1]这些新上升的贵族聚集在国王的身边，极为有助于国王修补长期以来被严重削弱的王权。摩根等人就曾强调，在英格兰的历史上，"贵族的地区性权力对王国的安宁和王室政府的成功至关紧要"，在玫瑰战争中，贵族家族几乎消亡，贵族的政治权力和享有的各种权利自然也就因为无处附着而消失了，玫瑰战争"几乎破坏了英国君主制的世袭基础"，这"无疑损害了人们对君主制的信心，国王经常被看作无能之辈"，因为"国王政府在政治上不能保持中立，完全受某些人的操控，从而成为某个派别集团的工具。从各方面看，这个制度尤其是司法制度充满了家族思想、贵族间的竞争、徇私以及错综复杂的个人关系"。亨利七世登上王位首先要面对的是如何面对王国中的新旧贵族，这是实现王国政治稳定非常重要的一个环节，"重要的是必须恢复英国王室的权力，使其能够超越贵族的帮派之争"。[2]

亨利七世出身的兰开斯特家族[3]是在14世纪末期才从金雀花王朝中分离出来的一个分支。百年战争末期，英国的大贵族在西欧大陆的领地几乎消失殆尽，最终以失败结束了百年战争。百年战争的失利激化了英格兰国内贵族间的矛盾冲突，也引发了以兰开斯特家族为首的和以约克家族为首的两大贵族集团的战争。在英国历史上有过多个兰开斯特家族，最早的是在14世纪中叶，亨利三世国王封其三子爱德蒙为兰开斯特伯爵，这个家族的名称由此在历史上第一次出现。在此后的一个世纪中，兰开斯特家族在贵族与国王的争斗中再三被没收领地，几经沉浮。1362年爱德华三世的四子冈特的约翰被授予兰开斯特公爵，兰开斯特家族重又兴起。1399年约翰的儿子从理查二世手里夺得王位，成为兰开斯特王朝的第一任国王，称

---

[1]　〔法〕费尔南·布罗代尔：《15至18世纪的物质文明、经济和资本主义》，第2卷，顾良译，第518页。

[2]　〔英〕肯尼思·O.摩根主编：《牛津英国通史》，王觉非等译，第222、210、248页。

[3]　英国历史上有多个兰开斯特家族，这里是指1362年爱德华三世的四儿子冈特的约翰被授予兰开斯特公爵开始的兰开斯特家族。

亨利四世。但兰开斯特王朝仅经历了三代，就在亨利六世的手中丧失，王权于1461年转移到了约克家族的爱德华四世的手中。约克家族同样是爱德华三世的子孙。摩根等人认为，虽然史家们通常把红白玫瑰战争①的起始年划定在1455年，但真正的王位争夺战是从1461年开始，此前只是在形成引发这场战争的历史条件。②

登上王位的爱德华四世并不是一帆风顺，支持兰开斯特家族的贵族势力在法国国王那里寻求到了支持，1470年将其赶下了王位。逃亡中的爱德华四世获得勃艮第公爵的支持，重新组织了军队返回英格兰。1471年，约克家族在巴尼特战役中取得胜利之后，没收了兰开斯特家族一派贵族的领地，兰开斯特家族几乎被消灭。然而，1485年约克家族内部的王位之争又为兰开斯特家族的远支都铎家族的崛起提供了机遇。亨利·都铎出身于威尔士的一个小贵族家庭，因其母系家族有王族血统而有了王位继承权，少年时因家族被灭而逃亡法国，他被看作兰开斯特家族唯一的王位继承人而受到这一派贵族集团的保护。他在法国国王的支持和赞助下组建了舰队，重归英格兰，博斯沃思一役打败了理查三世，同时也赢得了大多数贵族的拥护。1485年10月他在威斯敏斯特大教堂戴上了英格兰的王冠，开始了都铎王朝的时代。

对贵族的遏制

红白玫瑰战争持续了30年之久，两大贵族集团都遭受极大的损失，也对英格兰的王权造成极大的影响，贵族权利丧失的同时也极大地削弱了王权，因为在整个中世纪时代，英格兰的王权与贵族的代表权是同质的，通过议会的形式相辅相成，正如安德森所说："中世纪等级议会永远不可能直接与君权相对立，反之，它们往往是其

---

① 所谓的"红白玫瑰战争"的称谓不是当时的说法，而是16世纪英国戏剧大师莎士比亚在其剧作《亨利六世》中对对峙双方的称谓，因为兰开斯特家族的族徽是红色的玫瑰，约克家族的族徽是白色的玫瑰。

② 参见〔英〕肯尼思·O.摩根主编《牛津英国通史》，王觉非等译，第219页。

存在的先决条件。"① 亨利七世登上王位后的首要任务是修复与贵族间的关系，在他登上王位的第二年就迎娶了家族的政敌约克家族爱德华四世的女儿为妻，这无疑是在化干戈为玉帛，这场婚姻的政治原因显而易见，它结束了兰开斯特家族和约克家族这两个英格兰最大的贵族家族之间的长期对立，也标志着红白玫瑰战争的结束。政治联姻是亨利七世施政的一个重要手段，为了获得西班牙国王对其王位的认可，其长子亚瑟才三岁时就与西班牙的公主订婚，成年成婚后仅五个月就因病去世，亨利七世立刻安排他的次子与寡嫂成亲，以此维持与西班牙保持和平的外交关系。亨利七世还把他的长女嫁给了苏格兰的国王，以此离间了苏格兰与法国之间的联盟，为此后苏格兰和英格兰之间的和解以及最终的合并迈出了第一步。

　　经历过常年与贵族混战的亨利七世深知战争造成的损害，为了防止贵族的反叛，他对贵族实施了较为严厉的遏制政策，在他执政期间先后褫夺了九个大贵族的爵位，并在王国内建立了财产保证金制度，几乎有4/5的贵族被制约在这种财产保证金制度中，使他们不得不臣服于王权。② 亨利七世虽然也封授新的贵族，但总是提出爵位世袭的限制条件，致使一些贵族家族常常因为缺少子嗣而中断。都铎王朝从亨利七世开始到伊丽莎白一世终结这130多年的时间内，共有近20个贵族或被褫夺爵位，或被杀害。到17世纪初，在英格兰几乎再没有一个公爵了。③ 社会的动乱和不稳定也是导致贵族阶层衰落的一个不可忽略的原因，美国学者德瓦尔德就曾经列举了15世纪下半叶发生在英格兰诺福克郡贵族被追杀的历史事件，他强调这种事件在15、16世纪的英国是很普遍的现象，14、15世纪有46%的公爵死于暴力事件，16、17世纪这种现象虽然有所减少，但仍然有19%的公爵死于暴力事件。④

---

① 〔英〕佩里·安德森：《绝对主义国家的系谱》，刘北成等译，第114页。
② Jack R. Lander, *Crown and Nobility: 1450-1509*, London: Arnold, 1976, p. 274.
③ Penry Williams, *The Tudor Regime*, Oxford: Clarendon Press, 1981, pp. 433-436.
④ 参见〔美〕乔纳森·德瓦尔德《欧洲贵族1400—1800》，姜德福译，第126页。

　　自中世纪初期起，贵族就是王权的一个重要支柱，王权和贵族的争斗充斥着整个中世纪的历史；尽管如此，离开了贵族这个政治支柱王权必然会被削弱。亨利七世深知贵族在政制中的重要性，他并没有完全消灭贵族，而是恩威并举，一方面铲除了对其有威胁的贵族，有限制恢复服从、忠诚于他的贵族们的社会地位和政治影响力，给予他们参加议会、担任官职的机会；另一方面，他大力扶持社会中的中等阶层，在他们中间生长出了新的贵族。正如格林菲尔德所说："在旧贵族灭亡的同时，一个注定要取代它的阶层出现了。新贵族，即亨利八世时的贵族在职能基础及其成员在社会中的境况两方面都与其所取代的旧贵族有所不同。新贵族主要是官员精英。"①

　　城市是中等阶层聚集的地方，亨利七世大力支持城市市民对抗封建领主，他直接任命城市的和地方的治安官（Justices of the peace），规定了治安官的职责。②虽然16世纪的英国不像法国那样在王权的培植下迅速生长出一支庞大的官吏队伍，但是，从亨利七世时期起，依然通过任命官职培植了新的官吏，"官职任命权是国王得以授予行政官员和依附者职位、土地、年金、养老金以及其他珍贵奖励的方法，并因而成为国王进行政治控制的主要武器，成为增强王室权力的有力工具。全国上下，从大贵族到身份卑微的骑士、绅士，互相竞争，力图分赃——而没有任何一个贵族对此不屑一顾"③。这些被国王直接任命的大小官员获得任命的首要条件是对国王的忠诚，他们是亨利七世恢复君主制、加强王权集权的有力工具，他们行使的是国王给予的权利，在地方履行行政治理权。亨利七世建立的官职任命制度，在很大程度上改变了中世纪封建政体的形态，向现代国家迈出了重要的一步。

---

① 〔美〕里亚·格林菲尔德：《民族主义：走向现代的五条道路》，王春华等译，第28页。

② Roger Lockyer & Andrew Thrush, *Henry VII*, 3rd ed., London: Addion Wesley Longman, 1977, p. 58.

③ 〔英〕肯尼思·O.摩根主编：《牛津英国通史》，王觉非等译，第249页。

二、新君主制的开端

下议院中的乡绅

百年战争和玫瑰战争使英格兰的贵族遭受到前所未有的打击，贵族的特许权被取缔，新兴贵族则是在亨利七世扶持下生长起来的，他们几乎完全臣服于王权；新旧贵族的势力被遏制，对王权的制约大大减小，这就为亨利七世加强王权的集权扫清了障碍，新贵族成为亨利七世开创新君主制依靠的主要政治力量。行政官吏是国王控制政治的重要工具，亨利七世牢牢地掌握了对政府官职的任命权，并且开始建立官职任命制度。亨利七世虽然与法国王室一样也卖官鬻爵，以此获得丰厚的利益，[1]但是他在遴选官员的时候不再仅仅看其出身，而是注重个人的能力，对王权的忠诚程度，考量其献身精神。这套遴选官员的制度在都铎时期逐步完善，亨利八世执政期间，辅佐他的大法官、国务大臣、红衣主教托马斯·沃尔西和首席国务大臣托马斯·克伦威尔都出身于平民家庭，接受法学教育后走上仕途。沃尔西年轻时出游意大利，在那里做过雇佣兵，后来又做过布商，返回英格兰后在培养了大批杰出法学家的著名的格雷法学院学习法律，毕业后走上仕途，因其才干被推荐给亨利七世，成为宫廷司铎。亨利八世任命他为英格兰的大法官，同时掌管国玺，由英王举荐而被罗马教皇授职为约克的大主教和红衣主教。托马斯·沃尔西辅佐两任国王，借助兼任的教俗重要职务，掌管着王室的司法大权，强调通过王室的法权加强王权的专制。

自亨利七世在位时期起，英格兰的君主就有意识地驾驭议会。在玫瑰战争之前，英格兰的议会基本上每年都会召开，都铎王朝建立之后的最初十年还延续了这一传统，但是从1497年至1509年议

---

① 参见〔英〕肯尼思·O.摩根主编《牛津英国通史》，王觉非等译，第254页。

会仅召开过一次，也就是说，亨利七世在位的27年中，总共召开过的七次议会，其中六次是在1497年之前召开的。[1]尽管没有议会的同意国王不得自行制定法律和征收直接税，但他还可以通过特许权征收新的关税、恩税或者强制性的公债；另一方面，国王运用发布行政命令的权力，授予豁免权、延搁权等特许权以及以任命或者罢免法官等方式凌驾于议会制定的法律之上；此外，国王还利用任免权掌控枢密院和星室法庭，以此控制郡长和治安法官管理的地方行政。[2]与法国君主制最大的不同还在于，英格兰的国王以英国教会的首领自居，掌控着英国教会，甚至可以举荐主教和大主教。

都铎王朝时期，国王之所以可以驾驭议会首先是因为上议院（House of Lords）和下议院（House of Commons）的发展不平衡所至。以教俗贵族为主的上议院由主教、大主教和修道院院长组成，而主教和大主教则大都由国王举荐任命，尤其是坎特伯雷和约克的大主教，他们听命于国王是显而易见的。上议院的另一组成部分是世俗大贵族，但因为战争而导致的贵族大量减员致使上议院的议员有所欠缺。与上议院的情况正好相反，下议院有了膨胀式的发展，这种发展表现在两个方面，一是下院议员的构成和人数都有了改变，不仅人数大幅增加，从16世纪初的296人到16世纪末增加到了462人，[3]而且下议院议员的社会结构也发生了巨大的变化，大量乡绅进入下议院，即所谓的"乡绅入侵"（Gentry Invasion）。乡绅不是中世纪西欧通常所定义的等级概念，而是一种社会的概念，乡绅包含的社会阶层比较广泛，它是14世纪骑士阶层的衰弱和农民的分化同时发生而产生的一个社会结果，同时还有城市中的商人、手工业者和律师等；[4]它超越等级的界限，囊括了那些占有土地的下层骑士和

---

[1]　Geoffrey Rudolph Elton (ed.), *The Tudor Constitution: Documents and Commentary*, Cambridge: Cambridge Univ. Press, [2]1982, p. 228.

[2]　参见〔英〕塞缪尔·E. 芬纳《统治史》，第3卷，马百亮译，第298页。

[3]　John Ernest Neale, *The Elizabethan House of Commons*, London: Cape, 1950, p. 140.

[4]　Jean Scammell, "The Formation of the English Social Structure: Freedom, Knights, and Gentry, 1066-1300", in: *Speculum*, Vol. 68, No. 3 (Jul., 1993), p. 618.

自由的自耕农，被称为乡绅的土地占有者不仅经营土地，还从事商业、手工业活动，他们构成了一个社会混合体的新的社会群体。[1]正是这个新构成的社会群体，积极参加下议院，提出了维护和争取自身利益的议案，亨利八世在任期间下议院动议案的数量大大超过了上议院。[2]然而，都铎王朝的君主们依靠的政治力量依然是教俗大贵族，国王虽然任命了一些平民为王室的官员，但依然有意识地推动贵族在议会中发挥重要的作用，因此到 16 世纪末期以贵族为主体的上议院的动议案的数量大大超过了下议院。这也促成了上议院的贵族们与君主的合作，有利于君主对议会的驾驭。

行政机构的常设

重视行政和司法机制的建立是都铎王朝时期的君主驾驭议会的另一个重要方式。在缺少常设行政管理机构的中世纪，国王的司玺是非常重要的王室官员。国王的印玺有国玺（Great Seal）、御玺（Signet）、王玺（Privy Seal），分别交由大法官、司玺大臣和首席国务秘书掌管，司玺官员还要负责起草和签发国王信件和任命状，[3]可见司玺官员并不是简单的行政办事人员，而是具有一定政治权力，在王国的重大事务上发挥着不容小觑的作用。然而，司玺官员依然还不是国家的政府官员，他们与国王之间的关系依然是封建性的个人依附关系。尽管如此，英国研究都铎王朝政制史的著名学者埃尔顿则把这种行政机制的设立称为"都铎政府革命"。[4]在亨利七世执政之前，王室与王国的行政和司法机构之间的界限很模糊，为了加强王权的集权，亨利七世于 1478 年登基后召开的第二次议会时通过

---

① Pamela Nightingale, "Knights and Merchants: Trade, Politics and the Gentry in Late Medieval England", in: *Past & Present*, No. 169 (Nov., 2000), pp. 36-62.

② Stanford E. Lehmberg, *The Later Parliament of Henry VIII, 1536-1547*, Cambridge: Cambridge Univ. Press, 1977, pp. 257-258.

③ Geoffrey Rudolph Elton, *The Tudor Revolution in Government: Administrative Changes in the Reign of Henry VIII*, Cambridge: Cambridge Univ. Press,1969, p.259.

④ 埃尔顿论述亨利八世时期政府行政机制的变化的论著就是以"都铎政府革命"为名：*The Tudor Revolution in Government: Administrative Changes in the Reign of Henry VIII*。

并颁布了《星室法庭法案》。"星室法庭"是早在1398年就设立的王室法庭，因设在屋顶嵌有星星的室内而得名。亨利七世在《星室法庭法案》中给予星室法庭特殊的最高审判权，即它并不是完全根据普通法对各种案件进行审理，它的权能更多的是评判各地出现的骚乱、暴动以及可能引起或导致社会动荡的集会等。抑或可以这样说，星室法庭更多的是针对那些意欲不服从王室的贵族的：辅佐国王建立专制王权的托马斯·沃尔西担任大法官的十余年期间，就通过星室法庭审理了五百余件叛乱罪。所以，安德森说亨利七世"通过运用星室法庭强化了对贵族的最高特殊审判权，使原来仅具有政务法院性质的法庭变成了王室镇压叛乱和分裂活动的主要政治工具"①。星室法庭的成员由普通法庭的法官和王室枢密院的成员组成。枢密院是从英格兰早期历史的御前会议发展而来，是国王召集教俗大贵族议事的一个咨询性的机构；但在玫瑰战争期间，参加御前会议的教俗大贵族却把其当作控制王权的工具。战后，亨利七世通过严厉和收编并用的手段遏制了贵族的势力，同时进一步把这个咨询性的御前会议改革成了一个具有立法性质的枢密院。枢密院的成员中有掌管国玺、王玺和御玺的司玺大臣和有政治势力的权贵，还有坎特伯雷和约克的两位大主教，以及主教和法官们，他们为国王提出咨询建议，对王权有着重要的影响力。然而，枢密院并不是一个决策机构。首先，亨利七世掌有选择枢密院成员的大权，通过这种选择权加强了对枢密院的控制；其次，国王有着完全的决策权，这就真正实现了王权的集权。亨利八世执政时期，不得不以宗教改革的方式解决自己的离婚案，时任首席国务大臣托马斯·克伦威尔借机对枢密院进行了进一步的改革，他身为首席国务大臣统掌大权，只听命于国王，是国王统治王国、进行行政管理的第一权臣，枢密院成为一个行政机构，从而形成了"王在枢密院"的政制模式，开启了一个新的君主制。

---

① 〔英〕佩里·安德森：《绝对主义国家的系谱》，刘北成等译，第118—119页。

在亨利七世开启的新君主制中，枢密院是其操纵的一个重要政治工具，枢密院的成员都经过他精心挑选。早期枢密院的成员人有十五六人，此后增加到了40—50人，逐年增加最后多达150人。被选任为枢密院成员的不仅有国王倚重的教俗大贵族如坎特伯雷大主教约翰·莫顿、王室官员托马斯·拉维尔和吉勒斯·道博尼勋爵、国王的法律顾问艾德蒙·达德利等，还有骑士、王室官员、律师以及乡绅，以及大主教、主教、教士等教会人士。其中新兴社会阶层的人员明显增多，例如托马斯·拉维尔、吉勒斯·道博尼和伯夷宁斯都是来自乡绅上层的新封贵族。亨利七世的枢密院依然是王室的一个重要咨询机构，他们按照国王提出的议题进行辩论，提出建议，这是一方面；另一方面，它还具有了审理仲裁案件的权力，以及有权就管理和司法审判等做出裁决，具有了立法的职能。[1]

新君主制的经济基础

新君主制必须具有坚实的经济基础，在中世纪的英格兰，王室的财政和王国的财政之间没有清晰的界线，王室的收入来源主要是其领地的地租、封臣的封建税以及在司法方面的收入。王室的这些收入不仅维持王室成员的日常生活开支和费用，还要作为军费开支等，为此国王必须经常征收"非常税"，沉重的"非常税"是导致签订《大宪章》、产生议会制度的最基本的原因；另一方面，议会制也是制约王国财政的一个重要措施；因此，加强王室对王国财政的管理是亨利七世执政后努力推行的政策。在中世纪，财政署是管理王室财政的主要部门，但它并不是现代意义的财政机构，只是起到一个"账房先生"的角色，负有结算职能。为了掌控财政署，从13世纪爱德华一世起，国王就不断加强对其的监督。亨利七世延续了前几任国王的做法，继续加强对财政署的监管；此外，他还确立了王室地产的收益，签署了一系列管理法令，对议会土地账簿中的每一

---

[1] Geoffrey Rudolph Elton, *Studies in Tudor and Stuart Politics and Government*, Cambridge: Cambridge Univ. Press, 1974, p. 35.

项收入和支出都进行严格的监督和检查。通过这些措施，王国的财政署进一步掌控在国王手里，国王控制了王国的财政大权。摩根等人曾这样评价亨利七世的财政政策，他"在极短的时间里成功地建立了金融和管理控制网络并制定了一些计划，这些档案从未脱离他和亲信之手"。此外，亨利七世还经常通过处罚保证金取代正常的司法程序以增加王室的收入。1507年，伯加维尼的勋爵乔治·内维尔就因为被控非法拥有一支私人军队而被判罚70 650英镑，"从广义的广阔的角度看，他的案件成为都铎政府为了改变15世纪王室与地方巨头的实力对比不利于王室的局面，而对贵族采取的大规模的法律制裁的先导"。不仅如此，亨利七世还通过出售官职获得高额资金，他在任期间曾经两度高价出售民事法庭大法官的职务。①

　　有了经济实力的亨利七世在征税方面不再受制于议会，这似乎可以说明，在1497年之后亨利七世为什么仅召集过一次议会。在他执政期间议会不再能够限制王国的财政，这无疑是王权集权的一个重要条件，另一方面，意大利文艺复兴中产生的人文主义也在政治理论方面为亨利七世的新君主制的开创扫清了道路，尤其是15世纪的意大利人文主义者在用修辞和逻辑的方法评述罗马法的同时，逐步在此基础上提出了新的法学观念。②对法学的关注必然会对政治思想和理论产生重要的影响，斯金纳认为，"最重要的是，一些法学家开始认识到，人文主义者用来研究罗马法和封建法的方法也可以应用到已知的其他法律制度，从而可以在具有普遍性的比较法学基础上最终建立起一种政治方面的科学理论"③。在评注和研究罗马法的同时，意大利的人文主义者出版了大量有关君主的政治著作，马基雅维里的《君主论》就是其中具有代表性的著作之一。虽然意大利的人文主义远在西欧大陆的另一端，但是意大利人文主义的思想很快

---

① 参见〔英〕肯尼思·O.摩根主编《牛津英国通史》，王觉非等译，第250—254页。
② 参见〔英〕昆廷·斯金纳《现代政治思想的基础》，段胜武等译，第209—213页。
③ 同上书，第216页。

传播到了欧洲的北部，法国、德意志以及隔海相望的英格兰都受到意大利人文主义思想的影响，形成了具有自己特色的"北方人文主义"的特征。

英格兰的人文主义者同样也关注当时的政制，把自己看作政治的顾问，撰写了很多论著，以期以此向君主、行政官员提供可供参考的使用手册和至理名言。托马斯·莫尔就是他们之中最具代表性的人文主义者。莫尔的《乌托邦》以及托马斯·斯塔基的《雷金纳德·波尔与托马斯·普鲁赛特对话集》都是向君主提出进行政制改革的重要著作。亨利七世在做政务决策时就经常征求和采纳普通律师的意见，以此表明他在国内的所作所为即使不是以普通法为理由，也是以普通法为托词的。[①]不仅如此，英格兰的人文主义者还积极参与王国的和地方的政府机构，托马斯·莫尔虽然受到亨利七世的排挤，但在亨利八世时期他还是于1523年成功当选了下议院院长，1539年又成为英格兰的大法官并兼任上议院院长。正是在这些人文主义者的法学思想和政治理论的影响下，亨利七世在加强王权集权期间，特别注重扩大王室的司法权，即使在进行王国财政制度的改革方面也开始注重其制度化。从亨利七世开始的都铎王朝对司法和财政制度的创建，首先是司法和财政管理的专门化，这就越来越多地需要专门的管理或者官吏在这些专门机构中服务。这些官吏与封建贵族最根本的不同在于，他们不再是从国王那里获得封地作为服役的薪酬，而是以获得年金、养老金等形式作为薪酬。一方面，这有利于国王对这些官吏的掌控，另一方面也有效地防止了他们成为以土地为资本的反对派力量。在国王控制下的专门的行政机构虽然是国王统治的工具，但也必然会从王室中分离出来，它们逐渐构成了新君主制的政府，这个政府形成并且逐步赋予权力的过程，同时也是国王个人与王权相分离的过程。这是因为，在这个新君主制中，王权不再是国王个人的权力，政府成为王权的代表，国王则被视为

---

① 参见〔美〕里亚·格林菲尔德《民族主义：走向现代的五条道路》，王春华等译，第32页。

王国的象征，政府中的官吏虽然是在君主的控制下，但是他们在政府中的职能在很大程度上左右国王的决策，正如基佐所说的，"制定和执行规则的权利，就是可以得到专制权力的权利"[1]。因此，不仅原有的教俗贵族，富裕市民以及新兴的资产者也都通过各种渠道走上仕途，成为政府的官员，通过完善政府的机制来谋求和保障自身的利益，因此他们支持王权的集权。[2]简而言之，国王通过设立司法、财政和行政机制与官吏相互合作和依靠，国王通过司法、财政的机构化，任命了大量的行政官员，以保证他的决策的实施；新兴的社会阶层成员则通过被任命为政府官员有了在社会中上升的机会。

国王婚姻冲破的政教关系

英格兰新君主制的发展还面临着一个不得不解决的重要问题，即与罗马教会的关系。早在诺曼征服之后，英格兰的国王就与罗马教皇若即若离，国王掌控着英伦三岛上主教和大主教的任命权，一些主教和大主教的职务经常空缺，甚至坎特伯雷和约克的大主教职务也不例外，教会和王权的争斗时有发生，王权在一定程度上受制于罗马教会，比较典型的例证就是亨利八世的离婚案。离婚本是非常个人的事务，但国王的婚姻则涉及政治和国际关系等问题。亨利八世在位时期曾经有过六次婚姻，他第一次离婚时正值自德意志开始的宗教改革运动如火如荼，马丁·路德开始的宗教改革的目的是实现个人信仰的自由，这种寻找个人宗教信仰自由在亨利八世身上被演化为英格兰的教会独立于教皇的重大事件。中世纪英格兰教会和修道院占有大量的土地，教会经常滥征税收，主教和大主教因为占有土地财产进入议会，并且具有相当的影响力，这就使得罗马教会有可能干预英格兰的政务，这已经引起其他社会阶层的不满。另一方面，教会还经常利用教会法权侵占世俗的财产，这些教会法权

---

① 〔法〕弗朗索瓦·基佐：《欧洲代议制政府的历史起源》，张清津等译，第54页。

② Joseph Reese Strayer, "Philip the Fair—A 'Constitutional' King", in: *The American Historical Review*, Vol. 62, No. 1 (Oct., 1956), p. 31.

通常与已经发生变革的世俗司法审判权格格不入，甚至与英格兰的习惯法背道而驰。经过文艺复兴和人文主义熏陶的社会对教会的不满情绪与日俱增。

亨利八世的第一次婚姻完全是出于其父亨利七世为了维持与西班牙的联盟关系而确立的，随着英格兰和西班牙关系的破裂，这个婚姻也失去了重要的政治意义难以维持。1525年，亨利八世向罗马教皇申请解除与西班牙公主维持了24年的婚姻，遭到教皇的拒绝，导致亨利八世开始了摆脱罗马教皇的一系列举措。他罢免了在离婚案中与教皇交涉未果的沃尔西，于1530年任命托马斯·克伦威尔为首席国务大臣。克伦威尔对枢密院进行了一系列有利于王权集权的改革，克伦威尔认为国王代表着公正，是上帝指定的君主，享有对国家的统治权，也享有掌控教会的权力。[1]出于这一观点，亨利八世举荐支持离婚案的克兰麦为坎特伯雷的大主教，以取代亲教皇的沃勒姆。此后，亨利八世颁布了多项法令，否定罗马教皇有权对英格兰政务的干预；1533年宣布禁止英格兰教会向罗马教会缴纳各种贡奉和赋税，1534年颁布《至尊法案》，宣布国王是英格兰教会的最高宗教首领。与宗教改革时期西欧大陆出现的新教教派不同，在亨利八世领导下的英国教会的改革虽然不再服从罗马教会，但依然奉行天主教的教义和礼仪，遵守天主教的传统。1539年，国王在颁布的《六项法案》中就明确规定继续坚持对天主教的信仰，坚持圣餐变体论、弥撒、祈祷等教义，教会的教士必须保持独身，等等。[2]1543年颁布的《君王书》（The King's Book）中对此也有明确的表示。[3]

行政化的枢密院

在政制方面，亨利八世更是继承了其父的政策，在他执政初期，

---

[1]　Lewis William Spitz (ed.), *The Protestant Reformation*, Englewood Cliffs, N.J. : Prentice-Hall, 1966, p. 152.

[2]　Ibid., p. 163.

[3]　参见〔美〕道格拉斯·F.凯利《自由的崛起——16—18世纪，加尔文主义和五个政府的形成》，王怡等译，江西人民出版社2008年版，第244页。

重用其父的重臣托马斯·沃尔西，并且提升他为首席国务大臣，继续推行亨利七世时期的政制。沃尔西更注重王室法庭的最高司法权，并且进一步提升了星室法庭平定暴乱和惩治叛乱的政治功能，也因此触动了教俗大贵族的利益，最终因在与罗马教皇调节亨利八世离婚案时无果而被罢免。亨利八世时期，枢密院越来越多地涉及国际事务，其中包括国王的离婚案。[①]1531年，亨利八世提拔托马斯·克伦威尔进入枢密院；他审时度势，借助西欧正在进行的宗教改革运动帮助亨利八世解决了离婚案，由此于1532年被任命为国务大臣和首席国务秘书。在此后近10年的时间内，克伦威尔协助国王进行了很多重要改革。首先，他利用亨利八世的离婚案进一步促成了英国教会完全脱离罗马教会的控制，通过颁布《叛逆法》在法律上强化了国王的绝对权威地位。其次，他遵循亨利八世的指令，对枢密院进行改革：他有效地调整了原有枢密院的人员，亲任枢密院的首席国务秘书（Principal Secretary of State）；他在枢密院中设立了负责专门事项的专门委员会，分别负责王国的行政事务、司法事务以及议会的立法议案起草工作等，聘任受过教育的有特殊才干的人担任各部门的要职。通过这一举措，枢密院中王室成员的政治地位被削弱，致使枢密院更行政化。[②]根据枢密院的档案可以看出来，克伦威尔领导下的枢密院所涉及的事务有内政、财务、行政管理以及外交等各方面的重大事务，逐渐成为英格兰王室常设的政府机构。他把分散在掌玺官员们手中的权力统一集中在国务秘书的手中，时任官员罗伯特·比尔于1592年撰写的《论大法官和首席国务秘书》中就列举了国务秘书的职权，其中包括：管理王室的财政收入和支出、王国的防御、边境地区的防务、海外贸易、外交关系以及教会的事务等。[③]

[①] Geoffrey Rudolph Elton, *The Tudor Revolution in Government: Administrative Changes in the Reign of Henry VIII*, p. 323.

[②] Ibid., p. 349.

[③] Ibid., p. 299.

亨利八世执政期间因为加入反法同盟被卷入欧洲大陆的战争中，需要大量的军费开支而导致财政危机，为此克伦威尔任国务秘书期间协助亨利八世大刀阔斧地对王室的财政进行了一系列改革。首先，为了保证财政收入，经议会通过设立了多个收税法庭，对王室世袭地产的收入、教职首年俸的收入以及关税和司法审判的收入等分别做专门管理，国王亲自任命财政重要部门的官员。[①]在财政收入方面，克伦威尔做出的最大的举动是借助宗教改革之机没收了修道院和教会的土地财产。宗教改革之前，英格兰1/3的地产都属于教会和修道院，地产的年收入高达2.7万英镑，而王室的年收入仅1000英镑。英国教会每年都要向罗马教会缴纳数量不菲的教士首年俸、什一税。为了解决王室的财政危机，1529—1536年期间亨利八世通过议会颁布一系列有关宗教改革和教会财产的法令，尤其是1532年颁布的《有条件限制首年俸》，禁止教士向罗马教会支付首年俸，而是转交给国王。这个法案颁布后的1535年和1536年，教士向国王交纳的税额分别高达46 052英镑和51 770英镑。[②]1536年，议会通过了《解散修道院法》，三年之后又通过了解散所有修道院的法案，从1536年至1547年间，通过没收修道院的财产，王室每年平均获得13万英镑的收益。虽然被没收的修道院土地并未完全归入王室的领地，但土地所有结构的这一巨大变化极大地改变了乡村的社会经济结构和阶层的结构。修道院的土地只有极少部分是被赠送的，绝大部分则是出售的，在亨利八世执政期间转让了1593项土地，仅有69项是赠送的，其余95.7%都是出售的，[③]这激活了英格兰的土地市场，也为圈地运动的出现提供了前提条件。不仅如此，修道院的解散还改变了社会各阶层在议会中的席位。

常设性的中央行政机构的建立有力地巩固了王权的集权，同时王权也加强了对地方官吏体制的建设。在都铎王朝之前，英格兰的

---

① Geoffrey Rudolph Elton, *Studies in Tudor and Stuart Politics and Government*, p. 205.

② John Guy, *Tudor England*, Oxford: Oxford Univ. Press, 1988, p. 136.

③ 参见〔英〕肯尼思·O.摩根主编《牛津英国通史》，王觉非等译，第268页。

地方治理主要依靠郡法庭、百户法庭和教区的法庭。亨利七世登基后保留了这些原有的地方法庭机构，但将其完全置于王权之下，这些法庭的职能权限也有所扩大，逐渐演变为地方的行政管理机构。宗教改革期间，亨利八世虽然解散了修道院，没收了教会的财产，但依然保留了原有教区的体制，让其在地方行政管理上发挥应有的作用。亨利七世和亨利八世在位时期在管理国家时推行的一系列政策，以及设立了以枢密院为核心的，在其管辖下的财政、内政、外交和行政管理等专门的政府机构，在很大程度上改变了在中世纪长期以来实行的政制，改变了各自为政的多元行政体制，统一的行政机制有利于王权的集权，伊丽莎白一世继位后更是把王权的集权推向顶峰。

三、王权专制的兴与衰

玛丽女王的执政

亨利八世于1547年去世时，年仅九岁的爱德华六世继位，由其舅父赫特福的伯爵爱德华·西摩（Edward Seymour）摄政。爱德华·西摩的父亲曾是服役于亨利七世和亨利八世的骑士，并因此获得了伯爵的头衔，因为妹妹嫁给了亨利八世而获得了萨默塞特公爵的头衔，在摄政时期自命为"护国公"。[①]萨默塞特公爵是亨利八世进行宗教改革的积极支持者，他掌握王室的大权后，在议会中通过了一系列法案，废除了《叛逆法》《异端法》《六项法案》等一系列维护天主教的法令；与此同时又通过议会颁布了一系列实行新教宗教仪式的法规，触动了英格兰大贵族的利益，导致国内动荡不安，在德文、康沃尔以及东盎格利亚等多个地区都发生了大规模的暴动；另一方面，萨默塞特公爵在制定苏格兰政策上的失误，将其推向了

① http://www.luminarium.org/encyclopedia/edwardseymour.htm.

法国一边，致使后者向英格兰宣战。为此，他受到审判，被判处叛逆罪送上了断头台。①

掌握大权的沃里克的伯爵约翰·大德利自封为诺森伯兰公爵，他取缔了护国公，自命为枢密院院长，废除了摄政，加强了枢密院的执政职能，通过妥协的外交政策实现了与苏格兰的和平，同时也结束了与法国战争，由此缓解了因战争导致的王室财政的紧张，在很大程度上恢复了国内政局的稳定，并且继续推行宗教改革政策。英格兰自上而下开展的宗教改革运动一直与王权的集权有着紧密的关联，国王掌有对主教、大主教等教职的授职权，同时也主导了教义的信仰内容，1553年，以国王名义颁布的《四十二条》以及之前颁布的《第一公祷书》《第二公祷书》基本上确立了英国国教②的信仰原则和内容；然而，这些法令的颁布并没有完全树立起英国国教绝对的宗教权威，君主的信仰倾向主导着宗教改革的方向。

体弱多病的爱德华六世仅执政六年就辞世了，他的异母姐姐、英格兰历史上第一位女王玛丽则是个虔诚的罗马天主教信徒，她在信奉罗马天主教的大贵族的支持下登上了英格兰的王位，她在位五年期间（1553—1558年）一直试图修复与罗马教皇的关系，在英格兰恢复天主教的宗教地位；为此，她通过议会废除了之前几乎所有有关宗教的立法，还残酷地镇压新教教徒，甚至于1555年2月颁布法令允许对异教派施行火刑，至少有274人成为这个法令的牺牲者，③故而有了"血腥玛丽"的恶名。都铎王朝在爱德华六世到玛丽一世这十年左右的时间内，因为君主个人的宗教倾向致使国内的宗教政策忽左忽右，导致政局极不稳定，并由此形成了新教信徒和天主教信徒两大政治势力。玛丽一世恢复天主教的宗教政策为她的妹妹伊丽莎白一世留下了一个宗教分裂、政治动荡的混乱局面，伊丽莎白一世试图通过宗教宽容政策，平息国内因宗教分裂引起的政治动乱；

---

① 参见〔英〕肯尼思·O.摩根主编《牛津英国通史》，王觉非等译，第275—276页。
② 英国国教又称安立甘宗（Anglican Church）。
③ 参见〔英〕肯尼思·O.摩根主编《牛津英国通史》，王觉非等译，第280—281页。

为此，她在执政初期就提出了"和睦"的主张，在枢密院首席国务秘书威廉·塞西尔的协助下，通过在议会中长时间的争论，最终在其登基后的次年重申了早在亨利八世时期议会就已经通过的《至尊法》，确认了国王是英国教会的最高首领，为国王冠上了"英国教会至尊管理者"的称谓：这个法案中明确规定，除了英格兰国王之外的任何外国君主、宗教首领都不得干预英格兰的宗教事务，不得对英格兰的教会享有领导权和管理权。[①]为了确保英格兰国王在宗教上的绝对权威，于1559年颁布了早在爱德华六世时期议会就已经通过的《信仰划一法》，使用坎特伯雷大主教托马斯·克兰默编写的《公祷书》，进一步确定了英国教会的宗教仪式，由此统一英格兰民众的宗教信仰。可以说，伊丽莎白一世颁布的一系列的法令最终实践了亨利八世开始的英格兰的宗教改革。宗教信仰和宗教组织的统一绝不仅仅是关系宗教的问题，伊丽莎白一世颁布的有关宗教的一系列法案是为了实践她提出的"和睦"，是为了稳定社会而采取的重要举措，这也为她能够统治英国长达44年之久奠定了社会基础。

强硬的伊丽莎白一世

伊丽莎白一世执政初期，面对的是错综复杂的国际形势，尤其英国国教的确立使英格兰不得不面临以罗马教皇为首的西班牙、法国等天主教联盟造成的威胁，国内的天主教徒与天主教联盟联合起来，这就导致国内的事务常常与国际事务纠缠在一起，玛丽·斯图亚特就是在西班牙的支持下企图发动政变篡夺王位的。伊丽莎白一世重用在玛丽执政时期失势的威廉·塞西尔。塞西尔一家三代服务于都铎王朝，他的祖父是亨利七世的近臣，他的父亲曾是国王的侍从，塞西尔本人接受过良好的教育，他接受过法学专业的教育，同时又深受人文主义思想的影响，年轻时曾经跟随萨默塞特公爵出征

---

① Geoffrey Rudolph Elton (ed.), *The Tudor Constitution: Documents and Commentary*, Cambridge: Cambridge Univ. Press, 1960, p. 375.

苏格兰。1555年，塞西尔进入议会，但他因不赞同玛丽的宗教政策远离王室；伊丽莎白一世登基后，立刻任命他为首席国务秘书，伊丽莎白一世在位期间制定的一系列政策都深受塞西尔的影响。塞西尔自就学时期起就接受了人文主义的影响，与一些著名的新教人士有着密切的往来，他把推行新教政策看作是完善英国政制统一、维持国内政局的一个重要手段，积极支持并协助伊丽莎白一世完成宗教改革运动，最终确立了英格兰国教。在外交方面，塞西尔采取灵活的政策，他主张消除与苏格兰之间的对立，甚至不惜向苏格兰做出妥协，他力主帮助苏格兰抵御西班牙的武装干涉，于1560年促成了《爱丁堡和约》的签订，在这个和约中，英格兰承诺了给予苏格兰独立自治和自由，并且从苏格兰撤出英格兰的军队，允诺给予其保护使之不遭受法国的威胁，以此瓦解了苏格兰与法国的联盟，有效地消除了苏法结盟对英格兰造成的威胁。[1]

伊丽莎白一世在稳定国内政治局势的同时十分重视加强国力，她在经济上推行一系列重商主义的政策，在很大程度上促进了国内商业和手工业的活跃和发展，同时也改变农业经济的结构和经营方式，改变了英格兰的社会结构，活跃在农业和工商业之间的乡绅这个社会阶层的人数快速增长，在经济中起到的作用日益增加，他们的政治影响力也随之越来越大，甚至在对外关系上也同样有着不应忽略的作用。在与西班牙从友到敌的外交政策的转变过程中，扩大海外贸易的因素无疑占很大的比例。16世纪的英格兰依然是一个农业社会，地理环境决定了英格兰以毛纺织业为第一大手工业，毛纺织业是连接农业和手工业的一座桥梁，也为乡绅这个社会群体的形成和扩大提供了最有利的经济条件。"乡绅"这一提法是在14世纪中叶乔叟的《坎特伯雷故事》这部文学作品中第一次出现，[2]此后在

①　Richard Bruce Wernham & Josef Clay (ed.), *England under Elizabeth (1558-1603)*: *Illustated from Contemporary Sources*, London: Longmans, Green and co., 1932, p. 12.

②　Frederick James Furnivall (ed.), *The Corpus ms (Corpus Christi coll., Oxford) of Chaucer's Canterbury Tales*, London: N. Trübner & co., 1868-1879, lines 1146, 1152.

一些法律文献中也正式表述出来。① 乡绅不是一个社会阶层的概念，因为它不仅包含了乡村中的自由农民（Yeoman，约曼）、城市中的小商人和手工业者，也包含了那些不再以战争为生计的骑士和准骑士乃至男爵等社会阶层。可以说，英格兰乡绅这个群体的出现以及此后不断地扩大，在很大程度上打破了中世纪以来三个等级的社会结构。英国学者斯通考察了16、17世纪英格兰社会结构的变化，他将这个历史时期的英格兰社会划分为六个阶层：第一阶层是有爵位的贵族；第二阶层是地方郡中的上层，包括男爵、骑士和准骑士；第三阶层是农村中的乡绅；第四阶层是约曼以及小商人、手工业者等；第五阶层是靠劳动力为生的雇工；第六阶层是没有劳动能力的鳏寡老人、仆人以及学徒等。② 赖特森也对16世纪晚期至17世纪晚期的英格兰社会的演变进行了考察，他采用那个时代人们的论点，根据财产把社会中的群体分为四个阶层：由贵族、骑士和准骑士组成的第一阶层，城市市民组成的第二阶层，以乡村中富裕农民为主体的第三阶层，以及没有财产的社会底层为第四阶层。③ 此外，还有英国其他一些历史学家们也都或依据财产或依据从事的社会经济活动对这个时期的社会进行了分层。显而易见，这些社会分层的依据大多都是经济方面的，这似乎也表明了，经济结构的演变不可避免地会引发社会性质发生本质的变化。集合在乡绅这一概念中的社会中等阶层是从事社会经济活动的主要社会群体，乡绅的聚集正在改变社会的性质，他们是推动英格兰资本主义因素快速发展的主要社会动力，新兴的资产者在他们中间产生和成长，同时他们也逐渐成为英格兰王室财政的重要来源，他们以下议院为阵地，提出自己的诉求。从亨利七世在位时期起，国王和他的辅佐大臣们就在有意识地摆脱议会对王权的制约。尽管议会依然掌有批准征收赋税的权

---

① Peter R. Coss, *The Origins of the English Gentry*, Cambridge: Cambridge Univ. Press, 2003, p. 3.

② Lawrence Ston, "Social Mobility in England, 1500-1700", in: *Past & Present*, Vol. 33, Issue 1 (1 April 1966), pp. 16-55.

③ Keith Wrightson, *English Society, 1580-1680*, London: Hutchinson, 1982, p. 19.

力，在颁布王国的法令方面议会享有最高的权威，然而经过玫瑰战争和宗教改革之后，英格兰的教俗大贵族的经济势力和政治影响力都遭受重创，他们盘踞的上议院中已经无法形成制约国王的反对派势力，因此都铎王朝时期议会的立法基本上反映的是国王的政策主张和意志。自亨利八世起，因为宗教改革运动，英格兰国内的事务更多地被卷入欧洲事务中，处理和解决国际纠纷使王室开支不断攀升，消耗了大量的财富，王室的财政入不敷出的现象频繁发生，而每年对议会津贴的一次性补贴则直线下降：伊丽莎白一世早期时14万英镑，其在位晚期已经下降到了8.5万英镑，到了1624年甚至只有7万英镑，下降了一半。而在此时，纳税的主体已经从大贵族转变为以下议院为政治舞台的中等社会阶层，例如，古老的苏塞克斯家族在1540年之前每年要向王室上交61英镑，1620年仅上交14英镑，税额明显下降了很多。[①]国王与以大贵族为主体的上议院之间因税收而不断激化的矛盾，逐渐地转移为国王和以乡绅为代表的下议院的矛盾，并且在伊丽莎白一世时期更为激化。

下议院的对抗

中世纪和近代早期，羊毛在英格兰出口贸易中占主导地位，尤其是弗兰德尔的毛纺织业，几乎完全依赖英格兰出口的羊毛，以至英格兰人甚至声称弗兰德尔人只不过是他们的"织呢工人"；然而，在此后的两个世纪中，英格兰的出口贸易结构开始发生变化，羊毛的出口量大大减少，有些港口减少量达到1/3或2/3之多。与羊毛出口量减少相对应的，是呢绒布的出口量大幅度上涨，呢绒成为英格兰的大宗出口商品。从13世纪中叶起，羊毛商人逐渐转变为从事织造呢绒的小商人，到了15世纪，大呢绒制造商人的数量更是大幅度增加了。[②]英格兰的王室十分重视贸易和手工业结构的这种变化，爱

---

①　参见〔英〕肯尼思·O.摩根主编《牛津英国通史》，王觉非等译，第292页。

②　参见〔英〕约翰·克拉潘《简明不列颠经济史——从最早时期到一七五〇年》，范定九等译，上海译文出版社1980年版，第221—233页。

德华三世国王就曾颁布法令禁止英格兰的羊毛出口，进入15世纪以后，英格兰毛纺织业的结构和出口贸易商品的结构都发生了变化，呢绒布的出口量大幅增加，16世纪中叶呢绒布的出口量达到16万匹，粗呢绒布更是高达25万匹。[①]为了提升英格兰在贸易出口方面的竞争力，伊丽莎白一世不仅继续限制羊毛等原材料的出口，还通过一系列优惠政策支持改进毛纺织业的技术和生产工艺，同时还打开国门欢迎尼德兰的纺织工人移居英格兰。[②]然而，都铎王朝的外交政策在很大程度上影响着毛纺织这个大宗贸易的出口，自然也左右着作为第一大手工业的毛纺织业的发展，因而集中在这个产业中的社会中下层民众在下议院中找到了提出诉求的政治舞台，这一点在伊丽莎白一世时期表现得尤为突出，以贵族为主体的上议院与国王的矛盾让位给了以社会中下层为主体的下议院与国王的矛盾。美国学者戈登曾经强调，尽管上议院依然保有很大的政治权力，但是已经今非昔比，"把它放到贵族统治的长期历史中来看，上院的衰落是现代更为显著的政制发展中的一种现象"。[③]

伊丽莎白一世执政时期的下议院已经具有了一定的独立性。[④]为了维护自身的利益，下议院议员们经常在议会上反对伊丽莎白一世提出的议案，还经常提出自己的议案，由此争取创议权，尤其是在经济立法和宗教信仰等方面的创议权，以突破王室通过赋税、专利权等政策和措施在经济上对乡绅以及新兴的资产者的制约和盘剥。戈登则把这看作"在伊丽莎白统治时代，这是下院的成员认为有权而且的确有责任发挥的主要作用"，它"把自己确定为国家的司法部门"，具有任何机构都不具有的对王室的行为进行审判的权威，因为

---

① Ephraim Lipson, *The Economic History of England*, Vol. 1, London: Black, 1929, p. 403.

② 参见〔英〕约翰·克拉潘《简明不列颠经济史——从最早时期到一七五〇年》，范定九等译，第332—334页。

③ 〔美〕斯科特·戈登：《控制国家——从古代雅典到今天的宪政史》，应奇等译，第296页。

④ 沈汉和刘新成合著的《英国议会政治史》认为，都铎王朝时期英格兰的下议院的独立性逐渐增强，参见该书的第120—126页。

下议院是一种代表性的机构，这种代议制在斯图亚特王朝时期通过国王与议会的斗争被强化了。[①]沈汉和刘新成在他们的著作中也强调都铎时期的英格兰王室及其大臣们十分重视下议会在政治中的作用，克伦威尔甚至在下议院中安插亲信，以便对其施加影响。[②]美国学者亨廷顿则认为，是伊丽莎白一世与下议院的冲突破坏了自都铎王朝早期以来在社会中建立的和谐统一的局面；因此亨廷顿说："英国内部的冲突导致了建立强大的中央集权以便恢复公共秩序的要求。社会统一的破裂激发了通过政府恢复统一的不可抗拒的力量。"[③]

英格兰虽然并没有像法国一样实现绝对主义王权，但是在伊丽莎白一世时期也产生了专制的王权，这种专制性表现在国王是作为议会召集人的权威上，国王有权召开议会，也有权解散议会。伊丽莎白一世没有子嗣延续都铎王朝，在她之后的英格兰开启了一个新的斯图亚特王朝（House of Stuart），新国王詹姆斯一世（James I）继续前朝王室推行的专制王权的政策，乃至干预下议院议员的选举，致使下议院提出强烈抗议，加剧了王室与议会之间的矛盾冲突。詹姆斯一世把教会作为加强王权专制的重要工具，强力维护英国国教的宗教权威，清除天主教的残余势力，打压清教徒，引起天主教徒和清教徒的强烈不满，宗教信仰问题再次成为导致社会不安定的重要因素，酿成了1605年"火药阴谋案"。[④]虽然这是一起未遂的案件，但却导致天主教最终失去了在英格兰的影响力。詹姆斯一世之后的斯图亚特王朝的历任君王，都在努力实践王权专制的政治目的。查理一世在位期间，因为国王在外交政策上的失误导致与西班牙之间发生了武装冲突，又因这场战争耗费的财力而不得不推行的强制性

---

① 参见〔美〕斯科特·戈登《控制国家——从古代雅典到今天的宪政史》，应奇等译，第295—297页。

② 参见沈汉、刘新成《英国议会政治史》，第113—116页。

③ 〔美〕塞缪尔·P.亨廷顿：《变化社会中的政治秩序》，王冠华等译，第114页。

④ 因不满詹姆斯一世的宗教政策，天主教徒于1605年策划了一起刺杀国王的爆炸案，但因败露未遂，参见姜守明等《铸造国家——16—17世纪英国》，钱乘旦主编《英国通史》第3卷，江苏人民出版社2016年版，第85—86页。

的财政政策，激化了国王与议会之间的矛盾，与下议院的斗争也愈演愈烈，查理一世为此甚至不惜解散议会。摩根等人认为，在查理一世统治的时期，国王是在没有议会的情况下实行统治，国王的权力达到了顶峰。[①]也正是这种强权致使国王在决定宗教政策方面以及与苏格兰的关系上一意孤行，引发了英国的内战，战败的国王被送上了断头台。

护国政府和残缺议会

查理一世的去世标志着君主制的废除，议会也因为内战和政见的分歧产生了分化，"新模范军"副将奥利弗・克伦威尔依仗军事实力在议会中占了上风，成立了共和国（1649—1660年），组建了护国政府，自封为"护国公"。这个所谓的共和国实际上是一个集立法、行政和军事为一体的专制政权。内战时期，议会的议员大大减少，尤其是在发生了"普莱德清洗"事件之后，原本有近500名议员的议会仅余200余人，因而有了"残缺议会"（Rump Parliament）之称。然而，护国政府的组建不仅没有消除议会的分化反而愈演愈烈，议会中有关宪政的、共和的政治体制的变革争论不休，在残缺议会中形成了主张共和的激进派。克伦威尔控制的残缺议会实际上只是一个被架空的机构，他致力于征服爱尔兰以及把苏格兰并入不列颠，这就耗费了他在执政后关注国内政务的精力，护国政府几乎没有对旧的政制进行有效的改革，最终因为无法继续控制残缺议会不得不将其解散。[②]

英格兰的共和制昙花一现，既是由这个历史时期英格兰社会经济发展的现状所决定，也因为这个政体的存在取决于克伦威尔个人的执政能力。英国历史学家摩尔对克伦威尔的评价比较客观地概括了这个历史时期的特点，他说："克伦威尔是唯一的将乡绅与职业士兵、将宗教的激进主义与社会的保守主义、将政治空想家与宪法上

---

① 参见〔英〕肯尼思・O.摩根主编《牛津英国通史》，王觉非等译，第334页。
② 参见沈汉、刘新成《英国议会政治史》，第167、162—165页。

玩弄现实手腕的人、将具有非凡能力的超人与难以容忍的自以为是等各种矛盾因素，统一在一起的混合体。"①克伦威尔去世后，他的儿子理查·克伦威尔仅继位一年就被议会赶下了台，共和国也因此崩溃，查理二世登上了王位。

共和制存在的时间虽然很短，却对英格兰的政制发展起到了极大的推动作用。从1640年查理一世国王被迫召开长期议会时起，英格兰的政制就发生了革命性的变革。首先，在议会中下议院的政治权力和立法权有很大程度的扩大，在长期议会中做出了取消国王称号、取消上议院的决议，甚至以合法的形式处决了国王；通过了建立共和国的法案，尽管这个共和国存在的时间不长，但却根本改变了英格兰的国家政治体制。其次，长期议会以及后来的残缺议会发布了一系列法令，在一定程度上从法律的角度改变了封建土地制度，长期议会颁布法令，规定议会有权支配王室领地的收入，没收了那些保王党贵族的土地，还取消了王室在地产上的众多附加费用，废除了地产主对国王的封建臣属关系和义务等。此外，议会还对教会的土地做出了相关的决议，有关土地的一系列立法和法令改变了英国社会土地所有权的性质。另一方面，护国政府十分重视工商业的发展，给予从事海外贸易的商人保护，给予他们特许权，实行贸易保护主义，给外国商人设置了很多限制。戈登就很明确地指出，这种"下院对上院的政治优势反映的是英国的经济和社会组织从封建主义让位于资本主义的变迁"②。

专制王权的复辟

登上王位的查理二世宣布他继承王位的时间始于查理一世被处决的1649年1月30日，以此表示护国政府和护国公存在的不合法性，虽然他在荷兰发布的《布列达宣言》（Declaration of Breda）中

---

① 〔英〕肯尼思·O.摩根主编：《牛津英国通史》，王觉非等译，第352页。
② 〔美〕斯科特·戈登：《控制国家——从古代雅典到今天的宪政史》，应奇等译，第296页。

承诺宽恕那些参与护国政府的官员，在宗教上实行宽容政策；但在他登基后还是以叛国罪和褫夺公权等罪名审判和处决了一些护国政府的重要官员，理查·克伦威尔也没有逃脱与查理一世同样的命运，上了断头台。在宗教方面，再次确定了英国教会是英国最高的官方宗教机构。1661年，查理二世主持召开了骑士议会，这次骑士议会持续了18年（1661—1679年）之久，虽然每年召开一次，但其效率很低，一是因为上下两院之间总是很难达成一致，二是在于缺少一个公认的领袖式的人物。这也许就是查理二世在复辟君主制的同时，并没有废除自1640年以来长期议会以及残缺议会颁布的有关取消封建土地制度和封建关系等相关一系列法令的一个原因。因此，已经被废除的封建关系和义务并没有重新恢复；不仅如此，在查理二世主持下的议会通过了取消封建土地所有权的决议，继续实行护国政府制定的重商主义政策，为了与荷兰争夺海上霸权进行了第二次英荷战争（1665—1667年）。

对荷战争的失利，致使查理二世转向了天主教的法国，这就引起了骑士议会中英国国教徒的不安和反抗，也导致国王与骑士议会之间的矛盾加剧，最终在王位继承的问题上演变为公开的冲突，查理二世解散了骑士议会。骑士议会的解散并没有缓解冲突，1679年反对天主教的议员在新的议会中提出了《排斥法案》，但三次未获通过。在此后的几年中，围绕这一法案在议会中形成了"辉格党"和"托利党"①，这是英国议会中最早出现的两个党派。身为天主教教徒的詹姆斯二世在其兄去世后顺利登上王位，在英国国内引发了推翻天主教国王的暴动。依靠负有军事实力的常备军平叛了暴动的詹姆斯二世强化了专制统治，他一意孤行地解散了议会，一再公布《信仰自由宣言》，取消了禁止天主教教徒担任公职的禁令。

查理二世和詹姆斯二世竭力在英国恢复天主教的政治目的是试图宣扬"君权神授"的神学政治理论，以此加强王权的专制，从而

---

① 这是两派各自对对方的贬称："辉格"在苏格兰语中为"反叛者"，"托利"在爱尔兰语中为"匪帮"。

进一步摆脱议会对国王权力的制约。然而，在宗教改革之后的英国，宗教信仰不仅仅是意识形态问题，它还涉及社会的经济利益。宗教改革时期被剥夺的天主教和修道院的土地财产大多流转到了乡绅的手中，他们无不担心恢复天主教教会将对其财产造成威胁；可以说，宗教信仰自由的旗帜之下是新兴资产者和旧贵族之间在经济上的博弈。另一方面，英国教会的宗教首领们也担心自己的宗教地位受到威胁。1688年，詹姆斯二世再次发布《信仰自由宣言》后，立刻遭到以坎特伯雷大主教为首的七名主教的联合抵制，他们联名向国王递交请愿书，要求改变现行的宗教政策。詹姆斯二世把七名主教投进伦敦塔，然而高等法院经过审判却宣判他们无罪，在全伦敦引起强烈反响。"七主教案"的结果把王权的支持者推向了反对者一边，导致托利党和辉格党联合起来共同反对国王，詹姆斯二世被迫逃亡法国，他的女儿和女婿威廉在议会的邀请下踏上了英伦，共同被加冕为英国国王，开创了英国政制史的一个新的时代。这场没有经过武装暴力而发生的政变被称为"光荣革命"。

君主立宪制的统治机制

1688年的"光荣革命"标志着专制君主制在英国的终结。从1689年的《权利法案》起，在此后十几年中议会通过了一系列法案，这些法案明确限制了国王的司法权限。摩根等人十分重视《权利法案》对英国政制产生的巨大影响，认为《权利法案》"显然打破了世袭的权利，这种世袭权利是1660年旧政体复辟的基础，而被以议会为代表的民族意志所取代"；强调"当专制主义不论是在理论上还是在实践上在西方世界似乎都是处于上升的时候，1688年的这种变革所具有的重要意义是不应低估的"。[①]《权利法案》中规定，未经议会通过，国王不得制定新的法律和废除已有的法律，王室不得凭借任何特权征收赋税据为己用，不得在国内任意征集军队，也不

---

① 〔英〕肯尼思·O.摩根主编：《牛津英国通史》，王觉非等译，第375页。

得建立除国教之外其他任何宗教的机构。《权利法案》规定，所有臣民都有向国王请愿的权利，议会的议员应该通过自由选举产生，议员在议会中有进行辩论、演说以及参与议事的权利，不能因此受到法庭的询问和弹劾，同时还强调，议会应当经常召开议事。正如芬纳所说："1688年革命和《权利法案》为一系列法案的通过扫清了道路，而这些法案大大改善了公民自由，同时也明确地将议会变成宪政永久性的核心机构。"[1] 1679年通过的《人身保护法》保障了人身的权利免遭侵害，1701年的《王位继承法》则规定，王位的继承必须经过议会的同意，而且国王和高级官员都不得由外国人担任。《王位继承法》还在很大的程度上限制了国王的司法权，国王批准的法律条文未经议会同意没有法律效力，法官的任免也必须经过议会的同意等。[2] "光荣革命"之后的一系列法律逐步确定了议会和王权之间的关系，最终确立了英国政制上的君主立宪制。

在英国君主立宪制建立的过程中，议会始终起着非常重要的作用，摩根等人曾经这样评价议会在统治中的作用："在17世纪的英国，政府是经过'同意'而进行统治的。我们这样说通常是指政府的事务是由议会决定和通过议会讨论的，但更重要的是它意味着，政府要由全英国的不支薪的、自愿的官员来决定并通过他们进行统治。"[3] 沈汉和刘新成也认为，英国资产阶级革命是在短时间内发生的，"资产阶级革命在历史的短期中只来得及摧毁旧制度的工作，而来不及建设资产阶级近代国家机器的任务。资产阶级国家是经过较长的历史过程才最终形成的"。[4] 17世纪的英国，王位变更频繁，革命和复辟交替，政治局面动荡不安，恰恰是因为王位的变更、王朝的复辟，政局的不稳定使议会被赋予新的政府职能，因为社会各阶层在议会中能够找到达成协议的共同点，议会在"同意"中逐步承

---

① 〔英〕塞缪尔·E. 芬纳：《统治史》，第3卷，马百亮译，第307页。
② 参见沈汉、刘新成《英国议会政治史》，第202页。
③ 〔英〕肯尼思·O. 摩根主编：《牛津英国通史》，王觉非等译，第323页。
④ 沈汉、刘新成：《英国议会政治史》，第189页。

担起了国家行政管理的职能。尽管议会同意保留原有的一些机构，但也成立了一些新的委员会，例如负责征收特别税的征税委员会，处理拍卖地产的押扣委员会，负责赔偿损失的收益大臣委员会，专门处理地产没收和拍卖等事宜的契约委员会和保管委员会等。[①]斯图亚特王朝复辟时期，查理二世还在枢密院中设立了外交事务委员会、海军委员会、贸易委员会以及接受投诉和请愿的委员会，负责处理内政和外交。另一方面，17世纪英国对外战争的频繁发生，致使国家军费开支大大增加，而财政管理又因为政局的不稳定十分混乱，迫使查理二世采取极端手段，建立了一个专权的财政委员会处理财政方面的各项事宜。可见，这些委员会的建立实际上就是在建设一个新的政府机构。

17世纪英国在建立政府机构过程中值得一提的是，司法机构与政府行政机构的分离。在中世纪的西欧，司法审判权是统治权的一部分，自从14世纪末期星室法庭设立之后，英国国王就享有了司法特权，常常利用星室法庭行使特权。查理一世在位时期，国王的权力达到了顶峰，他在没有议会的情况下进行统治，星室法庭则是其实行专制的工具，因为它通常处理的是政治案件。与苏格兰的战争使查理的财政陷入危机，迫使查理不得不于1640年重新召开议会，通过了《三年法案》，规定议会每三年必须召开一次，不经议会同意，国王不能任意征税。在1649年的《三年法案》中更是规定，国王不能随意召开和解散议会，议会作为一个固定的永久性宪政机构被法律确定下来。这些法案重新确定了国王和议会的关系，固定召开的议会不再是由国王掌握的一个统治工具，国王也因此不能再凌驾于议会之上，国王与议会的关系反转了。1640年开始的长期议会在此后的十几年中颁布了多项立法，在1641年议会通过的《大抗议书》（Grand Remonstrance）中提出了取消国王的司法特权，废除所有特权法庭等主张，提出工商业要自由发展，因此要保护个体的权

---

① 较为详细的内容请参见沈汉、刘新成《英国议会政治史》，第190—192页。

利和个人的财产权，所有诉讼应由统一的法庭进行审理。[①]《大抗议书》否定了王权的各种特权，要求国王行使的权力转交给议会，国王控制的枢密院也不再享有司法特权、行政执行权，其职能重又只是一个"谈话"的机构，只具有提出忠告和建议的权能。司法与政治统治的最初分离，是君主立宪的政治迈出的第一步，詹姆斯二世时期发生的"七主教案"，就显现出法官的独立性初露端倪。

"光荣革命"进一步限制了王权的司法特权，《权利法案》则更加明确了议会的立法职能，17世纪80年代以后议会通过了一系列法案，其中包括决定王位继承的《王位继承法》。议会通过这些立法活动，把政治活动的中心从王室宫廷转到了议会，英国的政制不再是君主的专制，国王不仅失去了司法特权，任命官吏的权利也受到了很大的限制，他不再能以国王个人的身份颁布法令，也没有了行使豁免和延搁的权力，甚至他的宗教信仰也受到限制，只能信仰英国的国教。英国政制转变为君主立宪制。芬纳认为，《权利法案》并没有涉及司法独立的内容，一直到《王位继承法》的颁布，才明确规定了司法机构的独立性，"司法机构从行政和立法机构的这种分离在整个欧洲都是独一无二的"，所以孟德斯鸠把这看作英国宪政制度的核心特征；[②]可以这样说，也就是从这个历史时期起，英国的政制完成了英国历史上国王和议会发展的第一个阶段，[③]开始了君主立宪的政制。

---

① John Coffey, *Persecution and Toleration in Protestant England, 1558-1869*, London: Longman, 2000, p.137.

② 参见〔英〕塞缪尔·E. 芬纳《统治史》，第3卷，马百亮译，第311页。

③ 英国学者芬纳认为，英国的国王和议会的发展有三个阶段，第一个阶段是在17世纪末期以前，议会是君主的附属物；第二阶段自1689年起至1714年，两个敌对的党派轮流占据着下议院的多数席位，国王则见风使舵随机应变；第三阶段从1714年开始，是和谐共处的时期。参见《统治史》，第3卷，马百亮译，第316—317页。

第十一章　没有中央政府的德意志帝国

迈进近代社会的法国和英国，先后确立了各自君主立宪制的特点，逐步开启了建设现代国家政制的历程。然而德意志却邦国林立，存在着多个政治中心，自治的帝国城市和邦国城市结成多个城市同盟，为了各自的经济利益甚至不惜"引狼入室"。16世纪初，为消除政治分裂进行的帝国改革无果而终，反而为宗教改革运动的发生提供了必要的政治条件。《奥格斯堡宗教和约》制定的"教随国定"承认了新教的合法性，新旧教的战争使德国成为近代欧洲的主战场，更加延缓了德意志帝国在政治上的统一。在宗教改革运动中生长的德意志骑士团通过各种手段上升为公国，走向了专制主义的道路，迅速崛起，最终通过关税同盟统一了分裂的德意志大帝国。

一、没有中央政府的大帝国

多头政治的格局

德意志王国从10世纪建立之初直到中世纪晚期始终没有确立王国的首都，虽然德意志曾经有过一个比较强大的皇权，但与此同时贵族也建立了独立的地方政权，正如芬纳所说的，"德意志"不是一个国家的名称，而是一个民族、地域和文化的名称，"它很难算是一个帝国，甚至也算不上是一个国家。无论如何，它都不是一个单一的德意志国家。它变成了一个不合时宜的、虚构的东西，现在它由数百个独立的公国和主教辖区，甚至王国共同组成"。[1]正因为如此，德意志的王（皇）室长期在各地的行宫巡游，始终没有确立一个首都，也几乎没有一个政制机构。由于各大公爵领地的独立性比较强，尤其是邦国制确立之后，国王几乎很少能干预地方的各种事务，为此德意志王国从建立之初起就缺少对地方进行管理的组织机制。11世纪下半叶，海因里希四世为了向各公爵和伯爵领地渗入王权的影响力，按照加洛林时期的行政管理方式，在诸侯势力比较强大的地区设立了王室直辖区，派遣王室封臣担任直辖区长官（Vogt）。[2]海因里希四世之后的历任皇帝都以设立帝国特辖区的形式限制教俗大贵族的势力范围，把王室封臣作为反对教俗大贵族所依靠的主要政治力量，把没收或者收回的教俗大贵族的领地交予他们管理，对他们越来越委以重任。

12世纪下半叶，弗里德里希一世在位时期，通过政治联姻以及调节继承权等方式把王室的领地与施陶芬家族的领地连成片，设立了一系列的国王直辖区，从而把王室的领地连成片，委派他所信任的王室封臣管理王室的和家族的领地。王室封臣是在法律上没有人身自由的王室侍从，他们为国王管理分散在各地的王室领地和财产，获得生存和装备所必需的食物、马匹、货币以及包括奴隶在内的其他物品，他们所获得的这些都是由他们所管辖的王室领地或者城市以赋税的形式提供的。可以这样说，他们对王室的财产没有支配权但却享有用益权，他们的子嗣经国王获准可以继承其父的职位。[3]直辖区不是封地的概念，管理直辖区的长官具有的最重要的职能是司法，抑或可以说是国王派到直辖区的法官。13世纪以前的直辖区长官都是由王室封臣担任。

---

① 〔英〕塞缪尔·E.芬纳：《统治史》，第2卷，王震译，第347页。

② Karl Bosl, "Die Reichsministerialität als Element der mittelalterlichen deutschen Staatsverfassung im Zeitalter der Salier und Staufer", in: Theodor Mayer (Hrsg.), *Adel und Bauern im deutschen Staat des Mittelalters*, Leipzig: Koehler & Amelang, 1943, S. 83, 86.

③ Herbert Grundmann (Hrsg.), *Handbuch der deutschen Geschichte*, Stuttgart: Klett-Cotta, 1981, Bd.1, S. 548f.

　　直辖区的设立不仅没有加强中央皇权对地方的统治，反而加剧了地方的自治，庞大的德意志帝国越来越松散，不仅伯爵领地和公爵领地成为有独立主权的邦国，就是在城市中也出现自治性很强的"自由城市"和"帝国城市"。这些城市虽然处于王（皇）权的庇护之下，但是它们都有自己的城市法庭，有权自主选择城市的庇护人。这些城市通常是一个地区的经济中心，有自己的贸易往来，城市间通常会因为各自利益关系结成同盟，13世纪中叶在莱茵地区就出现了由70余座城市组成的莱茵城市同盟。此后，在施瓦本地区出现过施瓦本城市同盟，最著名的是德意志北部地区的汉萨城市同盟。这些城市同盟都因各自的贸易往来与邦君诸侯结盟，或与王（皇）权站在同一个阵线，甚至与英国或者法国王权联合，更加剧了选举王位的乱象，在德意志不可能出现王（皇）权与市民阶层的联合。中世纪的德意志几乎没有全国性的王室税收，因而既没有像英法那样因为征税而产生议会机制，也没有因管理税收而逐步建立和完善的中央行政管理机构，更没有形成一支自上而下的官吏队伍；所以，在中世纪的德意志帝国从未形成司法和财政部门，尤其是双重王位并立时期，也没有核心的固定官员去执行国王统治过程中的哪怕最微小的例行事务。[1]

　　德国历史学家卢茨在其研究中较为详细地分析了这个历史时期德意志的政治局面。他认为德意志在从采邑制向专制过渡的历史过程中，中世纪的诸侯领地逐步被改造成为区域性的邦国，但所谓"私人"的领主的权限并没有很明显地与公共权力分离开，[2]邦国内部的邑制关系依然很牢固：1370年黑森诸侯在扩大邦国领地时尚有120名封臣，1380年巴登马尔克伯爵的采邑登记册上有70名采邑的领受者，1401年莱茵行宫伯爵的采邑登记册上有450位封臣。[3]另一方面，各

---

　　[1]　参见〔英〕塞缪尔·E.芬纳《统治史》，第2卷，王震译，第353页。

　　[2]　Heinrich Lutz, *Das Ringen um deutsche Einheit und kirchliche Erneuerung: von Maximilian I. bis zum Westfälischen Frieden 1490 bis 1648*, Berlin: Propyläen Verlag, 1983, S.130.

　　[3]　Karl-Heinz Spieß, *Das Lehnswesen in Deutschland im hohen und späten Mittelalter*, Stuttgart: Franz Steiner, [3]2009, S. 50f.

种类型的帝国直辖城市、自由城市的市民以及其他等级，例如直辖帝国的伯爵、领主、骑士和修道院等，他们虽然在帝国的经济和文化方面起着程度不同的作用，但无论在邦国还是在帝国议会中都缺少足够的参与权，只能通过与国王（皇帝）在政治上的联盟，获得特许权以保持较为独立的政治地位。邦国、自治城市以及直辖王权的各个等级在帝国内形成了一种多头政治的局面。

城市同盟的建立

德意志帝国政治的多头性，严重阻碍了帝国内商业贸易的顺畅。14世纪以后，德意志区域性经济可以按照其地理位置划分为三个区域：以美因茨、科隆、美因河岸边的法兰克福、沃尔姆斯、斯特拉斯堡和巴塞尔等城市所处的莱茵河流域经济区域；以地处北海和波罗的海沿岸的不来梅、汉堡、吕贝克、但泽等城市为核心的沿海经济区域；德意志南部多瑙河沿岸的乌尔姆、奥格斯堡、慕尼黑、累根斯堡、帕骚、维也纳等城市构成的经济区域。与西欧其他王国和地区比较而言，德意志中世纪晚期的城市在贸易功能方面似乎更为突出，正如美国学者汤普逊所说："城市间的商业联系是德意志城市的突出特点。"[1]然而，已经初具形态的邦国政治体制为城市间的贸易造成了很大的障碍，尤其是"大空位时期"的无政府状态更增强了这种态势，邦国的领地边界逐渐划定，邦国越来越封闭，各邦国的邦君以及各领地的贵族都在自己管辖范围的所有河流航道上设立关卡，收取通关税；位于莱茵河岸边的科隆、特里尔和美因茨的教会选帝侯们，都把关税作为其收入的一个重要来源。12世纪末，莱茵河上的关卡约有19处，13世纪末增加到了44处，14世纪末更是多达64处。[2]13世纪末14世纪初，仅在威悉河上就有30多处关卡，在

---

[1]〔美〕汤普逊：《中世纪晚期欧洲经济社会史》，徐家玲等译，第176页。

[2]　Friedrich-Wilhelm Henning, *Handbuch der Wirtschafts- und Sozialgeschichte Deutschlands*, Bd. 1, Paderborn-München-Wien-Zürich: Schöningh, 1991, S. 286f.

易北河上有35处。① 有些河段的关卡密度也很大，莱茵河从巴塞尔至鹿特丹区间，大约每10公里就设有一处关卡，易北河沿岸从布拉格到汉堡区间每14公里设有一处关卡，多瑙河沿岸从乌尔姆到帕骚区间每15公里一处关卡。② 关卡的增加提高了运输的成本，14世纪中叶，从宾根到科布伦茨之间直线约50公里的运输成本，仅关税一项就上升了53%—67%。③

经济利益的不统一也表现为货币的不统一。从14世纪上半叶起，为了克服货币不统一给贸易造成的阻碍，在德意志先后出现了一些地区性的货币联盟，如下萨克森地区的城市结成的生丁④货币联盟、北海沿岸城市结成的文迪货币联盟、莱茵兰地区的莱茵货币联盟等。大约在同一时期，上法兰西亚的诸侯也结成了类似的货币联盟。1403年位于莱茵河上游的诸城市和一些封建主结成了货币联盟，此后符腾堡和施瓦本地区的城市也效仿之。14世纪中叶，两任皇帝路德维希和西吉斯蒙德都试图统一币制，但都没有获得成功。1426年帝国竭力推行统一的金货币，即"苹果古尔盾"（Aptelgulden）⑤，但遭到汉萨同盟的坚决抵制。直到16世纪在德意志帝国内始终没有确立统一的货币。⑥

货币的不统一以及关税造成的成本上升，严重侵害了城市的收益。在经历了"大空位时期"之后，德意志的社会各等级有意识地联合起来，以同盟或者联合会的形式维护本地区的和平与安定，进行自我保护，尤其是在弗里德里希二世之后连续发生的王位之争、

---

① 参见M. M. 波斯坦等主编《中世纪的贸易和工业》，《剑桥欧洲经济史》第2卷，钟和等译，第155页。

② Hermann Aubin, *Handbuch der deutschen Wirtschafts- und Sozialgeschichte*, Bd.1, S. 210.

③ Friedrich-Wilhelm Henning, *Handbuch der Wirtschafts- und Sozialgeschichte Deutschlands*, Bd. 1, S. 286f.

④ "生丁"（Rappen）是中世纪德意志西北地区通行的一种货币名称，自近代社会以后是瑞士货币中的一种，1瑞士法郎=100生丁。

⑤ 因这种金币上印有"帝国苹果"的图案，故得此名。

⑥ Hermann Kellenbenz, *Deutsche Wirtschaftsgeschichte*, München: Beck, 1977, Bd.1, S. 196ff.

国王与贵族和选帝侯们之间的争斗常常以牺牲城市的利益为代价，这就促使那些利益相关的德意志城市结成同盟，增强自我保护，实现互利。1226年，美因茨、沃尔姆斯、施派尔、斯特拉斯堡、巴塞尔等城市结成了莱茵城市同盟，然而这些城市又因被卷入皇帝与教皇的争斗之中各自加入相互对立的阵营，莱茵城市同盟仅存在了十余年就于1239年解体。[①] 尽管如此，莱茵城市同盟却为城市提供了一种以互卫和互利为目的结成同盟的模式。13世纪，在德意志境内相继出现了一些利益相关的城市同盟，尽管这些城市同盟的规模并不很大，有的甚至只是两个城市的联合。1254年，莱茵地区的城市再次结成同盟，参加的成员城市不仅局限在莱茵河中游地区，还沿莱茵河的支流摩泽河和美因河等向外延伸，特里尔、班贝格等城市相继加入其中，成员城市发展到70个。[②] 1285年，斯特拉斯堡、巴塞尔和弗莱堡结成了同盟，以保护城市已有的自由和自治的权利。1331年11月20日，奥格斯堡、乌尔姆、罗伊特林根以及海尔布隆等22座城市也组成了城市同盟，符腾堡、厄廷根和霍恩贝格的伯爵们于1340年加入该城市同盟。1376年，上施瓦本地区的14座帝国城市是这个城市同盟的成员，故被称为施瓦本城市同盟。然而，卡尔四世皇帝并无意承认这个城市同盟，并因此于1377年5月引发了城市雇佣兵与支持皇帝的伯爵之间的武力冲突。大获全胜的城市同盟在此后有了进一步的发展，除了以总部所在的奥格斯堡为中心之外，施瓦本同盟还有围绕康斯坦茨和在阿尔卑斯山的两个中心区域。为了抑制城市同盟影响的不断扩大，拿骚家族的伯爵们与卡岑埃尔恩博根的伯爵威廉二世以及其他贵族和骑士等社会等级于1379年10月17日结成了名为"狮子同盟"的贵族同盟。[③] 为了共同抵抗

---

① Carl Friedrich Menzel, *Geschichte des rheinischen Städtebundes im 13. Jahrhundert*, Hannover: Hahn, 1871, S. 9ff.

② Friedrich-Wilhelm Henning, *Handbuch der Wirtschafts- und Sozialgeschichte Deutschlands*, S. 277.

③ 因该同盟成员的家族族徽都是狮子，故命此名，参见 Adereas Ranft, *Adelsgesellschaften. Gruppenbildung und Genossenschaft im spätmittelalterlichen Reich*, Sigmaringen: Thorbecke, 1994, S. 199f。

狮子同盟对城市的攻击，莱茵城市同盟与施瓦本城市同盟联合起来，于1381年6月17日宣布成立"南德意志城市同盟"（Süddeutscher Städtebund）。 在此后的几年内，"南德意志城市同盟"不断扩大，伯尔尼、苏黎世、索洛图恩和楚格等城市于1385年2月加入其中，该同盟发展为"康斯坦茨同盟"（Konstanzer Bund），囊括了50座帝国城市。[①]

自14世纪以来在德意志出现的各种类型的城市同盟、贵族同盟，实际上是处在政治分裂割据时期的社会各阶层为维护自身经济利益实现的一种政治联合。德国著名的法学史家奥托·冯·吉尔克从法学角度解释这种联合，他认为在政治上联合的性质是各个法律载体自由联合成为一个具有自己的法律秩序及和平秩序的新的法人，它同时也具有自己的政治利益。为了维护和遵循这个利益，他们创立了自己的机构，并且在各个方面相互协调。但是吉尔克并不认为这种新的法律载体取代了多个旧的法律载体，而是以独立的、有自己法律地位的形式存在。[②]可见这也是中世纪晚期德意志多头政治的法律基础。

康斯坦茨宗教会议的结果

14世纪中叶，卡尔四世皇帝颁布了《金玺诏书》，确定了德意志七大选帝侯的政治地位，明确规定国王只能由这七位选帝侯选举产生，试图规避两王甚至多王并立的分裂局面；然而至此之后的国王选举依然会因为严重的分歧导致两王并立，双方互不妥协甚至兵刃相向。各派为增强自己的政治实力寻找可以借助的外部力量，英国和法国乘机而入谋取德意志的王位，这就使德意志的选王常常发展为一个国际事件。选帝侯制度不仅没有防止王位的双重选举，反

---

①　Hilmar Grundmann (hrsg.), *Handbuch der deutschen Geschichte*, Stuttgart: Klett-Cotta, 1981, Bd.1, S. 685f.

②　Otto von Gierke, *Die Genossenschaftstheorie und die deutsche Rechtsprechung*, Berlin: Weidmann, 1963=1887, Bd. 1, S. 459ff.; Bd. 2, S. 385ff.

而更加剧了帝国政治上的分裂，帝国内形成了具有各自政治中心的区域。在西部地区，美因茨、科隆和特里尔三大教会选帝侯控制着莱茵河中游和下游教会地区的教会领地，同时还掌控了这个地区几乎所有的世俗领地。四大世俗选帝侯之一的海德堡行宫伯爵一直在阿尔萨斯地区主沉浮；后起的符腾堡伯爵也以斯图加特为中心划定了稳固的政治区域。另一方面，13世纪末期成立的瑞士联邦开始逐渐脱离德意志帝国，并最终于15世纪末完全独立。在帝国北部，不来梅大主教、梅克伦堡－波莫瑞公爵、德意志骑士团以及利沃尼亚各自为政，此外还有控制着北海和波罗的海贸易的汉萨城市同盟。在帝国中部，马格德堡的大主教将其势力范围扩大到了易北河中游地区；勃兰登堡的选帝侯以柏林为立足之地，扩大其势力范围；维尔茨堡和班贝克的主教自行把教会的领地联合起来，形成了联合的管辖区；帝国东部和东南部则是波西米亚和摩拉维亚的属地。①

1377年，教廷从阿维尼翁迁回罗马，结束了75年的阿维尼翁教廷，随之发生了持续40年的"西方教会大分裂"②。初登王位的文茨尔一世面对这一突变国际形势举棋不定，致使法国国王趁机将政治触角伸进了意大利，极大地削弱了德意志皇权自中世纪以来在意大利已有的权威，同时也损害了德意志西部地区商人在意大利的经济利益，激化了德意志帝国内部诸侯以及社会各等级之间的矛盾，诸侯与国王的冲突也更为激烈，有了废黜国王的呼声。1400年4月，美因茨的大主教、科隆的大主教以及莱茵行宫伯爵三大选帝侯联合召集诸侯会议宣布文茨尔一世是一个"无所事事、懒政、粗心大意

---

① Heinrich Lutz, *Das Ringen um deutsche Einheit und kirchliche Erneuerung: von Maximilian I. bis zum Westfälischen Frieden 1490 bis 1648*, S.148-152.

② 1378年罗马教廷枢机主教团形成了意大利籍教士和非意大利籍教士的两大派，两大派各自选举出了两位教皇，直至1417年枢机主教团才在选举教皇的问题上达成一致，西方学者称之为"西方教会大分裂"。参见 Hans-Georg Beck usw., *Handbuch der Kirche*, Freiburg-Basel-Wien: Herder, 1985, Bd. III/2, S. 490ff。

的失职者，不配掌有神圣罗马帝国"，[①]欲将其废黜另立新君，由此引起对立派强烈反对，两王并立的政治局面再现，直到1411年7月西吉斯蒙德被选立为王才重又结束了这一分裂局面。1414年，为了消除帝国政治分裂的因素，新登基的国王西吉斯蒙德强势介入为弥合教会大分裂在康斯坦茨举行的"普世宗教会议"（ökumenisches Konzil）。

康斯坦茨普世宗教会议开启了罗马教会历史上的宗教会议时代，[②]这次宗教会议于1415年颁布了《神圣宗教会议》（Haec sancta）的教令，不仅强调定期召开宗教会议的重要性，还强调教皇必须服从宗教会议的决议，否定了教皇自4世纪以来一直享有的至高无上的权威（Papst-Primat），在此基础上产生了宗教会议的理论（Konziliarismus），并最终以此于1417年结束了西方教会的大分裂。[③]康斯坦茨普世宗教会议时期聚集了来自欧洲各地700余与会者，为了有效地组织会议，与会的教会学者们按照中世纪大学的组织机制结成了社团（Nation[④]），1415年1月共有四个宗教会议社团（Konzilnation）：德意志社团，其中包括来自丹麦、斯堪的纳维亚、波西米亚、波兰、匈牙利以及苏格兰的与会者；意大利社团；法国社团和英国社团。按照西吉斯蒙德旨意，宗教会议在作出决议时不再是每个参加者都有表决权，而是每个社团和枢机主教团都各自只有一票的表决权。这种表决方式，无疑在客观上强化了在英法百年战争期间已经生长出来的民族意识，有了较为强烈的德国人、英国人、法国人、意大利人的概念。德国学者卢茨认为，康斯坦茨宗教会议不仅对基督教教会有着重要的意义，对世俗社会和政治也产生

---

①　Karl Zeumer (bearb.), *Quellensammlung zur Geschichte der Deutschen Reichsverfassung in Mittelalter und Neuzeit*, Tübingen: Mohr, 1932, S. 223ff.

②　西方学界通常把1414—1418年的康斯坦茨宗教会议，1431—1449年的巴塞尔宗教会议，至1512—1517年的第五次拉特兰宗教会议这一百年称为"普世宗教会议时代"。

③　Hubert Jedin (hrsg.), *Handbuch der Kirchengeschichte*, Freiburg-Basel-Wien: Herder, 1985, Bd. III/2, S. 547ff.

④　Nation源自拉丁语 natio，在12世纪的大学里，来自同一个地区的大学生们自行组成的同乡会称为natio；自16世纪以后，Nation才被赋予政治学中"民族国家"的含义。

极大的影响，从这个历史时期起欧洲社会中有了很明显的"大民族"（Großnation）的民族意识，"各种各样的因素都显露出来，在文化的范畴中有了增强的效应，在塑造政治方面有了民族感情和民族意识"。但是他也强调，这种民族意识和民族感情在德意志更多地表现在人文主义中，在这个问题上他似乎比较赞同德国实证主义史学大师兰克的观点。兰克认为，1490 年前后欧洲很多王权都有了集权统治，强大到足以使反抗的各种独立体对其屈服，也能排除外来的影响，把各群体的民众联合在一起，有共同的意识，朝着民族的方向发展；但这种现象在德意志还没有出现。[①]

二、德意志帝国的改革

统一帝国的改革尝试

民族意识之所以在德意志没有像英法那样自下而上生长的一个重要原因在于，中世纪晚期以来大大小小的邦国以及各种类型的城市和城市同盟在政治上的独立性、在经济上利益的不统一性。邦国的领土主权政策不仅支离了帝国皇权的权力，也极大地削弱了帝国的财政来源，帝国会议的职能和权限受到很大的制约，《帝国和平条例》的法律效力大打折扣。卡尔四世在位时，利用政治联姻扩大了帝国在东部地区的疆域：通过他自己的四次婚姻以及儿子们的婚姻，匈牙利、波西米亚、克罗地亚等王国先后归入卢森堡家族的领地。1387 年，卡尔四世的儿子、卢森堡的选帝侯西吉斯蒙德在父亲的安排下与匈牙利王位唯一继承人联姻，这次婚姻使他顺利地登上了匈牙利王位，此后他又从他父亲那里继承了波西米亚和克罗地亚的王位，1411 年他被推举为德意志国王。西吉斯蒙德头上有了多个王冠。然而，15 世纪初的德意志帝国面临着纷乱的国际局势，西方教会的

---

① Heinrich Lutz, *Das Ringen um deutsche Einheit und kirchliche Erneuerung: von Maximilian I. bis zum Westfälischen Frieden 1490 bis 1648*, S. 117.

大分裂（1378—1417年）、奥斯曼土耳其人的入侵延缓了他登上帝国皇位的时间，他被选为国王三年后才被加冕为德意志帝国的皇帝，此后爆发的胡斯战争更是阻碍了他在帝国内推行他的政策。为此，他在加冕为皇帝之后首先要解决的问题即西方教会的大分裂。

14世纪初，集权的法国国王为了控制罗马教会，把教廷迁址法国南部的阿维尼翁，1377年，教皇格雷戈尔十一世带领16个枢机主教把教廷从阿维尼翁迁回罗马，结束了长达75年的阿维尼翁教廷时期。格雷戈尔去世后，枢机主教团因教皇候选人产生了极大的分歧，双方互不妥协，同时选举出了意大利籍和法国籍的两位教皇，1379年，法籍教皇返回阿维尼翁，形成了阿维尼翁教廷和罗马教廷两个对立面，开始了持续40年之久的西方教会的大分裂。基督教西方教会的大分裂严重削弱了教会的宗教权威，也不利于西欧各国王权的集权。法国国王极力促进教会的统一，以便能凌驾于统一后的教会之上，继续对其施加影响；德意志王位之争的双方都希望借助某一派教皇的支持，宣布自己掌有合法的王权，这就使教会分裂处于更加错综复杂的国际形势中。罗马教廷和阿维尼翁教廷也各自试图寻求世俗君主的支持，弥合教会的分裂。然而，世俗君主的介入不仅没有达到弥合分裂的目的，反而加剧了双方的对立：于1409年选出了第三位教皇，形成了三足鼎立的局面。

教会的分裂直接影响到了德意志政局的分裂，在此之前德意志的教会基本上都统一在罗马教会的管辖之下，教会的分裂激化了德意志帝国诸侯之间原有的矛盾，与英国和法国的外交关系决定了德意志诸侯分成了两派。德意志南部地区的诸侯因与法国交好支持阿维尼翁教皇，莱茵地区的四位选帝侯则支持在罗马的教皇。显而易见，解决西方教会的分裂有利于皇权的集权。1414年，在西吉斯蒙德的力主和支持下，枢机主教团在德意志南部城市康斯坦茨召开宗教会议，与会者多达700余人，三派教皇均有代表参加此次会议。[①]

---

① H.-G. Beck, K. A.Fink, J. Glazik, E. Iserloh, H. Wolter, *Handbuch der Kirchengeschichte. Vom Hochmittelalter bis zum Vorabend der Reformation*, Bd. III/2, S. 550.

西吉斯蒙德亲临会议，强势干预，会议持续三年之久，最终各方达成协议，废黜了原来的三位教皇，共同选举出了一位新教皇，结束了西方教会的大分裂。康斯坦茨宗教会议虽然解决了西方教会大分裂的问题，但是因为对教义的不同诠释产生了不同的神学派别，这个历史时期比较有代表性的是英国的威克里夫和捷克的胡斯。为了维护教皇的权威，康斯坦茨宗教会议对他们进行了严厉斥责，当众焚毁了威克里夫的著作，传讯胡斯前往康斯坦茨，以异端罪名处以火刑。胡斯被害激怒了波西米亚的广大民众，引发了胡斯战争。

西吉斯蒙德对教会事务的干预削弱了他在帝国境内的权威，不仅地方诸侯趁机瓜分了皇权的权利，帝国财政的来源也极大地减少。为了改变这种政治局面，西吉斯蒙德皇帝试图从立法入手进行帝国改革。1434年9月，西吉斯蒙德颁布《十六条款纲领》，提出在帝国原有的"菲莫"①法庭形式的基础上建立一种固定的法律制度。菲莫法庭设立于13世纪，主要职能是调节各邦国在领地政策方面产生的矛盾和冲突，主审法官、陪审法官通常由大贵族、贵族以及各等级的代表组成。在此后的两个世纪中，菲莫法庭的权限逐渐膨胀，有时甚至侵犯了国王的权力，这也是西吉斯蒙德要进行司法改革的一个重要原因。1437年，西吉斯蒙德在阿恩斯贝格召开帝国会议，这次会议涉及有关法典的编纂、设立最高主审法官（Oberfreistuhl）等司法机构等问题，被称为"阿恩斯贝格改革"（Arnsberger Reformation）。然而，西吉斯蒙德主持的司法改革尚未启动就因他的辞世而搁浅。

哈布斯堡王朝的改革

西吉斯蒙德之后，他的女婿、奥地利的公爵阿尔布雷希特二世于1438年被选立为德意志的国王，开启了哈布斯堡王朝的统治。阿

---

① 菲莫（Feme或Veme）出自中世纪低地地区的德语，自13世纪以来的一个法律专业词汇，意为"属于同等法庭的自由人的联盟"，此外还有"处罚"的意思。14世纪以后，Feme转意为"自由法庭"（Freigericht，或Freistuhl）。

尔布雷希特二世与他的岳父一样拥有德意志王国、匈牙利王国和波西米亚王国的三顶王冠。为了加强对德意志帝国的统治，他于1439年7月在纽伦堡召开帝国会议，提出把帝国分为四个大区的帝国改革方案；然而，这一改革方案并没有得到诸侯们的支持，因为这涉及相关地区的管辖权问题，更何况，诸侯们的意愿与新国王提出的改革方案的目的有着很大的差异。阿尔布雷希特划分四个大区的目的旨在扩大国王在各个邦国内的权限，他提出每个大区的长官应该由各大区内的社会各等级共同选举产生，候选人首先应该具有诸侯等级身份，并且其身份是经过法令确立的，因而享有维护地区和平的全权；主持选举的应是当地最有威望的诸侯，如果社会各等级无法取得一致的话，则由国王做最终裁决。国王的这一改革方案遭到诸侯们的激烈反对，他们是希望通过改革能在各自的大区内独掌大权，并因此能参与帝国的政务，提升在帝国会议中的政治影响力。因此，这一改革方案迟迟无法通过，土耳其人的入侵则更使这一改革搁浅。1439年10月，阿尔布雷希特二世在与土耳其人的征战中身染痢疾，10月27日不治身亡；次年2月，他的堂弟克恩滕的公爵弗里德里希三世被选为德意志国王，但因战事纷乱，直到两年后才举行国王的加冕礼。

　　登上王位的弗里德里希三世并没有继续前任的改革，他极力要推行的是扩大哈布斯堡家族领土的政策。1442年6月，国王因在亚琛接受加冕礼第一次进入帝国的西部地区，8月在法兰克福召开帝国会议，颁布了进行帝国改革的法令，但是并没有延续阿尔布雷希特的改革主张。这次改革因为与瑞士联邦的武装冲突再次没能付诸实施，帝国西北地区也因为诸侯之间的领地之争陷入混乱之中。为了平定混乱，弗里德里希三世再次转向罗马教皇，通过承认教皇的主教授职权抑制地方诸侯借助教会扩大其势力范围；弗里德里希三世也因此于1452年被加冕为德意志皇帝，他是德意志历史上最后一个由教皇加冕的皇帝。

　　弗里德里希三世是德意志历史上在位时间最长的国王（1440—

1487年）和皇帝（1450—1493年），他在位期间只注重扩大哈布斯堡家族的领地，对帝国内诸侯之间的争斗听之任之。15世纪50年代，英法百年战争接近尾声，英法以及罗马教会也再次有机会染指德意志的内政。为了防止法国国王染指德意志的王位，他首次提出了"德意志民族的神圣罗马帝国"的称谓，通过儿女的婚姻与巴伐利亚结成联盟，并且于1487年力保他的儿子马克西米利安登上了德意志的王位。为此，弗里德里希三世不得不向选帝侯和其他诸侯们做出极大的妥协，再次提出了帝国改革的施政纲领，但德意志东西地区的诸侯对帝国的改革持两种截然不同的态度。西部地区的诸侯们积极支持帝国的改革，这些诸侯的权势都比较弱，他们希望通过改革增强自身的政治实力；东部地区的邦国政治实力强盛，他们担心帝国的改革会因为增强了皇权的集权而削弱了自身的自治权，因而他们对帝国改革采取消极的态度。对帝国的改革存在着不同的态度在某种程度上增加了社会等级参加帝国会议的机遇：为获得社会上更多的支持，皇帝邀请更多的社会阶层参加帝国会议。可以这样说，从1489年起帝国会议已经成为社会各等级联合起来的一个代议性的机构。

马克西米利安一世的改革

弗里德里希三世的帝国改革政策并没有付诸实施，但是他推行扩张哈布斯堡家族领地的政策为其子马克西米利安一世留下了一个有着牢固政治基础的家族政权。另一方面，国际局势的变化促使新国王重启帝国的改革。自15世纪20年代起，奥斯曼土耳其人不断进攻欧洲，与威尼斯人争夺地中海地区的贸易权和海洋权；1453年，拜占庭帝国在其攻击下轰然倒塌，震惊了整个欧洲。1467年，土耳其人攻进了匈牙利王国，对哈布斯堡家族的世袭领地造成了直接的威胁。帝国的邦君诸侯以及社会的各个等级都意识到势单力薄产生的诸多不利因素，有了联合起来共同抗击外部入侵的意愿，这就需要帝国的统一，增强帝国的权力。另一方面，垂涎意大利已久的法国国王查理八世试图通过介入意大利战争掌控罗马教会。为此，马克西米利安一世意欲进军意大利，以阻止法王进入意大利。为了筹集进军意大利军费，马克西米利安一世于1495年3月在沃尔姆斯召开帝国会议，参加这次会议的有5位选帝侯、10位大主教和29位诸侯，此外还有教俗贵族派出的12位代表以及24位帝国城市的代表和67位伯爵。马克西米利安一世在这次会议上颁布了《永久和平条例》，德国历史学家们通常把这看作帝国改革开始的标志。[1]马克西米利安一世在会议上提出征收帝国税"共同芬尼"（Gemeine Pfennig[2]），凡十五岁以上的臣民都必须缴纳；参加会议的代表对此提出了交换条件，提议设立一个有社会各等级代表参与商议帝国重要事务的、常设的帝国权力委员会。这一提议无疑是对帝国会议建制的一项重要改革，它不仅改变了自中世纪以来帝国会议的组织模式，也涉及此后在帝国会议上提出的议题和做出的决议，这就为帝国会议赋予了议会君主制的性质。[3]1500年4月，马克西米利安一世在奥格斯堡再次召开帝国会议，履行在沃尔姆斯帝国会议上做出过的承诺，设立了帝国权力委员会。这个机构由国王派出的代表以及22名社会各等级的代表共同组成，成为帝国最高的行政机构，它的职能是监督帝国做出的有关财政、外交、战争等重大国务事宜的决定。

沃尔姆斯帝国会议上做出的一个重要决议是力求帝国司法审判实现统一，马克西米利安一世在沃尔姆斯的帝国会议上与社会各等

---

[1] 20世纪30年代起，德国历史学家就已经对"改革"（Reform）这一定义和概念进行了较为广泛的讨论和较为深入的论述，50年代末期，安格迈尔撰文对改革的定义和内容作了系统的综述，参见 Heinz Angermeier, "Begriff und Inhalt der Reichsreform", in: *Zeitschrift der Savigny-Stiftung für Rechtsgeschichte*, G. A., Bd.88 (1958), S. 181-205。

[2] "共同芬尼"是一种按照个人的地位和财产制定的人头税、收入税和财产税，在各地都遭受到很大的阻力，最终于1505年停止征收。参见 Eberhard Isenmann, "Reichsfinanzen und Reichssteuern im 15. Jahrhundert", in: *Zeitschrift für Historische Forschung*, Bd. 7, Heft 1 (1980), S. 1-76。

[3] Eberhard Isenmann, "Reichsfinanzen und Reichssteuern im 15. Jahrhundert", in: *Zeitschrift für Historische Forschung*, Bd.7, Heft 2 (1980), S. 129-218。

级达成了"推行和平与法律"的协议，即社会的每个等级都有义务维护共同建立起来的新秩序。根据他签发的《永久和平条例》，成立了帝国会议法庭（Reichskammergericht）。帝国会议法庭凌驾于各邦国的法庭之上，它打破邦国的界线划分了六个司法管辖区即帝国大区①，由皇帝指定任命每个管辖区的帝国法官以及四位陪审法官，由此组成审判团。条例废除了诸侯们自中世纪以来一直享有的私战权，他们之间发生的纠纷只能通过起诉到法庭上解决。1500年7月，马克西米利安一世在奥格斯堡帝国会议上颁布了成立帝国权力委员会的敕令，规定了委员会中选帝侯和诸侯、骑士、市民成员的构成，委员会的组织结构及其职能和权限，帝国成员应该缴纳的各种赋税等。帝国权力委员会和帝国会议法庭的成立标志着，德意志帝国的最高权威不再是国王个人的权力，国王与社会各等级一样都要服从这个最高权威的监管。

值得一提的是，在这个时期颁布的帝国敕令中多次使用"德意志民族"（Teutsch Nation②）的词句。③1512年，在科隆召开的帝国会议闭幕时，马克西米利安一世第一次在帝国的官方文件中标注了"德意志民族的神圣罗马帝国"的字样。④如果说英国和法国的民族意识是在百年战争时期"自下而上"地生长起来的话，那么德意志的民族意识则是在帝国实施改革的过程中"自上而下"地增强的。德国以兰克为代表的19世纪晚期的历史学家们十分关注15世纪末16世纪初的帝国会议，深入研究了这个历史时期历次帝国会议的

---

① 1500年划分的六个司法管辖区是巴伐利亚、士瓦本、上莱茵、（下莱茵－）威斯特法伦、弗兰克、下萨克森。1512年又增加了勃艮第、奥地利、上萨克森、莱茵选帝侯区（即科隆、美因茨和特里尔三个大主教选帝侯所管辖的区域）。

② 国内学界通常把Teutsch音译为"条顿"，但Teutsch是古德语，与现代德语中的Deutsch是同一个词，同样也应该翻译为"德意志"。

③ Arno Buschmann, *Kaiser und Reich: Verfassungsgeschichte des Heiligen Römischen Reiches Deutscher Nation vom Beginn des 12. Jahrhunderts bis zum Jahre 1806 in Dokumenten*, S. 196f.

④ 有关这个文献参见Karl Zeumer (bearb.), *Quellemsammlung zur Geschichte der Deutschen Reichsverfassung in Mittelalter und Neuzeit*, Tübingen: Mohr, 1913, S. 297ff。

档案，以及宗教会议时期出现的一系列文献，特别是《西吉斯蒙德改革》(*Reformatio Sigismundi*)，赋予了这个时期"改革"的特点，并用Reformation这个术语把同一历史时期发生的宗教改革运动与帝国的改革（Reichsreform）区分开。[1]德国传统的史学家们认为，沃尔姆斯帝国会议提出的征收帝国赋税、组建一支帝国军队、划分帝国司法管辖区以及成立帝国权力委员会，这些都是在改变旧的政治传统、改变旧的城市，是一次十分重要的政治改革，是德国实现现代化、走向现代国家的一个重要历史进展。[2]

20世纪70年代，雷根斯堡大学的教授海因茨·安格迈尔就帝国改革问题出版和发表了一系列相关著作和论文；此后，哥廷根大学的莫拉夫等学者也就此问题有了新的研究，这些新的研究着重从制度史变革的角度论述帝国改革，安格迈尔被德国历史学界看作帝国改革研究领域中新的领军人物，[3]他在论述帝国改革时提出了新的视角。安格迈尔认为，马克西米利安一世于1495年召开沃尔姆斯帝国会议的目的并不是要进行帝国改革，而是企图借助诸侯的力量扩张哈布斯堡家族的势力范围；诸侯及各社会等级也是在力求维护已获得权利，从这两点来说改革的要求具有复旧的特点。然而，从改革的实际内容来看则是在建立一个国家性的制度机构，其核心是要确立司法的、公共安全的、安定秩序的机构，确立负责财政、军事和政府事务的机构。[4]虽然国王和诸侯怀着各自不同的目的，但却有着相同的契合点，才能在沃尔姆斯帝国会议上达成一致，颁布了《永久和平条例》，成立了帝国会议法庭以及此后的帝国权力委员会。但

---

① Eike Wolgast, "Reform, Reformation", in: Otto Brunner (hrsg.), *Geschichtliche Grundbegriffe: Historisches Lexikon zur politisch-sozialen Sprache in Deutschland*, Stuttart: Klett-Cotta, 2004, Bd.5, S. 313ff.

② Heinz Angermeier, "Begriff und Inhalt der Reichsreform", in: *Zeitschrift der Savigny-Stiftung für Rechtsgeschichte,* G. A., 75 (1958), S. 181f.

③ Karl-Friedrich Krieger, *König, Reich und Reichsreform im Spätmittelalter*, München: Oldenbourg, 2005, S. 114.

④ Heinz Angermeier, "Begriff und Inhalt der Reichsreform", in: *Zeitschrift der Savigny-Stiftung für Rechtsgeschichte*, G.A., 75 (1958), S. 127ff.

同时他也认为，1495年的帝国会议充其量只是一件未完成的"作品"，一是因为事实上的财政制度还只是一个愿望，并没有实现；另一方面，帝国还缺少一个保证帝国职能履行的制度。[①]也正是因为国王和诸侯的目的不同，才在帝国改革中有着两股改革势力的对立和博弈，这场博弈没有导致国家权力的实现，反而进一步加强了国家权力的分裂。[②]彼得·莫拉夫也认为德意志在通向现代化的进程中存在着帝国的和邦国并存的"二元性"，而且帝国和邦国是互为条件的，帝国弥补了邦君统治在国家性方面的不足，邦国制则为帝国创造了现代结构。他认为国王和邦君之间虽然存在冲突，但邦君的统治并没有削弱帝国的集权，反而说明了等级的崛起，增强了帝国的集权，邦君承担了帝国因缺少管理机构而无法承担的那些职能。[③]在中世纪晚期多头政治的德意志，恰恰是在国王与各等级的对峙中体现出了帝国改革的核心。正是基于这一点，莫拉夫并不把沃尔姆斯帝国会议看作一场政治的"改革"，而是在进行"帝国制度的改建"（Umgestaltung der Reichsverfassung）。[④]拉贝也通过五个方面阐述了帝国改革在帝国政府建制方面产生的结果：首先，帝国会议（Reichstag[⑤]）已经演变为具有政治治理和立法性质的最高决策机构；其次，重新设立帝国最高法庭作为帝国的最高司法机构；再次，划定了帝国的区域范围，加强了帝国对地方事务的管理；第四，改革了帝国的税收制度，并因此有了帝国常设机构，保障了帝国军队的军费开支；最后，在国王陷入外交困境时，已经建立的帝国权力委

---

① Heinz Angermeier, *Das alte Reich in der deutschen Geschichte: Studien über Kontinuitäten und Zäsuren*, München: Oldenbourg, 1991, S. 186ff.

② Heinz Angermeier, *Die Reichsreform 1410–1555: Die Staatsproblematik in Deutschland zwischen Mittelalter und Gegenwalt*, München: Beck, 1984, S. 330.

③ Peter Moraw, "Fürstentum, Königtum und Reichsreform im deutschen Spätmittelalter", in: Walter Heinemeyer (hrsg.), *Vom Reichsfürstenstande*, Köln: Gesamtverein d.Dt. Geschichts- u. Alterumsvereine, 1987, S. 117f.

④ Ibid., S. 132.

⑤ Reichstag这个德语单词可以翻译为"帝国会议"，也可以翻译为"帝国议会"。笔者认为，16世纪之前Reichstag仅是一种会议，但自马克西米利安一世的改革之后，这个德语单词更多地具有了机构含义，因此自此之后这个词应该翻译为"帝国议会"。

员会作为由各等级组成的政府起着非常重要的组织机构的作用。[1]

帝国改革的结果

15世纪中期至16世纪初，西欧的政治格局发生了巨大的变化，1453年，英法之间持续了近百年的武装冲突尘埃落地。在这场旷日持久的战争中，英法两国的民族意识大大增强，具体体现在两个方面，一是绝对君主制的加强，二是各国对本国工商业的保护意识也越来越强烈。然而，在同一历史阶段，德意志民族意识的增长则受到很大的阻碍，这种阻碍主要来自德意志在中世纪的政治特点及以此为基础建立的邦国制度。抑或可以这样说，包含了整个西方的基督教政治秩序的帝国的旧思想虽然已经过时，但并没有完全消失。[2]一方面，尽管在中世纪德意志帝国的政治权力与英、法一样都是基于采邑权，但诸侯与国王之间的依附关系并不十分紧密；另一方面，社会的公共权力被严重分割成诸如司法审判权、征收关税权或者是护送权[3]、铸币权和矿山权等各种权利，这些权利并没有包含在采邑权中，政治强大的邦君的统治，甚至国王的统治都是各个权利的总和，而且所有这些权利都是诸侯或者城市逐一获得的，享有转让或者继续封授给他人的权利。正如拉贝所说的，因此中世纪的统治权基本上是与个人相关的而不是与地区性相关的。这个被分割的政治权力依然是一种个人的权力，而不是地区性的权力，这种个人的权力是德意志实现统一的最大障碍。德国历史学家们普遍认为，1495—1500年的改革、1500—1502年的帝国权力委员会，以

---

[1]　Horst Rabe, *Reich und Glaubenspaltung: Deutschland 1500-1600*, München: Beck, 1989, S. 77.

[2]　Horst Rabe, *Deutsche Geschichte 1500-1600: Das Jahrhundert der Glaubensspaltung*, S. 13.

[3]　"护送费"是中世纪以及近代早期德国邦君诸侯的重要收入之一，源自中世纪早期商人为防止强盗的抢劫而雇佣的武装保护者，被护送者向护送者缴纳一定的费用。邦国形成后，武装的保护演变为信函，商人向邦君购买保护信函以出入其邦国领地进行经济活动。参见 B. Koehler, "Geleit", in: Adalbert Erler (hrsg.), *Handwörterbuch zur deutschen Rechtsgeschichte*, Berlin: Schmidt, 1971, S. 1482ff。

及1504年起马克西米利安一世采取的一系列政策，所有这些都削弱个人的权力、促进帝国在政治上和制度建设方面朝着民族国家的方向发展。[①]同时他们也不否认，这次改革并没有达到帝国改革要创建稳固的帝国统治权的目的，皇权也未能实现组织起市民的意图，帝国各等级没有结成一个社会的整体，组建起一个有效力的等级机构。[②]

公权被分割以及邦国的独立和封闭与这个历史时期社会人员的流动和资源的流动形成了巨大的反差，产生难以克服的矛盾，致使社会出现不安定和不稳定的因素日益增加，因此恢复一个具有强势的德意志皇权不仅是马克西米利安一世等皇帝的愿望，也是社会各等级乃至各邦君诸侯的共同愿望和要求。1494年8月法国国王查理八世率军进入那不勒斯为实现这一共同的要求提供了一个有利的契机，同时也拉开了欧洲诸国争夺欧洲霸权的意大利战争的序幕。欧洲的历史学家们把查理八世进军意大利看作欧洲近代历史的开端，他们的论据是，欧洲的统治地位总是与占领意大利联系在一起的。[③]自中世纪以来，与罗马教会的关系对德意志的君主来说始终具有举足轻重的政治作用；不仅如此，与意大利的商业贸易更是涉及君主和市民的利益。自15世纪起，日益强大的威尼斯共和国逐渐把德意志帝国的势力排挤出意大利北部地区，给德意志与地中海地区的贸易往来造成了很大的损失，这些都是致使马克西米利安一世卷入意大利战争的主要原因，也是德意志的诸侯与各社会等级共同支持皇帝为进行意大利战争征收"共同芬尼"税的主要原因。也正是基于这一点，多头政治的德意志才能在一定程度上达成一致，或许可以这样说，在有关意大利的问题上德意志历史上首次具体地体现出了德意志的民族意识，与此同时发生的土耳其的入侵更增强了这种民

---

① Horst Rabe, *Deutsche Geschichte 1500-1600: Das Jahrhundert der Glaubensspaltung*, S. 103f.

② Heinrich Lutz, *Das Ringen um deutsche Einheit und kirchliche Erneuerung: von Maximilian I. bis zum Westfälischen Frieden 1490 bis 1648*, S. 117.

③ Ibid., S. 153.

族意识。

沃尔姆斯帝国会议在政治体制建设方面起到了推进的作用，虽然由于德意志的多头政治导致帝国改革的成效有很大的局限性，统一征收帝国税、设立帝国权力委员会和帝国法庭这三项改革措施都没有取得预定的成效，尤其由于邦国经济的独立性较强，币制改革和税制改革都先后搁浅，但依然对德意志帝国此后的发展施加了非常重要的影响。其一，帝国法庭的设立在禁止私战权、通过法律和平地解决纠纷方面有了明显的成效，更为重要的是，帝国有了最高的司法审判机构，这是向现代法律制度迈进的一大步；① 另一方面，在此基础上划分的司法管辖区是此后现代行政区划的基础。其二，新设立的帝国权力委员会在组织建设方面也开了先河，这个委员会中不仅有作为皇帝代表的、在帝国举足轻重的20位教俗大贵族，而且还有帝国自由城市（Freie Stadt②）的代表参与其中。15世纪末，德意志帝国有80余座自由城市，分布在帝国各个地区，特别是在帝国的北部和西部，汉堡、吕贝克、科隆、美因茨、沃尔姆斯、乌得勒支、巴塞尔、斯特拉斯堡等这些重要的城市都是帝国的自由城市。这些城市不仅都是商业贸易的中心，在各邦国的政治事务中也起着举足轻重的作用。市民阶层的代表进入帝国权力委员会，通过这一途径参与决定有关帝国的财政、防御、宣战和外交等帝国政治事务，为维护自身经济利益提出的政治诉求远远超出了邦国的范围。其三，自1495年起，国王把原有的"宫廷会议"（Hoftag）改称"帝国会议"（Reichstag），此前国王主要是基于国王"个人"（Person）或者王室的原因召开会议，而沃尔姆斯会议则是第一次基于涉及社会各等级的事务召开的，参加帝国会议的不仅有那些与国王有着密切

① Dietmar Willoweit, "Reichsreform als Verfassungskrise: Überlegungen zur Heinz Angermeier, *Die Reichsreform 1410-1555*", in: *Der Staat*, Bd. 26, Heft 2 (1987), S. 273ff.

② "自由城市"是指12世纪以来通过城市自治运动摆脱了大主教或者诸侯控制的城市，如科隆、美因茨、沃尔姆斯、施派尔、斯特拉斯堡、累根斯堡等，这些城市直接被置于皇帝的司法审判权之下，即帝国城市（Reichstadt），13世纪以后，这些帝国城市也被称为自由城市。

关系的诸侯，还有其他的社会等级。①在此之后，帝国会议作为帝国的一个行政机构（Organ）存在，无论在形式上还是内容上都具有了帝国行政机构的性质。②不仅如此，帝国改革之后，各种级别的会议，例如选帝侯会议、帝国等级会议、帝国辖区会议以及帝国最高法庭都逐渐演变为凌驾于各邦国之上的常设的行政管理和司法机构，尽管它们的效率还较为低下。15世纪末帝国的改革也为16世纪的宗教改革提供了必要的政治条件。

三、宗教改革和反宗教改革

马丁·路德的初衷

从马丁·路德开始的宗教改革运动被后世的历史学家们誉为早期资产阶级革命，然而它的起因却是有关赎罪券（Ablass）的争论。16世纪初，罗马教廷为了解决财政枯竭问题，在各地大肆兜售赎罪券，马格德堡的大主教阿尔布雷希特（Albrecht）为成为选帝侯而寻求罗马教皇的支持，积极在德国推销赎罪券。16世纪的西欧处在一个社会经济大变革的历史时期，德国历史学家沃尔法勒就认为，在德意志宗教改革开始之前无论经济上还是文化方面都呈现出前所未有的发展高潮，与这个历史时期的英国和法国一样，在封建社会中已经产生了资本主义的萌芽。③但是，社

---

① Peter Moraw, "Versuch über die Entstehung des Reichstages", in: Hermann Weber (hrsg.), *Politische Ordnungen und soziale Kräfte im Alten Reich*, Wiebaden: Steiner, 1980, 1ff.

② 德国历史学家们多有这种看法，对此进行了较为详细的阐述，例如：Eberhard Isenmann, "Kaiser, Reich und deutsche Nation am Ausgang des 15. Jahrhunderts", in: Joachim Ehlers (hrsg.), *Ansätze und Diskontinuität deutscher Nationsbildung im Mittelalter*, Sigmaringen: Thorbecke, 1989, S. 192ff.; Karl-Friedrich Krieger, *Die Lehnshoheit der deutschen Könige im Spätmittelalter*, Aalen: Scientia-Verla, 1979, S. 422ff; Ernst Schubert, *König und Reich: Studien zur spätmittelalterlichen deutschen Verfassungsgeschichte*, Göttingen: Vandenhoeck und Rubrecht, 1979, S. 323ff。

③ Rainer Wohlfeil (hrsg.), *Reformation oder frühbürgerliche Revolution*, München: Nymphenburger Verl.-Handl, 1972, S. 26.

会的经济关系还没有发生本质的变化，人们固守的意识形态和宗教信仰似乎还没有跟上经济的快速发展，生活在不安和动乱社会中的人们只能在对宗教的狂热中寻找安慰，对宗教信仰有发自内心的虔诚，购买赎罪券的热情非常高。作为神学家的马丁·路德从神学的角度对赎罪券持批评的态度，1517年他希望通过一场神学辩论阐释赎罪券买卖的弊端；为此，他按照当时的惯例致函美因茨的大主教，要求就买卖赎罪券进行一场神学辩论，并附上了共计95条的辩论提纲《关于赎罪券效能的辩论》，即《九十五条论纲》。

　　赎罪券起源于11世纪末期西欧第一次十字军运动时期，为组建东征的十字军，教皇乌尔班二世宣布凡参加十字军东征的基督徒都可以赎罪得救，为此发给他们赎罪券作为凭证。然而，在此后的几个世纪中，赎罪券逐渐成为教会敛财的一种方式，15世纪末16世纪初，买卖赎罪券的风气愈演愈烈，一些购买了赎罪券的基督徒甚至不再进教堂做礼拜，也无意再进行忏悔。马丁·路德的《九十五条论纲》并没有明确表示要完全地废除赎罪券，也无意针对罗马教皇长期以来确立的宗教权威，他强调赎罪券的功效是极为有限的，虽然赎罪券可以免除教会给予的惩罚，但根本不能免除人的罪孽，也不能使人获得救赎，基督徒只要内心悔悟就能获得上帝的救赎的恩典。[①]令路德始料不及的是，他的《九十五条论纲》很快在社会上传播，并且引起了巨大的社会反响，很快在德意志帝国境内掀起了反教廷的声浪，即德意志民族的抗议，德国历史学家把这种反教廷的抗议与帝国改革的政治局势联系在一起，这是路德《九十五条论纲》能在社会上掀起轩然大波的一个政治原因。[②]但是路德更多地是从神

---

　　① 参见路德文集中文版编辑委员会编《路德文集·改革运动文献》，上海三联书店2005年版，第15—23页。

　　② Gravamina是一个拉丁语词汇，意为"异议""反对"，德国历史学家把16世纪初社会中对教廷的不满称为Gravamina der deutschen Nation，参见Heinz Angermeier, "Reichsreform und Reformation", in: ders. *Das alte Reich in der deutschen Geschichte: Studien über Kontinuitäten und Zäsuren*, Müchen: Oldenbourg, 1991, S. 362f。

学的角度阐释他对赎罪券的观点，他于1518年先后发表了《九十五条论纲释解》和《关于赎罪券和宽恕的布道》两篇文章对论纲进行较为深入的诠释，他结合当时德国人文主义思想和基督教新神秘主义的思想，进一步批评买卖赎罪券的现象，并且从神学的角度论述了基督教的赎罪。他强调，耶稣提出的赦罪并不是教会圣事意义的赦罪，教会的圣事只是为了针对忏悔和认罪的行为而制定的规定，宽恕罪孽的权利只有上帝才有，它与教会的惩罚没有任何关系。①

以美因茨大主教阿布雷希特和因戈尔施塔特大学的神学教授约翰内斯·艾克为首的大主教和教士强烈谴责路德的神学思想，他们认为路德的神学思想危害了罗马教会的宗教权威，是异端学说。1518年5—6月期间，教皇以异端罪名传唤路德前往罗马候审，路德的朋友们劝阻他前往；教皇只得派其使节于这年的10月在奥格斯堡主持听证会，路德和艾克进行了激烈的神学辩论。路德的朋友、萨克森选帝侯弗里德里希支持路德，担心他的人身安全，协助他秘密逃出奥格斯堡。1519年6月，艾克在莱比锡再次与维滕贝尔格大学的神学教授们就路德的学说进行了激辩，路德在维滕贝尔格大学校长和200余名师生的陪同下前往莱比锡，应对艾克对他的指责。莱比锡辩论之后，路德更是连续发表了《致德意志民族的基督教贵族论改善基督教状况书》《教会被掳于巴比伦》以及《论基督教教徒的自由》等文章。在这三篇文章中，路德明确阐释了基督的宗教权威，公开否定了自中世纪早期以来罗马教皇一直享有的宗教权威，强调了"因信称义"的教义主张。这三篇文章被后世学者誉为将宗教改革运动推向高潮的檄文。1520年9月，教皇利奥十世发布通谕，要求焚烧路德的所有著作，命其在60天内宣布收回自己的异端思想，路德则在期限到来之时当众烧毁了教皇的通谕；次年1月，利奥十世教皇宣布以异端罪开除马丁·路德的教籍。

---

① Reinhard Schwarz, *Luther*, Göttingen: Vandenhoeck und Ruprecht, 1986, S. 147.

教派的产生

1519年，身为西班牙国王的卡尔五世战胜法国国王被选为德意志国王，次年加冕为德意志皇帝，他把对路德的态度作为挟制罗马教皇的政治筹码，迫使教皇在对法国的外交事务和有关西班牙宗教法庭做出有利于皇帝的承诺后，才于1521年3月发布诏令，命路德前往沃尔姆斯的帝国会议陈述其观点。抵达沃尔姆斯的路德受到参加帝国会议各等级的热烈欢迎。在这次沃尔姆斯帝国会议上，路德和艾克再次就神学问题和基督教的教义进行了激辩。然而，由于帝国的皇帝、诸侯以及骑士和市民都对此表明了立场，路德因此被卷入帝国内的邦君间的政治斗争中，这就使得这一教会的事件转化为一场与权势有关的政治斗争，因为这场神学的争论不再只是在路德和美因茨的大主教之间进行，也不再是大学间的神学争辩，而是演变为一场争权夺势的政治争斗。卡尔五世皇帝在这次沃尔姆斯帝国会议上签署了教皇使节拟定的《沃尔姆斯敕令》，宣布路德是真正的、已被定罪的异端分子。面对政治斗争的压力，路德手持《圣经》，在沃尔姆斯帝国会议上无畏地宣告："我在这里，我不会改变，上帝助我，阿门！"尽管路德被宣布为异端，但在反对教皇的诸侯和骑士们的支持下，马丁·路德没有遭遇像胡斯一样的命运，而是顺利地离开沃尔姆斯；为了保护路德，萨克森选帝侯弗里德里希在他返回途中上演了一出"绑架"案，将其秘密地送进了选帝侯领地内的瓦尔特堡里，路德在那里完成了德文版《圣经》的翻译，完善了他的神学思想，并着手建立新教组织机构。

沃尔姆斯帝国会议之后，德意志并没有因为《沃尔姆斯敕令》像英国一样实现宗教信仰的统一，反而在帝国境内多地发生了因宗教信仰问题而发生的动乱。正是在这种动乱中相继出现了各种不同的改革声音，是此后形成的各个改革教派的神学理论的基础。德国历史学家把这个历史阶段称为"教派化的时代"，例如在日内瓦的加尔文，在苏黎世的胡尔德莱希·茨温利，在茨威考城的托马斯·闵采尔，以及被后世历史学家称为"宪政派宗教改革家"的卡尔施塔特、皮尔格拉姆·马柏克、门诺·西蒙斯等。[1]他们之所以被称为"宪政派宗教改革家"是因为他们的改革主张已经超越了宗教信仰的范围，他们批判自中世纪以来的信仰传统，完全否认宗教的权威，直至否认皇权的权威，不仅动摇了罗马教会的宗教权威，也对德意志的皇权构成了极大的威胁，[2]在一些城市中甚至引起了骚乱。维登贝格是宗教改革运动的策源地。1521年末，在维登贝格大学的教授卡尔施塔特的宣传下，该市一度陷入骚乱中。卡尔施塔特出身于卡尔施塔特市一位酿酒师的家庭，他曾经是路德的老师，他在接受了路德神学思想的同时还研读了奥古斯丁的著作，由此形成了自己的神学主张，他不仅主张比路德更为激进，还亲自付诸实践：他要求卡尔施塔特市的市议会颁布法令改革圣餐礼、废除圣像，没收修道院的财产以救济贫苦；他身着世俗服装在维登贝格的大教堂主持圣餐礼，身为大学神学教授和教士的他公开娶妻。维登贝格市到处发生拆除祭坛、烧毁圣像的现象，社会秩序陷入混乱。[3]对此束手无策的维登贝格市政的官员不得不请路德出面维持局势，应邀回到维登贝格的路德在该市的大教堂里身着教士服布道，重新恢复了原有的圣餐礼形式，恢复了维登贝格的秩序。

与卡尔施塔特同时代的托马斯·闵采尔也是宗教改革的激进派。闵采尔是路德的学生，出身于哈尔茨山区的一个农民家庭，大学毕业后在考维茨担任教职。考维茨被誉为萨克森的珍珠，它近邻大型银矿，地处商道而工商业发达，基督教的新神秘主义思潮在这个地区广为流行。闵采尔在这里接触了新神秘主义，有了自己的改革主张。他认为，"上帝的话"在每个人的心里，人是可以通过内心的领

① 美国历史学家威廉姆斯在其20世纪60年代出版的著作《激进的宗教改革》(George H. Willians, *The Radical Reformation*, Philadelphia: Werminster Press, 1962) 中最先提出了"宪政宗教改革"这一概念，此后被学界广为认同。

② Rainer Wohlfeil, *Einführung in die Geschichte der deutschen Reformation*, München: Beck, 1982, S. 28.

③ Ulrich Köpf (hrsg.), *Reformationszeit, 1495-1555*, Stuttgart: Reclam, 2001, S. 200ff.

悟获得上帝的启示，由此强调的是人的理性。闵采尔的宗教主张深得矿工和下层民众的认同，却使贵族感到不安，认为他鼓动暴动图谋叛乱，因为他号召采取暴力革命。为此，闵采尔经常被驱逐出贵族的领地，在各地漫游，不断遭到当地当局的驱逐。路德也指责他的学生没有正确地理解上帝和上帝的启示，谴责他提出的暴力革命的主张。闵采尔并没有接受路德的批评，反而与他的老师针锋相对。[①]

帝国的动乱

卡尔施塔特和闵采尔等激进的宗教改革者们的主张不仅受到路德和加尔文的谴责，还受到世俗当权者的迫害和打击，有的甚至遭到镇压，他们虽然没有如同路德一样以各自的宗教思想为基础创建新的教派组织，但是却对同一时代发生的再洗礼派运动等施加了重要的影响，引发了维登贝格的骚乱以及骑士的暴动。骑士暴动发生在普法尔茨地区，日趋没落的中小骑士们试图在宗教改革运动中夺取教会和修道院的土地财产，并使之合法化，但他们的行为并没有得到路德的认可，反而劝告他们放弃对诸侯的武力攻击。骑士们没有接受路德的劝告，于1522年8月在兰道召开骑士大会，结成兰道同盟。兰道同盟最终在与特里尔选帝侯的战争中败北而退出历史的舞台。

骑士暴动之后，在施瓦本、弗兰克、图林根、阿尔萨斯、萨克森和蒂罗尔等多个地区几乎在同一历史时期爆发了大规模的农民战争。然而，这场被冠以农民战争的历史事件并不足以涵盖参与这场革命的社会阶层，因为参与起义的不仅有农民，还有城市的市民、矿山的矿工以及一些底层的官员，所以瑞士历史学家布里克勒将其称为"普通人的革命"（Revolution des Gemeinen Manns）。[②]原东德的历史学家们把16世纪发生的这些历史事件统称为早期的资产阶

---

① 参见〔德〕威廉·戚美尔曼《伟大的德国农民战争》，上册，北京编译社译，第205、236页。

② Peter Blickle, *Die Revolution von 1525*, München: Oldenbourg, ³1993, S. 3f.

级革命。20世纪70年代，汉堡大学的教授沃尔法勒接受了这一观点，并且从社会经济的角度阐释了这一观点，他认为，宗教改革之前的德意志与英国和法国一样已经在封建社会中有了资本主义的萌芽。[①]莱比锡大学的教授施坦因梅茨也持有相同的观点，他进一步阐释道："1517—1526年的革命之所以是早期资本阶级的，是因为由于经济关系和资产阶级的历练还未成熟，新阶级的政治统治还不能实施。但是在16世纪初德国特殊的条件下，封建制度与新的资本主义的因素间的矛盾早已激化，造成了革命的危机。这时，在条件还未成熟的情况下，每一个以此为目的的革命运动在经济、政治和意识形态方面都倾向于使资产阶级获得领导地位，而农民则始终是勇于战斗的，成为革命的军队。中世纪晚期的农民起义和宗教改革就自身而言还不是革命的，而是反封建的起义和具有强烈社会倾向的教会改新运动。只是在早期资本主义的条件下，宗教改革和农民战争才具有早期资产阶级革命的性质。"[②]

这场大众的革命开始于1524年的夏季，施瓦本地区的农民迫于苛捐杂税的压力自发地奋起反抗，在汉斯·米勒[③]的带领下与当地的市民一起组织了"福音兄弟会"，要求恢复农民原有的权利和"旧法"，以反对新增添的苛捐杂税。施瓦本地区的武装暴动很快就蔓延到了很多地区，在德意志有了多个武装起义的中心。马丁·路德的学生闵采尔积极投入其中，组织领导起义。然而，这场波及范围广大的大众革命既没有有效的组织机制，也缺少统一各地共同进行斗争的纲领，仅仅持续到1526年就被诸侯强大的军队镇压下去，参加者和支持者或死于战乱，或受到严厉的镇压，大量的城堡和城墙在暴动中被毁坏和摧毁，社会秩序也遭到了严重的破坏。虽然这场大众的革命是受马丁·路德神学思想的影响而爆发的，但是它的启发

---

① Rainer Wohlfeil (hrsg.), *Reformation oder frühbürgerliche Revolution*, S. 26.

② Max Steinmetz, "Position der Forschung, Kritische Bemerkungen zur Bauernkriegsforschun in der Bundersrepublick Deutschland", in: Peter Blickle (hrsg.), *Revolte und Revolution in Europa*, München: Oldenbourg, 1975, S. 116-117.

③ 有关汉斯·米勒的生平不详，仅有记载他曾在法国当过雇佣兵。

者们并不赞同和支持这场革命，农民战争如火如荼之时，路德发文既谴责了教俗诸侯的贪婪、对农民的横征暴敛，同时也指责农民采取的暴力行动。路德在反对武力的同时强调维持上帝建立的秩序，用合法的手段改革罗马教廷的弊端。[①]为此，路德晚年把精力放在了福音教的组织框架的构建和宗教仪式等方面，这样就在德意志帝国出现了天主教和福音教两大宗教阵营。与英法不同的是，宗教改革之后的英法都有了统一的教会机构，并且都被置于绝对主义王权或者专制王权之下；在最先发生宗教改革运动的德意志帝国则恰恰相反，改革的结果是在帝国内出现了一个教派化时代。教派化使德意志的宗教改革运动具有了两面性：被誉为早期资产阶级革命的宗教改革运动既促进了社会向现代化迈进的步伐，同时也因为宗教改革运动产生的教派化的结果增强了邦国的独立性，延缓了帝国在政治上的统一。

两大阵营的分化

宗教改革时期，英国和法国在国家政制方面显现的转型非常明显，以立法为主旨的君主议会制基本确立，教会原有的封建的经济特权被废除，基督教教会被置于世俗政权之下，民族教会的建立摆脱了罗马教会的控制。然而，宗教改革时期的德意志在政制上还没有具备转型的条件。首先，帝国的会议还不是一种常设的行政机制，它依然在皇帝的掌控之下，参加会议的社会等级的影响力和决定权还很有限，"君权神授"的思想还没有完全破除，这也是卡尔五世在沃尔姆斯帝国会议上处罚马丁·路德的一个重要原因。其次，德国的工商业虽然已经发达了，但无论在矿业还是其他手工业，诸侯依然掌有交易的垄断权，新兴的工商资产者在经营以及交易方面受到很大的制约，他们在帝国会议上的影响力也很有限，只能采取武装暴动的方式表达自己的政治诉求。在这种政治条件下进行的宗教改

① 参见〔英〕阿利斯特·麦格拉思《宗教改革运动思潮》，蔡锦图等译，中国社会科学出版社2009年版，第219—220页。

革运动虽然波及地域非常广泛，但只是一场自下而上的社会运动，对政治形态没有形成更有力的冲击波，国家政权的主体依然是教俗贵族，反而导致在诸侯中产生了分化，形成了两大阵营：天主教诸侯阵营和新教诸侯阵营。

反对宗教改革的天主教诸侯阵营主要分布在帝国的北部地区。1525年7月，北部地区镇压农民战争的诸侯们联合起来结成了"德骚同盟"，这个同盟中有两个选帝侯：美因茨的大主教阿尔布雷希特，他因为兜售赎罪券最早受到马丁·路德的谴责；勃兰登堡的马尔克伯爵在沃尔姆斯帝国会议上力主对路德采取强硬态度。萨克森是德国农民战争较为活跃的地区，萨克森的公爵大胡子格尔戈曾经出兵镇压过农民起义，还亲自参加神学辩论反对路德的神学思想；布伦瑞克的公爵则是因为受过卡尔五世的恩惠而站在皇帝一边。此外，还有一些诸侯虽然没有加入德骚同盟，但是同样站在反宗教改革的阵营一边。为了与德骚同盟相对抗，支持宗教改革的诸侯们于1526年3月在托尔部结成了"托尔部同盟"，为首的是萨克森选帝侯。多次为路德伸出援手的萨克森选帝侯弗里德里希从未与路德谋面，他也从未公开支持过路德的宗教改革，他的弟弟约翰继承选帝侯之位后公开宣布支持路德的宗教改革，与黑森的伯爵一起组建了托尔部同盟，梅克伦堡的公爵、布伦瑞克的公爵，以及后来发展为普鲁士公国的安斯巴赫马尔克伯爵以及马格德堡市都加入了托尔部同盟。

1529年，奥斯曼人兵临德意志帝国边境，卡尔五世为抵御外敌在奥格斯堡召开帝国会议筹集军费。卡尔五世皇帝对马丁·路德的宗教改革态度一直摇摆不定，一方面企图利用它削弱罗马教皇的宗教权威，以阻止其对德意志事务的干预；另一方面，他也谨防在反对教权的同时有损皇权的权威。[1]为解决难以决断的教派问题，他提出在帝国会议上就信仰问题进行公开的讨论；为此，萨克森选帝

---

① Heinz Angermeier, "Reichsreform und Reformation", in: ders. *Das alte Reich in der deutschen Geschichte: Studien über Kontinuitäten und Zäsuren*, S. 369.

侯委托梅兰希通制定了《奥格斯堡信纲》(Confessio Augustana)。应该说《奥格斯堡信纲》是一个言辞比较温和的纲领，但它依然遭到天主教阵营中诸侯的强烈反对。1531年，卡尔五世的弟弟费尔迪南德登上德意志的王位，他是一位虔诚的天主教徒。为防御新国王的打压和迫害，新教诸侯于1531年在托尔郜同盟的基础上增添了新的成员，建立了施马尔卡尔登同盟，以共同抗击帝国当权者的打压和迫害。

《奥格斯堡宗教和约》的签订

奥斯曼土耳其人的进攻以及天主教内部开始进行的改革搁浅了卡尔五世对教派问题的解决。随着路德开启的宗教改革影响的扩大和普及，罗马教会也发出了进行改革的呼声，迫使教皇不得不考虑召开一次基督教公会议。罗马教皇保罗三世早在1537年就提出"为了保证基督教的完整统一"，针对不断出现的新教教派①召开一次普世的大公会议，但是由于土耳其人的入侵、德意志帝国内的教派斗争等一系列问题，会议再三延迟，②直到1545年才在位于今天意大利的小城特伦托（一译"特兰特"）召开。1545年，来自意大利、德意志、西班牙和法国的100名有优先权的教士（Prälat）和100名神学家齐聚特伦托，就有关基督教的教义、礼拜等神学问题进行讨论，谴责了路德提出的"因信称义"的宗教学说。参加会议的天主教高级教士们虽然都强烈地反对宗教改革运动，但是他们也意识到教会内部存在的各种弊端，提出重整教会的纪律和秩序。特伦托公会议断断续续持续了18年之久，经历了三个阶段，召开了51次大会，此外还有几百次的审议会议及其他类型的会议，颁布了大量的教令和教规，其中主要内容是规范神职人员的条例，以及有关圣礼的规定，

---

① 宗教改革时期的教派（Konfessionen）主要是指路德宗、加尔文宗以及再洗礼派，国内学界通常翻译为新教教派或者福音教派。

② 参见《教宗保罗三世就召开特兰特圣公会议所颁的训令》，载《特兰特圣公会议教规教令集》，〔英〕J.沃特沃斯英译，陈文海译注，商务印书馆2012年版，第1—14页。

宣布取消赎罪券的买卖，此外还有关于世俗基督徒的道德准则等。[1]
特伦托宗教会议尽管并没有非常明确地针对基督教新教派发布任何
公开的教令，但显而易见，特伦托宗教会议的教规教令有一个非常
重要的目的，是要恢复和维护罗马教廷在宗教改革运动的冲击下被
削弱的宗教权威，或许正是基于这一点，西方历史学家把特伦托公
会议的召开看作反宗教改革运动的开始。[2]

特伦托公会议的召开并没有如卡尔五世所愿达到抑制新教影响
力的目的，施马尔卡尔登同盟的影响反而不断扩大，越来越多的诸
侯和帝国的城市加入其中，同盟的政治影响力也随之水涨船高，成
为德意志帝国内一支无法忽视的政治力量。然而，同盟内部成员之
间的分歧也日益显现，卡尔五世利用这个机会与教皇联合发动了对
同盟的战争，对其成员各个击破，施马尔卡尔登同盟由此解体。获
得胜利的卡尔五世意欲帝国的宗教信仰重新统一于天主教，他敦促
新教的大主教参加特伦托公会议以此加强皇权的集权；为此，他计
划设立帝国联合法庭、联合金库，建立帝国军事同盟以达到专制集
权的政治目的。卡尔五世的计划不仅遭到新教诸侯的反对，也没有
获得天主教诸侯的支持，皇帝的集权无疑会危及邦国诸侯的政治权
力和经济利益，新教和天主教诸侯联合起来共同反对皇帝的集权。
德意志的诸侯还与法国国王结盟进攻皇帝的军队，在战场上连连败
北的卡尔五世仓皇出逃，不得不又回到帝国议会。1555年2月，卡
尔五世委托他的弟弟费尔迪南德一世在奥格斯堡召开的帝国会议上
与帝国各等级的代表签署了《奥格斯堡帝国宗教和约》，即《奥格斯
堡宗教和约》[3]。

---

① 有关详细内容请参见《特兰特圣公会议教规教令集》。

② 20世纪初，德国研究宗教改革运动的历史学家们就把16世纪罗马天主教进行的改
革与宗教改革运动联系在一起，把1517—1577年划定为"宗教改革"，把1555—1648年称为
"反宗教改革"（Gegenreformation），参见 Ernst Walter Zeeden, *Konfessionsbildung: Studien zur
Reformation, Gegenreformation und katholischen Reform*, Stuttgart: Klett-Cotta, 1985, S. 60f.

③ Augsburger Reichs-Religionsfrieden（《奥格斯堡帝国宗教和约》）简称 Augsburger
Religionsfrieden，因此国内通译《奥格斯堡宗教和约》。

《奥格斯堡宗教和约》中规定了两个重要的原则，一是任何人都有信仰的权利，二是任何人都有自由选择信仰的权利。这就意味着无论诸侯还是城市，任何社会等级都不得出于宗教信仰的原因对他人进行武力攻击，"任何人都要允许他人安全地保留宗教、信仰，做礼拜的习俗、纪律、仪式"[1]。德国历史学家朔恩－许特则认为，正是通过保障信仰自由的这些条款才保障了任何人不得以宗教信仰为由对他人实施武力，抢夺他人的财产，邦国和自由城市的各个社会等级无论在财产上还是对领地的权利方面都有了法律上的和实际的保障。[2]《奥格斯堡宗教和约》是宗教信仰自由的一个胜利，对德意志乃至西方的基督教信仰和人的思想解放都有值得大书特书的意义；但是，它对于当时德意志政体的发展却起到反作用。《奥格斯堡宗教和约》之后更是在德意志的诸侯中形成了以宗教信仰方式划分的两大政治派：福音教同盟和天主教同盟。两大教派在宗教信仰上泾渭分明，各自有独立的财政机构和军队，政治力量几乎势均力敌，还基于各自的利益借助欧洲其他地区的政治势力，这就使得德意志帝国的政治矛盾很容易地就转化为国际纠纷，帝国常常是国际战争中的主战场。

17世纪初期，德意志皇帝在捷克强行推行天主教信仰，禁止新教教徒的一切宗教活动，激化了蓄势已久的矛盾，点燃了民众的怒火：1618年5月23日，布拉格的民众冲进王宫，把两名皇帝的钦差扔出窗外，随后成立了由30名代表组成的临时委员会，并且提出了自己的纲领。捷克事件赢得了德意志新教诸侯的支持，当然也遭到天主教诸侯的反对，1620年9月，以天主教诸侯为主的皇帝大军对捷克临时政府进行剿灭，由此拉开了三十年战争的大幕，波西米亚的战争也转化为两大教派间的战争，此后法国、英国、西班

---

[1] Christoph Link, *Kirchliche Rechtsgeschichte: Kirche, Staat und Recht in der europäische Geschichte von den Anfängen bis ins 21. Jahrhundert, § 12: Der Augsburger Religionsfrieden*, München: Beck, [2]2010, S. 78.

[2] http://publikationen.ub.uni-frankfurt.de/frontdoor/index/index/docId/25196.

牙、丹麦、瑞典等众多欧洲的君主也都因为支持不同的教派先后卷入这场混战之中。直到1640年，参战各方先后在德国的明斯特和奥斯纳布吕克签订了《威斯特伐利亚和约》，三十年战争就此降下了帷幕。

三十年战争被众多历史学家看作欧洲近代的开始，结束战争时签订的《威斯特伐利亚和约》以国际法的形式确定了参战各国的主权地位。《威斯特伐利亚和约》实际上是参战各方相互妥协达成的协议，在这种妥协中承认并实践了法国学者博丹提出来的国家主权的论点，法国、瑞典以及荷兰都由此获得了发展成为强国的机遇，也由此改变了西欧政治力量的格局。首先是法国，《威斯特伐利亚和约》使法国堂而皇之地得到了阿尔萨斯的大部分领地，获得了梅斯、图尔和凡尔登三个大主教区的管辖权，还取得了在欧洲南北大动脉莱茵河上航行的自由权。莱茵河流域地区深受法国政治势力的影响，这个地区在后来的历史时期首先受到法国大革命的冲击和影响。瑞典从德意志帝国手中获取了500万塔勒的赔款，还夺取了北德地区所有主要的出海口，跻身北欧地区的强国；荷兰则在此之后摆脱了帝国的控制，完全独立。

三十年战争给德意志带来的却是巨大的灾害，首先是因为德意志是这场欧洲战争的主战场，财产和物质都遭受战争的严重损害；另一方面，三十年战争为法国、瑞典、西班牙等欧洲其他政治势力进入德意志帝国打开了大门，封建割据的政治格局更加难以结束。中世纪的德意志诸侯与国王（皇帝）的采邑关系比较松懈，尤其是选帝侯，他们在邦国内享有的各种权利并没有完全囊括在采邑权中，诸侯的独立性比较强，不仅公共权力完全被割裂，而且诸侯还有了自己决定邦国信仰、管理教会的权利。在外交方面，诸侯享有完全独立的结盟和媾和权利，这就使得德意志帝国更缺乏统一的政治条件，帝国内的事务常常会因为诸侯的对外结盟而演化为国际间的纠纷。在这种国际纠纷中很难形成德意志的民族意识，帝国的政治也很难统一。①《威斯特伐利亚和约》确立了欧洲其他国家的主权，德意志的邦君们也把和约中确认的主权、领土以及独立的现代国家重要的三个原则运用到了邦国中，虽然他们还在帝国的政制大框架之下，而且他们无权向皇帝宣战，但他们借助和约有权在邦国中独立自治，对外有宣战、媾和等独立的外交自主权。德国历史学家把《威斯特伐利亚和约》看作"德意志诸侯的大宪章"②。根据和约中有关主权的规定，一向在欧洲事务中起主导作用的德意志皇权的国际威望彻底贬值，它不仅不再是欧洲事务的政治发言人，还受到诸侯的制约，没有诸侯的同意，皇帝无权在如宣战、媾和、签订条约等重大国际事务中做出决定。《威斯特伐利亚和约》对德意志帝国产生的另一个重要影响在于，它再次明确地确定了《奥格斯堡宗教和约》中制定的"教随国定"③的信仰原则，更加明确了福音教教会与天主教教会在帝国中具有平等的宗教地位。如果说三十年战争之前的德意志神圣罗马帝国还貌似一个整体的话，那么三十年战争之后帝国完全被肢解了，由1800个大大小小的邦国领地和自治城市勉强拼凑在一起。体现中央集权的帝国议会在内外事务中不再能发挥应有的作用，帝国的任何决议都须经过选帝侯议会、诸侯议会、城市议会和皇帝的一致同意后才能实施，而要达成这种一致几乎是不可能的。帝国没有统一的军队，不论征兵还是为建立雇佣军而进行的课税，都受到诸侯的限制和阻挠。所以，帝国既无军事力量抵挡外来的军事侵占，也无军事力量平息内部的战乱。中世纪以来德意志皇权一向依靠的教会，在宗教改革运动中分裂为天主教、路德宗两大独立的教派，更因为《奥格斯堡宗教和约》明确规定了"教随国定"的

---

① Horst Rabe, *Deutsche Geschichte 1500-1600: Das Jahrhundert der Glaubensspaltung*, S. 103.

② Georg Schmidt, *Geschichte des Alten Reiches: Staat und Nation in der Frühen Neuzeit 1495-1086*, München: C. H. Beck, 1999, S. 180f.

③ "教随国定"（cuius region, eius religio）直译为"谁是邦君谁决定自己臣民的信仰"，这个原则虽然在《奥格斯堡宗教和约》中确定下来，但直到1612年才由帝国的法学教授约阿希姆·斯特凡（Joachim Stephani）将其归纳为政治谚语广为流行，国内学界把这句政治谚语翻译为"教随国定"。

原则，堵住了自中世纪以来中央皇权通过教会干预地方事务的重要途径，各邦国、诸侯领地更为封闭、独立。

四、德意志的专制政制

邦君的专制

德意志帝国的改革没有实现预定的目的，宗教改革运动、农民战争以及三十年战争加剧了帝国在政治上的分裂，没有像同时代的法国和英国一样在帝国内确立起一个专制的君主制，《奥格斯堡宗教和约》和《威斯特伐利亚和约》一再确定的"教随国定"宗教政策更是对邦国的自治和自主推波助澜，出现了邦国专制的政治局面。

三十年战争之后，瑞士联邦、尼德兰联合省先后脱离德意志帝国宣布独立，并且获得国际认可，各大邦国则要面对欧洲强势的法国、英国和西班牙；因此，德意志的各大邦国不再对宗教信仰问题纠缠不休，停止了在信仰方面的争论，转而结成同盟联合起来。在17世纪五六十年代相继出现了打破信仰壁垒的邦国同盟：1651年科隆、美因茨和特里尔三大教会选帝侯结成了"选帝侯同盟"，1652年德国西北部地区新旧教诸侯联合起来的"希尔德斯海姆同盟"，1654年成立的"科隆同盟"以及1658年在这个同盟基础上扩大的"莱茵同盟"等。这些邦国同盟签订条约的主要内容，首先是在各邦国遭到外敌侵扰时要相互提供军事支持和物质援助，其次，在帝国面临外敌入侵时，同盟成员国有义务联合起来进行抗击。可见，邦国的各自为政和相互结盟并没有使德意志帝国因为三十年战争的失利而解体，而是为此后帝国最终统一在联邦制的政体中提供了政治条件。

三十年战争之后，德意志没有像同时代的英国和法国那样走上专制君主的政制道路，从13世纪以来历任德意志皇帝试图建立起一个"整体国家"的政治目标最终没有实现，试图通过帝国改革确立皇权中央集权的努力也付之东流，德国17世纪末期的历史学家萨穆埃尔·冯·普芬多夫把这个时期的德意志帝国称为"一个有点不规矩的政治实体，是一个怪物（systema monstrosum）";[1]因为虽然这个"怪物"没有实现皇权的专制，却实现了邦君专制。

邦君的专制首先表现在各大邦国都在自己家族所在地兴建宫殿，以此作为邦国中央政府所在地，有了各自的政治中心。其次，明确了邦国领土的统一，与法国王权通过扩大王室领地强化王权的集权一样，德意志的邦国通常也是通过统一邦国领地的地域范围确立了邦国的主权，比较典型的例证是奥地利邦国。奥地利邦国的领土范围包括两个部分，一是哈布斯堡家族的世袭领地，二是帝国的直辖领地。哈布斯堡王朝开始于15世纪中叶，16世纪中叶分为两个王朝：西班牙哈布斯堡王朝和奥地利哈布斯堡王朝。按照哈布斯堡家族的继承传统，奥地利作为世袭领地在诸位继承者之间分配；因此，在17世纪初期，因为继承权，奥地利又分为上、下奥地利和内奥地利三个领地。1619年，德意志皇帝费尔迪南德二世在其遗嘱中规定，为了保证哈布斯堡世袭领地的完整，实行长子继承制，然而直到1665年奥地利世袭领地的统一才得以实现，并且在此后抗击奥斯曼土耳其人的入侵中得以巩固。另一方面，在实现奥地利领地统一的过程中，奥地利世袭领地逐渐与帝国的领地区分开，以防止在帝国进行王位之争时对奥地利领地的染指，这无疑是建立邦国专制非常重要的一步。德国著名的法学和法律史教授威洛崴特从法学视角阐释近代德意志邦国专制形成的依据，特别强调德意志邦国是在采邑制的基础上建立起来的，17世纪邦国财产的自主权以及邦国不再附属于皇权，这是邦国能够建立绝对专制统治的法律依据。他认为，邦国统治的根本要素是自由，也就是邦君有权自由支配邦国的财产，这是邦君建立绝对专制的法律依据。[2]

---

[1]　Samuel von Pufendorf, *Die Verfassung des deutschen Reiches*, hrgs. und übers von Horst Denzer, Frankfurt am Main: Insel Verl., 1994, S. 198.

[2]　Dietmar Willoweit, *Rechtsgrundlage der Territorialgewalt: Landesobrigkeit, Herrschaftsrecht, und Territorium in der Rechtwissenschaft der Neuzeit*, S. 98-108, 116.

拉贝则从赋税的角度论述邦国的专制，他指出，自中世纪晚期以来社会等级对邦国财政的保障起到非常重要的作用，因为邦君通过领地和经济特权获得的常规收入已经无法满足宫廷以及军费的开支，他们还能通过额外赋税加以补充，例如地处莱茵河流域的选帝侯征收河流税，拥有山区的萨克森选帝侯征收矿山税等。如果说在中世纪这些额外赋税的征收是基于邦君的采邑权的话，那么进入近代以后则取决于社会等级的同意和支持，因而由邦君封臣组成的宫廷会议逐渐被由贵族、教士和城市市民组成的邦国的等级会议所取代，尽管由于德意志帝国境内各邦国的差异较大，因此邦国的等级会议的构成也有很大的差异。在邦国会议中，"市民等级的责任和权限的核心从一开始就在于维系邦国财政的持久性"；正因为如此，创建一种自成一体的有国土面积的邦国的倾向是不可避免的。[1] 出于税收管理的需要，邦国设立了中央管理机构，管理的手段是法律，因此邦国的最高司法权是形成邦君专制的又一组成部分。德国著名的宪政法教授拉班特认为，专制国家的发展以及对罗马法的接受是同一个历史过程，[2] 在这个过程中出现了大批受过司法教育的现代官吏。之所以说他们是现代官吏，首先因为他们的人身是自由的；其次，他们服从的是国家的而不是个人的权威；再次，他们是一个受过司法教育的稳定的社会阶层。[3] 这些官吏受命负责管理各行政部门的事务，邦君通过这些官吏的行政管理增强了在邦国内的权势，实现了一体化的专制统治。

---

[1] Horst Rabe, *Deutsche Geschichte 1500-1600: Das Jahrhungdert der Glaubensspaltung*, S. 85f, 87f.

[2] Paul Laband, *Die Bedeutung der Reeption des Römischen Rechts für das deutsche Staatsrecht*, Straßburg 1880, Rede zum Rektoratswechsel an der Kaiser-Wilhelms Universität, S. 24-57.

[3] 德国学者根据马克斯·韦伯关于国家社会学的理论归纳出了德意志现代官吏制度所具有的12个特征，以此区别中世纪的封臣，参见 Wolfgang Reinhard, *Geschichte der Staatsgewalt: Eine vergleichende Verfassungsgeschichte Europas von den Anfängen bis zur Gegenwart*, S. 128-130。

普鲁士公国的崛起

三十年战争之后，不仅大的选帝侯实现了邦君专制，中小邦国也走上了邦君专制的道路，在这些邦国中，从德意志骑士团发展为公国的普鲁士崛起得最快，[①]其邦君专制颇具特色。[②]

德意志骑士团成立于12世纪末期第三次十字军东征时期，[③]13世纪上半叶，德意志骑士团作为一种新的因素加入到德意志的东进运动中。1211年，匈牙利国王安德烈亚斯二世请骑士团的大团长赫尔曼帮助抵御库曼人的进攻，虽然事后由于安德烈亚斯二世食言，他们没有得到被许诺的领地，但是却为骑士团从东方向欧洲波罗的海地区的转向提供了有利的契机。罗马教廷也没有忽视这片尚未基督教化的土地，英诺森三世教皇于1255年招募十字军，大规模地征讨斯拉夫人，骑士团是当仁不让的主力。紧接着德意志皇帝也把手伸向了波兰、立陶宛、拉脱维亚以及爱沙尼亚等遥远的北方，骑士团同样是皇帝借助的军事力量。各种势力的介入带来了它们之间的矛盾和冲突，各种势力都在借助骑士团，各自给了骑士团诸多特许权，为它提供了建立独立的封建邦国的可能和机会。第四任骑士团首领萨尔察的赫尔曼领导骑士团在普鲁士地区站住了脚，骑士团有了固定的领地，成为一个具有邦国性质的骑士团国家。13世纪50年代以后，德意志骑士团的主要活动都集中在德意志东部，尤其是在兼并了宝剑兄弟骑士团之后，在普鲁士和利沃尼亚地区的势力有所扩展。1309年，德意志骑士团的首领西格弗里德在普鲁士的马林堡修建了城堡，普鲁士成为德意志骑士团的核心地区。骑士团国家的

---

① 笔者曾就德意志骑士团向普鲁士公国的发展做过较为详细的阐述，这里不再赘述，请参见笔者的论文《从德意志骑士团到普鲁士公国》，《经济社会史评论》2019年第1期。

② 刘新利教授在《德国通史》第3卷中对此做了较为详尽的阐述，这里不再赘述。参见刘新利、邢来顺《专制、启蒙与改革时代（1648—1815）》，邢来顺、吴友法主编《德国通史》第3卷，江苏人民出版社2019年版，第100—150页。

③ 德国历史学家哈尔特穆特·布克曼在其专著《德意志骑士团》中根据现有的史料用12章的篇幅对骑士团的建立和发展做了详尽的阐述，笔者所述骑士团的相关史实均引自这本专著，故不一一注释。参见Hartmut Boockmann, *Der deutsche Orden*, München: Beck, 2012。

领地范围包括东普鲁士和西普鲁士以及利沃尼亚、今天的爱沙尼亚和拉脱维亚的大部分地区，还包括在德意志帝国境内直属骑士团首领的教会省区。与其他邦国有所不同的是，德意志骑士团国家依然保留了比较浓重的、类似修道院的宗教性质，骑士团的成员依然要无条件地遵守自己的誓言，要禁欲、放弃财产和对遗产的继承。另一方面，骑士团国家还具有很强烈的军事机构的特点，骑士团国家下设多个辖区，由骑士团首领任命的团长统治管理，每个辖区都修建了骑士团城堡。在骑士团国家里，骑士团的首领亲自指定五大头领协助其处理日常事务：负责骑士团所有赋税和相关条约事务的大头领（Großkomtur）、负责军事的大长官（Ordensmarschall）、负责医疗救济的大院长（Großspittler）、掌管财政大权的大财政官（Ordenstressler）、负责装备的大军需官（Ordenstrappier）。骑士团国家还效仿西西里王国，与神圣罗马帝国之间缔结了一种"君合国"（Personalunion）①的关系。

自13世纪末期以后，骑士团以反对异教为名不断向立陶宛扩张，进行了一场持续一个世纪之久的立陶宛战争②。14世纪初，立陶宛西部的萨莫基迪恩③还是一片荒芜的"无人区"，为了在普鲁士和利沃尼亚地区之间架起一座"桥梁"，骑士团曾多次进攻该地，但始终未能在这个地区立足。40年代，立陶宛的雇佣军侵入骑士团的领地，对骑士团的核心地区造成极大的威胁；1347年，大批雇佣兵以反对异教的名义被招募加入德意志骑士团，增强了骑士团的军事实力。1348年1月中旬，骑士团及其雇佣兵挺进考纳斯的东南地区，在涅曼河的支流斯特勒瓦河遭遇立陶宛军队，骑士团在这场激烈的战斗中大获全胜，失利的立陶宛最终丧失了在普斯科夫和斯摩棱斯

---

① 所谓的"君合国"是指两个王国达成和约，共同置于同一个君主之下，但是两个王国的国王均掌有自己的权力，西欧最早的君合国是神圣罗马帝国和西西里王国于1194—1197年间以及1212—1254年间两次缔结的君合国，1386年波兰和立陶宛也缔结了君合国。
② 立陶宛战争是德意志骑士团与立陶宛大公国之间于1303—1422年间进行的战争。
③ 萨莫基迪恩（Samogitien）是中世纪的一个历史地名，即立陶宛的西部地区，拉丁语是Samogitia，德语为Schamaitien，立陶宛语是Žemaitien，今天这个地名已经不复存在。

克地区的控制权。50年代，立陶宛皈依了基督教，换取了德意志皇帝卡尔四世给予立陶宛大公国和平的保证，但后者却向皇帝提出骑士团应撤离波罗的海东岸地区的要求，遭到了严词拒绝。1362年，立陶宛军队再次入侵骑士团的领地；1370年2月，双方军队在柯尼希山附近的鲁道再次进行了激烈的战斗，立陶宛军队也再次惨败，铩羽而归。

1377年，立陶宛大公亚盖洛与他的叔父克斯托迪斯争夺王位。为了减小来自外部的威胁，亚盖洛于1380年5月31日与骑士团签订了停战协议，向其承诺不再侵入普鲁士和利沃尼亚，并保证不介入骑士团与克斯托迪斯的争斗。1386年，亚盖洛和他的支持者维托尔德合谋夺取了波兰的王冠，维托尔德成为立陶宛大公，波兰和立陶宛联合在一起，组成了君合国。然而，来自蒙古金帐汗国的威胁迫使维托尔德不得不与骑士团和平相处，他于1398年10月12日与骑士团签订了一个有关确定边界维护双方和平的《萨林维尔德条约》，条约中订立了多项条款，其中包括立陶宛大公承认德意志骑士团对萨莫基迪恩的控制权；确定了双方的边界并保障双方的自由贸易往来；双方保证不与他人签订不利于双方和平的条约；允许在立陶宛大公国境内传播基督教等。此后，骑士团频频染指波罗的海和北海地区的事务，从中谋取利益。1402年，立陶宛大公为了获得骑士团在军事上的支持，把奥德河东岸的诺伊马克租赁给骑士团，波兰同样早就对诺伊马克有着极大的兴趣，这就使德意志骑士团与波兰之间原本就紧张的关系更加恶化，波兰贵族甚至进入波莫瑞海湾，立陶宛大公则公开支持萨莫基迪恩摆脱骑士团独立，骑士团与波兰和立陶宛之间的战争一触即发。1408年，在德意志国王西吉斯蒙德的支持下，骑士团在帝国境内招募雇佣兵，这无疑为此后与波兰的战争做好了军备准备。

骑士团是依仗军事力量建起的"国家"，也依仗军事力量对外扩张，因此需要庞大的军费开支，征收赋税是军费开支的主要来源。骑士团国家包含了波罗的海沿岸一些重要的汉萨城市，诸如但泽、柯尼斯堡等海上贸易极为活跃的港口城市，以及地处内陆的托伦、

库尔姆等贸易重镇。汉萨城市都享有城市的自由和自治，汉萨商人
一直自由地从事海外贸易，向斯堪的纳维亚、弗兰德尔和英国输送
谷物和木材，也与匈牙利和俄国有着密切的贸易往来。骑士团不仅
依仗强大的军事实力垄断了波罗的海沿岸地区的经济大权，还在其
权力能及的范围内设立了总督（Großschäffer），向城市和商人征收
各种高额的赋税。另一方面，在骑士团国家的辖区内，维斯瓦河右
岸就有千余村庄有缴纳各种租税的义务。骑士团国家的大部分地区
都是新皈依基督教，而且是在骑士团刀剑下强行皈依的，与西欧其
他地区比较而言，基督教教会在社会各方面的影响还很有限，强行
征收的什一税增加了民众对教会的不满情绪。1405年，在萨莫基迪
恩发生了抵制什一税的起义。不满骑士团强权的市民、贵族等社会
各等级多次提出参政的要求，都遭到了骑士团首领的拒绝，这就为
此后发生的等级起义埋下了反抗的火种。

　　骑士团国家的建立对波兰造成了极大的威胁。14、15世纪之交，
波兰与立陶宛联合起来共同对付骑士团国家。另一方面，进入15世
纪以后，西欧社会的发展不再为骑士团这种军事修士会提供继续存
在的条件，原来意义上的骑士团，即军事修士会，最终消亡。1409
年，萨莫基迪恩再次发生了反对骑士团的起义，成为波兰-立陶宛
君合国组成联军共同向德意志骑士团宣战的契机。1410年7月，双
方军队在坦嫩贝格激战，波兰和立陶宛两国联军击败了不可一世的
骑士团的军队，大团长也战死沙场，骑士团不败的神话终被打破，
从此骑士团一蹶不振。1411年，波兰-立陶宛君合国与骑士团在托
伦签订了和约，即《第一次托伦和约》。和平协议中规定，骑士团必
须把有争议的地区转交给前者，同时还要向其交付10万朔克的波西
米亚格罗申[①]作为损失赔偿费，为此骑士团不得不对所辖区域内的城

---

　　① 朔克（Schock）是中世纪西欧的计量单位，1朔克是60个；格罗申（Groschen）是
中世纪在波兰地区的银币名称，1朔克格罗申等于60个格罗申，1格罗申银币相当于3.7克银，
骑士团要支付约22.2吨银。参见Dieter Zimmerling, *Der Deutsche Ritterorden*, Düsseldolf: Econ-
Verl., 1988, S. 260。

市和贵族征收高额的赋税。另一方面，骑士团的首领并不甘于失败，在筹集赔偿费的同时也在筹集军费，这无疑加剧了城市市民的赋税负担，然而骑士团还在农村加紧施行"遗产复归"①的政策。这一政策的关键在于，骑士团不再需要贵族履行服兵役的义务，因此从他们手中收回土地转而租赁给农民，以此扩大骑士团的收入来源。这一系列强制性的经济措施引起普鲁士的贵族和城市市民极大的不满，1440年3月，53位贵族和19个城市在克维普结成了普鲁士联盟，共同抵制骑士团的强权和不公正；次年在普鲁士东部的埃姆兰德地区爆发的农民起义亦与之相呼应。

为了缓和内部不断激化的社会矛盾，新上任的骑士团首领埃里克豪森的康拉德改变了前任强硬的政策，他一方面认可了普鲁士联盟，另一方面又企图借助教皇和德意志皇帝的法律权威调停骑士团和普鲁士联盟之间的矛盾。1450年3月，埃里克豪森的路德维希被选为新一任首领，他重又对普鲁士联盟采取强硬的态度，与普鲁士联盟的冲突再起。普鲁士联盟试图在欧洲寻求政治上和军事上的支持，但只有波兰国王积极响应支持。1453年6月，德意志皇帝弗里德里希三世在维也纳设立法庭，就有关骑士团和普鲁士联盟的纠纷进行审理，12月1日做出判决：普鲁士联盟是违法组织，下令其解散。普鲁士联盟中的城市成员都不甘心作茧自缚，在曾经为骑士团服役的骑士拜森的汉斯的领导下奋起反抗。1454年2月4日，普鲁士联盟向骑士团宣战，仅在几天之内，起义者就占领了骑士团的大部分领地，攻占了普鲁士西部几乎所有的城市。与此同时，普鲁士联盟的起义也得到了波兰国王卡斯米尔四世的支持，他于2月22日向骑士团宣战，由此开始了"十三年战争"。3月6日卡斯米尔四世接受了普鲁士各等级的投诚，把普鲁士联盟占领的地区并入波兰王国，将其划分为库尔姆、波莫瑞海湾、埃尔宾、柯尼斯堡四个公爵

---

① "遗产复归"（Heimfall），是指在中世纪时领有庄园或者采邑的封臣如果去世后没有子嗣的话，其庄园或采邑将会被领主收回。

领地，任命拜森的汉斯为总督。然而，9 月 18 日在克尼茨①的一场战役改变了战局，骑士团以少胜多，收回了众多城市和柯尼斯堡。尽管如此，骑士团依然因为失地过多而减少了重要的收入来源，为了筹集经费不得不把诺伊马克出售给勃兰登堡，甚至还用一纸协议把一些城堡租赁给骑士团的雇佣兵们。

　　15 世纪 60 年代，普鲁士联盟和波兰的军队再次取得了一系列的胜利，控制了维斯瓦河流域地区；然而，骑士团于 1466 年失去了波莫瑞海湾，骑士团的首领臣服于波兰国王，以此为条件保留了东普鲁士的领地，成为波兰国王的一个封臣。在教皇使节吕德斯海姆的鲁道夫的调停下，骑士团与波兰于 10 月 19 日在托伦第二次签订和约，即《第二次托伦和约》，尽管这个和约从未获得教皇和德意志皇帝的认可，但它为双方持续了 13 年的战争画上了句号。至此，埃姆兰德、波莫瑞海湾、库尔姆、德莱文茨河畔的米歇劳以及马林堡、施图姆和克里斯特堡周边地区以自治为先决条件臣服了波兰国王，但泽、埃尔宾、托伦等汉萨城市重又获得了自治权。普鲁士联盟占领的西部地区广泛地获得了自治，形成了一个在波兰王室控制之下的 "普鲁士王室属地"。普鲁士的东部地区虽然仍然归属骑士团，但骑士团的首领要向波兰国王个人宣誓效忠，骑士团国家成为波兰国王的采邑。

普鲁士的邦君专制

　　进入 16 世纪，德意志帝国开始了帝国改革和宗教改革，骑士团的首领阿尔布雷希特试图借机恢复昔日的骑士团国家，解除与波兰国王的采邑关系，1520 年再次与波兰进行了一场未有结果的战争。1522 年，为了寻求德意志皇帝的支持，阿尔布雷希特前往纽伦堡，然而他的希望落空了。1523 年 11 月，阿尔布雷希特在纽伦堡结识了宗教改革运动的发起者马丁·路德，在此后的书信往来中，路德建

---

　　① 克尼茨是今天波兰的霍伊尼茨（Chojnice）。

议阿尔布雷希特放弃骑士团首领的称谓，将骑士团国家改为公爵领地。次年，对德意志皇帝极度失望的阿尔布雷希特拒绝为皇帝出兵意大利，再次面临陷入战争的危险，不得不重又投入波兰国王的庇护之下。1525年4月，阿尔布雷希特在克拉科夫向波兰国王西吉斯蒙德一世宣誓效忠，此时他不再是以骑士团的首领的身份，而是作为世俗诸侯接受了普鲁士公爵领地。[1]阿尔布雷希特是普鲁士公爵领地的第一任公爵，[2]在此之后普鲁士公爵领地逐渐发展成为德意志帝国内最强大的君主国。

普鲁士王国的基点是1134年由德皇在帝国北部设立的勃兰登堡马尔克伯爵领地，[3]在12世纪末13世纪初的东部殖民运动中不断扩大，伯爵的实力扩展到了易北河与奥德河之间的地域。约1200年，以位于两河之间的施潘道城堡为基础建立了柏林市，成为东西和南北十字相交的军旅交通要道。勃兰登堡伯爵以此为核心向外扩张。13世纪末，勃兰登堡伯爵通过军事扩张、政治联姻以及购买土地等多种途径，使普鲁士成为德意志东北地区地域最大的邦国，并成为七大选帝侯之一。14世纪下半叶，由于邦国内各大家族的纷争，造成了邦国的分裂，其政治实力大为削弱。1373年，卢森堡皇室家族获得对勃兰登堡邦国的统治权。1402年，卢森堡家族把邦国内的诺伊马克抵押给了德意志骑士团，1412年德皇卡尔四世又因筹款而向纽伦堡的伯爵弗里德里希六世请求财政支持，交换条件是任命其为在勃兰登堡的皇室代理官。弗里德里希平定了邦国内反对派的骚乱，于1415年臣服了勃兰登堡和柏林市的各个社会阶层，成为勃兰登堡的邦君选帝侯，1417年获得德皇的正式加封。宗教改革时期勃兰登堡加入了新教施马尔卡尔登同盟，在新旧教对立的施马尔卡尔登战

---

①　骑士团国家成为公爵领地以后，德意志骑士团作为基督教教会中的一个组织机构依然存在直至今天，下设五个骑士团教会省，其驻节地分别在德国的帕骚、奥地利的弗里萨赫、意大利的拉纳、捷克的奥帕瓦、斯洛文尼亚的柳托姆。

②　Harmut Boockmann, *Der deutsche Orden*, S. 218f.

③　Gerd Heinrich, *Geschichte Preußens: Stadt und Dynastie*, Frankfurt am Main: Propyläen-Verl., 1981, S. 27-134.

役中获得了克里夫和拉文斯堡。三十年战争中，勃兰登堡在德皇与瑞典的战争中坐收渔利，通过《威斯特伐利亚和约》获得了后波莫瑞、哈伯斯塔特和明登。此后，勃兰登堡又利用瑞典和波兰的战争迫使战败的波兰解除了普鲁士与其的采邑关系，获得了普鲁士公爵领地。1680年又获得了马格德堡公爵领地。至此，勃兰登堡在德意志是仅次于哈布斯堡家族的最有实力的邦国。1700年，勃兰登堡利用哈布斯堡家族在西班牙王位继承战中的困境，迫使德皇承认勃兰登堡选帝侯国上升为王国，德皇亲自为侯爵弗里德里希三世举行加冕礼，弗里德里希国王把普鲁士王国的首都设在柏林市。

普鲁士是在一系列的战争中建立起来的王国，军队的重要性是不言而喻的。这是普鲁士实现邦君专制最重要的基础，建立一支庞大的常备军不仅是对外战争的需要，也是对内均衡大地产主政治势力的重要工具。1600年普鲁士作为波兰的同盟国参与了瑞典和波兰因争夺波兰王位而进行的战争，它从这时起就建立起一支约25 000人的军队，每个月的军费开支高达171 190塔勒（Taler）[1]。除了这支可以随时调遣的常备军外，在一些要塞和城市里还驻扎着守备军。1688年，普鲁士的军队进一步扩充，共有30 625人，而在这同一年，普鲁士的人口总数是1 067 157人，军队占邦国人口总数的3%。[2]军与民的比例之高，在当时没有任何一个国家能与之相比。常备军需要固定的军费开支，但是以大地产主制为经济基础的国家政治体制很难给予保证。在经济上，大地产主享有很多的特权，他们可以免缴国税，而且又控制了粮食贸易权。随着大地产主的增加，邦国的税收则成反比而减少。在政治上，他们利用邦国议会限制邦君以及后来的普鲁士国王的集权，邦君和国王的决策只有经邦国议会的通过才能实施。另一方面，由于农权制的扩大，自由农民的数量减少，常备军的兵源萎缩。所有这些都不利于普鲁士的集权，也影响了其在国际社会中的地位。

---

① "塔勒"是18世纪德国通用的一种银币。

② Gerd Heinrich, *Geschichte Preußens: Stadt und Dynastie*, S. 111f.

从17世纪中叶起，德意志的一些政论家就意识到这种经济体制和国家体制之间已经存在的矛盾，发表了大量的文章，借鉴西欧其他国家的经验，论述建立国家官僚机构的必要性。法伊特·路德维希·冯·泽肯多夫就在他的多部著作中一再强调选帝侯王国中行政机构的重要性。他认为，君主的成功在于他是否拥有一大批臣民，而不是依附者。[1]贝歇尔告诫邦君要把农业看作国家经济的基础，他认为农业和农民阶层是轴心，把这两者比喻为大树的根和干。[2]克韦斯奈把土地看作财富的唯一来源。他认为只有从农业经济中才能产生出利润，而这个利润是从赋税中获得的，所以他建议应该向大地产主征税。[3]正是在这些政论家的理论指导下，普鲁士制定了重农主义的经济政策。重农主义的经济政策主要表现为改变土地所有制的性质，改变对土地的经营方式，扩大个体农业经济。

普鲁士以军事立国，立国之后战事连连，邦国需要大量的军费开支，维持军费开支最有效的途径是扩大税源，有效地管理军费的支出，这就成为普鲁士建立新的国家官僚机构的起点。1640年，弗里德里希·威廉一世执政，逐步废除了大地产主的一些经济特权，委任固定的官吏负责收税和管理军费开支。为了总理战争事务，1660年成立了普鲁士最早的官僚机构——军事总署，为邦国制定经济政策、组织从事主要经济生产活动，保证军费开支和常备军所需的一切。在战争时期，军事总署实际上掌管着国家所有的经济事务：为了筹备军费，促进了纺织业为常备军提供军服所需；促进发展武器制造业，为常备军的军队装备；等等。此外，为了扩大国库储备以保证常备军的军费开支，1674年建立了军事财库，在此后不到十年的时间就转变为国家的财库。[4]

1715年8月13日，弗里德里希·威廉一世颁布敕令，宣布邦君

---

[1]　Hermann Kellenbenz, *Deutsche Wirtschaftsgeschichte*, Bd. 1, S. 298f.

[2]　Herbert Grundmann (hrsg.), *Handbuch der deutschen Geschichte*, Stuttgart: Klett-Cotta, 1981, Bd. 2, S. 493.

[3]　Hermann Kellenbenz, *Deutsche Wirtschaftsgeschichte*, Bd. 1, S. 299.

[4]　参见〔英〕佩里·安德森《绝对主义国家的系谱》，刘北成等译，第255—256页。

的私人领地为不可分割、不可转让的国有土地，由国家官吏进行管理。此后在1719年、1723年颁布的法令中，解除了国有土地上的依附农的人身依附关系，减轻他们的徭役，在国有土地上实行租佃制。农民与邦君的法律关系不再是个人性质的，因为他们是国家的臣民。1725年，石勒苏益格－荷尔斯泰因的汉斯·兰特晁在远离大地产主领地的阿施贝尔格新建了一个农场，把农场的土地租佃给农民，按照土地的面积规定租金，佃农不承担其他的徭役，照此方式经营了十余年。1739年，他把这十余年以新方式经营的支出和收益与现行农奴制的经营方式的支出和收益进行比较，结果是前者的收入比后者有明显的提高。1759年他在总结这个试验的文章中指出，现行农奴制的经营制度中最根本的弊病是，它仅能满足农民最起码的生存所需，他们从中得不到任何利益。因此应该实行新的经营方式，使农民除了租金外自己也能有所得，即通过租赁制调整大地产主和农民之间的关系。[①]约翰·海因里希·戈特洛普明确地向邦君指出，邦君给予臣民的利益终将归结于"国家的经济"中，因为国家的经济是由邦君管理操纵的，实施有效的经济政策就能保护臣民的纳税能力。[②]大地产主实行的农奴制，不仅限制了普鲁士税源的扩大，而且他们拥有相当的政治实力与王权相抗衡。而租佃制的个体经营土地的方式既可以保征税收，在政治上又不可能构成威胁，因此扩大个体农业经济是普鲁士实施重农主义的一个重要措施。为此，普鲁士于1750年成立了公有土地分配最高委员会，把邦国内的公有土地和合并的分散土地租佃给5700个农户家庭。[③]1800年前后，在普鲁士境内有62.5％的耕地租佃给了农户，26.5％是骑士的地产，3.2％是国有土地，7.8％是城市地主的土地。[④]个体农业经济的扩大，王室

[①]　Edith Ennen, *Deutsche Agrargeschichte: von Neolithikum bis zur Schwelle des Industiezeitalters*, S. 226f.

[②]　Hermann Kellenbenz, *Deutsche Wirtschaftsgeschichte*, Bd. 1, S. 298f.

[③]　Edith Ennen, *Deutsche Agrargeschichte: von Neolithikum bis zur Schwelle des Industiezeitalters*, S. 225f.

[④]　Theodor Schieder, *Handbuch der europäischen Geschichte*, Bd. 4, S. 444.

土地的国有化，公有土地和合并的分散土地的租佃，实际上这些都是在增强国王对土地的支配权，相应地消除了土地所有权和使用权的分散性和世袭。可见，普鲁士农业经营方式的改变，是扩大国家财政收入来源的需要。

对普鲁士政府来说，把私有土地改为国有土地，改善农民的境况，扩大个体农业经济的目的都是扩大国家财力的来源，而推行重商主义的政策无疑也是为了这同一目的。18世纪中叶，菲利普·威廉·赫尔尼希克在他的《选帝侯的国库和王室财政》一书中指出，扩大贸易、建立手工工场、开采矿山，这些都是补充国库的最好方法；泽肯多夫则提出应给予新的手工业以特许权；威廉·施洛德对商业有很高的评价，他认为商业和手工业能够保障臣民利益，而臣民所得到的利益则终将对君主有利。重商主义是西欧各个国家从封建社会制度向资本主义过渡时期一个重要的经济政策。法国经济学家米歇尔·博德说："由于封建社会和封建后社会统治阶级——贵族的反对，新兴的商业和金融资产阶级常常和王权联盟，在能够称为'重商主义的妥协'的时代，首先提出的是'君主的财富'，以后提出国家繁荣和商人昌盛的共同利益，以达到鼓励保护、对抗外国竞争、推动商业、殖民扩张及发展生产的目的。"[1]财富对于国家来说意味着权力，财富的经营、财富的保障、财富的扩大，都是国家重商主义所力求的；因此，国家推行重商主义政策首先关注的是能扩大国家财富的部门和行业。[2]普鲁士的专制君主们正是通过重商主义建立起了国内的统一市场，于1725年取消了谷税制，建立了国内谷物贸易市场。弗里德里希·威廉二世对军用粮食储备和粮食贸易统一进行管理，集中控制粮食的运输，统一制定粮食价格。正如布罗代尔所说："民族市场的诞生必定是与一个中央集权的政治意志有

---

① 〔法〕米歇尔·博德：《资本主义史1500—1980年》，吴艾美等译，东方出版社1986年版，第42页。

② Leonhard Bauer, Herbert Matis, *Geburt der Neuzeit. Vom Feudalsystem zum Marktgesellschaft*, München: Dt. Tachenbuch-Verl., 1989, S. 265.

关系，这一意志体现在税收、行政或军事方面，或推行重商主义政策。……重商主义使经济活动的领导权由市镇向国家转移。其实更应该说由行省向国家转移。"①普鲁士的专制君主把握住了农业这一经济命脉，施行重农主义和重商主义并举的政策，从而掌握了国家经济的领导权。

　　与德意志其他邦君专制比较而言，普鲁士王国建立比较晚，军事化的特点比较突出，其专制统治的程度也比较强。进入18世纪以后，在启蒙运动的影响下，普鲁士的君主专制走向了"开明专制"②的道路。

---

　　① 〔法〕费尔南·布罗代尔：《15至18世纪的物质文明、经济和资本主义》，第3卷，顾良等译，第323页。

　　② 所谓的"开明专制"（Aufgeklärter Absolutismus）从字面理解就是君主接受过启蒙运动的教育。

余 论

在西欧近代历史中，无论是法国的绝对主义王权，还是英国的专制君主制，抑或德意志的邦君专制，都强调立法在政治统治中的职能，但是立法权掌握在专制的君主手中，法国的三级会议、英国的等级议会和德意志的邦君等级会议都是如此。也正是因为如此，17世纪晚期以及进入18世纪以后，各国议会通过和颁布的法令都有所减少，这似乎从一个方面说明了君主制发展到了鼎盛时期，"随之而来的是混乱无序的暴政、无所适从的集权和中央集权的无政府状态"[①]；因此，对"旧制度"的批判不绝于耳，要求进行改革，提出了各种政体的模式，在18世纪的欧洲政治思想领域中出现了一个活跃的、贴上了"启蒙运动"标签的学术大争论，政治学的、哲学的、宗教学的、经济学的以及社会学的和历史学的学者们都加入其中，"引发了一系列围绕着各种重大问题的学说之争，形成了那一时期知识分子、政论家甚至一些国家首脑的'百年战争'"[②]。英国著名的历史学家、政治理论家马克·戈尔迪和罗伯特·沃克勒主编的集合了英美和欧洲其他国家数十位享誉学界的知名教授撰写的《剑桥十八世纪政治思想史》对这个"百年战争"进行了全面而详细的阐释，列举了一系列活跃在这个世纪的、对学界来说耳熟能详的政论家的名字：伏尔泰、卢梭、孟德斯鸠、休谟、

[①] 〔英〕塞缪尔·E.芬纳：《统治史》，第3卷，马百亮译，第400页。

[②] 〔英〕马克·戈尔迪、罗伯特·沃克勒主编：《剑桥十八世纪政治思想史》，刘北成等译，第9页。

康德、费希特以及亚当·斯密等。著述者们批评性地评判了先哲们的思想及其产生的历史影响，把这个世纪的思想论争看作"现代性来临的标志"①。这个世纪的思想家们都受过系统的大学教育，有着极为雄厚的知识学养，他们中间相当一部分人还有着参与执政的丰富实践，所以能够把知识和权力有机结合起来，提出的政治理念和思想或能对已经发生过的英国革命进行理论注解，或对远离欧洲的美洲大陆产生重大的影响，或是为法国大革命的发生提供了思想动力。

启蒙运动时代被誉为"理性的时代"，它发端于英国，这与"光荣革命"的发生不无关系。1688年英国的"光荣革命"以有限的君主制取代了绝对君主制，君主政体虽然保留下来，但是其权力受到支配议会的内阁成员的控制，议会成为主权者。在18世纪，国王、上议院和下议院的组建具有了现代政府的三种职能："国王是行政部门的首领，上议院是最高的司法机构，下议院是主要的立法机构。"②英国的政治实践与政治传统理论发生了严重的冲突。自中世纪以来，欧洲政治理论的核心是"君权神授"，宗教改革以及在各国先后实行的君主专制制度都对这一神学政治理论产生了极大的冲击，英国发生的"光荣革命"更是在政治实践中否定了"君权神授"。美国学者帕特里克·赖利就认为："新教的个人道德自律观念很自然地从神学与道德哲学延伸到政治学，由此形成了社会契约论的理论基础。"③英国哲学家洛克于1689年出版的《政府论》填补了"君权神授"理论崩溃之后留下的真空。④在《政府论》中，洛克通过对《圣经》的考据批判了"君权神授"的学说，提出了"自然"和"理性"两个概念，由此延伸出了以"自然法"和"个人意志"为两个核心原则的"社会契约论"。尽管有后世学者认为洛克的《政府论》是在

---

① 〔英〕马克·戈尔迪、罗伯特·沃克勒主编：《剑桥十八世纪政治思想史》，刘北成等译，第8页。
② 同上书，第25页。
③ 同上书，第333页。
④ 同上书，第50页。

"光荣革命"之前就已经完成了，但毋庸置疑的是，《政府论》对整个18世纪的西欧以及美国宪政制度都产生巨大影响，"在长达一个世纪的时间里，洛克的思想风行整个欧洲大陆"[①]。

法国启蒙运动时期的思想家大多深受洛克思想的影响，抑或可以说洛克的思想主要通过他们得以广泛传播。笔者在此无意对18世纪启蒙运动时期法国的思想家们进行阐释，《剑桥十八世纪政治思想史》的著述者们就此已经有了详尽的论述，很难有人望其项背。他们对伏尔泰、孟德斯鸠、卢梭以及以狄德罗为代表的百科全书派等启蒙运动时期的学者们关于政制的讨论作了较为全面的评述。在法国的历史上，18世纪是一个"革命世纪"，它的标签自然是1789年的大革命，芬纳称"法国大革命是和以前整个生活模式的决裂"，"法国大革命动摇了整个社会"。[②]18世纪之所以被称为革命世纪，不仅仅在于大革命的发生，此前就已经开始的启蒙思想家们有关政制的论争也应该是其重要组成部分，他们提出的有关现代政制的理论，为西欧现代国家的产生奠定了理论基础。法国大革命时期国王被送上了断头台，标志着千年封建制度的终结，共和政体的建立开启了政制的现代化，开始探索建立一个合法的为大众所能接受的政府形式。1789年颁布的《人权宣言》通过强调启蒙思想家们强调的"自然权利"（ius naturae[③]）否定了封建的等级制度，从而进一步消除了教会的和贵族的政体模式。卢梭于1762年出版的《社会契约论》中提出的自然权利和主权在民的思想，更是在《人权宣言》中有所体现。《人权宣言》中提出的法律面前人人平等的原则体现了启蒙思想家们提倡的理性，理性体现的是个人意志，而政府的合法性则是建立在"意志"观念的基础上的，即同意或者是认可的原

---

① 〔英〕塞缪尔·E.芬纳：《统治史》，第3卷，马百亮译，第405页。

② Samuel Edward Finer, *Comparative Government: An Introduction to the Study of Politics*, Harmondsworth: Penguin, 1984, pp. 263-264.

③ ius naturae原意为"自然权利"，国内学界约定俗成地翻译为"天赋人权"，笔者采用这个词的原意。

则。[1]从另一个角度来说，只有在政府保障了人民的生命、财产和自由的前提下，民众才会表示"同意"，这个政府才是合法的。拿破仑时期颁布的《拿破仑法典》（Napoleonic Code）进一步用法律的形式确认了启蒙运动时期提出的保护私有财产、平等和自由等原则。

在德意志的政治传统中，"君权神授"的神学政治理论根深蒂固，是君主专制的理论基础。专制制度起步较晚的德意志邦君们，"遇见"了法国的启蒙运动，普鲁士的国王弗里德里希二世与伏尔泰相交20余年之久，闻名遐迩的数学家、哲学家达朗贝尔（Jean le Rond d'Alembert）是弗里德里希二世宫廷里的座上客。在弗里德里希二世执政时期制定的政策深受启蒙运动思想的影响，这是不言而喻的。但是，无论弗里德里希二世还是其他的邦君们在制定他们的政策时都是选择性地接受了法国启蒙运动的思想。首先，集权的邦君们逐渐地摒弃了"君权神授"这一神学政治理论，接受了以个人意志为核心的"社会契约论"政治观念，以社会中个体认可的政治的合法性取代了中世纪以来一直实行的君权神授的神权政治，这是开明君主制最基本的理论基础。在芬纳看来，"启蒙思想绝对不是民主的"，因为启蒙运动的精英们并不相信大众可以自谋其福，更何况原有的城市议会、行会，以及等级议会和教会依然在束缚民众的自由；因此，启蒙运动的思想家们都把希望寄托在君主身上，"君主越活跃、越专制，启蒙思想家实现蓝图的机会就越大。因此，他们倡导最为极端的专制，即'合法专制'或'开明专制'"。[2]这种现象似乎在德意志表现得尤为明显；这是因为掌握权力的君主把符合他们统治权术的启蒙思想付诸实践。弗里德里希二世在执政时期通过一系列的改革把社会契约论中保护自由和私人财产的内容落实在了他制定的法律中，促进了司法机构和法律的系统化和合理化。如果说法国是以暴力的大革命的形式走向了现代国家，那么德意志则是通

---

① 参见〔英〕马克·戈尔迪、罗伯特·沃克勒主编《剑桥十八世纪政治思想史》，刘北成等译，第333页。

② 〔英〕塞缪尔·E.芬纳：《统治史》，第3卷，马百亮译，第401页。

过在邦国中进行的一系列的政治改革实现了国家的现代化。

17世纪初，英国殖民者开始移民至美洲大西洋沿岸，直至18世纪中叶逐渐形成了13个英属殖民地。虽然美洲大陆远离西欧大陆，但依然与其有着千丝万缕的联系，18世纪欧洲的启蒙运动的思想自然也不远万里传到了美洲大陆。在美洲没有像西欧大陆那样的世袭贵族和教会贵族，因而没有可能建立起贵族政体；也没有西欧大陆的政治传统，因而也不会受保守传统的束缚；在移民美洲的殖民者中不乏角逐权力的政治家，他们虽然没有像哲学家一样创造新的理论，但是却能在这片新的土地上实践启蒙者提出的政治理论；所以，"启蒙思想在美国比在欧洲得到更为充分的实现"①。18世纪中叶，13个英属殖民地联合起来反抗宗主国的经济政策，引发了争取摆脱宗主国控制的美国独立战争，为说明战争的正义性发布了《独立宣言》(The Declaration of Independence)。这个宣言中有选择性地接受了西欧启蒙思想家们的各种观念：自然权利、社会契约、自由、平等、三权分立等，可谓集启蒙思想的大成。正如芬纳所说："德国和法国是启蒙之火燃烧得最为璀璨的地方，而美国革命则体现了最为纯粹的启蒙精神。毫无疑问这是欧洲人所梦寐以求的，但是由于一方面是世袭贵族，一方面是根深蒂固、富可敌国的教会，这种精神在欧洲不可能实现。"②《独立宣言》以及此后的美国制宪会议(Constitutional Convention)的政制模式又反馈到欧洲大陆，成为法国大革命的政治模板。

美国的政制形态源自西欧，或者更确切地说源自英国，在实践启蒙运动思想的过程中又有了自身的特征和创新，由此开创了有着"美国起源特征"政府体制。③在美国政府体制的影响下，西欧各国完成了现代政府的形态建构。

---

① 〔英〕塞缪尔·E.芬纳：《统治史》，第3卷，马百亮译，第465页。
② 同上。
③ 同上书，第597页。

参考文献

Abel, Wilhelm, *Agrarkrisen und Agrarkonjunktur: Eine Geschichte der Land- und Ernährungswirtschaft Mitteleuropas seit dem hohen Mittelalter*, Hamburg & Berlin: Parey, 1966.

Abulafia, David (ed.), *The New Cambridge Medieval History*, Vol. V, Cambridge: Cambridge Univ. Press, 1999.

Allen, John William, *A History of Political Thought in the Sixteenth Century*, Methuen: Barnes & Noble, 1960.

Althoff, Gerd, *Die Macht der Rituale: Symbolik und Herrschaft im Mittelalter*, Darmstadt: WBG, Wiss. Buchges., 2003.

Althoff, Gerd, *Die Ottonen: Königsherrschaft ohne Staat*, Stuttgart: Kohlhammer, 2000.

Angermeier, Heinz, *Das alte Reich in der deutschen Geschichte: Studien über Kontinuitäten und Zäsuren*, München: Oldenbourg, 1991.

Angermeier, Heinz, *Die Reichsreform 1410-1555: Die Staatsproblematik in Deutschland zwischen Mittelalter und Gegenwalt*, München: Beck, 1984.

Angus, Selby, *The Religious Quests of the Graeco-Roman: A Study in the Historical Background of Early Christianity*, London: John Murray, 1929.

Aubin, Hermann, *Die Entstehung der Landeshoheit nach niederrheinischen Quellen: Studien über Grafschaft, Immunität und Vogtei*, Berlin: Ebering, 1920.

Bader, Karl Siegfried, *Das mittelalteriche Dorf als Friedens- und Rechtsbereich*, Weimar: Hernmann Böhlaus Nachfolger, 1957.

Bader, Karl Siegfried, *Dorfgenossenschaft und Dorfgemeinde*, Köln-Graz: Böhlau, 1962.

Bader, Karl Siegfried, *Rechtsformen und Schichten der Liegenschaftsnutzung im mittelalterlichen Dorf: mit Ergänzungen und Nachträgen zu den Teilen 1 und 2 der Studien zur Rechtsgeschichte des mittelalterlichen Dorfes*, Köln: Böhlau, 1973.

Baldwin, James Fosdick, *The King's Council in England during the Middle Ages*, Oxford: Clarendon Press, 1913.

Baldwin, John Wesley., *The Government of Philip Augustus: Foundations of French Royal Power in the Middle Ages*, Berkeley: University of California Press, 1986.

Barker, Ernest (ed.), *The Politics of the Aristotle*, Oxford: Clarendon Press, 1961.

Barlow, Frank, *The English Church, 1000-1066: A Constitutional History*, London: Longman, 1963.

Barlow, Frank, *The Feudal Kingdom of England, 1042-1216*, London: Longman, 1983.

Barrow, Geoffrey W. S., *Feudal Britain: The Completion of the Medieval Kingdom, 1066-1314*, London: Arnold, 1956.

Baus, Karl, *Handbuch der Kirchengeschichte: Von der Urgemeinde zur frühchristlichen Großkirche*, Freiburg: Herd, 1999.

Beck, Hans-Georg, usw., *Handbuch der Kirche*, Freiburg-Basel-Wien: Herder, 1985.

Beeler, John, *Warfare in Feudal Europe, 730-1200*, Ithaca(u.a.): Cornell Univ. Press, 1971.

Benz, Arthur, *Governance-Regieren in komplexen Regelsystemen*, Wiesbaden: Verlag für Sozialwissenschaft, 2004.

Benz, Arthur, *Politik in Mehrebenensysten*, Wiesbaden: Verl. für Sozialwiss., 2009.

Black, Antony, *Political Thought in Europe, 1250-1450*, Cambridge: Cambridge University Press, 1992.

Blickle, Peter, *Die Revolution von 1525*, München: Oldenbourg, [3]1993.

Blickle, Peter (hrsg.), *Revolte und Revolution in Europa*, München: Oldenbourg, 1975.

Blondel, Jean & Müller-Rommel, Ferdinand (ed.), *Cabinets in Western Europe*, Basingstoke: Macmillan, 1988.

Boockmann, Hartmut, *Der deutsche Orden*, München: Beck, 2012.

Boockmann, Hartmut, *Deutsche Geschichte im Osten Europas-Ostpreußen und Westpreußen*, Berlin: Siedler, 1992.

Bodin, Jean, *Les six livres de la République*, Paris: Chez Jacques du Puys, 1576.

Böhret, Carl, *Politik und Verwaltung: Beiträge zur Verwaltungspolitologie*, Opladen: Westdt. Verlage, 1983.

Böhret, Carl (Hrsg.), *Regieren im 21. Jahrhundert—zwischen Globalisierung und Regionalisierung: Festgabe für Hans-Hermann Hartwich zum 65. Geburtstag*, Opladen: Leske & Budrich, 1993.

Böhret, Carl (Hrsg.), *Verwaltungsreformen und politische Wissenschaft: zur Zusammenarbeit von Praxis und Wissenschaft bei der Durchsetzung und Evaluierung von Neuerungen*, Baden-Baden: Nomos-Verl.-Ges.,1978.

Born, Martin, *Die Entwicklung der deutschen Agrarlandschaft*, Darmstadt: Wiss. Buchges., [2]1989.

Bosl, Karl, *Die Grundlagen der modernen Gesellshaft im Mittelalter: Eine deutsche Gesellschaftsgeschichte des Mittelalters*, Stuttgart: Hiersemann, 1972.

Bradburg, Jim, *Philip Augustus: King of France, 1180-1223*, London: Longman, 1998.

Brand, Urlich, Brunnengräber, Achim, *Global Governance: Alternative zur globalen Entfesselung der Marktkräfte?* Münster: Westfälisches Dampfboot, 2000.

Brooke, Zachary N., *The English Church and Papacy, From the Conquest to the Reign of John*, Cambridge: Cambridge Univ. Press, 1987.

Brown, Reginald Allen, *Origins of English Feudalism*, London: Allen & Unwin, 1973.

Brown, Reginald Allen, *The Normans and Norman Conquest*, Woodbridge: The Boydell Press, 1985.

Brunner, Otto, *Land und Herrschaft: Grundfragen der territorialen Verfassungsgeschichte Österreichs im Mittelalter*, Darmstadt: Wiss. Buchges., 1970=[5]1965.

Brunner, Otto (hrsg.), *Geschichtliche Grundbegriffe: Historisches Lexikon zur politisch-sozialen Sprache in Deutschland*, Stuttart: Klett-Cotta, 2004.

Burns, James Henderson (ed.), *The Cambridge History of Medieval Political Thought, c.350-c.1450*, Cambridge (u.a.): Cambridge Univ. Press, 1988.

Burns, James Henderson (ed.), *The Cambridge History of Political Thought, 1450-1700*, Cambridge (u.a.): Cambridge University Press, 1991.

Buschmann, Arno, *Kaiser und Reich: Verfassungsgeschichte des Heiligen Römischen Reiches Deutscher Nation vom Beginn des 12. Jahrhunderts bis zum Jahre 1806 in Dokumenten*, Baden-Baden: Nomos-Verl.-Ges., [2]1994.

Calasso, Francesco, *Medio evo del diritto*, Milano: Giuffré, 1954.

Canning, Joseph, *A History of Medieval Political Thought, 300-1450*, London and New York: Routledge, 1996.

Chaney, William A., *The Cult of Kingship in Anglo-Saxon England: The Transition from Paganism to Christianity*, Manchest: Manchester University Press, 1970.

Chew, Helena Mary, *The English Ecclesiastical Tenants-in-chief and Knight Service*, Oxford: Oxford Univ. Press, 1932.

Church, William Farr, *Constitutional Thought in Sixteenth-Century France*, Cambridge, Mass.: Harvard University Press; London: Oxford University Press, 1941.

Coffey, John, *Persecution and Toleration in Protestant England, 1558-1869*, London: Longman, 2000.

Collins, James B., *From Tribes to Nation: the Making of France, 500-1799*, Boston: Cengage Learning, 1988.

Collingwood, Robin G., *Roman Britain and the English Settlements*, Oxford: Clarendon Press, 1937.

Coss, Peter R., *The Origins of the English Gentry*, Cambridge: Cambridge University Press, 2003.

Crosby, Everett U., *Bishop and Chapter in Twelfth-Century England: A Study of the Mensa Episcopalis*, Cambridge: Cambridge Univ. Press, 1994.

Curzon, Leslie Basil, *English Legal History*, Plymouth: Macdonald & Evans Ltd, [2]1979.

Demandt, Alexander, *Die Spätantike: Römische Geschichte von Diocletian bis Justinian, 284-565 n. Chr.*, München: Beck, 1989.

Douglas, David Charles (ed.), *English Historical Document*, London(u.a.): Routledge, 1996.

Elton, Geoffrey Rudolph, *Studies in Tudor and Stuart Politics and Government*, Cambridge: Cambridge University Press, 1974.

Elton, Geoffrey Rudolph (ed.), *The Tudor Constitution: Documents and Commentary*, Cambridge: Cambridge University Press, [2]1982.

Elton, Geoffrey Rudolph, *The Tudor Revolution in Government: Administrative*

Changes in the Reign of Henry VIII, Cambridge: Cambridge University Press, 1969.

Ennen, Edith, *Deutsche Agrargeschichte: von Neolithikum bis zur Schwelle des Industiezeitalters*, Weisbaden: Steiner, 1979.

Ennen, Edith, *Frühgeschichte der europäischen Stadt*, Bonn: Röhrscheid, [3]1981.

Fawtier, Robert, *The Capetian Kings of France: Monarchy & Nation (987-1328)*, translated by Lionel Butler, London: Macmillan, 1960.

Ferguson, Wallce K., *Europe in Transition, 1300-1520*, Boston, Mass.: Houghton Mifflin, 1962.

Finer, Samuel Edward, *Comparative Government*, New York: Basic Books, 1971.

Finer, Samuel Edward, *The History of Government, from the Earliest Times*, Oxford: Oxford University Press, 1997.

Finn, R. Welldon, *An Introduction of Domesday Book*, London: Longman, 1963.

Fisher, Douglas John Vivian, *The Anglo-Saxon Age, c.400-1042*, London: Longman, 1973.

Foucault, Michel, *Sicherheit, Territorium, Bevölkerung: Vorlesung am Collège de France, 1977-1978*, übers. Claudia Brede-Konersmann, Frankfurt am Main: Suhrkamp, [3]2014.

Foucault, Michel, *Überwachung und Strafen: die Geburt des Gefängnisses*, bers. von Walter Seirtte, Frankfurt am Main: Suhrkamp, 1976.

Foucault, Michel, *Analytik der Macht*, übers. von Reiner Ansén, Frankfurt am Main:Suhrkamp, 2005.

Franklin, Julian H. (ed.), *Jean Bodin*, Aldershot: Ashgate, 2006.

Gagnér, Sten, *Studien zur Ideengeschichte der Gesetzgebung*, Stockholm: Almqvist & Wiksell, 1960.

Geary, Patrick J. (ed.), *Reading in Medieval History*, Peterborough: Broadview Press, 1989.

Gierke, Otto von, *Das deutsche Genossenschaftsrecht*, Berlin: Weidmann, 1868.

Gierke, Otto von, *Die Genossenschaftstheorie und die deutsche Rechtsprechung*, Berlin: Weidmann, 1963=1887.

Giesebrecht, Wilhelm von, *Geschichte der deutschen Kaiserzeit*, Leipzig: Duncker & Humblot, [5]1881.

Glotz, Gustave, *Ancient Greece at Work: An Economic History of Greece, from the Homeric Period to the Roman Conquest*, Hildesheim(u.a.): Olms, 1987=

1926.

Goetz, Hans-Werner (hrsg.), *Konrad I.: auf dem Weg zum "Deutschen Reich"?*, Bochum: Winkler, 2006.

Görich, Knut, *Die Staufer: Herrscher und Reich*, München: Beck, 2006.

Graves, Michael A. R., *The Parliaments of Early Modern Europe, 1400-1700*, London: Longman, 2001.

Green, Judith A., *The Government of England under Henry I*, Cambridge: Cambridge Univ. Press, 1986.

Green, Vivian Hubert Howard, *The Later Plantagenets: A Survey of English History between 1307 and 1485*, London: Edward Arnold, 1955.

Grundmann, Herbert (Hrsg.), *Handbuch der deutschen Geschichte*, Stuttgart: Klett-Cotta, 1981.

Grundmann, Herbert, *Wahlkönigtum, Territorialpolitik und Ostbewegung im 13. und 14. Jahrhundert*, in: Bruno Gebhardt (hrsg.), *Handbuch der deutschen Geschichte*, Bd. 5, 8. Auflage, München: Dt. Taschenbuch-Verl., 1985.

Guenée, Bernard, *States and Rulers in Later Medieval Europe*, translated by Juiet Vale, Oxford: Blackwell, 1985.

Guy, John, *Tudor England*, Oxford: Oxford University Press, 1988.

Hastings, Rashdall, *The Universities of Europe in the Middle Ages*, Vol. 1, Oxford: Oxford Univ. Press, 1936.

Hattenhauer, Hans, *Europäische Rechtsgeschichte*, Heidelburg: Müller, [3]1999.

Hauschild, Wolf-Dieter, *Lehrbuch der Kirchen- und Dogmengeschichte*, Göttingen: Chr. Kaiser Güterloher Verlaghaus, [2]2000.

Heinemeyer, Walter(hrsg.), *Vom Reichsfürstenstande*, Köln: Gesamtverein d.Dt. Geschichts- u. Alterumsvereine, 1987.

Heinrich, Gerd, *Geschichte Preußens: Stadt und Dynastie*, Frankfurt am Main: Propyläen-Verl., 1981.

Henning, Friedrich-Wilhlem, *Handbuch der Wirtschafts- und Sozialgeschichte Deutschlands*, Paderborn-München-Wien-Zürich: Schöningh, 1991.

Hilton, Rodney Howard, *English and French Towns in Feudal Society: A Comparative Study*, Cambridge: Cambridge Univ. Press, 1992.

Hirsch, Hans, *Die hohe Gerichtsbarkeit im deutschen Mittelalter*, Prag: Verl. der Ges. zur Förderung Dt. Wiss., Kunst und Literatur in Böhmen, 1922.

Holdsworth, William Searle, *Some Makers of English Law*, Cambridge:

415

Cambridge Univ. Press, 1938.

Hollister, Charles Warren, *Anglo-Saxon Military Institutions on the Eve of the Norman Conquest*, Oxford: Clarendon Press, 1962.

Hollister, Charles Warren, *Military Organization of Norman England*, Oxford: Clarendon Press, 1965.

Hollister, Charles Warren and Bennett, Judith M., *Medieval Europe: A Short History*, Boston, London: McGraw-Hill, [9]2002.

Holt, James Clarke, *Magna Carta*, Cambridge: Cambridge Univ. Press, 1992.

Holt, Mack P., *The French Wars of Religion, 1562-1629*, Cambridge: Cambridge University Press, 1995.

Jackson, Robert, *Sovereignty: Evolution of an Idea*, Cambridge: Polity Press, 2007.

James, Edward, *The Origins of France, From Clovis to the Capetians, 500-1000*, London: Macmilian, 1982.

Jaspers, Karl, *Vom Ursprung und Ziel der Geschichte*, Frankfurt am Main: Fischer Bücherei, 1955.

Jedin, Hubert (hrsg.), *Handbuch der Kirchengeschichte*, Freiburg-Basel-Wien: Herder, 1985.

Jolliffe, John Edward Ausdin, *The Constitutional History of Medieval England from the English Settlement to 1485*, London: Black, [2]1947.

Kämpf, Hellmut (hrsg.), *Herrschaft und Staat im Mittelalter*, Darmstad: Wiss. Buchges., 1960.

Keen, Maurice, *England in the Later Middle Ages: A Political History*, 2nd ed., London: Routledge, 2003.

Kellenbenz, Hermann, *Deutsche Wirtschaftsgeschichte*, München: Beck, 1977.

Keutgen, Friedrich, *Urkunde zur städtischen Verfassungsgeschichte*, Berlin: Felber, 1901.

Knowles, David, *The Evolution of Medieval Thought*, London: Longman, [2]1988.

Köbler, Gerhard, *Lexikon der europäischen Rechtsgeschichte*, München: C.H. Beck, 1997.

Koenigsberger, Helmut George and Mosse, George L., *Europe in the Sixteenth Century*, London: Longman, 1968.

Köpf, Ulrich (hrsg.), *Reformationszeit, 1495-1555*, Stuttgart: Reclam, 2001.

Koschaker, Paul, *Europa und das Römische Recht*, München-Berlin: Beck, [4]1966.

Krieger, Karl-Friedrich, *Die Lehnshoheit der deutschen Känige im Spätmittelalter*, Aalen: Scientia-Verla, 1979.

Krieger, Karl-Friedrich, *König, Reich und Reichsreform im Spätmittelalter*, München: Oldenbourg, 2005.

Laband, Paul, *Die Bedeutung der Reeption des Römischen Rechts für das deutsche Staatsrecht*, Straßburg 1880, Rede zum Rektoratswechsel an der Kaiser-Wilhelms Universität.

Lander, Jack R., *Crown and Nobility: 1450-1509*, London: Arnold, 1976.

Lange, Hermann, *Römisches Recht im Mittelalter*, Bd.1, *Die Glossatoren*, München: Beck, 1997.

Lautemann, Wolfgang (bearb.), *Geschichte in Quellen, Mittelalter: Reich und Kirche*, München: Bayerischer Schulbuch-Verlag, [3]1989.

Le Goff, Jacques, *Die Intellektuellen im Mittelalter*, Stuttgart: Klett-Cotta, 1986.

Le Goff, Jacques, *Kultur des europaeischen Mittelalters*, München: Droemer Knaur, 1970.

Lewis, Peter Shervey, *Later Medieval France: The Polity*, London: Macmillan, 1968.

Lexikon des Mittelalters, Stuttgart-Weimar: Verlag J.B. Metzler, 1999.

Lieber, Hans J. (Hrsg.), *Politische Theorien von der Antike bis zur Gegenwart*, München: Olzog Verlag, 1991.

Link, Christoph, *Kirchliche Rechtsgeschichte: Kirche, Staat und Recht in der europäische Geschichte von den Anfängen bis ins 21. Jahrhundert,* München: Beck, [2]2010.

Lipson, Ephraim, *The Economic History of England*, London: Black, 1929.

Lockyer, Roger & Thrush, Andrew, *Henry VII*, 3rd ed., London: Addion Wesley Longman, 1977.

Lodge, Richard, *The Close of the Middle Age, 1272-1494, Period 3*, London: Rivinton, 5th ed., 1935.

Logan, Francis Donald, *A History of the Church in the Middle Ages*, London, New York: Routledge, 2002.

Loyn, Henry R., *The Governance of Anglo-Saxen England*, London: Edward Arnold, 1983.

Luchaire, Achilla, *Histoire des institutions monarchiques de la France sous les premiers Capétiens(987-1180)*, Brüssel: Culture et Civilisation, 1964=1981.

Luscombe, David and Riley-Smith, Jonathan (ed.), *The New Cambridge Medieval History*, Cambridge: Cambridge Univ. Press, 2004.

Lütge, Friedrich, *Deutsche Sozial- und Wirtschaftsgeschichte*, Berlin, Heiderberg, New York: Springer, [3]1979.

Lutz, Heinrich, *Das Ringen um deutsche Einheit und kirchliche Erneuerung: von Maximilian I. bis zum Westfälischen Frieden 1490 bis 1648*, Berlin: Propyläen Verlag, 1983.

Maine, Henry Sumner, *Ancient Law: Its Connection with the Early History of Society, and its Relation to Modern Ideas*, Cambridge: Cambridge University Press, 1901.

Maine, Henry Sumner, *Popular Government*, New York: H. Holt, 1886.

Maitland, Frederic William, *The Constitutional History of England*, Cambridge: Cambridge Univ. Press, 1908.

McIlwain, Charles Howard, *The Growth of Political Thought in the West, From the Greeks to the end of the Middle Ages*, New York: Macmillan, 1932.

McNeill, John T., *The History and Character of Calvinism*, Oxford: Oxford University Press, 1973.

Meeter, H. Henry, *The Basic Ideas of Calvinism*, Michigan: Backer Book House, 1990.

Meier, Ulrich, *Mensch und Bürger: Die Stadt im Denken spätermittelalterlicher Theologen, Philosophen und Juristen*, München: Oldenbourg, 1994.

Menzel, Carl Friedrich, *Geschichte des rheinischen Städtebundes im 13. Jahrhundert*, Hannover: Hahn, 1871.

Mill, John Stuart, *Representative Government*, London: Dent, 1910.

Mitteis, Heinrich, *Der Staat des hohen Mittelalters: Grundlinien einer vergleichenden Verfassungsgeschichte des Lehnszeitalters*, Weimar: Hermann Böhlaus Nachfolger, [4]1953.

Mitteis, Heinrich, *Die Reichtsidee in der Geschichte: gesammelte Abhandlungen und Vorträge*, Weimar: Böhlau, 1957.

Mitteis, Heinrich, *Lehnrecht und Staatsgewalt: Untersuchungen zur mitellalterichen Verfassungsgeschiche*, Darmstadt: Wiss. Buchges., 1974.

Moraw, Peter, *Von offener Verfassung zu gestalteter Verdichtung: Das Reich im späten Mittelalter 1250 bis 1490*, Berlin: Propyläen Verlag, 1985.

Morrall, John B., *Political Thought in Medieval Times*, London (u.a.): Hutchinson,

1958.

Mundy, John Hine, *Europe in the High Middle Ages, 1150-1300*, London: Longman, 2nd ed.,1991.

Munro, Dana Carleton & Sellery, George Clarke, *Medieval Civilization*, New York: The Century, 1924.

Neale, John Ernst, *The Elizabethan House of Commons*, London: Cape, 1950.

Nicholas, David, *The Evolution of the Medieval World: Society, Government and Thought in Europe, 312-1500*, London: Longman, 1992.

Nicholas, David, *The Transformation of Europe, 1300-1600*, London: Oxford Univ. Press, 1999.

Norman, F. Cantor, *Church, Kingship, and Lay Investiture in England, 1089-1135*, New York: Octagon Books, 1958.

Nuttall, Jenni, *The Creation of Lancasterian Kingship: Literature, Language and Politics in Later Medievial England*, Cambridge: Cambridge University Press, 2007.

Petit-Dutaillis, Charles, *The Feudal Monarchy in France and England, from the Tenth to the Thirteenth Century*, London: Kegan Paul Trench, Trubner & Co. Ltd., 1936.

Petsch, Alexandera, *Die Goldbrakteaten der Völkerwanderungszeit, Reallexikon der Germanischen Altertumskunde*, Bd. 36., Berlin: de Gruzter, 2007.

Pitz, Ernst, *Wirtschafts- und Sozialgeschichte Deutschland im Mittelalter*, Wiesbaden: Steine, 1979.

Planitz, Hans, *Die deutsche Stadt im Mittelalter: von der Römerzeit bis zu den Zunfkämpfen*, Graz: Böhlau, 1954.

Plato, *Statesman*, ed. by Julia Annas and Robin Waterfield, Cambridge: Cambridge Univ. Press, 2000.

Plucknett, Theodore Frank Thomas, *Legislation of Edward I*, Oxford: Oxford Univertity Press, 1949.

Potter, David (ed.), France in the Later Middle Ages, 1200-1500, Oxford: Oxford Univertity Press, 2003.

Pounds, Norman John Greville, *An Historical Geography of Europe*, Cambridge: Cambridge Univ. Press, 1990.

Prestwich, Michael, *Plantagenet England, 1225-1360*, Oxford: Clarendon Press, 2005.

Prinz, Friedrich, *Frühes Mönchtum im Frankenreich: Kultur und Gesellschaft in Gallien, den Rheinlanden und Bayern am Beispiel der monastischen Entwicklung* (*4. bis 8. Jahrhundert*), München: Oldenbourg, 1988.

Pufendorf, Samuel von, *Die Verfassung des deutschen Reiches*, hrgs. und übers von Horst Denzer, Frankfurt am Main: Insel Verl., 1994.

Rabe, Horst, *Deutsche Geschichte 1500-1600: Das Jahrhungdert der Glaubensspaltung*, München: Beck, 1991.

Rabe, Horst, *Reich und Glaubenspaltung: Deutschland 1500-1600*, München: Beck, 1989.

Ranft, Adereas, *Adelsgesellschaften: Gruppenbildung und Genossenschaft im spätmittelalterlichen Reich*, Sigmaringen: Thorbecke, 1994.

Reinhard, Wolfgang, *Geschichte der Staatsgewalt: Eine vergleichende Verfassungsgeschichte Europas von den Anfängen bis zur Gegenwart*, München: C. H. Beck, 1999.

Reinhard, Wolfgang, *Probleme deutscher Geschichte 1495-1806: Reichsreform und Reformation 1495-1555*, Stuttgart: Klett-Cotta, 2001.

Rose, Richard, *Understanding Big Government: The Programme Approach*, London: Sage, 1984.

Rosenau, James N. and Czempiel, Ernst-Otto (ed.), *Governance without Government*, Cambridge, New York: Cambridge Univ. Press, 1992.

Rösener, Werner, *Peasants in the Middle Ages*, translated by Alexander Schutzer, Oxford: Polity Press, 1992.

Rossiter, Clinton Lawrence, *Constitutional Dictatorship: Crisis Government in the Modern Democracies*, New York: Harcourt Brace & World, 1963.

Rüegg, Walter (hrsg.), *Geschichte der Universität in Europa*, München: C. H. Beck, 1993.

Sackur, Ernst, *Die Cluniacenser in ihrer kirchlichen und allgemeingeschichtlichen Wirksamkeit: bis zur Mitte des 11. Jahrhunderts*, Darmstadt: Wiss. Buchges., 1965.

Sawyer, Peter Hayes, *From Roman Britain to Norman England*, London: Methuen, [2]1998.

Sayles, George Osborne, *The King's Parliament of England*, London: Edward Arnold, 1975.

Schieder, Theodor, *Handbuch der europäischen Geschichte*, Stuttgart: Klett,

1968.

Schmidt, Georg, *Geschichte des Alten Reiches: Staat und Nation in der Frühen Neuzeit 1495-1086*, München: C. H. Beck, 1999.

Schneider, Reinhard, *Das Frankenreich*, München: R. Oldenbourg Verlag, 1990.

Schneidmüller, Bernd, *Die Kaiser des Mittelalters: Von Karl dem Großen bis Maximilian I.*, München: Beck, 2006.

Schubert, Ernst, *König und Reich: Studien zur spät mittelalterlichen deutschen Verfassungsgeschichte*, Göttingen: Vandenhoeck und Rubrecht, 1979.

Schubert, Hans von, *Geschichte der christlichen Kirche im Frühmittelalter*, Darmstadt: Wiss. Buchges., 1962=1921.

Schwarz, Reinhard, *Luther*, Göttingen: Vandenhoeck und Ruprecht, 1986.

Shennan, Joseph H., *The Parlement of Paris*, London: Sutton Publishing, 1998.

Simon, Thomas, *Grundherrschaft und Vogtei: Eine Strukturanalyse spätmittelalterlicher und frühneuzeitlicher Herrschaftsbildung*, Frankfurt am Main: Klostermann, 1995.

Spieß, Karl-Heinz, *Das Lehnswesen in Deutschland im hohen und späten Mittelalter*, Stuttgart: Franz Steiner, ³2009.

Spitz, Lewis William (ed.), *The Protestant Reformation*, Englewood Cliffs, N. J.: Prentice-Hall, 1966.

Sprandel, Rolf, *Verfassung und Gesellschaft im Mittelalter*, Paderborn: Schöningh, 1975.

Steinen, Wolfram von, *Chlodwigs Übergang zum Chritsntum*, Darmstadt: Wiss. Buchges., 1963.

Stenton, Frank Merry, *Anglo-Saxon England*, Oxford: Clarendon Press, 3rd ed. reprinted, 1971.

Stenton, Frank Merry, *The First Century of English Feudalism, 1066-1166*, Oxford: Clarendon Press, 1968.

Stoob, Heinz, *Forschung zum Städtewesen in Europa*, Köln: Böhlau, 1970.

Stubbs, William, *The Constitutional History of England, in its Origin and Development*, Oxford: Clarendon Press, 1896.

Tellenbach, Gerd, *Die Entstehung des deutschen Reiches: von der Entwicklung des fränkischen und deutschen Staates im neunten. und zehnten. Jahrhundert*, München: Rinn, 1943.

Tellenbach, Gerd, *Die Kirche in ihrer Geschichte: Die westliche Kirche vom 10 bis zum frühen 12. Jahrhundert*, Göttingen: Vandenhoeck & Ruprecht, 1988.

Theuerkauf, Gerhard, *Land und Lehnswesen vom 14. bis zum 16. Jahrhundert: ein Beitrag zur Verfassung des Hochstifts Münster und zum nordwestdeutschen Lehnrecht*, Köln: Böhlau, 1961.

Thrupp, Sylvia A.(ed.), *Change in Medieval Society: Europe North of the Alps,1050-1500*, New York: Appleton-Century-Crofts, 1964.

Tout, Thomas Frederick, *The Empire and Papacy, 918-1273*, London: Rivingtons, 1924.

Vincent, Andrew, *Theories of the State*, Oxford: Blackwell, 1987.

Ullmann, Walter, *Kurze Geschichte des Papsttums im Mittelalter*, Berlin: de Gruyter, 1978.

Ullmann, Walter, *Law and Politics in the Middle Ages: An Introduction to the Source of Medieval Political Ideas*, London: Sources of History, 1975.

Ullmann, Walter, *Medieval Political Thought*, Harmondsworth(u.a.): Penguin Books, 1975.

Ullmann, Walter, *The Growth of Papal Government in the Middle Ages*, London: Methuen, 1965.

Ullmann, Walter, *The Individual and Society in the Middle Ages*, Baltimore, Md.: Johns Hopkins Press, 1966.

Ullmann, Walter, *Principles of Government and Politics in the Middle Ages*, London: Methuen, 1966.

Waas, Adolf, *Herrschaft und Staat im deutschen Frühmittelalter*, Vaduz: Kraus Reprint, 1965=1938.

Waitz, Georg, *Jahrbücher des Deutschen Reichs unter König Heinrich I.*, Darmstadt: Wiss. Buchges., 1963.

Waldstein, Wolfgang (bearb.), *Römische Rechtsgeschichte*, München: Beck, [9]1995.

Weber, Hermann (hrsg.), *Politische Ordnungen und soziale Kräfte im Alten Reich*, Wiebaden: Steiner, 1980.

Weber, Max, *Wirtschaft und Gesellschaft: Grundriss der verstehenden Soziologie*, Köln (u.a.): Kiepenheuer & Witsch, 1964.

Wernham, Richard Bruce & Clay, Josef (ed.), *England under Elizabeth (1558-1603): Illustrated from Contemporary Sources*, London: Longmans, Green and co., 1932.

Wesel, Uwe, *Geschichte des Rechts: von den Frühformen bis zur Gegenwart*, München: Beck, ²2001.

Wienfort, Monika, *Der Adel in der Moderne*, Göttingen: Vandenhoeck & Ruprecht, 2006.

Willians, George H., *The Radical Reformation*, Philadelphia: Werminster Press, 1962.

Williams, Penry, *The Tudor Regime*, Oxford: Clarendon Press, 1981.

Willoweit, Dietmar, *Deutsche Verfassungsgeschichte: vom Frankenreich bis zur Wiedervereinigung Deutschland*, München: Beck, ³1997.

Willoweit, Dietmar, *Rechtsgrundlagen der Territorialgewalt: Landesobrigkeit, Herrschaftsrecht und Territorium in der Rechtswissenschaft der Neuzeit*, Köln: Böhlau, 1975.

Wohlfeil, Rainer(hrsg.), *Reformation oder frühbürgerliche Revolution*, München: Nymphenburger Verl.-Handl, 1972.

Wohlfeil, Rainer, *Einführung in die Geschichte der deutschen Reformation*, München: Beck, 1982.

Wolf, Armin, *Gesetzgebung in Europa, 1100-1500: Zur Entstehung der Territorialstaaten*, München: Beck, ²1996.

Wolfram, Herwig, *Das Reich und die Germanen: Zwischen Antike und Mittelalter*, Berlin: Severin & Siedler, 1990.

Wrightson, Keith, *English Society, 1580-1680*, London: Hutchinson, 1982.

Zeeden, Ernst Walter, *Konfessionsbildung: Studien zur Reformation, Gegenreformation und katholischen Reform*, Stuttgart: Klett-Cotta, 1985.

Zeumer, Karl (bearb.), *Quellensammlung zur Geschichte der Deutschen Reichsverfassung in Mittelalter und Neuzeit*, Tübingen: Mohr, 1913.

Zeumer, Karl (bearb.), *Quellemsammlung zur Geschichte der Deutschen Reichsverfassung in Mittelalter und Neuzeit*, Tübingen: Mohr, 1932.

Zimmerling, Dieter, *Der Deutsche Ritterorden*, Düsseldolf: Econ-Verl., 1988.

Zmora, Hillay, *Monarchy, Aristocracy, and the State in Europe, 1300-1800*, London: Routledge, 2001.

Angermeier, Heinz, "Begriff und Inhalt der Reichsreform", in: *Zeitschrift der Savigny-Stiftung für Rechtsgeschichte*, G.A., Bd.88(1958), S.181-205.

Ayton, Andrew; Davis, Virginia, "Ecclesiastical Wealth in England in 1086", in: William Sheils, Dian Wood (ed.), *The Church and Wealth: Papers Read at the 1986 Summer Meeting and the 1987 Meeting of the Ecclesiastical History Society*, Oxford: Blackwell, 1987.

Battaglia, Otto Forst de, "The Nobility in the European Middle Ages", in: *Comparative Studies in Society and History*, Vol. 5, No. 1 (Oct., 1962), pp. 60-75.

Beumann, Helmut, "Zur Entwicklung transpersonaler Staatsvorstellungen", in: *Vorträge und Forschungen: Das Königtum. Seine geistigen und rechtlichen Grundlage*, Bd.3, Lindau: Thorbecke, 1956, S.185-224.

Bosl, Karl, "Die Reichsministerialität als Element der mittelalterlichen deutschen Staatsverfassung im Zeitalter der Salier und Staufer", in: Theodor Mayer (Hrsg.), *Adel und Bauern im deutschen Staat des Mittelalters*, Leipzig: Koehler & Amelang, 1943, S.74-108.

Brunnengräber, Achim; Stock, Christian, "Global Governance: Ein neues Jahrhundertprojekt?", in: *PROKLA. Zeitschrift für kritische Sozialwissenschaft*, Heft 116, 29. Jg., 1999, Nr.3, S.445-468.

Buchner, Rudolf, "Das merowingische Königtum", in: *Vorträge und Forschungen, Das Königtum. Seine geistigen und rechtlichen Grundlagen,* Bd.3, Lindau: Thorbecke, 1956, S.143-154.

Burns, James H., "Sovereignty and Constitutional Law in Bodin", in: *Political Studies*, Vol.7, Issue 2(1959), pp.174-177.

Combothcra, X. S., "Der Begriff der Souveränität", in: Hans Kurz (hrsg.), *Volkssouveränität und Staatssouveränität*, Darmstadt: Wissenschaftlichen Buchgesellschaft, 1970, S. 1-48.

Constas, Helen, "Max Weber's Two Conceptions of Bureaucracy", in: *The American Journal of Sociology*, Vol. 63, No. 4 (Jan., 1958), pp. 400-409.

Czaja, Roman, "Der preußische Handel und die Wende zum 15. Jahrhundert Zwischen Krise und Expansion", in: Rudorf Holbach(hrsg.), *Städtische Wirtschaft im Mittelalter: Festschrift für Franz Irsigler*, Köln-Weimar-Wien: Böhlau, 2011, S. 93-108.

Deér, Josef, "Die Siegel Kaiser Friedrichs I. Barbarossa und Heinrichs VI. in der Kunst und Politik ihrer Zeit", in: Ellen Judith Beer(hrsg.), *Festschrift Hans R. Hahnloser zum 60.Geburtstag 1959*, Basel Stuttgart: Birkhäuser, 1961.

Diestelkamp, Bernhard, "Freiheit der Bürger—Freiheit der Stadt", in: Johannes Fried (hrsg.), *Die abendländische Freiheit vom 10. zum 14. Jahrhundert: Der*

Wirkungszusammenhang von Idee und Wirklichkeit im europäischen Vergleich, Sigmaringen: Thorbecke, 1991, S.485-510.

Diestelkamp, Bernhard, "Lehnrecht und spätmittelalterliche Territorien", in: Hans Patze(hrsg.), *Der deutsche Territorialstaat im 14. Jahrhundert*, Sigmaringen: Thorbecke, 1970, S.65-96.

Dilcher, Gerhard, "Rechtshistorische Aspekte des Stadtbegriffs", in: Jankuhn Herbert(hrsg.), *Vor- und Frühformen der europäischen Stadt im Mittelalter: Bericht über ein Symposium in Reinhausen bei Göttinggen in der Zeit vom 18. bis 24. April 1972*, Göttingen: Vandenhoeck & Ruprecht, 1973, S.12-32.

Dilcher, Gerhard, "Die genossenschaftliche Struktur von Gilden und Zünfte", in: Berent Schwineköper(hrsg.), *Gilden und Zünfte: Kaufmännische und gewerbliche Genossengschaft im frühen und hohen Mittelalter*, Sigmaringen: Thorbecke, 1985, S.71-111.

Droege, Georg, "Der Einfluß der mittelalterlichen Freiheitsbewegung auf die frühe Stadt", in: Helmut Jäeger(hrsg.), *Civitatum Communitas: Studien zum europäischen Städtewesen. Festschrift Heinz Stoob zum 65. Geburtstag*, Köln: Böhlau, 1984, S. 56-70.

Drogula, Fred K., "Imperium, Potestas, and the Pomerium in the Roman Republic", in: *Historia: Zeitschrift für Alte Geschichte*, Bd. 56, H.4(2007), pp. 419-452.

Elton, Goeffrey Rudolph, "Parliament in the Sixteenth Century: Functions and Fortunes", in: *The Historical Journal*, Vol. 22, No. 2 (Jun., 1979), pp. 255-278.

Fichtenau, Heinrich, "Monastisches und scholastisches Lesen", in: Georg Jenal (Hrsg.), *Herrschaft, Kirche, Kultur: Beiträge zur Geschichte des Mittelalters. Festschrift für Friedrich Prinz zu seinem 65. Geburtstag*, Stuttgart: Hiersemann, 1993, S. 317-338.

Foster, Herbert Darling, "Geneva Before Calvin (1387-1536), The Antecedents of a Puritan State", in: *The American Historical Review*, Vol. 8, No. 2 (Jan., 1903), pp. 217-240.

Foster, Herbert Darling, "Calvin's Programme for a Puritan State in Geneva, 1536-1541", in: *The Harvard Theological Review*, Vol.1, No.4 (Oct., 1908), pp. 391-434.

Hageneder, Othmar, "Weltherrschaft im Mittelalter", in: *Mitteilungen des Instituts für Österreichische Geschichtsforschung*, 93 (1985), S. 257-278.

425

Hilton, Rodney Howard, "Agrarian Class Structure and Economic Development in Pre-Industrial Europe: A Crisis of Feudalism", in: *Past & Present*, No. 80 (Aug., 1978), pp. 3-19.

Höfler, Otto, "Der Sakralcharakter des germanischen Könitums", in: *Vorträge und Forschungen: Das Königtum. Seine geistigen und reichtlichen Grundlagen*, Bd. 3, Lindau: Thorbecke, 1956, S. 75-104.

Hollister, Charles Warren, "Normandy, France and the Anglo-Norman Regnum", in: *Speculum*, Vol. 51(1976), pp. 202-242.

Hollister, Charles Warren, and Baldwin, John Wesley, "The Rise of Administrative Kingship: Henry I and Philip Augustus", in: *The American Historical Review*, Vol.83 (4), 1978, pp. 867-905.

Isenmann, Eberhard, "Reichsfinanzen und Reichssteuern im 15. Jahrhundert", in: *Zeitschrift für Historische Forschung*, Bd.7, Heft 1-2 (1980), S. 1-76, 129-218.

Isenmann, Eberhard, "Kaiser, Reich und deutsche Nation am Ausgang des 15. Jahrhunderts", in: Joachim Ehlers(hrsg.), *Ansätze und Diskontinuität deutscher Nationsbildung im Mittelalter*, Sigmaringen: Thorbecke, 1989, S. 145-246.

Keeney, Barnaby C.,"The Medieval Idea of the State: The Great Cause, 1291-2", in: *The University of Toronto Law Journal*, Vol. 8, No. 1 (1949), pp. 48-71.

Keller, Hagen, "Zum Sturz Karls III. Über die Rolle Liutwards von Vercelli und Liutberts von Mainz, Arnulfs von Kärnten und der ostfränkischen Großen bei der Absetzung des Kaisers", in: *Deutsche Archiv für Erforschung des Mittelalters*, 22 (1966), S. 333-384.

Kempf, Friedrich, "Das Problem der Christianitas im 12. und 13. Jahrhundert", in: *Historisches Jahrbuch*, 79 (1959), S. 104-123.

Kingdon, Robert M., "Social Welfare in Calvin's Geneva", in: *The American Historical Review*, Vol. 76, No. 1 (Feb., 1971), pp. 50-69.

Langmuir, Gavin I., "'Judei nostri' and the Beginning of Capetian Legislation", in: *Traditio*, Vol.16(1960), pp. 203-239.

Levison, Wilhelm, "Die mittelalterliche Lehre von den beiden Schwertern", in: *Deutsches Archiv für Erforschung des Mittelalters*, 9 (1952), S. 14-42.

Loyn, Henry R., "The King and the Structure of Society in Late Anglo-Saxon", in: *History*, 42 (1957), pp. 87-100.

Major, J. Russell,"The Crown and the Aristocracy in Renaissance France", in: *The American Historical Review*, Vol. 69, No. 3 (Apr., 1964), pp. 631-645.

Major, J. Rusell, "Noble Income, Inflation, and the Wars of Religion in France", in: *The American Historical Review,* Vol. 86, No. 1 (Feb., 1981), pp. 21-48.

Maritain, Jacques, "Der Begriff der Souveränität", in: Hans Kurz (hrsg.), *Volkssouveränität und Staatssouveränität*, Darmstadt: Wissenschaftlichen Buchgesellschaft, 1970, S. 244-267.

Mayer, Theodor, "Analekten zum Problem der Entstehung der Landeshoheit, vornehmlich in Sünddeutschland", in: *Blätter für deutsche Landegesschichte*, 89(1952), S. 87-111.

Mayer, Theodor, "Staatsauffassung in der Karolingerzeit", in: *Vorträge und Forschungen: Das Königtum. Seine geistigen und reichtlichen Grundlagen,* Bd.3, Lindau: Thorbecke, 1956, S. 169-183.

Mayer, Theodor, "Vom Werden und Wesen der Landgemeinde", in: Theodor Mayer (hrsg.), *Die Anfänge der Landgemeinde und ihr Wesen*, Konstanz. Stuttgart: Thorbecke, 1964, Bd.2, S. 465-495.

McKenna, John W., "The Myth of Parliamentary Sovereignty in Late-Medieval England", in: *The English Historical Review*, Vol. 94, No. 372 (Jul., 1979), pp. 481-506.

Merzbacher, Friedrich, "Recht und Gewaltenlehre bei Hugo von St. Viktor", in: *Zeitschrift der Savigny-Stiftung für Rechtsgeschichte,* K. A., 75(1958), S.181-208.

Moraw, Peter, "Fragen der deutschen Verfassungsgeschichte im späten Mittelalter", in: *Zeitschrift für historische Forschung*, 1977, Bd. 4, S. 59-101.

Munro, Dana Carleton, "A Period of New Life", in: Charles R. Young(ed.), *The Twelfth-Century Renaissance*, New York: Holt Rinehart and Winston, 1969.

Nightingale, Pamela, "Knights and Merchants: Trade, Politics and the Gentry in Late Medieval England", in: *Past & Present*, No. 169 (Nov., 2000), pp. 36-62.

Round, John Horace, "The Introduction of Knight Service into England", in: *The English Historical Review*, Vol.6 (1891), pp.417-443.

Ryan, Magnus, "Rulers and Justice, 1200-1500", in: Peter Linehan, Janet L. Nelson (ed.), *The Medieval World*, London and New York: Routledge, 2001, pp.503-517.

Patze, Hans, "Neue Type des Geschäftsschriftegutes im 14. Jahrhundert", in: Hans Patze (hrsg.), *Der deutsche Territorialstaat im 14. Jahrhundert*, Sigmaringen: Thorbecke, 1970, S. 9-64.

Planitz, Hans, "Kaufmannsgilde und städtische Eidgenossenschaft in niederfränkischen Städten im 11. und 12. Jahrhundert", in: *Zeitschrift der Savigny-Stiftung für Rechtsgeschichte*, G. A., 60 (1940), S. 1-116.

Postan, Michael Moïssey, "Feudalism and its Decline: a Semantic Exercise", in: Trevor H. Aston (ed.), *Social Relations and Ideas: Essays in Honour of R. H. Hilton*, Cambridge: Cambridge Univ. Press, 1983.

Scammell, Jean, "The Formation of the English Social Structure: Freedom, Knights, and Gentry, 1066-1300", in: *Speculum*, Vol. 68, No. 3 (Jul., 1993), pp. 591-618.

Schlesinger, Walter, "Herrschaft und Gefolgschaft in der germanisch-deutschen Verfassungsgeschichte", in: *Historische Zeitschrift*, 176(1953), S. 225-275.

Schlesinger, Walter, "Über germanisches Heerkönigtum", in: *Vorträge und Forschungen: Das Königtum. Seine geistigen und reichtlichen Grundlagen*, Bd.3, Lindau: Thorbecke, 1956, S.105-141.

Strayer, Joseph Reese, "Viscounts and Viguiers under Philip the Fair", in: *Speculum*, Vol.38, No.2 (Apr., 1963), pp.242-255.

Strayer, Joseph Reese, "Philip the Fair—A 'Constitutional' King", in: *The American Historical Review*, Vol. 62, No. 1 (Oct., 1956), pp.18-32.

Stolz, Otto, "Das Wesen der Grafschaft im Raume Oberbayern-Tirol-Salzburg", in: *Zeitschrift für Bayerische Landesgeschichte*, 15(1949), S.68-109.

Ston, Lawrence, "Social Mobility in England, 1500-1700", in: *Past & Present*, Vol. 33, Issue 1 (Apr., 1966), pp.16-55.

Williams, Ann, "Land and Power in the eleventh-century: the Estates of Harold Godwineson", in: Reginald Allen Brown (ed.), *Proceedings of the Battle Conference on Anglo-Norman Studies* III, London: Longman, 1980, pp.171-187.

Willoweit, Dietmar, "Dominiu und Properietas: Zur Entwicklung des Eigentumsbegriffs in der mittelalterlichen und neuzeitlichen Rechtswissenshanft", in: *Historisches Jahrbuch*, Vol.94 (1974), S.132-156.

Willoweit, Dietmar, "Reichsreform als Verfassungskrise: Überlegungen zur Heinz Angermeier, *Die Reichsreform 1410-1555*", in: *Der Staat*, Bd.26,Heft 2(1987), S.161-320.

Witt, Ronald G., "The Landlord and the Economic Revival of the Middle Ages in Northern Europe, 1000-1250", in: *The American Historical Review*, Vol.76, No.4 (Oct., 1971), pp.965-988.

Wolfe, Martin, "Jean Bodin on Taxes: The Sovereignty-Taxes Paradox", in: *Political Science Quarterly*, Vol. 83, No. 2(Jun., 1968), pp.268-284.

Ullmann, Walter, "The Development of the Medieval Idea of Sovereignty", in: *The English Historical Review*, Vol. 64, No. 250 (Jan., 1949), pp.1-33.

Ullmann, Walter, "The Origins of the *Ottonianum*", in: *Cambridge Historical Journal*，Vol.11 (1953), pp.114-128.

Ziegler, Wolfram, "Studien zur staufischen Opposition unter Lothar III. (1125-1137)", in: *Concilium Medii Aevi*, 10 (2007), S.77-111.

〔英〕阿·莱·莫尔顿：《人民的英国史》，谢琏造等译，生活·读书·新知三联书店1958年版。

〔英〕阿利斯特·麦格拉思：《宗教改革运动思潮》，蔡锦图等译，中国社会科学出版社2009年版。

〔英〕阿萨·勃里格斯：《英国社会史》，陈叔平等译，中国人民大学出版社1991年版。

〔英〕埃里克·霍布斯鲍姆：《民族与民族主义》，李金梅译，上海人民出版社2006年版。

〔埃及〕艾哈迈德·爱敏：《阿拉伯-伊斯兰文化史》，第1册，纳忠译，商务印书馆1982年版；第2册，朱凯等译，商务印书馆1990年版。

〔英〕爱德华·吉本：《罗马帝国衰亡史》，席代岳译，吉林出版集团有限公司2008年版。

〔法〕安德烈·比尔基埃等主编：《家庭史》，袁树仁等译，生活·读书·新知三联书店1998年版。

〔英〕安德鲁·林托特：《罗马共和国政制》，晏绍祥译，商务印书馆2014年版。

〔美〕奥尔森：《基督教神学思想史》，吴瑞诚等译，北京大学出版社2003年版。

〔古罗马〕奥古斯丁：《上帝之城》，王晓朝译，人民出版社2006年版。

〔英〕巴里·尼古拉斯：《罗马法概论》，黄风译，法律出版社2000年版。

〔英〕保罗·维诺格拉多夫：《中世纪欧洲的罗马法》，钟云龙译，中国政法大学出版社2010年版。

〔美〕本尼迪克特·安德森：《想象的共同体：民族主义的起源与散布》，吴叡人译，上海人民出版社2005年版。

〔荷兰〕彼得·李伯庚:《欧洲文化史》，赵复三译，上海社会科学院出版社 2004年版。

〔苏〕波梁斯基:《外国经济史（封建主义时代）》，北京大学经济史经济学说史 教研室译，生活·读书·新知三联书店1958年版。

〔英〕伯特兰·罗素:《权力论：新社会分析》，吴友三译，商务印书馆1991年版。

〔古希腊〕柏拉图:《理想国》，郭斌和等译，商务印书馆1986年版。

〔古希腊〕柏拉图:《法律篇》，张智仁等译，上海人民出版社2001年版。

〔美〕查尔斯·霍默·哈斯金斯:《12世纪文艺复兴》，夏继果译，上海人民出 版社2005年版。

〔加〕查尔斯·泰勒:《市民社会的模式》，冯青虎译，载邓正来、〔美〕杰弗 里·亚历山大主编《国家与市民社会：一种社会理论的研究路径》，上海人 民出版社2006年版。

〔英〕戴维·毕瑟姆:《官僚制》，韩志明等译，吉林人民出版社2005年版。

〔美〕道格拉斯·诺思:《经济史上的结构和变革》，厉以平译，商务印书馆 1992年版。

〔美〕道格拉斯·诺思、罗伯特·托马斯:《西方世界的兴起》，厉以平等译， 华夏出版社1999年版。

〔美〕E. 博登海默:《法理学——法律哲学与法律方法》，邓正来译，中国政法 大学出版社1999年版。

〔美〕E. P.克伯雷选编:《外国教育史料》，华中师大等校教育系译，华中师范 大学出版社1991年版。

〔美〕菲利普·李·拉尔夫等:《世界文明史》，上卷，赵丰等译，商务印书馆 1998年版。

〔法〕费尔南·布罗代尔:《资本主义论丛》，顾良等译，中央编译出版社1997 年版。

〔法〕费尔南·布罗代尔:《法兰西的特性·空间和历史》，顾良等译，商务印 书馆1994年版。

〔法〕费尔南·布罗代尔:《15至18世纪的物质文明、经济和资本主义》，顾良 等译，生活·读书·新知三联书店2002年版。

〔法〕费尔南·布罗代尔:《文明史纲》，肖昶等译，广西师范大学出版社2003 年版。

〔匈〕费伦茨·费赫尔编:《法国大革命与现代性的诞生》，罗越军等译，黑龙 江大学出版社2010年版。

〔德〕弗兰茨·奥本海:《论国家》，沈蕴芳等译，商务印书馆1994年版。

〔英〕弗兰克·威廉·沃尔班克：《希腊化世界》，陈恒等译，上海人民出版社
　　2009年版。

〔意〕弗朗切斯科·德·马尔蒂诺：《罗马政制史》，第1卷，薛军译，北京大学
　　出版社2009年版。

〔比〕弗朗索瓦·冈绍夫：《何为封建主义》，张绪山等译，商务印书馆2016年版。

〔法〕弗朗索瓦·基佐：《法国文明史》，第1卷，沅芷等译，商务印书馆1993
　　年版；第2卷，沅芷等译，商务印书馆1995年版；第3卷，沅芷等译，商务
　　印书馆1995年版；第4卷，沅芷等译，商务印书馆1998年版。

〔法〕弗朗索瓦·基佐：《欧洲文明史》，程洪逵等译，商务印书馆2005年版。

〔法〕弗朗索瓦·基佐：《欧洲代议制政府的历史起源》，张清津等译，复旦大
　　学出版社2008年版。

〔德〕弗里德里希·迈内克：《马基雅维里主义："国家理由"观念及其在现代
　　史上的地位》，时殷弘译，商务印书馆2008年版。

〔德〕弗里德里希·梅尼克：《世界主义与民族国家》，孟钟捷译，上海三联书
　　店2007年版。

〔德〕弗里德里希·尼采：《权力意志——重估一切价值的尝试》，张念东等译，
　　商务印书馆1991年版。

〔奥〕弗里德里希·希尔：《欧洲思想史》，赵复三译，广西师范大学出版社
　　2007年版。

〔德〕格奥尔格·西美尔：《金钱、性别、现代生活风格》，顾仁明译，华东师
　　范大学出版社2010年版。

〔德〕格尔德·克莱因海尔等主编：《九百年来德意志及欧洲法学家》，许兰译，
　　法律出版社2005年版。

〔法兰克〕格雷戈里：《法兰克人史》，〔英〕O. M. 道尔顿英译，寿纪瑜等中译，
　　商务印书馆1981年版。

顾銮斋主编：《西方宪政史》，人民出版社2013年版。

〔德〕H.科殷：《法哲学》，林荣远译，华夏出版社2002年版。

〔美〕哈罗德·J.伯尔曼：《法律与革命——西方法律传统的形成》，贺卫方等
　　译，中国大百科全书出版社1993年版。

〔德〕汉斯-维尔纳·格茨：《欧洲中世纪生活（7—13世纪）》，王亚平译，东
　　方出版社2002年版。

〔比〕亨利·皮雷纳：《中世纪的城市》，陈国樑译，商务印书馆2006年版。

〔德〕霍恩：《法律科学与法哲学导论》，罗莉译，法律出版社2005年版。

〔美〕贾恩弗朗哥·波齐：《国家：本质、发展与前景》，陈尧译，上海人民出

版社 2007 年版。

〔美〕卡尔·J.弗里德里希:《超验正义——宪政的宗教之维》,周勇等译,生活·读书·新知三联书店 1997 年版。

〔意〕卡洛·M.奇波拉:《欧洲经济史》,第 1 卷,徐璇译,商务印书馆 1988 年版。

〔爱尔兰〕凯利:《西方法律思想简史》,王笑红译,法律出版社 2002 年版。

〔苏〕科瓦略夫:《古代罗马史》,王以铸译,生活·读书·新知三联书店 1957 年版。

〔英〕克里斯托弗·戴尔:《转型的时代:中世纪晚期英国的经济与社会》,莫玉梅译,社会科学文献出版社 2010 年版。

〔英〕肯尼思·O.摩根主编:《牛津英国通史》,王觉非等译,商务印书馆 1993 年版。

〔英〕昆廷·斯金纳:《现代政治思想的基础》,段胜武等译,求实出版社 1989 年版。

〔英〕L.T.霍布豪斯:《形而上学的国家论》,汪淑钧译,商务印书馆 1997 年版。

〔美〕劳伦斯·M.弗里德曼:《法律制度——从社会科学角度观察》,李琼英等译,中国政法大学出版社 2004 年版。

〔法〕雷吉娜·佩尔努:《法国资产阶级史》,康新文等译,上海译文出版社 1991 年版。

〔美〕里亚·格林菲尔德:《民族主义:走向现代的五条道路》,王春华等译,上海三联书店 2010 年版。

〔美〕理查德·派普斯:《财产论》,蒋琳琦译,经济科学出版社 2003 年版。

〔英〕理查德·詹金斯主编:《罗马的遗产》,晏绍祥等译,上海人民出版社 2002 年版。

刘新成:《英国都铎王朝议会研究》,首都师范大学出版社 1995 年版。

路德文集中文版编辑委员会编:《路德文集·改革运动文献》,上海三联书店 2005 年版。

〔意〕路易吉·萨尔瓦托雷利:《意大利简史——从史前到当代》,沈珩等译,商务印书馆 1998 年版。

〔英〕罗伯特·杜普莱西斯:《早期欧洲现代资本主义的形成过程》,朱智强等译,辽宁教育出版社 2001 年版。

〔美〕罗斯科·庞德:《法理学》,第 1 卷,邓正来译,中国政法大学出版社 2004 年版。

〔英〕洛克:《政府论》,上篇,瞿菊农等译,商务印书馆 1982 年版;下篇,叶启芳等译，商务印书馆1964年版。

〔英〕M. I. 芬利主编：《希腊的遗产》，张强等译，上海人民出版社2004年版。

〔美〕M. 罗斯托夫采夫：《罗马帝国社会经济史》，马雍等译，商务印书馆1985年版。

〔英〕M. M. 波斯坦等主编：《剑桥欧洲经济史》，第1—3卷，郎丽华等译，经济科学出版社2002—2004年版。

〔法〕马克·布洛赫：《法国农村史》，余中先等译，商务印书馆1991年版。

〔法〕马克·布洛赫：《封建社会》，张绪山等译，商务印书馆2004年版。

〔德〕马克斯·韦伯：《经济与社会》，林荣远译，商务印书馆1997年版。

〔德〕马克斯·韦伯：《论经济与社会中的法律》，张乃根译，中国大百科全书出版社1998年版。

〔德〕马克斯·韦伯：《经济通史》，姚增廙译，上海三联书店2006年版。

马克垚：《英国封建社会研究》，北京大学出版社1992年版。

马克垚：《古代专制制度考察》，北京大学出版社2017年版。

〔英〕迈克尔·莱斯诺夫等：《社会契约论》，刘训练等译，江苏人民出版社2005年版。

〔英〕迈克尔·曼：《社会权力的来源》，第1卷，刘北成等译，上海人民出版社2002年版；第2卷，陈海宏等译，上海人民出版社2007年版。

〔英〕梅特兰等：《欧陆法律史概览：事件，渊源，人物及运动》，屈文生等译，上海人民出版社2008年版。

〔英〕梅因：《古代法》，沈景一译，商务印书馆1959年版。

〔法〕孟德斯鸠：《论法的精神》，张雁深译，商务印书馆1961年版。

〔意〕尼科洛·马基雅维里：《君主论》，潘汉典译，商务印书馆1985年版。

〔德〕诺贝特·埃利亚斯：《文明的进程——文明的社会起源和心理起源的研究》，第1卷，王佩莉译，生活·读书·新知三联书店1998年版；第2卷，袁志英译，生活·读书·新知三联书店1999年版。

〔法〕P. 布瓦松纳：《中世纪欧洲生活和劳动（五至十五世纪）》，潘源来译，商务印书馆1985年版。

〔意〕帕多瓦的马西利乌斯：《和平的保卫者（小卷）》，殷冬水等译，吉林人民出版社2004年版。

〔英〕佩里·安德森：《从古代到封建主义的过渡》，郭方等译，上海人民出版社2001年版。

〔英〕佩里·安德森：《绝对主义国家的系谱》，刘北成等译，上海人民出版社2001年版。

〔法〕皮埃尔·米盖尔:《法国史》,蔡鸿滨等译,商务印书馆1985年版。

钱乘旦主编:《英国通史》,江苏人民出版社2016年版。

〔美〕乔纳森·德瓦尔德:《欧洲贵族1400—1800》,姜德福译,商务印书馆
　　2008年版。

〔法〕乔治·杜比主编:《法国史》,吕一民等译,商务印书馆2010年版。

〔美〕乔治·霍兰·萨拜因:《政治学说史》,盛葵阳等译,商务印书馆1986年版。

〔比〕R. C. 范·卡内冈:《英国普通法的诞生》,李红海译,中国政法大学出版
　　社2003年版。

〔美〕R. M. 昂格尔:《现代社会中的法律》,吴玉章等译,译林出版社2001
　　年版。

〔法〕让·博丹:《主权论》,李卫海等译,北京大学出版社2008年版。

〔意〕萨尔沃·马斯泰罗内:《欧洲政治思想史——从十五世纪到二十世纪》,
　　黄华光译,社会科学文献出版社1992年版。

〔英〕塞缪尔·E. 芬纳:《统治史》,第1卷,马百亮等译,华东师范大学出版社
　　2010年版;第2卷,王震译,华东师范大学出版社2014年版;第3卷,马百
　　亮译,华东师范大学出版社2014年版。

〔美〕塞缪尔·P. 亨廷顿:《变化社会中的政治秩序》,王冠华等译,生活·读
　　书·新知三联书店1989年版。

〔法〕赛昂里:《法国社会经济史》,陆侃如译,大江书铺1933年版。

〔法〕瑟诺博斯:《法国史》,沈炼之译,商务印书馆1964年版。

沈汉、刘新成:《英国议会政治史》,南京大学出版社1991年版。

〔日〕石田文次郎:《财产法上之动的理论》,严松堂书店1942年第8版。

〔美〕斯科特·戈登:《控制国家——从古代雅典到今天的宪政史》,应奇等译,
　　江苏人民出版社2005年版。

〔美〕泰格、利维:《法律与资本主义的兴起》,纪琨译,学林出版社1996年版。

〔美〕汤普逊:《中世纪经济社会史(300—1300年)》,上册,耿淡如译,商务
　　印书馆1961年版;下册,耿淡如译,商务印书馆1963年版。

〔法〕托克维尔:《旧制度与大革命》,冯棠译,商务印书馆1992年版。

〔美〕托马斯·埃特曼:《利维坦的诞生——中世纪及现代早期欧洲的国家与政
　　权建设》,郭台辉译,上海人民出版社2010年版。

〔德〕威廉·戚美尔曼:《伟大的德国农民战争》,北京编译社译,商务印书馆
　　1982年版。

〔英〕韦恩·莫里森:《法理学:从古希腊到后现代》,李桂林等译,武汉大学
　　出版社2003年版。

〔美〕沃格林:《政治观念史稿》,段保良译,华东师范大学出版社2009年版。

〔德〕西达·斯考切波:《国家与社会革命:对法国、俄国和中国的比较分析》,何俊志等译,上海人民出版社2007年版。

〔古罗马〕西塞罗:《国家篇·法律篇》,沈叔平等译,商务印书馆1999年版。

〔日〕篠田英朗:《重新审视主权——从古典理论到全球时代》,戚渊译,商务印书馆2004年版。

〔法〕雅克·勒高夫:《圣路易》,许明龙译,商务印书馆2002年版。

〔古希腊〕亚里士多德:《政治学》,吴寿彭译,商务印书馆1965年版。

〔古罗马〕优士丁尼:《法学阶梯》,徐国栋译,中国政法大学出版社2005年版。

〔英〕约翰·哈德森:《英国普通法的形成——从诺曼征服到大宪章时期英格兰的法律和社会》,刘四新译,商务印书馆2006年版。

〔英〕约翰·霍夫曼:《主权》,陆彬译,吉林人民出版社2005年版。

〔美〕约翰·麦克里兰:《西方政治思想史》,彭淮栋译,海南出版社2003年版。

〔美〕约瑟夫·R.斯特雷耶:《现代国家的起源》,华佳等译,上海人民出版社2011年版。

〔英〕詹宁斯:《法与宪法》,龚祥瑞等译,生活·读书·新知三联书店1997年版。

〔英〕詹姆斯·布赖斯:《神圣罗马帝国》,孙秉莹、谢德风、赵世瑜译,商务印书馆1998年版。

〔意〕朱塞佩·格罗索:《罗马法史》,黄风译,中国政法大学出版社1994年版。

索　引

后　记

经过五年艰辛的写作，忐忑不安地交上了这份"命题作文"，毕竟是"赶鸭子上架"，其中涉及的很多内容是我不熟悉的，甚至是我从未接触过的。因为被要求完成的课题涉及的时间跨度比较长、范围比较宽泛，然而因为我本人的学养很有限，阅读的外文资料也很有限，尤其是因为语言的原因无法阅读法文的著作，所以深感遗憾。唯一感到庆幸的是，虽然写作的过程很辛苦，但终究是要完成的，而且要尽力做到史实准确，因而不得不看了很多书，包括以前从不感兴趣的书，终于完成了这部令我自己感到很遗憾的拙作。尽管如此，本人还是在著作的架构方面不揣冒昧地对法国、英国和德意志的政制结构的演变分别进行了论述。这是因为，从10世纪起，同是出自法兰克王国封建制度的西欧各王国和各个地区，因为经济制度发展的不同而形成社会阶层的差异，从而相继进入了不同的政制发展轨迹，如要尽可能客观地阐述这一问题，就必须分别对其进行考察和分析。正是基于这一出发点，笔者努力希望在阐释中能够寻找到各国政制从中世纪向近代发展轨迹的不同点，以便能够较为客观地了解今天欧洲的各国。

2019年秋